U0923930

从阿波罗到“阿波罗”
西方文化三千年

刘文荣 著

文匯出版社

图书在版编目(CIP)数据

从阿波罗到“阿波罗”：西方文化三千年 / 刘文荣著.—上海：文汇出版社，2017.10

ISBN 978-7-5496-2288-7

Ⅰ.①从… Ⅱ.①刘… Ⅲ.①西方文化—文化史 Ⅳ.①K500.3

中国版本图书馆 CIP 数据核字(2017)第 197143 号

从阿波罗到“阿波罗”

——西方文化三千年

作　　者 / 刘文荣

责任编辑 / 陈今夫
封面装帧 / 陆震伟

出版发行 / 文匯出版社
上海市威海路 755 号
(邮政编码 200041)
经　　销 / 全国新华书店
排　　版 / 南京展望文化发展有限公司
印刷装订 / 江苏省启东市人民印刷有限公司
版　　次 / 2017 年 10 月第 1 版
印　　次 / 2017 年 10 月第 1 次印刷
开　　本 / 640×940　1/16
字　　数 / 445 千字
印　　张 / 30

ISBN 978-7-5496-2288-7
定　　价 / 58.00 元

前　　言

本书旨在简明扼要地叙述西方文化的演变过程——从古希腊人对太阳神阿波罗的崇拜，到二十世纪美国人的"阿波罗登月计划"；从远古的神话时代，到现在的科学时代。不过，在此之前，我们必须先对"西方"和"文化"这两个概念稍作界定，因为前者往往有点含混，后者往往过于宽泛。

在古代欧洲，"西方"一词是指英法及其周边地区。意大利和西班牙被称为"南方"，德国被称为"北方"，奥地利以东地区被称为"东方"。这些都是纯粹的地理概念。"西方"一词的另一种含义来自中世纪初期，由于罗马帝国后期分裂为西罗马帝国和东罗马帝国，两个帝国内的基督教会也分裂为罗马天主教会和希腊正教会（即东正教会），所以"西方"一词常被用来指罗马教廷所辖的教区，大体上就是多瑙河以西地区。后来的"西欧"和"东欧"两个概念就由此沿袭而来。二十世纪"冷战"时期，东、西方作为政治概念，前者指以苏联为首的"社会主义阵营"，后者则指以美国为首的"资本主义集团"，所以"西方"一词往往就是"资本主义"的代名词，被用来总称美国、加拿大、西欧诸国和澳大利亚等资本主义大国（由于日本在战后也成了资本主义大国，因此在国际政治舞台上也被视为"西方"的一员）。

然而，以上关于"西方"一词的各种含义，统统都不是文化上的定义。由于文化是通过传播才得以延续和发展的，因此往往形成系统。现在世界上最重要的两大文化系统，一是西方文化系统，二是东方文化系统。西方文化系统起源于古希腊罗马（简称"希罗文化"）和古希伯来（和"希罗文化"一起简称为"两希文化"）；东方文化系统则起源于古代中国和印度（简称"中印文化"）。所以，"西方"一词在文化上的定义应该是指以“两希文化”为其文化渊源的区域，大体包括现在的欧洲、美洲和澳洲，以及西亚和北非的部分地区（由于殖民的原因，南非也应视为它的边缘地区）。不过，尽管西方文化涵盖了那么广宽的区域，重要的却是它的中心区域。所谓“中心区域”，在古代是指希腊和罗马，在中世纪是指西欧，在近现代则是指欧美。

“文化”一词，无论中外都没有确定的含义。在最广义上，它被用来指称人的一切行为，与“自然”一词相对；也就是说，除了像消化和排泄等自然现象，发生在人身上的所有活动都是文化活动。而从狭义上说，“文化”一词则常常只用来指称个人的道德和知识修养，在汉语里甚至更为狭义地仅用来指个人的启蒙教育，如人们常说的“学文化”。像这样广义和狭义的“文化”，当然是无“史”可言的。那么，我们指的文化是什么呢？那就是指一个民族或一个社会的高级精神活动及其产物，实际上也就是指我们在正式场合所使用的“政治、经济、文化、军事、外交……”中的“文化”。这样的文化又指什么呢？概括地说，就是指宗教、哲学、科学和艺术等领域。反过来说，这些领域的总称，就是人们在正式场合所指的“文化”。实际上，人们在平时大多数情况下所说的“文化”，也就是这个意思。

对“文化”一词作了界定之后，还需要对西方文化的起源、形成和变迁作一鸟瞰式的理解。

西方文化的三千年历史可分为前后两大段：从公元前十世纪到公元十五世纪大约两千五百年是西方文化的发源期，这期间的古希腊罗马文化和中世纪基督教文化是西方文化的前身（不是其本身）；西方文化本身（即作为今天仍清晰可辨的文化传统）形成于从公元十五世纪到十九世纪末大约四百年间，其后在二十世纪的一百年间又发生了一系列变化。情况大抵如此。

讲得稍具体一点，西方文化的发源期有先后两个阶段：古希腊罗马是第一阶段，中世纪是第二阶段。这两个阶段的文化是对立的：古希腊罗马文化是世俗主义的，即：较之于未来，更重视现在；中世纪文化是理想主义的，即：较之于现在，更重视未来。由于这是两个对立的阶段，所以到了第三阶段，就是这两种文化的冲突和融合，即大约两百年的文艺复兴时期。其后，文化中的两种对立倾向逐渐结合在一起，形成第四个阶段，即近代文化。近代文化是西方真正的、成熟的文化，或者说是西方的主流文化，其文化精神可称之为“世俗理想主义”，是古希腊罗马世俗精神和中世纪宗教理想相互渗透和融合的产物。因为古希腊罗马文化的世俗精神将人类的历史看作是无限循环的，也就是人类在这个世界上生存着，事物周而复始，没有终结[①]，而中世纪基督教文化的理想则将人类历史理解为一种有始有终的直线式过程，即人类由上帝创造又被上帝逐出“乐园”，于是人类便在这个世界上创造其历史，而历史的意义就在于人类终将重返上帝的“乐园”。换言之，重返“乐园”是生活的终极理想，也是人类历史的终结。[②]

古希腊罗马文化的世俗精神使其从本质上说成为一种“享乐文化”，因而辉煌的古代艺术便是其必然的产物，而中世纪文化的宗教理想倾向则使其从根本上说是一种“受难文化”，因而深刻的反省和对生活意义的思考必然与之伴随——前者重视生活本身，但没有人生理想[③]；后者提供了人生理想，但又否定了生活本身[④]。作为两者的融合，西方近代文化主流即“世俗理想主义”，则以创造“人间乐园”作为历史的终结，或者说，作为“历史进步”观念的理想目标。尽管近代文化支流繁多，人们的思想观点甚至相互冲突，但把生活和历史理解为一种创造过程却是其主流，只是在如何创造“人间乐园”以及应该创造怎样的“人间乐园”方面，才有矛盾和冲突。

然而，到了十九世纪末，近代“世俗理想主义”便陷入了危机。危机不是出于理想破灭，而是出于理想太多，各种各样关于创造“新世界”的思想理论层出不穷，而且相互冲突。这就在欧洲形成多种意识形态，而意识形态的冲突最终导致人类历史上规模最大、也最残酷的战争，即两

---

① 中国传统历史观很接近古希腊罗马的历史观，也是循环论的，如“一治一乱”“分久必合，合久必分”，即认为历史只有循环，没有终结。

② 基督教历史观源于犹太教，可参见《圣经·旧约·创世记》（《旧约》即犹太教圣经），其中讲到上帝创造世界和人类祖先亚当和夏娃，由于亚当和夏娃偷吃“禁果”而被上帝逐出“乐园”，因而他们就有了一代代子孙。一代代子孙的所作所为，就是人类历史，但人类的终极目标不是创造历史，而是终结历史，重返“乐园”。

③ 循环论历史观必然是宿命论的，因为，既然历史是循环的，无论你做什么都不可能阻止它循环，那你也就不必为将来考虑，听天由命就是了。

④ 基督教基于重返“乐园”的终极理想，认为人活在这个世界上本身就是“罪”（即“原罪”），因而它否定了生活，否定了这个世界。

次世界大战①。

战后，即所谓"冷战"时期，伴随着东西方意识形态矛盾的，是西方的文化反省。一方面，科技高速发展；另一方面，文化理想却日渐淡化。不少文化史家甚至认为，西方文化已经衰落了。但也有人认为，二十世纪后半叶是西方文化的新起点。譬如，美国著名文化史家雅克·巴尔赞(Jacques Barzun)在其2000年出版的"*From Dawn to Decadence: 500 Years of Western Cultural Life*"(《从黎明到黄昏：西方文化生活500年》)一书里就认为，西方传统文化的衰落很可能会成为西方复兴的源泉。巴尔赞的这本书虽被誉为"二十世纪的《圣经》"，但西方文化是否真的会在二十一世纪复兴？我们只能拭目以待。

以上便是西方文化演变的基本框架。在每一个文化时期，总存在着某种文化精神。我们只有把握这种文化精神，才能理解其文化实质。那么，最能体现文化精神的媒介又是什么呢？那就是我们在定义"文化"一词时说到的四个方面，即：宗教、哲学、科学和艺术。所以，本书的结构就是分五个部分从四个方面巡视西方文化的演变过程。但需要说明的是，这四个方面并不是在每一个时期都是一样重要的。有时，我们还必须旁涉其他领域才能了解某一时期的文化精神，譬如在古罗马时期，宗教、哲学、科学和艺术都不是重点，因为这一时期的文化精神主要体现在法律方面，所以我们必须旁涉到法律，即著名的"罗马法"；又如中世纪，宗教是当然的文化重心，科学相对来说就不重要了，而与宗教相关，西方的教育作为文化的组成部分，是直接起源于中世纪修道院的，因此在这一时期必须旁涉到教育；再如近现代，宗教逐渐式微，先后作为文化精神体现的是哲学、文学、艺术和科学，尤其是科学，它从中世纪的"灰姑娘"已逐渐成为现代西方文化中的"皇后"，这也就是人们说今天是"科学时代"的缘由。

刘文荣

2017年4月20日于上海

---

① "一战"和"二战"其实是联系在一起的(没有"一战"，也就不会有"二战")，交战双方都认为自己是"新世界"的创造者，如法西斯主义(德国纳粹)要创造"法西斯主义的新世界"，共产主义(苏联)要创造"共产主义的新世界"；而英美，则要维护它已经创造出来的"自由民主的新世界"。

目　录

Ⅱ 中世纪文化

公元 5 世纪—公元 14 世纪

Ⅲ 文艺复兴时期文化

公元14世纪—公元16世纪

Ⅳ 近代文化

公元17世纪—公元19世纪

第二章 近代科技文化

第三章 近代宗教文化

第四章 近代艺术文化

V　现代文化

公元19世纪—公元20世纪

第一章　现代思想文化

第二章　现代宗教文化

第三章　现代艺术文化

第四章　现代科技文化

I 古代文化

公元前8世纪—公元5世纪

第一章
古代宗教文化

阿波罗说:“赫尔墨斯,宙斯之子,你真的愿意和美神阿芙罗狄蒂同床而不怕受宙斯的惩罚吗?”

于是,这位神使回答说:“阿波罗神啊,如果我真能和美神阿芙罗狄蒂同床,那就是受宙斯三倍的惩罚,就是粉身碎骨,我也愿意!”

——《荷马史诗》

西方古代宗教文化主要包括古希腊宗教文化和古罗马宗教文化。古希腊宗教是一种多神教,虽然是全希腊人都信奉的全民宗教,但仍带有民间信仰的原始特征。古罗马宗教直接来自古希腊宗教,和古希腊宗教没有本质区别,但在某些方面仍有其自身特点,如:比古希腊宗教更注重祖先崇拜,等等。因此,我们最好还是把它们分开来讲。

第一节　古希腊宗教

古希腊宗教是由早先的两种地方性宗教——即克里特岛上的米诺斯宗教和希腊半岛南部的迈锡尼宗教——演变而来的,大约形成于在公元前九世纪至公元前八世纪的"荷马时代"。和任何宗教一样,古希腊宗教的特点也表现在它的神话系统和祭祀活动中。

一、古希腊宗教的神话系统

古希腊神话是古希腊宗教的核心。古希腊神话包括两大部分,即神的故事和英雄传说。神的故事主要解说天地万物的由来;英雄传说主要讲述远古英雄的业绩。

在神的故事中,讲到的是天地的开辟、众神的诞生和人类的起源等。古希腊人认为,最初只有混沌神,即哈俄斯;从混沌神中最初出现的是大地神,即地母盖娅;从地母盖娅的下体和头上分别出现了幽暗神和黑夜神,即厄瑞玻斯和诺克斯。厄瑞玻斯是女神,诺克斯是男神,两者结合,生出白昼神和时间神,即赫墨拉和埃忒耳。这时,地母盖娅生出了天神,即乌拉诺斯。地母和天神结合,生出六男六女共十二个提坦巨神。十二巨神彼此结合,又生出许多神,如日神赫利俄斯、月神塞勒涅、黎明神厄俄斯和星神阿斯特赖俄斯等。乌拉诺斯是奥林帕斯山上的第一位天神,他的家族形成了希腊神话中的第一代神系。

在地母盖娅和天神乌拉诺斯所生的十二提坦巨神中,最后生出的是克洛诺斯。克洛诺斯后来驱逐父亲乌拉诺斯,成为第二位天神。克洛诺斯和其他十一个提坦巨神形成奥林帕斯山上的第二代神系。

克洛诺斯娶姐姐瑞娅为妻,生下六个儿女(三个男神和三个女神),但克洛诺斯害怕自己的儿女最终会取代他,所以每当瑞娅生下一个,他就吞食一个。最后生出来的是宙斯,母亲瑞娅保住自己最小的儿子,用石块蒙骗克洛诺斯,使他以为自己把最后一个儿子也吞食了。宙斯长大后,决心和父亲克洛诺斯为敌。他设法使父亲呕吐,吐出了早先被吞食的哥哥姐姐们。接着,他便带领他的哥哥姐姐,和他们的父辈神——即以克洛诺斯为首的提坦巨神——展开了一场所谓的"提坦大战"。打败提坦巨神后,宙斯取代克洛诺斯成为第三位天神,并娶姐姐赫拉为妻,生下许多儿女,如阿波罗、阿耳忒弥斯、雅典娜、阿芙罗狄蒂等。宙斯和赫拉的这个"神圣家族",就是奥林帕斯山上第三代神系。

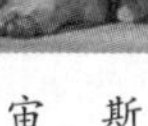
宙 斯

阿波罗

古希腊宗教所崇拜的神，就是以宙斯为首的第三代新神。在古希腊人的想象中，奥林帕斯山上有众多的神，但其中最有神力的是十二主神，即：天神(雷电之神)宙斯、天后赫拉、太阳神阿波罗、月神阿耳忒弥斯、智慧女神雅典娜、爱神(美神)阿芙罗狄蒂、海神波塞东、战神阿瑞斯、火神(匠神)赫淮斯托斯、神使赫尔墨斯、农神德墨忒耳和灶神(家神)赫斯提亚。

至于人类起源，古希腊神话中说，人类是由先知神普罗米修斯创造的。普罗米修斯见天地已被创造，大地上动物成群，就是没有一种有灵魂的生物来统领这一切，于是他就用河水拌泥土，按照神的样子捏成好几个泥人。接着，普罗米修斯请来智慧女神雅典娜，要她朝泥人吹气，泥人就获得了灵魂。这样，第一批人在世上出现了，他们繁衍生息，不久形成了一大群，遍布各处。普罗米修斯还教会人观察日月星辰，为他们发明了数字和文字，教会他们驾驭牲口、造船、种地、采药，等等；但是，人最需要的火，他却创造不出来，因为只有在太阳神阿波罗那里才有火种。普罗米修斯求宙斯允许他把火种给人类，但宙斯拒绝了。于是，普罗米修斯就从阿波罗那里偷了火种，并到人间点燃了一堆大火。人类从此有了火，不再茹毛饮血，也不再害怕寒冷，但普罗米修斯却为此受到宙斯的惩罚，被绑在悬崖上忍受无穷无尽的痛苦。

雅典娜

普罗米修斯

除了神的故事，古希腊神话中的另一部分是英雄传说。古希腊人认为，远古的英雄都是神和人所生的半人半神；英雄和神一样，具有非凡的能力，唯一不同的是，神是不死的，而英雄则和人一样，是会死的。英雄传说中讲到个人英雄的，有柏修斯、赫拉克勒斯和忒修斯等人的传说，其中以大力神赫拉克勒斯建立十二大功的传说最为著名；讲到群体英雄的，则有关于以伊阿宋为首的亚尔古英雄们寻取金羊毛的传说，以及梅里格尔率众猎取卡利登大野猪的传说等。

二、古希腊宗教节日与神庙

古希腊宗教节日繁多,如各城邦自定的公祭节日就有三百多个。公祭除了祭祀仪式,还要举行竞技会。竞技内容主要是军事性的体育运动,如摔跤、拳击、跳远、标枪等,但也有非军事性的工艺、音乐、歌舞、朗诵等竞赛。

在众多宗教节日中,具有全希腊性质的节日有四个,即:奥林帕斯山宙斯节、德尔斐的阿波罗节、科林斯的波塞冬节和阿戈斯的宙斯节。这四大节日均有盛大的祭祀活动,同时举行全希腊的竞技会。其中始于公元前七七六年的奥林帕斯山宙斯节,先是祭祀众神,然后举行由各城邦参加的奥林匹克竞技会。竞技会期间,各城邦间停止一切战事,竞技会获胜者被视为英雄,备受尊敬和歌颂。

古希腊神庙遗址

神庙是古希腊人祭神的主要地方,一座神庙通常只供奉一尊神像,神庙就以该神命名,如宙斯神庙、阿波罗神庙、雅典娜神庙、波塞冬神庙。一座城市往往有几座神庙,但其中必有一座是主要的,里面供奉的是该城的守护神。在古希腊无数神庙中,被认为最神圣的是三大神庙,即:德尔斐的阿波罗神庙、雅典卫城的巴台农雅典娜神庙和奥林帕斯山的宙斯神庙。

德尔斐的阿波罗神庙位于希腊中部福基斯城外的山坡上，以神谕灵验著称，因此古希腊人若有大事，无论公事私事，都要前往该神庙请求神谕。据记载，仅在希波战争中前往请求神谕的战将就达六十三人之多，足见该神庙的声望之高。

雅典卫城的巴台农神庙供奉的主神是雅典娜。该神庙于公元前四四七年开工，历时九年，于公元前四三八年才完成主体建筑。工程由当时的雅典城邦执政官伯里克利亲自督办，由大艺术家菲迪亚斯总设计。该神庙富丽堂皇，被认为是希腊古典建筑之冠。

奥林帕斯山的宙斯神庙为各城邦举行奥林匹克竞技会而建，完工于公元前四六〇年。殿内有大量雕刻，正中是用黄金与象牙雕刻的宙斯巨像，高约四十二英尺，是真人的七倍，被誉为世界七大奇观之一。

三、古希腊宗教的独特性

古希腊神话是世界神话体系中保存得最为完整的古代神话。用现代观点来看，古希腊神话是远古希腊人对自然和历史的一种最原始的解说。古希腊人的神祇在很大程度上是自然力的拟人化表现，他们对神祇的崇拜，其实是自然崇拜；他们的英雄传说则是远古希腊人对历史的解说，或者说是他们对更为远古的祖先的模糊记忆和神化，他们崇拜远古英雄，其实是祖先崇拜。虽然自然崇拜和祖先崇拜并非古希腊人所独有（世上的古代民族可能都有），但古希腊宗教却因其独特的神话系统而与众不同。

三女神雕像（与人同形同性）

古希腊神话最大的特点，就是神与人同形同性。古希腊的神是高度人格化的，不仅神的外形为人体，而且造型完美，其神性既高于人性又同于人性。高于人性处是：神的生命无限，且具有无上智慧，在其职司范围内神力无边。同于人性处是：神具有人的情感乃至弱点，如宙斯专横、赫拉嫉妒，等等；神与神之间不仅争权夺利，还常常到人间同美貌的男女谈情说爱，生儿育女；神甚至像人一样，也会犯错误。这种神人同形同性的特点，从一开始就显示出了古希腊人的世俗人本倾向。世界上其他宗教神话均没有这样的特点，如古代印第安人供奉的神，是动物形象的；其他宗教，如犹太教、基督教、伊斯兰教和佛教等崇拜的神，虽然也具有人的形象，但绝对不具有人的性格，而是至善至美的道德化身。

至于古希腊人之所以会有这样的神祇观，原因是他们还有一种命运观，即认为：在神祇之上，还有一种比神祇更不可违抗的命运；即使是神祇，也无法抗拒命运的安排。那么，这种“命运”到底是什么呢？古希腊人并没有具体回答，只是认为：世界、人类，连同神祇，都在冥冥中受制于某种宇宙意志，而这种宇宙意志，无论是人还是神，都无法改变。

除了神人同形同性，古希腊宗教还有以下三个特点：

1. 无经典和教义。古希腊宗教仅有代代相传的神话，没有类似基督教《圣经》那样的经典，也没有形成系统的教义和具有戒律性的宗教伦理，更没有来世思想。从根本上说，古希腊人重视的是现世生活，宗教活动在他们看来只是现世生活的一种补充。

2. 无教会组织和神职人员。古希腊人有宗教，但没有教会组织，也没有专门的神职人员。主持宗教仪式的祭司，往往由城邦领主或其他有威望的人兼任。神庙由城邦建造，管理神庙的人只负责照看圣火和日常供奉等具体事务，并非负责信徒与神祇沟通的神职人员。

3. 注重献祭与仪式。在古希腊人的宗教活动中，最重要的是献祭与仪式，而非祈祷和修炼。古希腊人认为，对神祇的崇拜就是修建神庙，并在神庙里举行隆重的仪式向神祇献祭；只要神庙修建得豪华、仪式举行得隆重、贡品奉献得丰厚，就能得到神祇的佑护和回报。

总的说来，古希腊宗教虽是一种全希腊人都信奉的全民宗教，但很大程度上仍带有民间信仰的原始特征。由于这种原始性，古希腊宗教既有非神秘化的、以人为本的一面，同时也有囿于功利、肤浅的一面。

换句话说,古希腊宗教是一种非理想化的、未超越现世的宗教。世界宗教史表明,非理想化的、未超越现世的宗教是迟早要被理想化的、超越现世的宗教所取代的。古希腊宗教就是一例,尽管它在铸造古希腊文化辉煌的过程中曾起过不可估量的作用,但到公元一世纪以后,它很快就被来自中东的基督教取代了。

第二节　古罗马宗教

古罗马人原先没有宗教,只有原始的祭祖和占卜等巫术;后来,他们从希腊半岛“引进”古希腊宗教,稍稍改变一下就把它当作了自己的宗教。但是,引进的宗教不可能完全取代传统的信仰,所以在古罗马人的神话传说和宗教活动中,仍明显带有祖先崇拜和施行巫术的特点。

一、古罗马神话与神庙

古罗马神话也包括两个部分:神的故事和英雄传说。其中神的故事大体上都来自古希腊神话,古罗马人只是把希腊神名改称拉丁神名。如:称天神宙斯为朱必特、称天后赫拉为朱诺、称海神波塞东为涅普顿、称智慧女神雅典娜为密涅耳瓦、称月神阿耳忒弥斯为狄安娜、称爱神阿芙罗狄蒂为维纳斯、称战神阿瑞斯为玛尔斯、称火神赫淮斯托斯为武尔坎努斯,等等。关于这些神的故事,则和希腊神话中的大同小异。至于太阳神阿波罗,古罗马人连神名也没改,原封不动地从古希腊神话中搬了过来。

区别在于英雄传说部分,因为古罗马人毕竟有自己的远古英雄。其中最重要的是关于罗马始祖埃涅阿斯的传说和关于罗马城的传说。

关于罗马始祖埃涅阿斯的传说大体是这样的:罗马人的始祖埃涅阿斯原是特洛伊英雄,母亲是爱神维纳斯(即希腊神话中的阿芙罗狄蒂)。希腊人因为美女海伦和特洛伊人打了十年特洛伊战争,最后用木马计攻破特洛伊城,掳走所有人,毁了全城。不过,埃涅阿斯却在母亲维纳斯的保护下,带着一队人马逃了出来,并按天神的旨意,要到一个新的地方去建立新的城邦。埃涅阿斯在海上漂泊多年后,来到意大利的拉丁平原。当地土著首领遵照神意，要把女儿嫁给他，因而触怒了另一个求婚者、鲁图利亚地方的土著首领图尔努斯。最后，经过一场大战，埃涅阿斯杀死图尔努斯，娶了拉丁姆公主为妻。不久，埃涅阿斯又成了拉丁平原的首领，因此他的后代最初就被称为拉丁人。那么，拉丁人后来为什么又被称为罗马人了呢？那就要说到关于罗马城的传说。

埃涅阿斯执意离开狄多女王

根据传说，埃涅阿斯成为拉丁平原的首领之后，他的儿子就建起了一座城，首领之位代代相传。但传到首领伊米多尔时，发生了家族纷争。伊米多尔的弟弟阿穆留斯篡夺了首领之位。此时，伊米多尔的女儿西莉维亚已生下一对孪生子，一个叫罗慕洛斯，一个叫勒拿。阿穆留斯担心这两个男孩长大后会来报仇，就命令女奴把他们扔到台伯河里淹死。女奴把两个孩子装在一个篮子里，扔进了台伯河，但河水上涨，把篮子冲到河边，挂在一根树枝上。两个孩子虽没有被淹死，却要被饿死。这时，来了一只母狼，它不但没有吃两个孩子，还用狼奶喂养他们多时，一直到有个牧羊人发现他们，把他们领回家扶养。罗慕洛斯和勒拿长大后，得知首领阿穆留斯是篡位者，就决心率众攻打他。他们英勇无比，因为他们是吃狼奶长大的，所以很快就攻破阿穆留斯的城堡，杀了阿穆留斯。但是，由于攻城，旧城已被毁坏，兄弟俩就决定在旧城的遗址上建一座新城。他们力大无比，相传在一天之内就把一座新城建了起来。但这座新城应该叫什么城呢？兄弟俩为此反目为仇，哥哥罗慕洛斯最后杀了弟弟勒拿，用自己的名字称这座新城为“罗马”。罗慕洛斯是罗马城的第一个国王，住在这座城里的人呢，就被称作“罗马人”了。

吃狼奶长大的罗慕洛斯和勒拿兄弟

古罗马人在举行宗教仪式时，通常都要把罗马民族的始祖埃涅阿斯和罗马城的缔造者罗慕洛斯当作神灵加以祭祀。在有些地方，这两位远古英雄的地位，甚至比某些来自希腊的神祇还要高。

至于神庙，古罗马人在共和国时期还没有真正的神庙建筑。当时所谓的神庙，与其说是神庙，不如说是祭坛，因为只是一块用围墙围起来的空地，用来祭神、占卜和观看天象，同时也供元老们议论国事之用。在这种祭坛式神庙中，最重要的是卡波托林神庙。该神庙为祭奉天神

留存至今的古罗马神庙

朱必特所设，所以罗马人视其为神圣之地。

直到帝国时期，罗马人才开始模仿希腊人为诸神修建神庙，但他们的神庙仍和希腊神庙有所不同。希腊神庙由居屋演变而来，因此明显带有居屋的特点；罗马神庙则依然带有祭坛的痕迹，如神庙前面往往有一广场，而且仍用来占卜和观看天象。

二、古罗马宗教和古希腊宗教的异同

古罗马宗教由于深受古希腊宗教的影响，因此两者可说大同小异。古希腊宗教所具有的那些特点，如神人同形同性、无经典和教义、无教会组织和神职人员、注重献祭与仪式等，古罗马宗教在不同的程度上也都具有。但不管怎么说，古罗马宗教还是和古希腊宗教有细微差别的。

首先是，古罗马宗教比古希腊宗教更具原始性。虽然古罗马宗教的形成晚于古希腊宗教，但古罗马宗教却更具多神教性质，神祇多如牛毛，而且都是体现万物有灵观念的具体神。譬如，幼儿保护神就多达几十个，婴儿一降生有“初啼神”瓦提坎努斯，开始说话时有“初语神”法布利努斯，开始走路时有“学步神”阿贝娜，长身体时有“骨骼神”卡尔娜，上学时有“上学神”伊特达卡，甚至放学时还有一个“放学神”多米达卡，如此等等；就是一扇门，也有三个守护神，即“门板神”“门槛神”和“门环神”;不仅成年男女各有保护神,每一条河、每一条路,甚至每一个路口,都被认为是有某个具体的神掌管的——这样的宗教观念,确实非常原始。即便到了共和时代末年,古罗马宗教的原始多神教性质有所改变,出现了比较抽象的神——如在众多具体的森林保护神之上出现了一个“森林神”,在“门板神”“门槛神”和“门环神”之上出现了一个“门神”——那也仅仅达到古希腊宗教的水平而已。

其次是,古罗马宗教对神的拟人化表现也较古希腊宗教要晚。至公元前五世纪,古罗马还没有神像,而是用实物表示神祇的,如天神朱庇特用石箭表示,战神玛尔斯用长矛表示。公元前五世纪后,在古希腊宗教的影响下,古罗马人才开始用拟人化的形象来表示神祇。

最后是,古罗马的祭司比古希腊较为专职。古罗马宗教虽然也没有教会组织,但有比较专职的祭司团。祭司团成员通常由执政官指定,他们除了主持大型宗教仪式,还主管历法、占卜等事,有时也充当罗马执政官的外交使节。起初,祭司团成员必须是贵族,但后来,也有不少平民被指定为祭司。

和古希腊宗教一样,古罗马宗教也是一种原始的、多神的、非理想化的和未超越现世的宗教,所以到公元一世纪后,当一神的、理想化的和超越性的基督教在罗马帝国传播时,古罗马人便纷纷改弦更张,放弃自己的传统信仰而成为基督徒了。

第 二 章
古代思想文化

我爱柏拉图，但我更爱真理。

——亚里士多德

和宗教文化一样，西方古代思想文化主要是指古希腊和古罗马思想文化。古希腊人在思想文化方面的最高成就，是其哲学和史学；古罗马人虽无哲学可言，但他们的法律思想和教育思想却对后世西方文化产生了深远影响。

第一节　古希腊哲学与“三圣”

古希腊哲学，是指公元前六世纪至公元前四世纪的希腊城邦时期的哲学，简单地划分，可以分成两个时期：前期可称为“自然哲学时期”，后期可称为“人文哲学时期”。不过，自然哲学虽是关于自然的学说，实际上是刚刚萌芽的自然科学思想，而西方哲学的真正始祖是古希腊的人文哲学。

所谓“人文哲学”，就是关于“人的存在”的学说，也就是研究“生活本质”的学说。在古希腊，早期的自然哲学家们固然也涉及诸如“道德”“灵魂”等有关人的自身的问题，但他们在这方面的学说大都是零零星星的,或者是附属于自然哲学的,没有自成体系。只有到了公元前四世纪,即古希腊时代的后期,才真正出现有系统的人文哲学。

一、诡辩学派

公元前四世纪的人文哲学并不是从天而降的,在公元前五世纪的后半叶就出现了它的先驱,即活跃于雅典城邦的诡辩学派。

所谓"诡辩学派"(亦称"智者学派"),是指当时在雅典城里以教授雄辩术和修辞学为业的一群学者的总称。他们只是在思想倾向上有某些共同之处而已,其中最重要的人物是哲学家普罗塔戈拉和高尔吉亚等人。

诡辩学派与早期的自然哲学学派显然不同,他们研究的主要是关于人与社会方面的问题,而不是自然方面的。在人与社会方面,他们所持的是所谓"自然论"和"约定论"的观点。这实际上是诡辩学派内部的两种意见:自然论者认为,人与社会的诸多习俗和制度是从自然而来的,有其自然的根据,但却是人自身难以认识与改变的;约定论者则认为,习俗和制度只是人与人之间的"约定",并无永恒的自然依据可言,因此不管什么习俗和制度,都是相对的,可以任意改变。

自然论和约定论开始时都有一定道理,但由于这两种意见都将自身发挥到极致,于是便走向荒谬了。自然论后来变成了不可知论;约定论变成了相对论和极端怀疑论。此外,由于他们惯于滥用逻辑方法,使论证变成了不顾常识的任意推导,诡辩的风气越来越严重,因而有了"诡辩派"之称。

诡辩学派虽然误入歧途,但客观上却开了古希腊人文哲学的先河,因为继他们之后,人与社会的问题便成了哲学首要关心的问题。

古希腊人文哲学有三大学派,即苏格拉底学派、柏拉图学派和亚里士多德学派。这三派的创始人苏格拉底、柏拉图和亚里士多德被后人誉为"希腊三圣"。实际上,他们是师徒三代:柏拉图是苏格拉底的学生,亚里士多德则是柏拉图的学生。

二、苏格拉底学派

苏格拉底是古希腊人文哲学的真正开创者。他认为,哲学的目的,

苏格拉底

既不像早期自然哲学家所认为的那样，是对自然的认识，也不像“诡辩学派”所做的那样，是对人与社会等抽象概念的探讨，而在于“认识自己”。在知识论方面，他认为“美德就是知识”，知识的对象就是“善”，而“善”就是“自知”和“自律”，也就是要有自知之明和自我克制的能力。因此，苏格拉底是西方思想史上第一个强调哲学应从“自我认识”开始的人，也是第一个强调知识与行为有联系的人。换言之，他是后来作为西方哲学核心的认识论和伦理学的奠基人。此外，在方法上，他善于在辩论中揭露对方的矛盾，通过提问把辩论引到他所要达到的结果。这种方法被称为“苏格拉底反话法”，是后世“哲学辩证法”的前身。

苏格拉底生前常在雅典街头跟人辩论诸如正义、勇敢、德性、节制、真善美等问题，并通过辩论寻求和确定有关这些问题的一般概念。当时，他是雅典城里的著名学者，可谓“弟子三千”，但他的学说却为雅典的当权者所不容。他们指控他制造异端邪说蛊惑人心，将他投入监狱，后又逼他饮鸩自尽。

苏格拉底没有留下任何著作。关于他的学说，后人都是通过他的弟子的著述或者回忆录了解到的。在苏格拉底众多的弟子中，有柏拉图、克里底亚、查米底斯、阿尔基比亚底斯和色诺芬等一大批当时著名的思想家和政治家，其中最了不起的是柏拉图。

三、柏拉图学派

苏格拉底去世时，柏拉图才二十八岁，但已得老师的“真传”，后又多方游学，终于成为一代大哲学家。他于公元前三八六年在雅典郊外开办“学园”，教授弟子并从事著述。他流传至今的著作是近三十篇对话，其中常被后人引用的主要有：《辩诉篇》《普罗塔戈拉篇》《菲多篇》《宴话篇》《智者篇》《法律篇》和《理想国》等。在这些“对话”中，柏拉图

柏拉图

系统地阐述了他在哲学、道德、政治和艺术等方面的思想。

柏拉图不像他的老师苏格拉底那样绝对排斥自然哲学，他将自然哲学的学说全都融入自己的哲学体系。他的哲学被称为“理念论”。他认为，在个别事物和人类之外存在着一个作为万物本源的实体，即永恒不变的“理念”。“理念”是个别事物，是“范型”，而个别事物则是“理念”的“影子”或者“摹本”。因此，在认识论上，他认为人的感觉虽是一切知识的来源，但感觉是以个别事物为对象的，所以不可能是真实的知识的来源。真实的知识只能来源于“理念”，而要获得“理念”，必须通过辩证思维“从理念出发，通过理念，达到理念”，逐步上升到绝对理念，也就是“善的理念”，这是宇宙最高的和最终的目的，也是一切知识和真理，以至于一切存在的本源。

柏拉图的“理念论”是他的哲学核心，他在其他方面的学说都由此导出。比如，他的伦理学说就是以“理念论”为基础的。柏拉图认为，既然作为我们感官对象的个别事物是不真实的，那么真正的幸福就不在于物质欲望的满足，而在于对理念世界的感悟，即对理性的认识。除了理性，他又提出意志和情感两个概念。相对于理性、意志和情感，就有三种美德，即：智慧、勇敢和节制。智慧就是接受理性的引导；勇敢就是凭借意志坚持理性；节制就是用理性控制情感。有了这三种美德之后，才有第四种美德，即“正义”，而正义之人也就是有德之人。

同样，在艺术方面，柏拉图认为，既然个别事物仅仅是理念的“摹本”，而艺术家的创作又是“模仿”个别事物的，所以艺术作品是“摹本的摹本”，与理念隔了两层，根本不可能表现出真正的“美”。因为真正的“美”是“真”，也是“善”，属于“理念”，是艺术所无法表达的。由此，他将哲学高高地置于艺术之上，认为真正的“美”属于哲学，而艺术之“美”不过是“美”的影子而已。

柏拉图是西方哲学史上将哲学体系化的第一人。柏拉图的哲学体系属“理念论”体系，即认为在自然和人之外，还存在着高高在上的“理念”。由于柏拉图的“理念”与一神教的“上帝”观念颇为相近，所以他的哲学对后来的基督教神学影响很大，而基督教神学又是西方近代思辨哲学的前身。

柏拉图死后，他所创建的学园由其弟子继承，形成了柏拉图学派。学派的早期代表人物是柏拉图的侄子斯彪希波以及色诺克拉底等人，他们基本上继承了柏拉图的学说，但偏重于发挥柏拉图学说中毕达哥拉斯派的因素，即用毕达哥拉斯派的“数”的概念来解释柏拉图的“理念”。后期代表人物是阿尔赛西劳斯和卡尔内亚德等人，他们旨在于阐释柏拉图学说中关于现象是“假象”的观点，进而演化成一种柏拉图派的怀疑论哲学。

然而，真正继承和发展了柏拉图学说的，却是在批判柏拉图学说基础上建立起自己的哲学体系的亚里士多德。

四、亚里士多德学派

亚里士多德十七岁进柏拉图的“学园”，随师二十年之久，直到恩师去世后方“自谋出路”。然而，亚里士多德虽然如此敬师，其学识之广博较之于老师却有过之而无不及。他四十二岁时开始担任马其顿王子亚

亚里士多德

历山大的教师，而亚历山大即为后来的亚历山大大帝。四十九岁时，亚里士多德返回雅典，开办学园，教授弟子。由于他喜欢在园林里边散步边讲学，他的学派便被人称为“逍遥学派”。

亚里士多德生性聪明而求实，虽受教于柏拉图良多，但并不拘泥于师说，在诸多方面独有建树，成为柏拉图之后的又一代圣哲。在哲学方面，亚里士多德接受了柏拉图认为知识在于模仿的学说，但他否认柏拉图的“理念论”，认为离开个别事物的“理念”是根本不存在的，知识只能在与客观世界的接触中获得。对此，有人批评他有悖于师教，他回答说：“我爱柏拉图，但我更爱真理。”

不过，亚里士多德尽管抛弃了“理念论”，却也建立了一个类似的哲学体系。他的哲学体系也许可以称为“形式论”，即认为：事物皆由质料和形式两者构成，如一尊大理石像，质料是大理石，形式是阿波罗神的形象，两者是不可分割的。但他又认为，形式要比质料重要得多，因为是形式使质料转变为现实存在物的，如没有阿波罗神形象作为形式，大理石质料就不可能成为一尊大理石雕像。那么形式又是从何而来的呢？亚里士多德没有解释。所以，从根本上说，亚里士多德的哲学是带有二元论倾向的。因为“质料”和“形式”两者孰为本源的问题没有解决，或者说无法解决，于是世界就呈“二元”性质。

亚里士多德的“质料”和“形式”，实际上就是后来西方哲学史上两个最重要的概念即“物质”和“意识”的原始表述，而物质和意识孰为本源的问题，也就是唯物论和唯心论长期争论的焦点。

在“形式论”的基础上，亚里士多德进而建立了“四因说”。所谓“四因说”，就是说，他认为要说明事物的存在，就必须在事物内部寻找原因，而决定事物产生、变化和发展的原因，归结起来有四个，即：质料因、形式因、动力因和目的因。质料因就是构成事物的原始质料；形式因就是指事物的形式结构；动力因是指使一定的质料取得一定的形式结构的力量；目的因则是指某一事物之所以为形式所追求的原因，也就是某一事物为何存在的“缘故”。亚里士多德认为，任何事物的形成，都得有这四个原因，自然物如此，人造物也如此。譬如，向日葵是自然物，种下去的葵花籽是它的质料因；向日葵之所以是向日葵而不成为其他植物，是它的形式因；产生向日葵的葵花籽，可说是它的动力因；而长成后的向日葵，可供观赏或者移作他用，则是它的目的因。再譬如，房屋是人造物，建筑材料是它的质料因；设计图样是它的形式因；建筑师是它的动力因；房屋可用来住人则是它的目的因。当然，亚里士多德的“四因说”是对以往各派哲学进行综合概括的产物，所以在逻辑上是不太严密的，后来有许多哲学家对此进行过批判。但不管怎么说，“四因说”是西方哲学史上第一个有关认识事物的完备学说，是一块坚实的认识论基石，后来西方哲学界关于认识论的种种学说，实际上都是建立在这块基石上的。

基于“形式论”和“四因说”，亚里士多德还建立了相应的政治社会学说和伦理说。在政治社会方面，他认为，从具有决定性的“形式”方面讲，人与其他动物的根本区别就在于，人是天生的政治动物。因为人从来不可能以单独的个人而存在，他总是处在一定的家庭、部落和国家之中，尽管从时间上说国家起源于家庭，但从性质上说国家高于家庭和个人。因此，国家是本质，社会生活是人生存的根本目的，一个人如果离开了国家和社会，那就不成其为人了，或者成为野兽，或者成为神。由于亚里士多德认为人是政治动物，所以他的伦理学说也就是他的政治社会学说的一个分支。他认为，政治学是讨论人如何组织成为社会和国家的，伦理学则讨论人应有怎样的行为规范。人们不管做什么事，都应该追求一个目的，那就是善。善就是有利于国家和社会的行为，也就是美德。因为在亚里士多德看来，人既是政治的动物，同时又是理性的动物，所以作为政治动物的人，其美德就是行德，而作为理性动物的人，其美德就是知德。行德还不能使人达到最高的幸福，唯有行德的同时又知德，才能使人成为“完善之人”。所谓“知德”，就是“理性的沉思”，不以个人利害为限制的对“真理”的追寻。亚里士多德认为，只有寻思“真理”的生活，才是最高尚、最完满、最幸福的生活，而寻思“真理”正是哲学家的职业，所以亚里士多德在这一点上和他的老师柏拉图以及他的师祖苏格拉底一样，也把哲学家看作是人类的最高典范。

亚里士多德知识广博，被誉为百科全书式的学者。除了哲学、政治社会学和伦理学，他在逻辑学、动物学、天文学、物理学、诗学和修辞学等方面都有所开创，有所建树，因而创立了古代世界最伟大的学术体系。他的著作达数百种，流传至今的主要有：《工具论》《动物学》《动物志》《论生成与消灭》《气象学》《论天》《物理学》《形而上学》《伦理学》《政治学》和《诗学》等。

亚里士多德对西方后世学术界的影响特别大，其影响主要是通过两条途径产生作用的：一条是他去世后他的学派继承了他的学说，如他的弟子狄奥弗拉斯图和斯特拉图等人，继承了他在物理学和生物学方面的研究工作并取得很大进展，从而对后来的自然科学产生影响；另一条是他学说中的形而上学理论，后来在中世纪被以托马斯·阿奎那为代表的经院哲学作为理论依据加以阐释，并和基督教神学融合为一体，作为基督教神学的一部分统治欧洲精神文化达数百年之久。

第二节　古希腊史学三大家

古希腊史上有三次著名的战争：第一次是“特洛伊战争”，其部分史实可从荷马史诗《伊利亚特》里找到；第二次是“希腊波斯战争”，其史实由希罗多德写在他的名著《历史》里；第三次是“伯罗奔尼撒战争”，其史实由修昔底德写在他的《伯罗奔尼撒战争史》里。由此观之，荷马不仅是西方文学史上的“诗圣”，同时也是西方史学史上的先驱。确实，就史学而言，古希腊人尊重《荷马史诗》就像犹太人尊重《旧约》一样，是全然信以为真的。与荷马并称的，还有赫西俄德，他把古希腊文明的演化史，划分为黄金时代、白银时代、青铜时代和黑铁时代，这不仅是古希腊史学思想的萌芽，也是西方历史哲学的雏形。

不过，严格地说来，荷马和赫希俄德的叙事诗是不能称为真正的历史的。因为他们的诗篇含有过多的艺术渲染和神话因素，真正的史学材料反而被湮灭了。尤其是《荷马史诗》，重视的是英雄个人的历险，而非城邦社会的兴衰。实际上，古希腊史学萌芽时期的史学家，是在希腊城邦制后期才出现的。他们以希腊城邦社会为背景，用散文记述民族的历史，虽然其中仍夹杂着大量的神话传说，但总体上说是一种类似于“史话”的早期著述。

这样的散文史学家，现在有名可查的，大约有三十人之多，其中最有名的是生活在公元前六世纪中叶的卡德谟斯，他出生于小亚细亚的米都利，相传他还是希腊文字的发明人。同样出生于米都利的，还有早期史学家狄奥尼索斯，他写过一部《波斯史》。但是，无论是卡德谟斯，还是狄奥尼索斯，他们所写的都只是“演义”式的东西，严格地说也不是真正的历史。

真正的早期散文史学家，应该是赫克泰厄斯。他也是米都利人，曾游历过地中海沿岸各地，著有《大地巡游记》和《谱系志》两书。《大地巡游记》记述作者游历各地之见闻，并把当时希腊人所知的世界分为欧洲和亚洲，还绘成了地图；《谱系志》则记述故乡爱奥尼亚地区之史事以及有关的神话传说。遗憾的是，赫克泰厄斯的著作留传下来的只是一些片断，我们只能从希罗多德《历史》一书对它们的大量引用中了解其大致情况。

与赫克泰厄斯同时代的，还有一些编年史家，如萨摩斯岛的欧基翁，著有《萨摩斯纪》；兰普萨卡斯的卡隆，著有《兰普萨卡斯纪》等。这些著作，用今天的话来说大概可算作“地方志”，具有较高的史学价值。可惜的是，它们绝大多数已经失传，留存至今的只是像金字塔废墟一样的残篇，除了供人凭吊，很难再从中得到历史的真相。

上述所有这些古希腊史学萌芽期的史学家，其著作既然已经失传，关于他们的生平也就更不容易考证了，所以任何史书都无法对他们加以详细的介绍。那么，作为西方史学鼻祖的、有著作传世的而且其生平可查可考的，又有谁呢？那就是被称为古希腊三大史学家的希罗多德、修昔底德和色诺芬。

一、希罗多德与《历史》

希罗多德出生于小亚细亚的哈利卡纳苏城的名门世家，自幼受到良好教育。他有一位叔叔是当时颇有名气的诗人，因受叔叔的影响，他从小酷爱文学和历史。当时的哈利卡纳苏城是多利亚人的“六大盟邦”之一，因而希罗多德对爱奥尼亚人始终抱有偏见。然而，爱奥尼亚文化却是古希腊的主导文化，所以，后来希罗多德写他的名著《历史》时，仍不得不使用他讨厌的爱奥尼亚方言。

在希腊和波斯进行战争之际，哈利卡纳苏城锡密里安人的女王阿提米西雅是站在波斯一边的，曾亲率海军随波斯王大流士攻打希腊。

希罗多德

后来，阿提米西雅去世，哈利卡纳苏城里的希腊人发动政变，试图推翻锡密里安人的统治。希罗多德和他的叔叔都参与了这次政变。但是，政变失败，他叔叔不幸身亡，而他只能流亡到萨摩斯岛。

公元前四五四年，希罗多德大约三十岁，开始在欧、亚、非大陆漫游。他以经商或者教书的收入作为旅费，向西横渡地中海，经希腊本土、西西里、意大利，一直旅行到现为西班牙的伊比利安半岛，然后渡过直布罗陀海峡到达北非，经埃及穿越阿拉伯沙漠，深入到亚洲内陆，访问古巴比伦城和波斯京城苏萨；最后，他又北上到达黑海边，又折回希腊半岛北部的色雷斯和帖萨利。总之，希罗多德花了整整七年的时间，周游了当时希腊人心目中的“全世界”。

这七年漫游，使希罗多德获得了丰富的资料。大约在公元前四四七年，希罗多德旅居希腊文化中心雅典，当时他四十岁左右，开始埋头著述。他用四年时间，完成了第一和第二卷；在此期间，他还曾代表雅典在奥林匹克竞技会上宣读他的新著，获雅典颁发的巨额奖金。当时的雅典，正是伯里克利统治下的黄金时期，希罗多德不仅受到伯里克利本人的礼遇，还和雅典城里众多的学者名流如哲学家苏格拉底和悲剧作家索福克勒斯等人过往甚密。

然而，希罗多德没有在雅典待多久，因为他在著作中不时流露出对爱奥尼亚人的敌意，而雅典人恰恰与爱奥尼亚人是同宗同族的，所以他的著作在雅典引起了不小的非议。于是，他在公元前四四三年离开雅典移居到意大利南部的图里伊城，并在那里一住就是十三年，完成了他的著作的第三、第四和第五卷。

大约在公元前四三一年至公元前四二八年，希罗多德又去雅典住了三年，在那里完成了他的著作的第六、第七和第八卷。此后，他又回到图里伊城，并在那里写完他的著作的最后一卷即第九卷。至于希罗多德去世的年代，没有确切的史料记载，但西方史学界一般都认为他死于伯罗奔尼撒战争的初期，即公元前四二五年。

希罗多德的著作《历史》五十余万言，是他毕生心血的结晶，也是西方历史上最早、规模最大的史学巨著，所以希罗多德从古罗马以来就一直被敬仰为“史学之父”。《历史》有时也被称为《希腊波斯战争史》，实际上全书并不仅限于记述“希腊波斯战争”。至于全书被分为九卷，也不是希罗多德原先划分的，而是希腊化时期亚历山大学派的训诂学家们为了研究和典藏上的方便而所为，但由于千百年来已约定俗成，人们至今仍将此书视为九卷，内容大致如下：第一卷记述吕底亚史、米提史、波斯史、巴比伦史，以及这些地区的典章制度和风土人情；第二卷记述埃及史以及埃及的典章制度和风土人情；第三卷记述波斯王冈比士远征埃及的历史、大流士一世时期的历史以及阿拉伯、伊索庇亚、北欧、波斯等地的地理和风俗；第四卷记述大流士一世远征大月氏的历史以及有关大月氏、黑海、利比亚和赛利尼等地的历史、地理和风俗；第五卷前二十八章记述爱奥尼亚叛乱史，从二十九章开始记述希腊波斯战争；第六卷从波斯平定爱奥尼亚叛乱写起，一直写到马拉松战役；第七卷记述从波斯王大流士一世发动第三次希腊波斯战争至温泉关战役的战况；第八卷记述从阿得米申海战至萨拉米斯海战的战况，以及波斯军队败退的惨状；第九卷记述从普拉托战役至密加勒海战的战况，以及波斯宫廷内乱和雅典霸权的确立。

如果我们读一下《历史》原著，就会感觉到希罗多德确实是良史之才。我们今天所以能读到如此生动的希腊波斯战争的实况，完全是靠希罗多德这支传神的史笔，而他这种优美的笔法，则大半学自荷马和赫西俄德的史诗。譬如，书中的历史人物传记，像大流士传、梭伦传和克利萨斯传等，都是堪与荷马媲美的佳作。

《历史》是一部纪传体历史著作。希罗多德在记述时非常重视直接史料和间接史料的运用，譬如他常常在行文中使用“据云”“闻诸”等字眼引出一些间接史料，从而使本来可能比较枯燥的史实变得颇为有趣。至于像碑文等直接史料的引用，他更是一丝不苟，经常亲自去考察古代陵墓、神殿和战争纪念碑等具有考古学价值的地方，从中获取第一手资料。由于这两方面的原因，《历史》一书不仅史料比较完备，而且都比较翔实,可以说是现代意义上的“历史”。希罗多德在西方被尊为“史学之父”,其原因也就在于此。

有人认为,把希罗多德的《历史》改称为《希腊波斯战争史》似不妥当,因为前四卷全是亚非各国的古史,和希腊波斯战争没有直接关系。其实,希罗多德之所以要在叙述希腊波斯战争之前先把波斯帝国统治下的亚非各国的历史和风土人情作一通盘介绍,就像演戏前必须先布置舞台和给演员化妆一样,是总体设计的一部分。他的主要目的是记述希腊波斯战争,这就像要上演一出戏一样,如果事先不让观众看到舞台布景和演员造型,那观众在观赏和理解剧情时就会大打折扣。所以,批评希罗多德的《历史》不是“历史”而是“游记”的人,从根本上说是没有弄明白,历史写作实际上也是一种“创作”,只是要受一些特殊法则的制约罢了。

尽管如此,希罗多德的《历史》也不是没有缺点的。实际上,古今对这部史学经典表示不满的,大有人在。总括起来,人们的非难大体有以下几点:

首先是认为,希罗多德在叙述历史时过多地借助于“神的权威”。譬如说到战争与和平时,他每每宣称:“是战,是和,哪能由人而定?只能听凭神的安排而已。”还有,如他虽然认为希腊人要比波斯人“优越”,但在解释希腊人胜利的原因时却仍然说:“此乃由于神助。”

其次是认为,希罗多德在历史年代和地理概念方面有不少错误。譬如他说到雅典政治家梭伦和吕底亚国王克利萨斯的相遇,这在年代上完全弄错了。还有他说到有一个物产丰富的“世界边缘之国”,那里有种种奇异风俗等,也是凭道听途说的,没有任何根据。

再次是认为,希罗多德缺乏军事常识,所以在分析历次战役的得失时往往漏洞百出,譬如他对普拉托战役和阿得米中海战的分析,就显然是错误的。

最后是认为,希罗多德对爱奥尼亚人抱有太多的偏见,因为他自己是多利亚人,便攻击爱奥尼亚人是“卑贱种族”,唯有做奴隶才算是“尽善尽美”的,等等。

当然,像这样的“缺点”,有的是希罗多德作为一个古希腊人所难免的,有的则是他作为一个早期史学家所难免的。不管怎么说,《历史》一书虽有“瑕疵”,从总体上说仍是一块年代久远的“美玉”。

二、修昔底德与《伯罗奔尼撒战争史》

修昔底德出生在雅典的名门之家,父亲是富商,和当时雅典的统治者伯利克里有一些亲戚关系,在色雷斯还拥有一座金矿,所以修昔底德从小就受到极好的教育。他曾跟从伯利克里的老师阿那萨哥拉学习哲学,又曾跟从雄辩术大师安提丰学习雄辩术。二十岁左右,修昔底德随父亲一起参加奥林匹克竞技会,当他听到希罗多德朗诵他的名作《历史》的片断时,一时竟由于赞叹、羡慕和敬仰等复杂感情而放声大哭。希罗多德后来听说此事,不无惊讶地说:“此人将来必成史学大师。”确实,修昔底德就是听了希罗多德的朗诵后,才决心成为史学家的。

修昔底德

公元前四三一年,第一次伯罗奔尼撒战争爆发,修昔底德以史学家的目光看到这次战争的重要性,认为它是希腊有史以来少见的一件惊天动地的大事,所以从战争一开始,他就注意收集各种资料。

公元前四二四年,修昔底德被任命为雅典的将军,负责镇守色雷斯沿海的安菲波利斯城,不幸兵败城破,被雅典军事法庭判处二十年流放。这对修昔底德的政治生涯来说固然是致命打击,但对于作为史学家的他来说,倒反而是一种莫大的荣幸,因为他后来在二十年的流放生活中,遍访各大战场,收集到许多关于伯罗奔尼撒战争的史料。

公元前四〇三年,修昔底德服满二十年流放刑,返回雅典,此时他已五十多岁。他别无他求,只希望实现三十多年来的夙愿,即完成自己有关伯罗奔尼撒战争的历史著作。于是,他闭门著述,用了五年时间终于写出了不朽的史学巨著《伯罗奔尼撒战争史》。

《伯罗奔尼撒战争史》用简洁的散文写成,全书共分八卷,约五十万言。内容是叙述雅典与以斯巴达为首的伯罗奔尼撒同盟之间的战争,从公元前四三一年起，一直写到公元前四〇四年雅典败亡为止，总共是二十七年的战争史。不过，其中从公元前四一一年到公元前四〇四年的七年战史，是由另一位雅典史学家色诺芬续写的。至于这部战争史被分为八卷，也像希罗多德的《历史》一样，并非作者原先所为，而是稍后的考据家们为典藏和阅读方便，根据原书内容加以划分的。

从总体上说，《伯罗奔尼撒战争史》是一部断代编年史。修昔底德在全书的卷首写道："雅典人修昔底德著《伯罗奔尼撒战史》，干戈方兴即开始记述，因为此乃旷古未有之战事。"对这部书，修昔底德非常自负，认为它一定会流芳百世。确实如此，由于修昔底德是亲身参与这场战争的雅典方面的将军，他的书里没有像希罗多德《历史》中那样的道听途说的间接材料，所以被认为是与近代“历史”一词的含义最为接近的一部古史。

修昔底德写史基本上摆脱了宗教和道德的束缚，特别注重悲剧性事件的描述，对战争的因果和政治的得失也有所论述。他力求客观与真实，经常在书中引用公文而且特别重视斯巴达方面的材料，因此从学术意义上讲，《伯罗奔尼撒战争史》要比希罗多德的《历史》更有价值。此外，修昔底德还特别重视对战场的实际考察，譬如他在流放期间曾远游到西西里岛，为的就是要去考察公元前四一五年雅典远征军在那里惨败的战场。关于这一战役的描述，可以说是全书写得最生动、最具感情色彩的部分，据说十九世纪德国著名历史学家兰克每年都要把这一部分读上一两遍。至于对战争的论述，修昔底德往往是采用当时重要政治人物的言论间接地予以表达的，譬如他引入“伯利克里致阵亡将士的悼词”来表明他对战争残酷性和不可避免等问题的看法，至今读来仍耐人寻味。

但是，由于修昔底德极力排斥希罗多德的趣味性写法，认为希罗多德那种模仿荷马的文学笔调在写史时不可取，其结果是，《伯罗奔尼撒战争史》不免写得艰涩难懂甚至有点枯燥乏味，只是一部学术性很强的纯历史，而不像希罗多德的《历史》那样是文情并茂的历史文学。因此，千百年来，修昔底德的影响仅限于职业军人和战争史家，至于普通读者，对他的著作往往是敬而远之的。再说，全书内容叙述的都是攻城、略地、烧杀、掳掠等战争惨状，就像一篇令人触目惊心的战场手记，除了可供后世职业军人作为鉴戒，很少有文人学者会翻阅浏览。反之，假如修昔底德不是抱定单纯的战争史观，而是把当时雅典的社会状况和学术文化作为背景加以通盘介绍并借用像希罗多德那样的文学笔调的话，那么《伯罗奔尼撒战争史》真可说是一部十全十美的史学巨著了。

最后，修昔底德虽不像希罗多德那样在写史时带有明显的宗教、道德和种族等方面的偏见，而且在某种程度上也发现了社会政治和战争之间存在着一定的联系，但总的来说，他仍相信决定历史的是人所不能驾驭的“命运”。他认为，人世间的一切成败得失都受“命运”摆布，战争固然与社会政治有联系，但社会政治的变动归根结底是一些有权有势的个人引起的。所以，修昔底德就像绝大多数古代史学家一样，抱有一种“人存政举，人亡政息”的直观式的人治主义历史观，至于像近代深究战争和社会变革的经济原因的唯物史观，他是断然没有的。不过，我们不要忘记，修昔底德是两千多年前的古希腊人，能用这样的眼光来观察战争与社会，已经是非常了不起了。

三、色诺芬与《希腊史》

古希腊第三位大史学家是色诺芬。色诺芬同样出生于雅典的贵族之家，是苏格拉底的得意门生。公元前四〇一年，他随同斯巴达远征军参与波斯王位的纷争，在波斯王的弟弟居鲁士幕下任职，助其争夺王位。后来居鲁士事败身死，斯巴达军被迫撤离。由于军中高级将领都中波斯王之计而被谋害，当时人数达一万之多的斯巴达士兵便拥立色诺芬为统帅。他们历经千辛万苦，终于返回希腊。回国后，色诺芬根据自己在波斯的经历写了《远征记》一书。

色诺芬

公元前三九九年，苏格拉底被雅典政府判处死刑。作为苏格拉底学生的色诺芬为此怒不可遏，愤然出走，离开雅典移居斯巴达。

公元前三九六年,色诺芬随斯巴达国王阿偈西劳远征波斯,转战于小亚细亚各地。两年后,又随阿偈西劳返回希腊,参与对其故国雅典的科罗尼亚战役。由于色诺芬是雅典人,而助斯巴达攻打本国,雅典政府便以叛国罪缺席判处他终身流放。反之,斯巴达则因色诺芬为其立下汗马功劳而将斯奇罗斯赐封给他作为私人领地。色诺芬在斯奇罗斯住了二十多年,专心著述,其作品中重要的有:《希腊史》《经济论》《斯巴达政体论》和《苏格拉底回忆录》等。

公元前三六九年,斯巴达与雅典言和,雅典政府赦免了色诺芬的叛国罪,允许其回国。但是,色诺芬既没有回雅典,也没有在斯巴达继续住下去,而是移居到了科林斯。当时他已六十岁左右,在科林斯又住了大约十年,依然从事著述,直到公元前三五五年,即全希腊为马其顿所灭亡之际,病死于科林斯。

在色诺芬的著作中,《远征记》(也译为《万人撤退记》)在西方流行最广,因为此书内容生动,文字流畅,自古被当作学习古希腊语的范本。但是,《远征记》只是一部随军日记,并非真正的史学著作。作为史学家,色诺芬最重要的著作则是《希腊史》。

《希腊史》其实是修昔底德《伯罗奔尼撒战争史》的续篇,叙述的史实是从修昔底德停笔的公元前四一一年起,到公元前三六二年底比斯衰亡为止,共四十九年间的历史。全书分为七卷,行文雄健,叙事生动,遇到史事枯燥处,常插入趣味掌故予以调剂,所以此书一直被认为古希腊史学著作中可读性最强的,也是色诺芬被荣列为古希腊三大史学家之一的代表作。

较之于修昔底德的《伯罗奔尼撒战争史》,色诺芬《希腊史》的最大特点是文笔卓越、叙事隽永,读之犹如品尝醇酒香茗,让人觉得余味无穷。尤其是色诺芬善于描写人物,书中有关的历史人物传记,几乎每篇都把所记人物写得惟妙惟肖、入木三分。所以,即便色诺芬没有写这样大部头的《希腊史》,单凭这些人物传记也算得上是传记文学的圣手了。

但是,正因为色诺芬文笔华丽,西方史学界常有人对他提出严厉的批评,大凡是认为他只注意文学效果而忽略历史深度。譬如,英国近代著名史学家约翰·伯里的意见就很具代表性。他认为:“色诺芬作为史学家,其实是个玩物丧志的人。我们阅读他的著作,承认他是古希腊文学的名家,但他的思想却平庸而芜杂,记述史实只讲求铺陈而从不深究其理义。”

诚然,像这样的批评,和人们对希罗多德的非难是差不多的,也就是文学性与史学性的矛盾。凡治学严谨的史学家,都倾向于贬低希罗多德和色诺芬而褒扬修昔底德;凡热情奔放的史学家,都倾向于贬低修昔底德而褒扬希罗多德和色诺芬。这实际上是历史写作的两大分野:注重历史著作的文学性和注重历史著作的纯史学性。前者往往因其生动可读而赢得众多读者,从而使其所记的历史事件和历史人物深入人心,但其叙述的准确性又往往经不起专家的推敲;后者正好相反,往往因其准确严密而赢得专家们的敬仰,从而在史学界享有崇高地位,但其叙述的晦涩枯燥又往往使普通读者望而生畏。这是自古希腊以来西方史学界一直无法解决的矛盾,两种治史倾向相互攻讦,互不相让,至今仍势不两立,而究其源头,就是从希罗多德、修昔底德和色诺芬这三大古希腊史学家开始的。所以,说他们三人是西方史学的鼻祖,理由也就在于此。

第三节　罗马法及其思想

古罗马对西方文化的最大贡献,就是博大精深而行之有效的罗马法。所谓“罗马法”,是指通行于整个古罗马世界的法律,也就是从公元前七五三年罗马建国,经过一千两百多年的长期演变,到公元五二九年《查士丁尼法典》完成,这中间所有的罗马法律都称作“罗马法”。

法律是社会的产物。法律是随社会的演化而演化的,社会又随国家势力的消长而变迁。古罗马从弹丸之地的罗马城邦先发展为统治整个意大利半岛的国家,后又通过武力征伐,扩张成为统治整个地中海的大帝国,其间罗马法律也相应地从规范农业社会生活的一般法规演变为管理商业社会秩序的法律。

一、十二铜表法

罗马法最初是由一些不成文法演变而来的。一般认为,古罗马最

罗马十二铜表法

早的成文法是大约在公元前四五〇年形成的所谓“十二铜表法”，也就是早先的一些习惯法的汇编。大约在罗马共和制末期，由于各种社会势力的高涨，十二铜表法实际上已失去法律效用，罗马社会几乎趋于无法制的混乱状态。这种情况后因屋大维称帝，改共和制为中央集权的君主制后，才有所改变。

屋大维当政时期，也就是“奥古斯都时期”(“奥古斯都”即集权者之意，在罗马史上特指屋大维)，罗马法律的制定逐渐趋于国家化，同时涌现出诸多著名的法学家。这是罗马法的鼎盛期，也是西方法律史上所称的“古典时期”。大约到了公元三世纪，罗马帝国由于东西分裂而混乱不堪，罗马法也随之衰微，整个帝国再度陷入无法制状态。

到公元六世纪中叶，东罗马帝国(亦称“拜占庭”)皇帝查士丁尼为了恢复帝国的社会秩序，召集法学家对罗马法进行彻底的整理和修订。结果是编纂了一部完整的法典，史称“查士丁尼法典”。至此，罗马法乃抵于大成。

从上述情况大体可以看出,罗马法的发展主要是在“奥古斯都时代”,而其成熟则是在“查士丁尼时代”,其间经历了大约七百年时间。

二、公民法、万民法和自然法

从奥古斯都时代起,罗马法就由三个部分组成,即:公民法、万民法和自然法。公民法基本上是罗马及其公民的法律,有成文和不成文两种形式,包括元老院的法令、元首的命令、大法官的公告,以及一些具有法律效力的传统习俗等;万民法在形式上却是不管民族如何对所有人都一视同仁的法律,其实则是罗马特有的一种针对帝国境内非罗马公民的法规。因为罗马帝国不断扩张,欧、亚许多民族都被置于帝国的统治之下,对他们当然也要制定法律来加以管理。所以,万民法并不是高于公民法的法律,而是公民法的补充,或者说是维护罗马公民权利,即保障奴隶制、财产私有制和买卖、合作、契约等社会活动得以正常进行的法律。不过,后来到了公元二一二年,卡拉可勒皇帝发布敕令,授予帝国境内所有自由民以公民权。这样,古罗马人和罗马帝国治下的非罗马人在法律上的不平等现象便逐渐消失,公民法与万民法也不再有本质区别。

实际上,罗马法的三个组成部分在概念上仅为两种“法”,即“人为法”和“自然法”。所谓“人为法”,就是在某种历史条件下制定的法律,公民法和万民法同属此类;与“人为法”相对的是“自然法”,即被认为是适用于全人类的、不受特定历史条件制约的法律。当时罗马法学家都受古希腊哲学的影响,认为公民法和万民法是古罗马特有的实用法律,而在公民法之上还有一种基于自然的共同法。这种理论不仅对当时的法学家影响颇大,实际上也构成了罗马法的基本法理思想。

不过,就如我们今天所承认的,超越历史限制的所谓“自然法”实际上并不存在——任何法律都是历史的产物。但是,古罗马人却相信这种“超越”。这是因为他们受古希腊“命运”观念的影响,“法”的观念还没有和“神”的观念彻底划清界限。譬如,西塞罗就曾认为:“真正的法律是广泛流传于一切人之中的,永恒不变的,是与天性相一致的正常理智。宗教信仰禁止我们违背这个法律去制定其他条例。我们既不可以对它稍加废除，也无权通过元老院或者全体公民来决定不受它的约束。”这正是罗马法或者说西方法制观念最初形成时独特的历史形态。认为在具体的法规之上还存在着抽象的法理，或者说“自然法”，其消极的一面固然反映了古罗马人“法”的观念较之于现代人还不甚健全，但其积极的一面却表明古罗马人至少已将“法”与政治权力初步区分开来，并力图为它找到非政治性的甚至“非人的”根据。这对于确立真正的法制观念来说，无疑是非常关键的一步。

三、《国法大全》

在历时一千多年的罗马史上，历代帝王颁布的各种各样法律不计其数，罗马法著作也可谓汗牛充栋。尤其是到了公元二至三世纪，罗马帝国一分为二，东西两边各自编纂法典，如东罗马在公元二九〇年有私撰的《格利高里法典》和《海摩格尼安法典》问世，后来又于公元四三八年颁布由官方编撰的《敕法集成》；在西罗马，帝国灭亡之后入侵的日耳曼各部族也在其各自的领地内编撰法典，如西班牙人编撰了《西哥特人罗马法典》、高卢人（即法国人）编撰了《勃根第人罗马法典》、入侵意大利本土的日耳曼人则编撰了《狄奥多西法典》，等等。这样，到了公元六世纪，当时的东罗马皇帝查士丁尼决定将堆积如山的法学典籍加以彻底整理。他召集特利布尼安等十七位著名法学家，对旧法典如《格利高里法典》《海摩格尼安法典》和《敕法集成》等加以重新编纂，矛盾处予以统一，重复处予以删除，废规予以淘汰，最后于公元五二九年公布了一部统一完整的法典。此法典后世称为《旧敕法汇编》，也就是通常所说的《查士丁尼法典》。

查士丁尼

公布了《旧敕法汇编》之后，查士丁尼仍觉得没有彻底完成他的立法大业，于是又谕令众多法学家，历时二十多年，编纂出《学说汇纂》《法学阶梯》和《新律》三部法学典籍。其中《学说汇纂》是历代法学家对法典所作的阐释;《法学阶梯》是研习法律的教本;《新律》是查士丁尼在位期间的敕令总汇,编成之时查士丁尼已经去世。

查士丁尼时期所颁布的一系列法典,即《旧敕法汇编》《学说汇纂》《法学阶梯》和《新律》,经后人合并,称为《国法大全》(亦称《民法大全》或者《罗马法全典》)。后世所称"罗马法",实际上即指《国法大全》。

四、罗马法的文化史影响

罗马法是古罗马学术文化史上最重要的一环,也是古罗马人留给西方的最宝贵的文化遗产,它对西方近代文化的影响之大,无论怎样估计都不会过分。十九世纪德国著名的罗马法学家耶林在其《罗马法精神》一书里甚至这么说:"罗马人三次统一西方世界:第一次是在罗马鼎盛时期,他们以武力统一了西方世界;第二次在罗马衰亡时期,他们是以宗教统一西方世界的;第三次是在中世纪以后,早已不复存在的罗马又以罗马法再度统一了西方世界。"如果说,古罗马人当初用武力建立起庞大的罗马帝国从而大体划定西方的版图、后又将基督教留给入侵的日耳曼各部族从而使西方具有统一宗教背景的话,那么可以说,罗马法律又从根本上奠定了西方近代社会的法治基础。

首先,罗马法是西方后世各国立法的蓝本。在东罗马帝国亦即"拜占庭",从查士丁尼大帝去世到公元一四五三年帝国灭亡的九百多年间,开始是基督教法理思想不断渗入司法领域,如当时的《埃克罗格法典》就是基督教法理思想的体现,但不久便出现了反基督教法理思想而试图恢复罗马法的《普罗奇伦法典》,接着又有反罗马法而恢复基督教法理思想的《艾帕纳高格法典》。这样基督教与罗马法几经较量,最后在公元九世纪,由当时的皇帝利奥六世亲自主持,以罗马法(即《国法大全》)为蓝本,依照《旧敕法汇编》的体例制定了六十卷的《巴西利卡法典》。此后,《巴西利卡法典》在中欧和东欧地区就一直沿用到十五至十六世纪。在西欧,罗马法的影响更大,不仅各国立法都予以参照,而且还形成了专门研究罗马法的学派。譬如,在十二世纪意大利的波隆纳有"罗马法注释学派",其影响不仅使意大利本国的法学家靡然风从,连德、法、英等国的法学家也纷纷来到波隆纳从事罗马法研究,据史书记载,当时来自各国的法学留学生就有一万多人。这些留学生回国之后都参与本国的立法和司法事务，罗马法对其影响之大就不必待言了。此后，西欧各国也形成了自己的罗马法学派，如法国有“后期注释派”、德国有“历史学派”，等等。至于各国在立法过程中实际应用罗马法的情况，尽管具体做法各不相同，但各国法律中都体现了罗马法的精神，这一点是完全一致的。在各国制定的法典中，最近代、最能体现罗马法精神的、对西方现代法律制度影响也最大的，是法国于一八〇四年颁布的《拿破仑法典》。现代西欧各国的法律，基本上都是以《拿破仑法典》为基础而制定的，即所谓的“大陆法”系统。至于所谓的“英美法”，虽然有其独特的法理系统，但其基本法学思想和关于法律的概念及术语，仍明显地来自罗马法。

罗马人

其次，罗马法对西方近代政治思想和人权观念产生了决定性的影响。罗马法的精神实质，就是把“法”看作是伦理的一部分，而非政治权力的衍生物。这一思想最初来自古希腊哲学，尤其是柏拉图的学说，但与柏拉图学说又不尽相同。柏拉图把“法”定义为辨别正义与非正义的准绳，这一定义是罗马法全盘继承的。可是柏拉图又认为，立法权和司法权即政治权力。反过来也就是说，政权主要体现为立法权和司法权，因此最高当权者也就是最高立法者和司法者。罗马法则不同,认为“法”即使不高于政治权力,也是与政权并列的。换言之,辨别正义和非正义的权力不属于政治范畴,而属于法律范畴。也就是说,罗马法最初把政治与法律区分开来了。这是古罗马比古希腊高明的地方,虽然在整个罗马史上并非时时都体现出这样的思想,但作为思想萌芽,它却是西方近现代“三权分立”(即立法、行政和司法相互独立又相互牵制)社会体制的古老渊源。此外,罗马法在私法方面对亲属关系和财产拥有权等的规定都十分明确,保护个人权利(至少作为罗马公民的个人权利)是私法的核心内容而受到重视。这种有关个人权利的思想最初来自自然法观念,进而演变成个人权利与生俱来而且不可侵犯的思想准则。既然个人生来就有决定服从或者不服从的权利,那么统治者必须先征得许多个人(也就是民众)的同意之后才能进行合法统治。这就是后世著名的“君权民授”思想的雏形,也是现代西方人权观念的来源和西方普选制度的基础。同时,有关个人权利的思想又是近代英、法等国进行社会革命的理论根据,因为统治者侵犯了大多数个人的权利,这些个人就有权将其推翻。

罗马人

第四节　古罗马人的性格与古罗马教育

古罗马人和古希腊人在民族性格方面有诸多差异。如果说古希腊人是个审美民族的话，那么古罗马人是个重法的民族；如果说古希腊人长于文学艺术的话，那么古罗马人擅长的是军事政治。一般说来，古希腊人倾向于沉思默想而且多愁善感，古罗马人则倾向于身体力行而且注重实际。古希腊人讲求个人自由；古罗马人注重遵纪守法。根据英国著名的罗马史专家威尔曼教授的说法，古罗马民族有四方面的性格特点，即：坚韧、善辩、求实、好胜。坚韧是指古罗马人具有很重的道德伦理观念，为人从不散漫；善辩是指他们具有较强的法制思想，遇事往往要争论是非；求实是指他们不常耽于幻想，注重世俗成就；好胜是指他们具有尚武精神，以征服世界为己任。

罗马人

正因为古罗马人具有上述四方面的性格特点，也就决定了他们的教育制度的基本性质，即：以法律和修辞（也称为"雄辩术"）作为教育的中心，再辅之以其他学科，如文学、历史和哲学等。

一、古罗马早期的“希腊风”

尽管古罗马的教育胜于古希腊，但他们最初是跟古希腊人学的。大约在公元前三世纪时，古罗马人统一意大利半岛后，便和当时作为地中海一带文化中心的希腊诸城邦发生接触。由于古希腊拥有高度的文明，使古罗马原始的以家庭为主的教育产生了急遽的变化。起初是有一些希腊人到罗马来教授希腊语，后来又有一些希腊人把荷马史诗和希腊的古典戏剧，如埃斯库罗斯的悲剧和阿里斯托芬的喜剧等，翻译成拉丁语作为教材供学生阅读。这是古罗马最早的文科教育。大约到了公元前二世纪的中叶，古罗马终以武力将包括希腊半岛在内的地中海四周的领土全部纳入自己的版图，希腊成了罗马的一个行省。这样，有许多在战争中被俘或者迫于生计四处颠沛的希腊学者滞留于罗马，而且大多以教书为生，加上罗马军团掠夺性地将希腊大量的典籍搬回罗马，一时之间罗马的教育几乎整个地希腊化了。尤其是罗马贵族，更是以模仿希腊人的生活为时尚，家庭教师也必由希腊人充当。可以说，整

罗马人

个罗马社会笼罩在“希风腊雨”之中。

这似乎是一种讽刺，因为作为“武力征服者”的古罗马人，实际上成了“文化征服者”希腊人的俘虏。对此，便有不少罗马名流大声疾呼，要求抵制希腊文化。譬如，当时罗马最有威望的政界元老、学者大加图就是抵制派的中坚人物。于是，在公元前一六一年，罗马元老院为了维护罗马传统，下令驱逐所有罗马本土内的希腊学者。

然而，就如大厦将倾绝非一木可撑，以排山倒海之势涌入罗马的希腊文化也非元老院一纸命令所能驱逐。因为文化上的无形征服，是任何政治和军事力量所无法抵挡的。希腊学者固然均被逐出罗马，希腊文化却已经在罗马生根，而且还要开花、结果。那就是在不久之后，罗马出现了一个被后人称之为“古典时期”的阶段。在这一时期，罗马的教育最为发达，形成了社会化的教育制度。它不仅为当时罗马社会培养了大量人才，而且其教育体制后来一直是西方各国进行社会化教育的楷模。因为正是在“古典时期”，罗马建立起一种专门从事教育的社会机构。

二、古罗马教育体制

古罗马早期教育机构与古希腊的“学园”或者中国古代的“私塾”大不相同。首先是，它按学生年龄分为初等、中等和高等；其次是，由官方主办中等教育的一部分以及全部高等教育。古希腊的“学园”应属高等教育，都由一些著名学者私人开设，如数学家毕达哥拉斯、哲学家柏拉图和亚里士多德等；中国古代的“私塾”则应属初等教育，至于像孔子的“弟子三千”，那和古希腊“学园”的情况大体相似。唯有在罗马，社会教育从初等到高等相对齐全，而且在相当程度上具有国民教育性质。因此，在教育体制方面，罗马是古代世界中最为发达的。

古罗马初等教育机构的拉丁名称是 Literarum，原意是“识字”，勉强可译为“小学”。这些“小学”全部是民办的，宫廷和各地官府既不资助也不禁止，既不奖励也不督导，校舍大多设在一些废弃的神殿或者市民住所里。入学年龄是六至十二岁，绝大多数是男学童，因为一般古罗马人和古希腊人一样，都认为女子不必受教育，或者说得确切一点，认为女子应受到“特殊教育”，也就是由父母或者有钱人家聘家庭教师在家里进行有关女子贞操的道德教育，同时进行一些家务方面的如烹调、缝纫等手艺训练。至于入学的学童，由父亲支付学费。学费多少开始是由教师和家长自由商定的，后来到了戴克里先大帝时代，由官方规定每年的学费为多少。这种“小学”的教学内容，顾名思义，主要是识字，其次算术、罗马历史和十二铜表法。其中的十二铜表法，最初规定每个学童都必须倒背如流，后来则由背诵拉丁文的荷马史诗所取代。算术主要是学记账，因为古罗马人讲究实用，不像古希腊人那样把数字看得很神秘。不过，由于古罗马数字非常笨拙，而且没有零这一数字，所以在初等教育中学算术所花的时间仅次于识字。实际上，这种情况并不仅限于古罗马，古希腊、古代中国、印度等几乎都如此。因为在所有这些古代民族的语言中，关于数的表述和书写都很笨拙。这种情况延续了千百年，一直要到世界各民族逐渐接受由阿拉伯人发明的数字(即现在世界通用的数字)之后，才有所改变。

古罗马中等教育机构称为 Grammaticus，意思是“文法”，大体相当于现在的“中学”。这种学校也基本是民办的，是由早先希腊人开设的语言学校演化而来，时间大约是在公元二世纪古罗马人灭亡希腊前后。学生入学年龄是十二至十六岁，教师全由希腊人或者去过希腊访学的罗马人承担。由于“中学”的收费很高，所以只有贵族和富家子弟才进入“中学”，而教师的收入则非常优厚，因此教师职业在罗马社会是倍受羡慕的。这类学校的课程当然以“文法”为主，不过当时所说“文法”的含义要比现代语言中的“文法”一词宽泛得多，除语法外还包括伦理、历史、文学、演讲术和神话等，相当于现在的“文科”。值得注意的是，在古罗马的“中学”里，学生同时要学习两种语言，即拉丁语和希腊语。拉丁语是古罗马人的母语，希腊语则是外国语。也许，这是世界上最早进行外国语正规教育的学校。除了文史，古罗马的“中学生”也要学一些天文、地理和数学知识，但古罗马人一般并不重视这些，“中学生”也大多“重文轻理”。他们最重视的是希腊语。这类课程的教材，大凡就是荷马史诗和希腊悲剧。后来到了帝国时期，为了加强“国语教育”，由官方统一规定将拉丁文作品，如维吉尔的史诗《埃涅阿斯纪》、奥维德的叙事诗以及李维和塔西佗的史书等，也作为必读教材。

在古罗马中等教育中，还有一种比 Grammaticus 稍高一等的机构

罗马教师与学生

叫做 Rhetoricus,意思是"演讲"或者"雄辩"。这种学校在罗马本土是官方开设的,在各行省原先是民办的,但后来也都改为官办。进入这种学校的学生大凡都为进入高等学府做准备,所以有一点类似于现在的大学预料。Rhetoricus 专门培养学生的演讲能力,因为罗马的一切政治活动和法庭审判都要经过辩论,所以古罗马人比古希腊人更重视演讲术,而 Rhetoricus 也确实为罗马培养出了众多的大雄辩家,如罗马史上著名的大政治家(古罗马政治家必是雄辩家)西塞罗、庞培、恺撒、安东尼和屋大维等人,都经过 Rhetoricus 的训练。学校的课程除演讲术之外,还要兼修军事、政治、法律、哲学、伦理、文学、历史,以及天文、地理、数学和音乐等,因为一个雄辩家必然是一个学识渊博的人。教学方法是,先熟读前辈雄辩家的演讲词,然后由教师出题练习撰写演讲词和模拟演讲。至于演讲的题目,都与法律有关,演讲的内容则要以阐述罗马法的法理精神为准则。譬如,据记载,罗马的一所 Rhetoricus 就曾出过这样两个演讲题:如果罗马公民在罗马境外解放了某奴隶,该奴隶进入罗马后,罗马法律该不该承认他是自由民?如果某渔夫一网拉上来的不是鱼而是珍珠,那么预先订购鱼的买主有没有权利得到这些珍珠?

古罗马高等教育的起源不同于初等和中等教育。如果说初等和中等教育最初发源于民间、后来才有官方参与的话,那么高等教育一开始

罗马教师与学生

就是由官方兴办的。公元前一六四年,古罗马经过第三次马其顿战争,在军事上战胜希腊。在大量的战利品中,有许许多多古希腊的典籍。这些典籍随战俘一起被运回罗马,当初只是为了炫耀胜利而已,但是到奥古斯都屋大维时期,拉丁文学大盛,屋大维便下令将宫廷所藏的希腊典籍予以公开,供学者们使用。屋大维去世后,人们就将这些典籍置于他的祭殿内,以便让学者们在阅览之际缅怀这位“佑文之主”。这就是古罗马、也是世界上最早的“图书馆”。后来到了哈德利安皇帝在位期间,“图书馆”被改设为皇家教育机构,称作 Athenearum,原意是“在雅典”,后来也有人翻译为“罗马学府”。学府内聚集了当时希腊和罗马本土最有名望的学者,由宫廷出资负责培养罗马的高级人才。这些学者大凡是雄辩家、哲学家和罗马法专家。在一般情况下,学府设有拉丁文法讲座、罗马法讲座、希腊语文讲座、希腊哲学讲座和医学讲座等。这就是古罗马最早的“大学”,也是西方近代正规大学的前身。当然,从“罗马学府”到近代大学并不是一脉贯通的,因为中间还要经过中世纪的基督教神学院这一阶段。譬如,西方近代最古老、最著名的大学如牛津大学和剑桥大学等,其直接的前身都是中世纪的神学院。但是,中世纪基督教会在建立神学院时却在很大程度上模仿了“罗马学府”的体制。

三、古罗马教育理论

古罗马既然有发达的教育体制,当然也有相应的教育理论。不过,古罗马早期教育理论一般都散见于各大思想家的论著中。譬如,在大加图的散文集里,有一篇“教育论”体现了他保守的教育思想,因为大加图在世之际正是希腊文化涌入罗马之时,所以他主张罗马教育应该保持以农业教育和军事教育为主的传统,竭力反对当时以雄辩术和哲学为教育核心的希腊化倾向。与大加图的思想针锋相对的是西塞罗的观点,譬如在他的演讲集里有一篇“雄辩论”就代表了他的教育思想。他认为,罗马应该向希腊学习,因为希腊思想中有许多对罗马来说是非常有用的东西;罗马要强国,就要有强国之材,而强国之材必须用最杰出的思想来加以培养。因此通过雄辩术和修辞学,便可以操练学生的心灵和头脑,使其成为国家的栋梁。可以说,大加图和西塞罗是古罗马早期教育思想中两种对立倾向的代表。此外,在塔西佗的《雄辩术对话录》和苏顿纽斯的《文法家传记》等著作中也有关于教育的论述。

真正的教育理论,则出现在接受希腊文化已成定局的“古典时期”,其中最杰出的人物是昆提连。昆提连不仅是古罗马最杰出的教育理论家和教育实践者,同时也是西方第一位真正的职业教育家,因此可算作西方教育的始祖。他曾在罗马开办 Rhetoricus(修辞学校),是罗马第一个获得宫廷资助的教育家。后来,因为他成就卓著,朝廷还特别授予他执政官荣誉。他在罗马教授修辞学达二十年之久,弟子众多,深受罗马人的敬重。

大约在公元九〇年左右,昆提连完成《雄辩术原理》一书,其中提出了一整套教育理论。《雄辩术原理》共十二卷,三至七卷全部用来阐述他的教育理论。他的教育思想从根本上说是和西塞罗一样的,认为修辞学和雄辩术应该成为罗马教育的核心。他的独特贡献则在于,他在书中对教育的各阶段都加以详细的阐述。他特别重视个人的天赋,认为真正的教育就是对个人天赋的培养,使其充分发挥,因此他是西方提倡因材施教的第一人。不过,他注重个人天赋并不等

昆提连

于否定后天教育环境对人的影响。他在书中对儿童教育论述得最多，认为从一开始就应该为儿童提供最好的启蒙教师，同时还具体提出应在 Literarum 阶段(即“小学”阶段)就让学生学习希腊语文，所以他是西方历史上第一个主张从小学习外国语的人。他的这一主张后来被无数教育家证明是学习外国语的最有效方法，因为人在儿童时期对语言的适应性最强，过了这一阶段就很难予以弥补。此外，昆提连还坚决反对在教育中使用体罚，因此他也是西方理性教育论的先驱。

昆提连的教育思想虽然对罗马教育影响很大，但自罗马灭亡之后，他的著作曾一度失传，因此在将近一千年间人们似乎把他忘了。后来，直到文艺复兴初期，他的著作才被重新发现，一时间震动了整个欧洲教育界，尤其是当时在教育界逐渐形成主流的人文主义思潮更是视昆提连为古代先哲，纷纷倡导他的教育理论，而这便为欧洲近代教育定下了基调。

如果说欧洲近代教育思想深受昆提连影响的话，那么欧洲近代教育体制也是在恢复罗马教育体制的基础上发展起来的。譬如，将教育分为初、中、高三等，国家兴办教育等，都承袭了罗马人的做法。这样的教育体制，后来又随西方文化的扩张传到世界各国，以至于现在几乎各国都有国立小学、国立中学和国立大学，而且都是各国教育的主干。尽管各国的具体做法有所不同，但基本的教育制度却是大同小异的。对此，人们似乎都觉得理所当然，殊不知他们都在不同程度上接受了古罗马人留给世界的一份最宝贵的文化遗产。

第五节　古罗马史学三大家

就一般情况来说，古代史都偏重军事政治，而古罗马的军事政治又最为恢宏，按理应该有伟大的史学家产生，但是实际情况并非如此。古罗马的政治制度固然在多方面已为后世所借鉴，然而古罗马的史学却不及古希腊发达。虽说波里比阿著有《罗马通史》四十卷，但他并不是罗马人而是希腊人。

大凡说来，罗马史学可分三个时期：公元前三世纪至公元前一世纪为早期；公元前一世纪至公元二世纪为中期；公元二世纪至公元五世纪西罗马帝国灭亡为后期。

早期的史学著作有不少，但出自真正史学家之手的却不多。在非史学家所著的史学著作中，最有名的是西塞罗的《布鲁塔斯》和恺撒的《高卢战纪》。西塞罗主要是散文家和政论家，但他的《布鲁塔斯》一书共罗列了希腊罗马的雄辩家达两百人之多，可作为一部独特的史学著作看待。恺撒是罗马史上的政治伟人，但他根据自己出任高卢总督期间的经历所写的《高卢战纪》，不仅因文笔纯正而两千年来一直在西方被当作拉丁文教材，同时也因含有第一手史料而受到历代史学家的重视。至于真正的史学家，大概只有大加图和瓦罗两人。大加图著有《罗马历史流源考》七卷，是罗马最早的史书，但现在仅存残篇。从其残篇看，此书内容和体例都很杂乱，虽称是罗马上古史，却只是把一些神话传说搜罗来重述一遍。瓦罗的重要史学著作是《罗马古物考》，共四十一卷，其中二十五卷讲人事，十六卷讲神怪，有些部分现已失散，但总的体例是分人、地、时、物诸篇叙述史事，年代并不连贯，大体可算是一部纪事体的史书。

罗马史学最有成就的是中期。代表中期史学最高水平的是三大史学家，即：萨鲁斯特、李维和塔西佗。

一、萨鲁斯特与《朱古达战争》

萨鲁斯特著有两部传世之作，即《喀提林叛乱记》和《朱古达战争》。喀提林是个阴谋政治家，公元前六十三年他试图推翻罗马的共和制，被当时的执政官西塞罗识破并予以镇压。这是罗马史上的一件大事，西塞罗因此而被元老院授予“国父”称号。萨鲁斯特是他们的同时代人，对当时政界的腐败深恶痛绝，于是便以史家之笔写出了《喀提林叛乱记》一书。书中除了记述喀提林叛乱的始末，还对共和政治的堕落加以评述,以期引起世人的警惕。

萨鲁斯特

《朱古达战争》与《喀提林叛乱记》有相似之处,记述的是北非努米底亚国王朱古达的叛乱。由于罗马出兵镇压,这场战争便被称为"朱古达战争"。朱古达原因大肆贿赂罗马将军和元老院议员而倍受罗马的恩宠,自以为得计便发动叛乱。萨鲁斯特在《朱古达战争》中借题发挥,用了不少篇幅历数元老院和将军们的丑行,甚至发出"若有足够的金钱,罗马城也可买到"的辛辣之言。

萨鲁斯特写史的笔法很像古希腊史学家修昔底德,注重史实的陈述而力排趣闻逸事,所以他的书史学价值虽高,读起来却有点枯燥。不过,他在遣词造句方面非常讲究,行文绮丽,章法严整,文气厚重。

二、李维与《罗马史》

李维是古罗马三大史学家中最具学者风范的一位,他从未涉足政坛,一生清高自好,而且一生的心血几乎都用在一部史书上。那就是他花了四十多年才写成的史学巨著《罗马史》(全名为《罗马自建城以来的历史》)。

《罗马史》原有一百多卷,可惜大部分失传,现仅存三十五卷,即前十卷和二十一至四十五卷。前十卷记述的是从公元前七五四年到公元前二九三年"第三次萨姆奈战争"之间历史;二十一至四十五卷记述的是从公元前二一八年"第二次布匿战争"到公元前一六七年"马其顿战争"之间的历史。由于李维是纯文人出身的史学家,所以他对罗马历史上的历次战争的记述都比较简略。这一方面是因为他对战争没有切身感受,另一方面是因为他认为详细记载战况意义不大,譬如他在书中就说:"历史上不乏旷日持久的战争,当初参与战争的人固然兴味十足,事后再来追述和阅读它们的人却往往会感到枯燥乏味。"与此相反,他认为历史人物的言论倒是意义重大的,所以他在书中特别喜欢引用历代

李　维

雄辩家的演说词。据统计，在现仅存的三十五卷《罗马史》里，被引用的名人演说词就达四百来篇之多。

与萨鲁斯特不同，李维写史的笔法很像古希腊史学家希罗多德，即在记述史实的同时常常插入一些趣闻逸事甚至神话传说，使史书读起来饶有趣味，但又往往会失之偏颇。此外，他也像希罗多德一样持有“天命论”的历史观。他的《罗马史》的中心史观就是要说明，罗马民族的一切行为都是“受之天命”的伟大行为，罗马之所以统治大半个世界，就是因为“天命使然”。所以，后来文艺复兴时期的意大利著名政论家和史学家马基雅弗利曾评论说：“李维能借古代历史激励当时罗马的人心，真可谓是罗马唯一真正懂得历史之妙用的史学家。”

三、塔西佗与《历史》

塔西佗是继李维之后古罗马最杰出的史学家，曾任理财官和审判官和总督等职。他之所以被列为古罗马三大史学家之一，是因为他于公元一〇五年出版了一部史书，题名为《历史》。此书一公之于世，罗马全城为之轰动，使他一夜之间成了和李维齐名的大史学家。

塔西佗

其实，塔西佗这部称为《历史》的书所记述的，仅是从公元六十九年到公元九十六年之间不足三十年的历史，为什么会轰动呢？原因就在于公元六十九年至公元九十六年是所谓的“弗拉维王朝”，相继有三代皇帝当政，这三个皇帝不是昏君就是暴君。塔西佗在此三朝虽然官职不断升移,内心却极为不满,于是暗中将当时朝廷的种种愚行和暴行一一录下,等到弗拉维王朝最后一个皇帝即暴君杜米希安死后数年,也就是公元一〇五年,才将这些鲜为人知的史实予以公布。由于塔西佗大量揭发了弗拉维王朝的黑暗内幕,同时又竭力主张恢复罗马建国初期的刚健精神,再加上他文笔简洁明快,《历史》一书正好迎合当时罗马人的普遍心愿,于是罗马城里为之"纸贵"。

除了《历史》,塔西佗的史学著作还有早先出版的《编年史》和后来出版的《日耳曼尼亚志》等,但使塔西佗名垂青史的不能不说是《历史》一书。因为《历史》代表了一种具有批判精神的史学观,而这种史学观在塔西佗之前是极为罕见的。古代史学家写史,大凡都是歌功颂德的,不是为本王朝,就是为本民族,唯有塔西佗的《历史》,其宗旨就在于揭露。这在某种程度上为后世史学开辟了一个新的史学天地。塔西佗自己就曾直陈其史学观:"史家之最高使命,在于记述有价值的史事,不得因感情之偏见而有所宽纵,庶几不致有恶言行以毒害国家社会。"这与我国传统的"善恶必书,使骄主贼臣所以知惧"的史学观何等相似乃尔!

塔西佗之后便是古罗马史学的后期。后期史学虽远不及中期,但也出了两个对后世颇有影响的史学家,那就是斯维特努斯和安米阿纳斯。斯维特努斯是塔西佗的崇拜者,曾任宫廷史官,遍览内府秘藏典籍,于是便搜罗历代君王传记资料写成《君王纪》一书。《君王纪》共八卷,一反以前史书的编年成例,以论列历代君王的风度仪表和名言佳句为主。譬如,书中写到恺撒如何留长发以掩饰自己的秃顶、杜米希安皇帝年轻时风度翩翩而晚年因贪吃发胖等,实为纪传体史书的佳作。斯维特努斯因而受到垂暮之年的塔西佗的赞赏,同时也与另一位擅长人物传记的罗马史学家、希腊人普鲁塔克齐名。安米阿纳斯亦称安米阿纳斯·马西利纳斯,他著有《罗马史》三十一卷,上承塔西佗的史著,记述公元九十六年杜米希安皇帝死后到公元三七八年间罗马帝国衰落的历史,所叙史事翔实可信,运笔气度非凡,常为后世史学家所称道,如十八世纪英国大史学家吉本在写他的史学名著《罗马衰亡史》前,曾反复阅读安米阿纳斯的《罗马史》,掩卷之余不由得赞叹说:"安米阿纳斯真是良史之才,他的《罗马史》永远是史学家的典范!"

第三章
古代艺术文化

永远发明某种美的东西，是一个神圣的心灵的标志；莫大的快乐来自对美的作品的瞻仰；身体的有力和美是青年的好处，至于智慧的美，则是老年所特有的财产。

——德谟克里特

古希腊艺术是西方艺术的源头，对西方各类艺术的影响之大是不可估量的。古希腊艺术的最高成就在建筑、雕刻和文学方面。古罗马艺术虽然不及古希腊，但它继承了古希腊的艺术传统，在美术和文学方面也有诸多建树。

第一节　古希腊建筑与雕刻

古希腊建筑有一个特点，那就是它的精华全部体现在神庙建筑上。古希腊人的民居建筑并无艺术可言，所以现在说古希腊建筑史，实际上就是指古希腊神庙建筑史。同样，古希腊的雕刻精品，大多也是神像雕刻。

一、巴台农神庙与古希腊建筑

古希腊神庙的结构，最主要的部分是供奉神像的内殿，两旁的墙壁突出，前面有宽敞的走廊，走廊前面排列着一排巨大的立柱，给人以庄严之感；有些规模宏大的神庙，会在内殿的两侧再加上两排立柱。这样一来，内殿为立柱所环绕，置身其间真会有清幽出尘之感；到了古希腊后期，神庙四周的立柱被增至两排，气氛更为肃穆，常使朝拜者顿起虔敬之心。

古希腊神庙一般都建筑在三层台基上，每一层台基的高低比例整齐而美观，站立四周的巨大立柱象征着无穷的生命力。所以说，古希腊建筑跟古希腊雕刻一样，是力与美的理想结合。

古希腊神庙有三种样式，即：陶立克式、爱奥尼亚式和科林斯式。三种样式的区别，关键在于它们的立柱各有千秋：陶立克式立柱是最古朴的，下粗上细，凝重稳笃；爱奥尼亚式立柱注重雕琢，柱头有涡卷形装饰，于古朴中略见华美；科林斯式立柱则纤巧华丽，柱头有叶形装饰，最初用青铜铸成，后改用大理石。与前两种立柱相比，科林斯式立柱似乎有古朴不足而装饰有余之感。

巴台农神庙遗址

古希腊神庙中的杰作是巴台农神庙，它建于公元前四四七年至公元前四三二年，位于雅典卫城之中，为祭祀雅典保护神雅典娜而建；建筑设计者是古希腊著名建筑师伊克泰努斯和卡里克拉特斯，内殿雕刻则出自大艺术家菲迪亚斯和他的弟子之手。

巴台农神庙独特的柱列、完美的立面比例和精美绝伦的雕刻，在欧洲甚至世界建筑发展史上都产生过巨大影响。神庙主体由四十六根大理石柱环绕，形成一个回廊，回廊内，东部是祭殿，西部是雅典娜神庙。东部祭殿中间，立有二十四根陶立克式的立柱；西部雅典娜神庙内，立有四根爱奥尼亚式的大理石立柱。整个神庙的内部采光，是让阳光从东西两端高大的双扇门的自然渗入，因此光线柔和、神秘，与庙外阳光中的柱廊形成强烈对比。此外，神庙还运用了视觉偏差效果的处理手法，这在当时是非同寻常的。例如，神庙正面一排立柱，颜色都是一样的，但在人们的视线下，两端的两根柱子由于背景是浅色的天空，颜色显得很深，中间的柱子由于背景是墙面，颜色显得很浅，这就在视觉上出现了偏差：虽然柱子同样粗细，但在浅色背景下的柱子会显得稍细。所以，神庙在建造时，有意将两端的两根柱子略微加粗，这样建成后看起来每根柱子仍然一样粗细。同时，神庙四周的这些立柱都稍稍向里倾斜，使整个神庙显得更为庄重、稳固。

巴台农神庙之所以会给人以壮美之感的最后一个原因，经世界各国建筑师研究后认为，乃是因为它的高、宽和柱间距离等都符合黄金律所规定的几何图形，而根据这种特定的几何图形建造出来的建筑总是美的。

二、菲迪亚斯与古希腊雕刻艺术

古希腊建筑以神庙为主，古希腊雕刻以神像为主。古希腊雕刻的鼎盛时期是在公元前四八〇年到公元前四三一年。这个时期的作品大多是神像，风格庄重肃穆，体现出力与美的理想结合。具有代表性的三大雕刻家是米隆、菲迪亚斯和波力克莱塔。

米隆生来喜欢运动和舞蹈，因此他对运动中的人体美表现得特别逼真。他的作品优美细腻，充满活力，最成功的代表作是《掷铁饼者》。虽然这件杰作的原始真品早已失落，但通过现收藏于大英博物馆的仿

《掷铁饼者》(复制品,原件已失)

制品,我们仍然可看到这座雕像所表现出来的人体均衡美,以及人体在运动中的旋律。米隆的另一件杰作《雅典娜女神像》也已失落,现存的仿制品也是残缺不全的,但雕像的整个体态和面部表情仍放射出青春的光彩,尤其是女神的衣服,虽是用石头雕出来的,却给人以轻盈飘荡之感。

菲迪亚斯被认为是古希腊最伟大的雕刻家,其作品影响了整个古希腊雕刻艺术。可惜的是,他个人的全部作品都已失传,甚至连一件仿制品也没有留传下来。不过,由他领导完成的作品倒保留了不少。譬如著名的巴台农神庙里的雕刻,就是由他和他的学生一起完成的。巴台农神庙里的雕刻作品主要分三类:柱壁、饰带和三角楣。柱壁的雕刻题材大多取之希腊神话,神像被表现得栩栩如生,端庄而不呆板;饰带上的雕刻则表现各种各样的希腊人,如法官、祭司、年轻的男女和异邦人等,这些人物的表情和姿势都雕刻得极其自然,其动作也与其身份相符。至于三角楣上的雕刻,可说充满了诗情画意,如以雅典娜出世为题材的雕刻,充分刻画出了雅典娜从宙斯头脑中飞跃而出的神态,给人以飘逸出尘的优美感。

波力克莱塔的作品虽不及菲迪亚斯那样富有想象力,但在雕刻技巧方面却达到了完美境界。尤其在人体各部分的比例方面,他的作品一直是后代雕刻家的典范。波力克莱塔的代表作是《持标枪者》雕像,头部与身体的比例为一比七,即后来所谓的“黄金律”。他的另一座《战神》雕像,各部分比例也与《持标枪者》一样,给人以健美之感。只是,这位古希腊雕刻大师就像另一位大师米隆一样,留传到现在的绝大多数作品都是古罗马时代的仿制品,让人无法得知他自己的鬼斧神工。

菲迪亚斯《三女神》残存

从公元前四三一年到公元前三二二年是古希腊雕刻的后期。后期作品不再像鼎盛期作品那样保持一种均衡感，而是更崇尚形体的优美。在这一时期，也有三位雕刻大师，即：史柯帕斯、伯拉克西特列斯和留希帕斯。

史柯帕斯的雕刻作品大多是用来装饰特古亚城的雅典娜神庙的，可惜都已失传。保存至今的几座雕像，如《大力神赫克力斯像》，被艺术

《持标枪者》（复制品，原件已失）

《大力神赫克力斯像》雕像

鉴赏家认为是他的最佳杰作。这些作品已具有写实风格，人物面部表情被表现得十分逼真，是希腊化时期雕刻艺术的代表。除了这些头像，史柯帕斯的雕刻《卡留顿的野猪》也被认为是他的原作，现保存在雅典美术馆内。

伯拉克西特列斯也许是作品保留到现在最多的一位古希腊雕刻家，他的大理石雕像将神话人物纳入平凡的日常生活而加以抒情表现，其作品有《赫尔墨斯神像》《维纳斯神像》《杀蜥蜴的阿波罗》等，其中以《维纳斯神像》最为出色。据说，伯拉克西特列斯是以当时的希腊名妓芙莱妮为模特雕制《维纳斯神像》的。雕像有两座，一座是穿衣服的，一座是裸体的。后者就是有名的《奈达斯岛的维纳斯》，即第一次以裸体表现爱神。这座女神像与鼎盛期的作品不同，女神的腿部修长而丰满，充分表现出女性体态的曲线美。不过，这座雕像尽管以女性美为主旨，却不是模特芙莱妮体态的如实写照，因为除了优美，作品仍体现了希腊人对爱神维纳斯的敬意。

古希腊最后一位雕刻大师留希帕斯的作品被保存下来的很少，现

《裸体的维纳斯》雕像残存

《米罗的维纳斯》雕像残存

藏于伦敦博物馆的《亚历山大铜像》是他的作品。总的来说，留希帕斯在艺术上的贡献有两点：第一是他修改了波力克莱塔的人体比例，将头部与身体的一比七改为一比八，这一比例后来为许多西方艺术大师所接受，如达·芬奇；第二是留希帕斯的雕像很重视“厚度”，也就是说，他的作品不但可以从正面欣赏，而且可以从侧面甚至后面欣赏。譬如他的《裸体运动员》雕像，就是这样一件能从前后左右都可以欣赏的杰作。

在古希腊流传至今的所有雕刻作品中，被认为最美的是雕像《米罗的维纳斯》。这座雕像因其在希腊的米罗岛被发现而得此名。关于这一雕像属于哪一时期，曾引起争议。从雕像台座下的铭文看，系公元前一世纪的作品，但从雕像的艺术风格分析，肃穆的表情和坦荡站立的姿势给人的却是出自伯拉克西特列斯之手的印象；躯体的比例又使人想到留希帕斯的造型。至于雕像上个别处的特征，如一绺一绺的波浪形头发样式，又可以上溯到古希腊雕刻鼎盛期的理想化传统。因此，绝大多数研究者认为，这一雕像的原作可能是鼎盛期的作品，此作则是公元前一世纪的仿制品。

除了建筑和雕刻，古希腊绘画其实也有相当成就。据史料所载，当时曾出现过宙克西斯、阿帕莱斯和普罗托格尼斯等大画家。只是绘画作品难以保存，所以早就没有古希腊绘画传世了。有幸的是，在古希腊瓷瓶上有一些用彩釉绘制的图案和形象，随着瓷瓶一起保留至今。这种画被称作“瓶画”，有取材于神话传说的，也有表现日常生活的，其构图和手法都具有相当的艺术性，所以被视为艺术珍宝而收藏于西方各大美术馆。

第二节　古希腊史诗与悲剧

和其他民族的文学一样，古希腊文学也直接起源于神话。从文学角度讲，古希腊神话是世界各民族神话中发展得最为完善的，因为它的最大特点就是神与人同形同性。在古希腊神话中，神被高度人格化，不但具有人的形象和性格，甚至人的喜怒哀乐、七情六欲，也样样具备，譬如，宙斯专横，赫拉嫉妒；神与神之间不仅争权夺利，还常常到人间同美貌的男女谈情说爱，等等。这种神人同形同性的特点，使古希腊神话比其他民族的神话较少道德说教的意味，因而更具人类童年时代天真纯朴、活泼浪漫的特色，也更为充分地表现了远古人类对天地万物和人世生息的丰富想象力。正因为如此，古希腊神话从一开始起就成了古希腊文学汲取创作灵感的源泉。

一、荷马史诗

古希腊最早的文学作品是两部史诗：《伊利昂记》和《奥德修记》。相传这两部史诗为盲诗人荷马所作，因此被称作“荷马史诗”。其实，这两部史诗原是流传于民间的口头文学，约形成于公元前九世纪，而在公元前六世纪左右被人用最古老的希腊语记录了下来。后来虽有篡改，但基本上是可信的。

《伊利昂记》（旧译《伊利亚特》）讲述的是传说中的“特洛伊战争”。这次战争相传是因奥林波斯山上的诸神闹纠纷而引起的：阿基琉斯父母举行婚礼时，没有邀请“不和女神”厄里斯，她便从空中扔下一只上面写有“献给最美的女神”字样的金苹果。赫拉、雅典娜和阿芙洛狄蒂三位女神都自认为自己最美，于是就发生了争执。天神宙斯要她们找特洛伊王子帕里斯评判。三位女神为得到金苹果，各许帕里斯以最大的好处：赫拉许他成为最伟大的君主；雅典娜许他成为最有智慧的圣哲；阿芙洛狄蒂则答应他娶得世上最美的女子。帕里斯最后把金苹果判给了阿芙洛狄蒂。赫拉和雅典娜当然不快。阿芙洛狄蒂为了酬谢帕里斯，便暗中帮助他拐走了希腊斯巴达国王的妻子、全希腊最美的女人海伦。希腊各城邦为此震怒，便推阿伽门农为主帅，组成联军攻打特洛伊城，要夺回海伦。这就是传说中的“特洛伊战

荷　马

争”。战争进行了十年，众神各助一方。最后，希腊将领奥德修斯设计，将一只内藏伏兵的木马遗弃城外，假装撤退。木马被特洛伊人拖进城里。入夜，木马中的希腊伏兵便与城外卷土重来的大军里应外合，将特洛伊城攻陷。战后，希腊联军携带海伦和掳掠的财宝及奴隶还乡。

不过，《伊利昂记》并没有讲述战争的全过程，而是集中描写了战争结束前几十天发生的事：联军统帅阿伽门农专横地夺走大将阿基琉斯的女俘，并使他当众受辱。阿基琉斯是希腊军中最勇猛的将领，他怒而拒绝出战，致使希腊军屡遭败绩。在危急的情势下，阿基琉斯的好友借他的甲胄上阵，被特洛伊英雄赫克托尔杀死。阿基琉斯悲痛欲狂上阵为好友报仇。他杀了赫克托尔，并将尸体拖在战车后泄恨。随后，特洛伊国王向希腊军营跪求赫克托尔的尸体，史诗写到赫克托尔的葬礼为止。

《荷马史诗》插图

《奥德修记》(旧译《奥德赛》)讲述“特洛伊战争”结束后，希腊英雄奥德修斯还乡的故事。奥德修斯在海上漂流了十年，没有到家。在此期间，有许多人觊觎他的家产，住在他家喧宾夺主，尽情挥霍他的资财，向他的妻子求婚。第十年，奥德修斯漂流到斯刻里亚岛上，受到国王的款待，他便向国王追述他离开特洛伊以后在海上的遭遇：他先是遇到风暴，部分伙伴被独眼巨人库克罗普斯吞食；又到了食椰枣者的国土，这里的人以椰枣为粮，过路客人吃了就不愿返回故乡；后来，风神送给他们一袋礼物，当故乡伊塔卡遥遥在望时，他们以为袋中有宝，把它打开，里面装着的各路大风飞了出来，又把他们吹走；他们到了把人变成猪的女巫的妖岛，游历了冥土，经过先以歌声迷人、再把人杀死的塞壬妖岛，遇到六个头、十二只脚的女妖斯库拉和藏在大漩涡下面的女妖卡利布狄斯。奥德修斯和水手们一一克服了这些危险。后来，在太阳神岛上，水手们因为宰食岛上的神牛，激怒了宙斯。宙斯用雷电击沉了他们的船只，只有奥德修斯一人幸免于死，漂到一个海岛上，被那里的仙女挽留了七年。此后，宙斯命仙女放他还乡，他这才漂到了斯刻亚岛。国王听完他的故事，便送他回家。奥德修斯伪装成乞丐，把那些在他家里又吃又喝的求婚者一一杀死，终于和妻子珀涅罗帕团圆。

《荷马史诗》插图

荷马史诗是西方文学史上的开山之作，就这一点便足以说明其地位之重要了；更何况，它本身又确是后人难以企及的艺术杰作。首先，两部史诗规模宏大，结构布局却完整巧妙。《伊利昂记》写十年战争，但选取最后一年的五十一天来加以集中描写；《奥德修记》写十年漂流，但把十年历险压缩在最后的四十天里，大量事件通过追述手法加以表现。其次，两部史诗采用了两种截然不同的方法：《伊利昂记》是一个事件，众多人物；《奥德修记》是一个人物，众多事件。也就是说，前者围绕着一个基本事件表现许许多多人物；后者围绕着一个基本人物表现许许多多事件。可以说，荷马史诗的这两种叙事法已框定了后来西方文学中的两种基本的叙事类型，即以事件为中心的叙事类型和以人物为中心的叙事类型。最后，《伊利昂记》和《奥德修记》又以各自不同的语言风格使后世读者为之倾倒：前者写英雄格斗如疾风烈火，长风出谷，富有阳刚之美；后者写英雄历险曲折委婉，优美瑰奇，饱含阴柔之情。总之，荷马史诗不仅对西方文学有深远影响，其本身就具有“永恒的魅力”，被认为是“一种规范和高不可及的范本”。

二、三大悲剧诗人

除了史诗，古希腊文学的另一伟大成就是出现在公元前五世纪雅典时期的悲剧。当时，雅典先后涌现出三大悲剧诗人，即：埃斯库罗斯、索福克勒斯和欧里庇得斯。

埃斯库罗斯是第一位重要的悲剧诗人，有“悲剧之父”之称。相传他创作了七十多部悲剧，但流传至今的仅为七部，其中以取材于希腊神话的《被缚的普罗米修斯》最为出色。埃斯库罗斯作为古希腊悲剧的真正创始人，其贡献在于他使悲剧演出具有了深刻的思想和完备的形式。据说，悲剧演出时的布景、舞蹈、高底靴和轻飘鲜明的服装，也都是埃斯库罗斯首先采用的。

埃斯库罗斯

索福克勒斯

索福克勒斯是三大悲剧诗人中最有才华的一位。他大约写了一百三十部悲剧，但现存的也仅有七部，其中以取材于希腊传说的《安提戈涅》和《俄狄浦斯王》最为杰出，尤其是后者，被誉为希腊悲剧的典范。

《俄狄浦斯王》取材于一个古老而惊心动魄的故事：忒拜国王拉伊俄斯从神那里得知，由于他早先的罪恶，他的儿子命中注定要杀父娶母，他因此抛弃了自己的婴儿俄狄浦斯。这婴儿被科任托斯国王波吕玻斯收养。俄狄浦斯长大之后，只知波吕玻斯夫妇是自己的父母，并从神那儿得知：他会杀父娶母。于是，他为了逃避命运，就逃往忒拜。在路上，他一时动怒，打死了一个老年人。这时，忒拜城正受人面狮身女妖的魔法之害，唯有猜出女妖的谜语，才能解除灾难。俄狄浦斯聪明过人，他猜出了女妖的谜语，解救了忒拜城，因而被拥戴为王并娶了忒拜前王的寡后伊俄卡斯忒。后来，忒拜又发生瘟疫，神示说，必须把杀害忒拜前王的凶手查出，瘟疫才能平息。俄狄浦斯为禳除国中灾难，便想方设法查访凶手，结果发现凶手就是他自己。原来，忒拜前王就是他在来忒拜路上一时动怒杀死的那个老年人，而他就是俄狄浦斯的生父拉伊俄斯。杀父的预言应验了。接着不言自明，伊俄卡斯忒是拉伊俄斯的寡后，也就是俄狄浦斯的生母。娶母的预言也应验了。极度的悲痛进一步酿成惨剧：伊俄卡斯忒自杀身亡；俄狄浦斯悲愤欲狂，刺瞎了自己的眼睛，并请求放逐。悲剧到此结束。

《俄狄浦斯王》这部以个人意志和残酷命运相冲突为主题的悲剧结构严谨，布局巧妙，剧中的悲剧冲突、悲剧性格和悲剧效果都足以代表希腊悲剧的特点。剧本一开始就摆出了严重的事件，悲剧气氛很强烈，而剧作家又能毫不费力地加强这种气氛，把剧情逐步推向高潮。此外，索福克勒斯还造成了一种使观众明白而剧中人不明白的戏剧情境；而俄狄浦斯不自知的状态，更加强了他的悲剧性。所有这些，使这部悲剧成了后世西方悲剧作家都想努力仿效的光辉典范。

三大悲剧诗人中的最后一位欧里庇得斯写过九十多部剧本，现存悲剧十七部，是三大悲剧诗人中传世之作最多的一个。他的著名悲剧《美狄亚》《安德洛玛克》和《特洛亚妇女》等也均取材于神话传说，其中《美狄亚》是他的代表作，主人公美狄亚是传说中取金羊毛的英雄伊阿

欧里庇得斯

宋的妻子，她因丈夫遗弃她而施以残酷的报复手段杀死他们的两个儿子，酿成悲剧。

欧里庇得斯的作品虽然取材于神话传说，但他在处理这类题材时却融入了现实问题，尤其是两性关系中的妇女问题。同样，他虽然也像前面两位悲剧诗人一样以命运为主题；但是，如果说埃斯库罗斯笔下的命运就是神、索福克勒斯笔下的命运是某种冥冥中不可知的东西的话，那么到了欧里庇得斯笔下，命运实际上已是人物自身的性格。所以，他的悲剧注重人物的心理描写，以此表现发生在家庭伦理关系方面的可悲事件。由于有这样的特点，欧里庇得斯被认为是开创西方家庭问题剧的第一人。

史诗和悲剧堪称古希腊文学中的两颗明珠，光耀夺目。除此之外，古希腊文学在其他方面也有辉煌成就。譬如，古希腊喜剧一度也很发达，可惜流传至今的作品甚少，仅有被誉为“喜剧之父”的阿里斯托芬的几部作品。还有，古希腊的三大抒情诗人即萨福、品达和阿克那瑞翁，可说是西方抒情诗的鼻祖。最后，伊索的寓言和柏拉图及亚里士多德的文艺理论，也同样影响深远。总之，古希腊文学在各方面都具有开创性，是西方文学史上第一个辉煌期。

第三节　古罗马建筑与雕刻

古罗马早期艺术受古代伊特拉斯坎人的影响，后期艺术则完全学自古希腊。如果说古罗马艺术有什么“特点”的话，那就是在希腊艺术中加入了罗马的风格而已，同时又受古代伊特拉斯坎人的影响。也就是说，古罗马的艺术是古代伊特拉斯坎艺术和古希腊艺术的混合。

一、古罗马建筑与古希腊建筑的异同

古罗马艺术的最大成就，是其建筑。古希腊人大约在公元前七世纪左右开始向意大利半岛的南端移民，所以到现在意大利南部还残存着当时希腊人的建筑物，如那不勒斯附近的“波塞东神庙”等。当时除了南部的希腊人，在中部和北部还居住着另一个民族，那就是古代伊特拉斯坎人。伊特拉斯坎人很早就定居于意大利半岛，而且创造了高度发达的“伊特拉斯坎文化”。就建筑方面来说，他们已掌握了拱洞的建筑法。所谓“拱洞建筑法”，就是用石头砌成一个半圆形的洞，如意大利佩罗吉亚城的城门，就是伊特拉斯坎人古代建筑的遗迹。

古罗马圆形建筑

古罗马人在公元前二二六年统一意大利半岛之后，便与古希腊文化有了正式的接触。古罗马人在艺术上向古希腊人学得最多的就是建筑。古罗马建筑的一个特点，就是建筑物带有穹顶。这一方面得自古代伊特拉斯坎人的拱洞建筑的启示，另一方面也是因为古罗马人有一种全新的建筑材料，即用火山灰加砂石和水拌成的“混凝土”。古罗马建筑的庞大穹顶，就是用这种“混凝土”灌进模子而建成的。

古罗马建筑与古希腊建筑一样，也以神庙为中心。古希腊神庙几乎都里长方形，而古罗马神庙则长方形和圆形都有。古罗马圆形神庙中，最著名的是现在还残存在罗马城内的万神庙；长方形神庙的特点则可以从罗马城里的战神庙中窥见一斑。

古罗马人虽然建造了许多神庙，但由于是向古希腊人学的，艺术价值当然不及古希腊神庙。不过，古罗马人除了建神庙之外，还建造了其他许多雄伟的建筑。

二、罗马凯旋门和罗马大斗兽场

古罗马最著名的是罗马凯旋门和罗马大斗兽场。

罗马凯旋门有好几座，最有价值的是君士坦丁凯旋门，为纪念罗马在公元三一二年击败马克森夏斯大帝而建。凯旋门正面有君士坦丁大帝的雕像以及歌颂他赫赫战功的铭文，整座凯旋门既巍峨又华美。其次是“泰特斯大帝凯旋门”，为纪念公元七十年征服犹太人而

罗马凯旋门

建。这座凯旋门的建筑形式采用的是“混合式”，即：把古希腊的陶立克式、爱奥尼亚式和科林斯式的建筑风格结合在一起，是一座多姿多彩的建筑。

罗马大斗兽场可以说是留存至今的古罗马建筑中的精品，也是世界上最早的“体育场”。整座大斗兽场很像一个椭圆形的深盘子，最长处有一百八十八公尺，最短处也有一百五十六公尺。层层升高的座位一共有六十排，可同时容纳五万到八万人。看台从上到下分为五个区，每个区都有楼梯和过道，通往八十个出入口。斗兽场正中的一块椭圆形平地是角斗场地，椭圆长八十六公尺，宽五十四公尺。场地的外圈是一层可以移动的栅栏，栅栏后面又是一圈五公尺高的护墙。这些都是为保护观众不受角斗士或野兽伤害而设置的。从外面看，四十八米高的斗兽场分为四层，下面三层都是连续不断的八十个半圆形拱洞，拱洞之间是一根壁柱，底层的壁柱是陶立克柱式；第二层是爱奥尼亚柱式；第三层是科林斯柱式。这些叠柱一层比一层轻巧。整个建筑没有一个主要入口，相同

罗马大斗兽场残存

的、不断重复的拱洞使整个建筑物显得相当宏伟。墙面上三道水平方向的檐口，以及第四层封闭的墙面，紧紧地箍着整座建筑物，给人以稳笃而坚固之感。每当阳光照射在椭圆形弯曲的墙面上时，便产生非常丰富的明暗层次。当中两层的拱洞下面还有栏杆，拱洞中立一尊大理石雕像，这样上下两层共有一百六十尊雕像，使斗兽场显得富有生气。

罗马大斗兽场可谓后世建筑楷模。直到今天，人们建造的许多体育场，大多继承了它的深盘子式的基本形状；现代体育场中用运动员塑像、彩旗、花饰等来营造热烈气氛的手法，也可以说是源出于此。

三、古罗马雕刻艺术

古罗马艺术中除建筑这一强项之外，其他方面也颇有成就。譬如，古罗马的雕刻，最初是受伊特拉斯坎人影响的，流传到现在的大部分是青铜制品，其中最有名的是“青铜母狼”。这尊青铜雕像所塑的就是传说中哺育了罗马城创建者罗慕洛斯兄弟的那只母狼，因而被罗马人视为神圣之物。在古罗马奥古斯都时代，雕刻艺术曾昌盛一时，产生过许多杰作，如现存的恺撒雕像和屋大维雕像，就是那个时代的代表作。其

恺　撒

图拉真圆柱

中屋大维雕像尤其显示出雕刻技巧上的娴熟。还有古罗马的浮雕，如“泰特斯凯旋门”和“图拉真圆柱”上的那些浮雕，也都是古罗马雕刻中的上乘之作。

第四节　古罗马诗歌与散文

就文学而言，古罗马人是古希腊人的忠实学生。他们模仿古希腊人写戏剧，最出色的有普劳图斯的喜剧；他们模仿古希腊人写史诗，最出名的是维吉尔的《埃涅阿斯记》，如此等等。因此，古罗马文学不像古希腊文学那样具有首创性，但是它却起到了连接古希腊文学和欧洲后世文学的桥梁作用。

一、早期罗马文学

古希腊文学在公元前三世纪以后进入繁荣期，此时已传到了罗马。据传，第一个把当时的希腊文学介绍给罗马人的是个叫安德洛尼库斯的人。他本是希腊人，后来在战争中被罗马人所俘并被卖为奴隶，于是他把荷马史诗《奥德修记》译成拉丁文，让主人的孩子阅读。接着，有许多人也这样做，翻译了希腊的一些戏剧。由于有了希腊文学的翻译作品，有些人便开始模仿希腊人写一些作品，其中较有成就的是安纽斯。他模仿《伊利昂记》，写了一部题名为《编年史》的史诗。这部史诗共有十八卷，从传说中的罗马始祖埃涅阿斯如何来到意大利，一直写到他自己的年代。

普劳图斯

早期罗马文学可以两位喜剧家作为代表，他们都善于模仿希腊喜剧。一个是普劳图斯，还有一个是泰伦斯。普劳图斯据说写过一百多部剧本，但完整保存至今的只有二十部。他的剧本以希腊喜剧为蓝本,大多写一些王孙公子和小家碧玉有私情,父母阻碍,而机灵的仆人从中帮忙,最后喜结良缘,等等。普劳图斯的剧本语言丰富,剧情生动,妙趣横生,而且很带有平民戏剧的色彩。泰伦斯的剧本则比较注意技巧,语言优雅,人物刻画比较细致,但在情节生动和生活气息方面不及普劳图斯。这两位古罗马喜剧家的作品对后世西方戏剧的影响很大,尤其在十七世纪,古典主义喜剧家都以他们的作品作为典范。譬如,十七世纪法国最伟大的喜剧家莫里哀的名剧《吝啬鬼》,就直接取材于普劳图斯的剧本《一坛黄金》。

大约到了罗马共和国末年,罗马出现了一批诗人和散文家。诗人中最出名的有两位:一是哲理诗人卢克莱修;一是抒情诗人卡图鲁斯。卢克莱修以长篇哲理诗《物性论》传世,此诗表面是诗,其实是一篇用韵文写成的哲学论文,表述了作者极朴素的唯物论宇宙观。卡图鲁斯的作品大多为田园抒情诗,除了颂扬田园生活的恬静,有些诗里还对罗马的扩张和战争行径予以谴责。散文家中最有成就的是西塞罗,他是共和国时期的重要政治家,以其雄辩惊动朝野,而他的散文作品实际上就是他的演讲词,发表后令当时无缘聆听他演讲的罗马人同样为之倾倒。他的演讲词文句优美,词语丰富,结构严谨,特别善于使用修辞手法来打动听众的感情。所以,他的这些演讲词一直被认为是古代散文杰作,成为后世散文家尤其是英美十八世纪和十九世纪随笔作家竭力仿效的典范。然而,正因为西塞罗善于雄辩,又深深地卷入当时的罗马朝政,最后因言惹祸,为罗马最高当权者所杀。

二、中期三大诗人

公元前三十年至公元前十四年,是古罗马文学的鼎盛期,被后人称为“黄金时期”。罗马帝国的第一个皇帝奥古斯都·屋大维是佑文之主,他本人也爱好文学,在他当政期间,他努力提倡文艺,身边聚集着一大批文人墨客,因此养成了一代崇尚文学的风气。也就是在此期间,产生了罗马文学史上最杰出的三大诗人,即维吉尔、贺拉斯和奥维德。

维吉尔是古罗马最重要的诗人,被后人尊为“奥古斯都时代的荷马”。他出生于意大利曼图阿城附近的一个小村庄,父亲是富裕的农民,因此他幼年时曾在克里蒙纳、米兰和罗马受过良好的教育。当时正

维吉尔

值共和国末年，群雄争霸，连年征战，他父亲的土地也被没收，但维吉尔并不注重家产，而是沉溺于诗歌之中。他的处女作是十首《牧歌》，吟咏理想中的田园生活，是以古希腊牧歌为蓝本的拟古之作。在这些诗篇中，维吉尔初露诗才，引起了当时的富商密西纳斯的注意，而密西纳斯是屋大维的密友。后来屋大维战胜群雄成为罗马皇帝，密西纳斯便将维吉尔引荐给他。屋大维也很赏识维吉尔，于是便命令将他父亲被没收的土地归还给他。从此，维吉尔成了密西纳斯家的座上宾，并在密西纳斯的庇护、资助和鼓励下埋头于诗歌创作。当时战乱初息，屋大维要重振罗马的农业，以此安顿大批的退伍士兵，同时也可使帝国臣民安居乐业。为此，维吉尔创作了长篇《劝农诗》。全诗共分四卷，分别描述农耕、园艺、畜牧和养蜂的情景，语言极其优美，自然景色描写尤为贴切，将农村生活吟咏为天堂般的舒适和欢愉，从而劝士兵们解甲归田。

维吉尔是屋大维的崇拜者，为了颂扬屋大维，他在此后的十年间呕心沥血，创作史诗《埃涅阿斯记》，后来又反复修改，直到他病重垂危之际，仍不满意，嘱家人焚毁手稿。幸好屋大维出面干涉，诗稿才得以保存下来。

《埃涅阿斯记》是维吉尔的传世之作。全诗共十二卷，一万余行，是模仿荷马史诗写成的。前六卷模仿《奥德修记》，后六卷模仿《伊利昂记》。在诗中，维吉尔的意图是要通过对罗马始祖埃涅阿斯的歌颂，显示帝国的神圣历史，以此表明屋大维及其氏族的“正统性”。为此他把罗马的历史远溯到古希腊特洛伊战争时代，把自己的诗作和荷马史诗联系起来。根据维吉尔的叙述，罗马的始祖埃涅阿斯是特洛伊城的英雄之一，特洛伊城被希腊联军攻破之后，他带领一批人渡海来到意大利半岛建立国家。史诗一开卷就写埃涅阿斯的船队在海上漂泊七年。到了西西里岛，正拟驶往意大利，却被飓风所袭击，这暴风雨是天后命令风神所为，但被海神止息。由于天意指使，埃涅阿斯一行只得先到北非迦太基登陆。他靠母亲维纳斯(即希腊神话中的阿芙洛狄蒂)的帮助,拜见女王狄多。狄多爱上了埃涅阿斯,两人结为夫妇。埃涅阿斯向女王叙述特洛伊城陷落经过,自己如何出逃,如何到达这里等。关于特洛伊城的陷落和英雄的出奔,是史诗最精彩的部分,流传千载的木马计也是在这儿第一次被记载下来的。埃涅阿斯和狄多的结合没能维持多久,因为天神派遣使者来通知埃涅阿斯立刻到意大利去建立新城邦。埃涅阿斯服从了,而狄多则在绝望之中自杀了。到了意大利,埃涅阿斯由一个女巫陪着到地下王国去见他的父亲。他父亲把罗马未来的命运告诉了他,并指示给他看将来的子孙,从罗马城的创建者罗慕洛斯,到恺撒,到屋大维。借埃涅阿斯父亲之口,维吉尔以极其美妙的诗句颂扬了罗马的先祖,同时也颂扬了作为这些先祖的正统继承人的恺撒和当今皇上屋大维。这是史诗前六卷的内容。史诗的后六卷叙述埃涅阿斯在意大利建立罗马城邦的经过,最后以埃涅阿斯战胜土著领袖、罗马城邦正式建立而结束全诗。

维吉尔在西方文学史上享有崇高地位,被认为是荷马之后最杰出的诗人,古罗马的“诗圣”,他的《埃涅阿斯记》被当作西方文人史诗的首作和典范。所谓“文人史诗”,就是指由某一诗人独立创作的史诗,有别于像荷马史诗和稍后欧洲各国民族史诗那样的、由民间传说逐渐固定下来的作品。

《埃涅阿斯记》对后世西方诗人的影响有时甚至超过荷马史诗。理由就在于它是用拉丁文写成的,因为拉丁文在后来长达一千年的中世纪可说是欧洲各国的“普通话”。即便到了中世纪后期,各国诗人虽已逐渐采用本国语言写作,但在诗歌形式等方面仍深受维吉尔的影响。譬如,中世纪最伟大的诗人、意大利的但丁,他的名作《神曲》虽用当时的方言意大利语写成,但其中最重要的《地狱篇》在结构形式上却明显地是以《埃涅阿斯记》第六卷作为蓝本的。

古罗马三大诗人中的第二位贺拉斯出生于平民家庭,他青年时代是共和制的拥护者,后在一次战争中因拒绝上阵而被关押,直到屋大维登基后施行大赦,他才获释回到罗马。在维吉尔介绍下,他又认识了密西纳斯,成为诗人圈中的一员。

和维吉尔不同,贺拉斯写的是典型的文人诗。他以轻妙的笔触描写罗马中上层社会的生活、习惯和思想感情,被认为是罗马公民的导师。他的作品大体可分为三类:讽喻诗、抒情诗和书信。在他的诗歌中,爱情、友谊和艺术是他恒常的吟咏对象;至于他的书信,后人把它们编成集子,题名为《诗艺》。在《诗艺》中,贺拉斯概括了古希腊的美学理论,同时也提出了他自己以苦吟为主的诗论主张。一般说来,贺拉斯继承了亚里士多德的模仿说,但更强调诗的教育作用,明确提出"寓教于乐"的原则。对于自己的理论主张,贺拉斯非常自信,他曾在一首题名为《纪念碑》的抒情诗里这样写道:"我树立了一座纪念碑,/它比坚固的黄铜和高于金字塔的帝王宫殿更加悠然长存,/侵蚀的雨水、午夜的阿克维龙/和漫漫的岁月都消灭不了它。/是的,我不会死尽灭绝,/幸运之神将使我的生命长存,/我那光荣的花冠将万古长青。"

贺拉斯

确实,《诗艺》后来被认为是西方古代文艺理论中仅次于亚里士多德《诗学》的重要论著,对后代理论家和作家的影响非常深远。尤其是在十七、十八世纪,西欧古典主义作家都把贺拉斯奉为理论权威,因为他强调创作应以古代杰作为典范,应追求艺术形式的完美,而这和古典主义竭力提倡的创作原则不谋而合。

奥维德是三大诗人中的第三位。他出生于富商家庭,年轻时在罗马专攻修辞学,学成后没有进入政界,而是从事创作。但是,不久他就遇到了麻烦。因为他写的《爱的艺术》(也译为《爱经》)一书被认为有伤风化而引起了屋大维的不满,而且据说还牵涉到屋大维的女儿。于是在公元八年十月的某一天,屋大维突然下令,把奥维德流放到遥远的黑海边小镇托米(现属罗马尼亚)。流放的原因,据奥维德自称,是因为"一首诗和一个错误"。由于他语焉不详,后世对此有无数种猜测。

奥维德

实际上,《爱的艺术》只是奥维德的游戏之作。他的真正的重要作品是长篇叙事诗《变形记》。当初,奥维德刚完成《变形记》的写作,恰在这时被突然流放,便一怒之下把手稿付之一炬。幸好外间已有传抄,此书才得以留存至今。被流放到黑海边后,奥维德虽然继续写作,但写的多为哀告怨诉的东西。这些文字后来编成两个集子,一题名为《哀怨集》,一题名为《黑海书简》。奥维德在黑海边住了九年,其间曾多次上书请求赦免,但均遭拒绝。最后,他满怀怨恨客死于僻远的他乡。

《变形记》共十五卷,在这部长篇叙事诗里,奥维德把两百五十多个希腊和罗马的神话传说汇集在一起,并用一根主线,即“变形”,加以贯穿。传说中的人与物最后不是变成兽类,便是变成鸟类,或者树木、花草和顽石等。叙事诗以混沌初开第一次变出天地万物开始,一直说到

《变形记》插图

恺撒死后变成星宿为止。诗人以无穷的想象力和巧妙的语言创造了一系列新鲜活泼的神话故事,有许多千载传诵的神话人物,如顾影自怜的纳息索斯(即水仙花)和巧制飞翼的代达罗斯等,最初就出自奥维德的《变形记》。

《变形记》的影响,从古罗马起一直持续到十八世纪,其间有许多第一流的西方作家,如但丁、乔叟、莎士比亚和歌德等,都曾盛赞此书并从中汲取素材。

三、后期罗马文学

屋大维去世以后,所谓的"奥古斯都时代"也随之结束,罗马文学进入所谓的"白银时期"。由于此时帝国已不再强盛,社会风气也日益恶化,应运而生的便是讽刺文学,其中以阿普里乌斯的《金驴记》(亦名《变形记》)最为出色。《金驴记》讲述主人公路希因误服灵药而变成了驴子,然而一灵不昧,知觉犹存,从此经历了无数奇事和苦难,却也因此见到了别人看不见的种种隐私和秘密。借着这样的离奇故事,阿普里乌斯影射和讽刺了当时罗马社会的混乱状况。他的这种手法到中世纪后期就成了流行甚广的"流浪汉小说"的范本。有的评论家甚至认为,这种形态变异的表现方法对二十世纪西方现代派文学也有巨大影响。

《金驴记》插图

第四章
古代科技文化

给我一个支点，我可以撬动地球。

——阿基米德

科学成为一种独立的文化活动，最早起源于古希腊，因为古希腊人最早对自然界形成了一种独立于神话而又有系统的理性看法，并且力求用理性来把握自然规律。古希腊自然哲学家尽管仅限于思辨，但他们是后世实验科学家的思想先驱。他们奠定了西方追究本源的哲学精神，最初开启了实体把握世界的传统，即认为，唯有找到自然现象背后的实体，并能用这一实体重组自然现象，才算真正认识了自然。这一传统，不仅在两千多年后为近代科学所继承，而且就在数百年后的希腊化时期，直接演变出了西方最早的实验科学。

第一节　早期自然哲学

公元前六世纪至公元前五世纪，通常被认为是古希腊的启蒙时期。启蒙时期的古希腊思想，主要是探索和阐释天地万物形成和演变的所谓“自然哲学”，而古希腊“自然哲学”就是近代自然科学的前身。古希腊“自然哲学”最重要的是三大学派，即：米利都学派、毕达哥拉斯学派和伊利亚学派。

一、米利都学派

米利都学派起源于爱奥尼亚的米利都城邦,因此也称“爱奥尼亚学派”。米利都学派的自然哲学,其中心要义是:天地万物都是由一种“元素”演化而来的。这一学说由泰勒斯发其端,阿那克西曼德和阿那克西米尼承其后,赫拉克利特是其集大成者。

泰勒斯是古希腊自然哲学的鼻祖,他没有著作留传下来,关于他的思想,都散见于后代哲学家的转述,其中以亚里士多德的记述最具权威性。根据亚里士多德的记述,泰勒斯的自然哲学思想可以归纳为三点:(一)宇宙万物的本源是水,一切存在物都由水演变而来,水是最基本的“元素”,生命之源;(二)正因为万物由水演化而来,所以自然本身就有生命,有生命就有运动,凡是会运动的事物就是有生命的;(三)大地就像漂浮在水上的一根圆木,由于不断地从水中获得生命,大地也是有生命的。

泰勒斯

泰勒斯的思想由其弟子阿那克西曼德和阿那克西米尼予以进一步阐述。阿那克西曼德把生成万物的原质称作“无限”。不过,他的“无限”并不是抽象的,而是具有物质性的。但他又不认为“无限”是水,或者其他“元素”。总之,“无限”是不被任何物质形式所限定的一种“根本物质”。至于大地的生成,阿那克西曼德认为是由于水被火烤干而成,当水干涸变成陆地之后,能够适应陆地环境的两栖动物,侥幸得以延续而变成陆地动物,而人类的远祖就是这样的陆地动物之一。可见,阿那克西曼德是最早具有“进化”思想的哲学家,只是他的“进化论”还仅仅是一种猜想而已。

阿那克西米尼则和他的师祖泰勒斯一样,也把某一具体的存在物视为万物的原质,但他却认为,这一原质不是水,而是空气。阿那克西米尼认为，泰勒斯之所以把水视为万物原质，是因为水具有可变性，而实际上，空气比水更具可变性，所以不如把空气视为万物原质。对于阿那克西曼德的“无限”学说，阿那克西米尼其实并不反对，只是认为它不符合当时一般希腊人的直观思维习惯。因此，他调和了泰勒斯和阿那克西曼德，折中地提出以空气为万物原质的观点，因为空气既不像水那样具体，又不像“无限”那样虚玄。

集米利都学派思想之大成的是赫拉克利特。赫拉克利特认为，宇宙万物的本源是一种“灵火”。他在其遗著《残篇》里写道：“有序世界，既非神，也非神所造，而是一种永恒的灵火。”之所以要将火视为万物本源，赫拉克利特的理由是：火具有可变性。因为在他看来，万物由火而生，又复归于火。譬如，火失热就变水，水再失热就变土；土得热又变水，水得热再变火。由火变水，他称作“下降”；由水变火，他称作“上升”。“上升”和“下降”都遵循一定的法则，而且是永恒地进行着的，无始也无终。这就是“变化”。“变化”是“上升”和“下降”的矛盾表现，因此矛盾和变化就是宇宙万物的本质。赫拉克利特有句名言：“我们不能两次踏进同一条河。”意思就是，一切皆流，万物皆变。

赫拉克利特

总之，赫拉克利特的“万物流变”说认为，变化是真正的存在，除了变化，世上没有任何不变的存在。换言之，现象就是实在，万物就是“灵火”，两者虽有体相之分，实质上却是一而二、二而一的东西。因为从经验的角度看，世界呈万物之状，而从永恒法则的角度看，世界则是流变不息的“灵火”。这种“万物流变”说，和东方佛教的“诸行无常，诸法无我”之说非常相似，不过两者却有取向上的差异：佛教的宗旨在于寻求解脱，而赫拉克利特则旨在于探知。这里，可见东西方思维形态的基本区别。

二、毕达哥拉斯学派

这一派因其创始人毕达哥拉斯而得名。关于毕达哥拉斯的生平事迹，历来传说多于史实，尤其是由于后来的"新毕达哥拉斯派"的大肆渲染，他竟成了一个具有神奇色彩的传奇人物。不过，今天一般能得到承认的史实是：毕达哥拉斯曾师从阿那克西曼德，大约在公元前五二九年，移居南意大利的克罗顿，并在那里创立毕达哥拉斯学派，从事学术活动达二十年之久。

由于毕达哥拉斯被抹上了神秘的色彩，因此关于他的学说就很难说是他本人的还是由他的信徒伪托的。基于此，我们只能说，那些学说都是毕达哥拉斯学派的。

毕达哥拉斯

首先，毕达哥拉斯学派是个数学学派。毕达哥拉斯本人是天才的数学家，他的门徒也都是大数学家。他们把"数"从日常生活中提升出来，使其变为一门纯思辨的学问。当然，在纯数学方面，他们是当之无愧的先驱，有许多数学定理，如著名的"毕达哥拉斯定理"(亦称"勾股定理")，便是他们在两千多年前发现的。但是，他们对"数"的兴趣不限于数学本身，而是要用"数"来解释宇宙万物。也就是说，他们认为"数"是宇宙万物的本源。他们把"数"分为奇数和偶数，并认为奇数代表有限，偶数代表无限，奇数和偶数的对立是万物产生的根源。譬如，多和少、左和右、男和女、静和动、曲和直、明和暗、善和恶等，都是由奇、偶数的对立产生的。此外，他们特别重视一至十这十个数字，认为一、二、三、四加起来等于十具有神秘的内涵：一代表点，二代表线，三代表面，四代表体；点、线、面、体合起来就是形成世间万物的基本原理。于是，他们又进一步用"数论"来解释人的精神，甚至解释形而上的抽象观念。譬如，他们认为，既然上述一至四是构成万物形体的形体之数，那么五至十就是与精神和抽象事物有关的非形体之数：五是性质之数；六是灵魂之数；七是健康或理性之数；八是爱情或贤明之数；九是正义之数；十是宇宙和谐之数。尽管毕达哥拉斯学派的“数论”宇宙观神秘而令人费解，而且从今天看来肯定有许多荒谬之处，但是他们从数学中得出的对立统一的观念，却有其合理的内涵。因为他们用数来表示的那些概念，相互之间确实有内在的联系，而且在某种程度上是可以用量来表示的。

其次，毕达哥拉斯学派还是个天文学学派。他们认为，宇宙是一个球形体，中央是被称作“太一”的中心火，在中心火的周围，有十个由西向东旋转的天体，那就是太阳、月亮、金星、木星、水星、火星、土星、地球、地星和恒星。由于地球对中心火呈西向一面旋转，所以生活在地球东面的人既看不见中心火，也看不见处于中心火和地球之间的地星。地球和太阳呈同一方位时，就是白天；呈对立方位时，就是黑夜。月亮位于太阳和地球之间时，就发生日食；地球位于太阳和月亮之间时，就发生月食。地球每一日，月亮每一月，太阳每一年，分别围绕中心火旋转一周。由于天体都是迅速旋转着的，宇宙间便产生一种美妙的音响，他们将此称作“天曲”。均匀、秩序和天曲是宇宙的三大基调，他们认为，人类初降时是能感受到这些宇宙基调的，只是久而久之人类因受利欲所困，便失去了对宇宙的感受能力。

毕达哥拉斯学派的中心火宇宙论，虽然与现代天文学理论有很大出入，有许多观点已被证明是完全错误的，但是它却是现代天文学基础理论即“日心说”的先驱。只是由于后来托勒密的“地心说”占了统治地位，这一派的宇宙论观点在将近两千年的时间里始终没有受到重视。直到中世纪后期，哥白尼和开普勒等人推翻了“地心说”，人们才回过头来发现，原来在两千年前就有人认为，地球并不是宇宙的中心。

三、伊利亚学派

这一派是从毕达哥拉斯学派中分化出来的，其创始人巴门尼德原属于毕达哥拉斯学派。不过，巴门尼德虽是创始人，作为这一学派思想先驱的却是塞诺芬尼。

塞诺芬尼据说是阿那克西曼德的弟子，但他的思想却和米利都学派大相径庭。关于宇宙的本源,塞诺芬尼并不像米利都学派那样去寻找某一有形的物质,如水、气、火之类,而归结于他所谓的"神"。这个"神"不同于古希腊人普遍信仰的奥林匹斯山上的诸神,而是作为宇宙本体的一种绝对存在物。亚里士多德后来说:"塞诺芬尼所说的神,就是太一。"可见,他的"神"不是信仰对象,而是指宇宙的统一性,是认识对象。只是,他的"神"要比其他学派提出的本源稍微抽象一点。

就在塞诺芬尼的"神"的基础上,巴门尼德进一步予以阐述而创立了伊利亚学派。

巴门尼德

巴门尼德是南意大利的伊利亚人,他的学派因此而得名。巴门尼德的哲学思想主要体现在他的诗体著作《论自然》中。《论自然》共分两部分:一是绪论,一是本论。本论又分成"真理"和"臆想"两部分。在绪论里,巴门尼德借女神之口先说出自己的想法,即:真理是可靠的,臆想是虚假的。那么,什么是真理,什么是臆想呢?后面本论部分就对此加以论述。他的观点,概括地说,就是认为:存在是存在物唯一的"真理",而所谓的运动或者变化则是人的"臆想"而已。换言之,"存在"是宇宙的本体,它是唯一的、不变的。这就是巴门尼德的基本思想,也是整个伊利亚学派的中心思想。

巴门尼德的"存在"来自塞诺芬尼的"神",两者最大的共同点就是:唯一不二、不生不灭、不变不动、无始无终,即"绝对实体"。显而易见,巴门尼德的"存在"论,是针对赫拉克利特的"流变"论提出的,因为他认为赫拉克利特的"存在同时又不存在"的"万物皆变"思想只是一种"臆想",而不是"真理",因为"真理"是不变的。

不过,巴门尼德的"存在"虽然较为抽象,却决非纯思辨的"存在",如黑格尔哲学中的"纯有"。因为在当时的希腊,纯思辨的哲学尚未诞生,他们只是在对自然加以思考,因此总带有某种物质的性质。巴门尼德的“存在”也是如此，它被描述为一种充塞于空间的物质实体。譬如，巴门尼德在《论自然》里写道：“存在是从一个中心点向四面扩展而形成的球体。”可见，他的“存在”仍然属于自然界，虽然具有某些精神属性，但本质上却是物质的。因此，巴门尼德的哲学不管表面上多么虚玄，从根本上说仍然是自然哲学。

四、“原子论”学派

除了上述三大学派，古希腊自然哲学中还有一派也甚有影响。这一派虽不像前面三派那样是自觉的学派，但由于其学说是相互有联系的，我们也不妨把他们看作是一“派”。他们和前三派一样，关心宇宙的本源问题，但他们提出的宇宙本源既不是某一有形物质，如水、气、火等，也不是某种想象中的神秘事物，如数、神、有（或者说“存在”）等，而是一种既不神秘、又是无形的物质。这种物质，他们称作“原子”。所以，这一派可以说是“原子论”派。

“原子论”与米利都学派、毕达哥拉斯学派以及伊利亚学派的学说，其实都有联系，甚至可以说，是在这三派学说的基础上发展起来的。

最初提出“原子”假想的古希腊哲学家是色雷斯的留基伯。他认为，万物由无数同质元素构成，并将这种同质元素命名为“原子”。按他的设想，“原子”具有“不可入性”，由于“原子”在“虚空”中相互碰撞，便形成一个庞大的“原子漩涡”，这一“原子漩涡”就是宇宙的开端。

德谟克里特

如果说留基伯仅仅提出了“原子”假想的话，那么使“原子”假想真正成为一种学说的，则是他的学生德谟克里特。德谟克里特认为，世界由“存在”和“非存在”两者构成，“存在”是充实的，“非存在”是虚无的，“存在”的终极因子就是“原子”。“原子”处于永恒的运动状态，所以物质既不会生成，也不会消失,只是处于不同的形态而已。至于宇宙的起源,德谟克里特认为最初形成的是大地,而大地是由从虚空中降落的无数“原子”构成的。既然“原子”是终极因子,德谟克里特便进而用“原子”来解释一般被认为是非物质的事物,如灵魂和感觉等。他认为人体也由“原子”构成,灵魂是由最细小的“火原子”构成,这种“火原子”浮游在虚空中,随人的呼吸进入人体便形成灵魂,死亡则是“火原子”的离散。同样,人的感觉也是由“原子”造成的:当外界“原子”从外物散发出来,经过人的器官进入人体,和构成灵魂的“火原子”发生接触,这时人就产生了感觉。

显然,德谟克里特的这种解释,在今天看来不免荒谬,却是历史上想用物质来解释非物质现象的最初尝试。正因为如此,德谟克里特不仅被认为是古代物理学先驱,还被认为是近代哲学唯物论的鼻祖。

第二节　希腊化时期的科技

大约从公元前三世纪到公元前一世纪,被称作“希腊化时期”,即古希腊文化向周边地区传播的时期。在希腊化时期,科学开始与哲学分离而取得了独立的地位。当时的学术中心是在埃及的亚历山大城,那里建有图书馆和博物馆,里面有观察所、植物园和动物园等可供科学研究的设施。官方还专门从各地招聘学者,从事天文、地理和数学等各项学术研究。在这一时期,成就最大的是数学、物理学、医学、天文学和工程技术,最重要的四位科学家是欧几里得、阿基米德、盖伦和托勒密。

继希腊化时期之后,地中海一带就成了古罗马的天下。古罗马人在理论科学方面不及古希腊人,但在工程技术方面却胜过一筹。

一、欧几里得与《几何学原理》

在数学方面,希腊化时期最伟大的数学家是欧几里得。关于欧几里得的生平,后人知之甚少,只知道他是希腊人。他在数学上的最大贡献是完成了平面几何的理论体系,所以被称为“几何学之父”。他最有名的著作是《几何学原理》,此书后来一直被世界各国当作几何学教学的基本教材,我国早在明代就有徐光启予以翻译印行,题为《几何

欧几里得

原本》。

《几何学原理》共十三篇。第一篇讲直边形,包括全等定理、平行定理、毕达哥拉斯定理、初等作图法等;第二篇讲用几何方法解代数问题,即用几何方法做加减乘除,包括求面积、体积等;第三篇讲圆,讨论了弦、切线、割线、圆心角、圆周角的某些性质;第四篇还是讲圆形,主要讲圆的内接和外切图形;第五篇是比例论;第六篇运用已确定的比例论述相似形;第七、八、九、十篇是数论;第十一、十二、十三篇是立体几何,其中第十二篇主要讨论穷竭法,这是近代微积分思想的早期来源。全部十三篇几乎包括了现今初等几何学课程的所有内容。

二、阿基米德与杠杆原理

在物理学方面,这一时期贡献最大的是阿基米德。他是个天才的发明家,如投石机、复滑车、起重机和游星仪等,据说都是他发明的。在物理学方面,阿基米德的工作主要有两项:第一项是关于平衡问题,杠杆原理即属于此;第二项是关于浮力问题的研究,基础物理学里的浮力定律属于此类。根据两项研究成果,阿基米德写成了他的两部最重要的物理学著作,即《论平板的平衡》和《论浮力》。

阿基米德

在《论平板的平衡》里,阿基米德用数学公理的方式提出了杠杆原理,即杠杆如平衡,则支点两端的力(重力)与力臂长度的乘积相等。这里,重要的是阿基米德建立了杠杆的概念,其中包括支点和力臂等概念。对于平面物,即平板,为了使杠杆原理适用,阿基米德还建立了“重心”概念,而有了“重心”,任何平面上的平衡问题都可以用杠杆原理加以解决。所以,阿基米德有一句名言:“给我一个支点,我可以撬动地球。”

关于浮力定律,相传阿基米德曾受叙拉古国王委托,检验一顶黄金冠里有没有掺入白银,于是他就利用物体的比重把王冠放进水里,结果发现了物理学上著名的“阿基米德定律”,即浮力定律:浸在液体中的物体所受到的向上的浮力,其大小等于物体所排开的液体的重量。这一定律,现已成为流体静力学的基本原理之一。

除了物理学,阿基米德还研究数学而且成就卓越,如圆周率、球体积、抛物线等,都是他计算出来的。此外,他还研究出了计算椭圆形面积、几何级数和开平方根的方法,为后来的微积分奠定了基础。

三、盖伦与古代医学

在医学方面,当时的名医希罗菲勒斯和埃拉希斯特拉托斯已具有相当高的水平。希罗菲勒斯曾做过人体解剖,在临床诊断方面发现了脉搏的重要性。埃拉希斯特拉托斯是塞琉卡斯王朝的御医,他曾对人的心脏进行过解剖学上的研究,发现心脏并不是思维器官,因而推翻了当时权威的亚里士多德的说法。不过,对古希腊医学作出最大贡献的是盖伦。

盖　伦

盖伦的医学理论基于生物解剖,因此他能比较正确地描述和说明人体器官及其功能;遗憾的是,当时的希腊社会禁止人体解剖,盖伦只能通过动物解剖来推测人体构造,所以错误在所难免。盖伦的医学理论以“灵气”为其核心思想,即认为:人的血液里带有“灵气”,这种“灵气”通过心脏送往全身,从而使人体具有活力;“灵气”一旦受阻,人就生病了，于是就需要医生用药物或者手术来加以“疏通”，使“灵气”恢复运行。这种想法从今天看来显然是不科学的，但不管怎么说，盖伦对人体的思考基本上是理性的，和原始、神秘的巫医有着本质的区别。后世的西方医学，就是沿着盖伦的这一思路发展起来的。

四、托勒密与《天文学大成》

在希腊化时期，天文学方面的成就也是惊人的。譬如，萨摩色雷斯岛的亚里斯塔克，他曾计算出太阳的体积约是地球的六千九百一十八倍，这虽然跟实际的一百三十万倍相差很远，但是他在两千多年前就能知道太阳比地球大，这已经是很了不起了。同时，亚里斯塔克又推测认为，恒星和太阳可能都是不动的天体，而地球则可能是运动的。这种大胆的假设，在当时是很惊人的，就连阿基米德也表示反对。比亚里斯塔克贡献还要大的是希帕克斯，他经过系统而精确的测算，算出地球绕太阳一周的时间是三百六十五天五小时又五分，和我们今天所确认的三百六十五天五小时四十八分四十六秒仅差四十四分钟。此外，希帕克斯还测出春秋交替的回归线，并推测了地球、太阳和月亮三者的距离，同时他还绘制了有八百五十颗恒星的星体图。由于希帕克斯超凡的天文学知识，他被后人誉为“天文学之父”。继希帕克斯之后，另一位天文学家可谓集古希腊天文学之大成，那就是亚历山大城的托勒密。

托勒密

如果说欧几里得的《几何学原理》总结了古希腊的数学成就的话，那么托勒密的《天文学大成》则系统地总结了古希腊的天文学成就。在《天文学大成》里，托勒密设大地为球形，故可称为“地球”，地球处于宇宙中心，诸天体则绕地球旋转，其与地球的距离从小到大，依次为：月亮、水星、金星、太阳、火星、木星和土星。此外，他还讨论了描述这个体系所必需的数学工具，如球面几何和球面三角等，以及，太阳的运动及其周年长度的计算、月球的运动和月地距离、日地距离等问题。其中最值得注意的是对恒星和岁差现象的讨论，托勒密在此基础上绘出了比希帕克斯更详细的星体图。总之，托勒密的地心天文体系是古代世界最完整的天文学体系，尽管后来被哥白尼证明是错误的，但在哥白尼之前的一千多年间，它一直被欧洲天文学界视为权威。

五、古代工程技术

除了上述这些学科，古希腊人在工程技术方面的成就也令人赞叹。在这方面，贡献最大的当然是阿基米德；仅次于他的是特希比乌斯，他发明了水风琴、水时钟、消防栓和虹吸管；再次就是赫隆，他发明了类似蒸汽机的“气力球”和类似现代汽车上自动计程器的为神殿设计的“自动圣水装罐器”。此外，赫隆还发明了攻城炮，在马其顿攻打罗得岛时就使用了这种“新式武器”。最后，赫隆还有一项有趣的发明，就是利用空气膨胀使神殿的门能自动打开，并能把神像从神殿里推送出来供人们观瞻。

古罗马人尽管在很大程度上接受了古希腊文化，但他们的性格却和古希腊人截然不同。古希腊人追求超越的理想，藐视现实功利，对纯粹知识充满神圣的渴望，所以古希腊人的演绎科学在古代世界可谓一枝独秀；古罗马人则不然，他们注重实际，不喜玄想，所以在理论科学方面很少贡献。这一点，其实古罗马人自己也知道，如古罗马大学者西塞罗就曾说：“他们希腊人有纯数学头脑，而我们罗马人呢，却只能做点实地测量之类的事。”

古罗马人在理论科学方面确实不及古希腊人，但在工程技术方面，他们还是很有建树的。首先，罗马帝国地域辽阔，为了便于交通，古罗马人就以罗马城为中心，修建了四通八达的公路网，这一工程在古代世界堪称第一，所以后来有“条条大路通罗马”之说；其次，罗马城里的公共建筑规模宏大、结构坚固，墙体用大理石砌成，顶部是古罗马人自己用维苏威火山灰制成的混凝土浇筑的，所以古罗马建筑往往有古希腊建筑所没有的那种巨大的穹顶。此外，由于帝国时期罗马城里的居民多达几十万甚至上百万，城里的供水便成了大问题。为此，古罗马人便

留存至今的古罗马引水渠

大规模修建引水渠,把城外的河水引入城内。这一引水渠工程充分显示了古罗马人高超的工程技术:引水渠长达两百多公里,经过低地时采用高架法,经过高地时用虹吸法,可称史无前例。

然而,在古罗马之后,欧洲的科技文化便长时间地停滞不前了。因为在此后的大约一千年间,来自近东的基督教文化传遍了整个欧洲。欧洲人都把目光转向了上帝,转向了灵魂得救,对自然界和物质世界的探索也就失去了兴趣。

Ⅱ 中世纪文化

公元5世纪—公元14世纪

第一章
中世纪宗教文化

那坐在黑暗里的百姓看见了大火；坐在死荫之地的人发现有光照着他们。从那时候，耶稣就传起道来，说："天国近了，你们应当悔改！"

——《圣经·马太福音》

欧洲中世纪文化的核心是宗教文化，宗教事务是这一千年间的头等大事。基督教于公元四世纪初成为罗马帝国的官方宗教后，其势力便不断增强，最后使整个欧洲都成了基督教的天下。那么，在其后漫长的中世纪里，基督教会又经历了怎样的变迁呢？最重要的当然是东西两大教会的分裂和"十字军东征"，以及罗马教廷的兴盛。不过，在讲到基督教历史上的这些重大事件之前，我们首先还得对基督教本身有一个大概的了解。

第一节　基督教概说

基督教的情况非常复杂，想用短短的篇幅就把它讲清楚当然是不可能的，但若提纲挈领地概说其要点，那么其要点就是：基督教的起源与发展、基督教《圣经》的基本内容，以及基督教的基本教义。

一、基督教的起源与发展

基督教虽是欧洲第一大宗教，有时甚至是欧洲唯一的宗教，但它并非发源于欧洲，而是从亚洲传入欧洲的。基督教起源于公元一世纪的中东巴勒斯坦地区，起初是犹太教的一个教派，其创始人耶稣被他的信徒称为“基督”(即救世主)，故称“基督教”。

传说耶稣的父亲是木匠约瑟夫，母亲叫玛丽亚。耶稣的出生地是以色列的伯利恒，但他却在拿撒勒地方长大，因此他一生都被人称为拿撒勒人耶稣。

耶稣像

耶稣三十岁开始宣扬他的新教义，关于他以前的事，人们所知甚少。耶稣的新教义是以犹太教信仰为基础的，即相信上帝耶和华创造并主宰世界，认为人类从始祖起就犯了罪，并在罪中受苦，但上帝耶和华与人类有“约定”，要派“弥赛亚”(即拯救者)来拯救他们。这些都是犹太教的信仰。耶稣的新教义并不否定这些信仰，只是进一步宣称他就是上帝派来的弥赛亚，是来解救犹太人的。当初犹太人的国家已被罗马帝国吞并，而且正处于动乱之中，所以耶稣的新教义正迎合了许许多多犹太人的希望。于是民众开始追随耶稣，认为他就是弥赛亚；可是犹太人的当权者并不赞同耶稣，民众的追随不久也就减弱了。耶稣于传教三年之后被捕，被移交给罗马派来的地方官，并被当作一个宣扬邪说的人钉死在十字架上。

尽管创始人早死，新的信仰却很顽强，耶稣的门徒最初都曾背离耶稣，但是他们到耶稣“复活”时，又恢复了信仰；他们断言，耶稣死后又出现在他们面前，并训谕他们去宣布“天国即将降临”的福音。这样，门徒们便继续传教,其中成就最大的是使徒保罗,他把对耶稣基督的信仰远远地传到了小亚细亚、希腊、意大利,甚至西班牙。

由于耶稣的教谕特别合乎贫者和贱者的心意,可以让他们从天国中看到他们在尘世中看不到的希望,再加上当时罗马帝国已开始衰败,社会和经济状况都十分恶劣,所以信奉基督教的人数便不断增多。尽管基督教在当时仍然是不合法的,甚至一再遭到罗马帝国的镇压与迫害,但是到了公元二世纪中叶,秘密的基督教团体实际已遍布于罗马帝国境内。公元四世纪初,罗马皇帝君士坦丁出于政治需要,决定接受基督教,并于公元三一三年颁布著名的“米兰敕令”,宣布基督教为合法宗教。不久,基督教又成为帝国的官方宗教;随后,帝国境外的蛮族如居住在多瑙河流域的哥特人也皈依了基督教。公元五世纪左右,西罗马帝国灭亡,入侵帝国的日耳曼人尽管将帝国的文化几乎破坏殆尽,但他们却接受了罗马帝国留给他们的文化遗产——基督教。此后,基督教便一直是欧洲最有势力的宗教,而且随着欧洲人的活动,又被带到了世界各地。

被钉十字架的耶稣

二、基督教《圣经》

《圣经》是基督教的经典,分为《旧约圣经》和《新约圣经》。《旧约圣经》原是犹太教的经典,所谓“约”,是因为犹太教徒相信书中所述的一切是上帝与犹太民族在西奈山订下的盟约，即上帝许下的拯救犹太民族的诺言，所以称为“约书”。因基督教出自犹太教，所以基督教也将犹太教经典纳入自己的《圣经》，称为“旧约”，而把耶稣及其门徒的事迹与言论称为“新约”。

《旧约圣经》分为三部：经律、先知和圣著。经律也称经书或法律书，即所谓的“摩西五经”，分别为《创世记》《出埃及记》《利末记》《民数记》和《申命记》。这部分内容包括上帝造天地、伊甸乐园、洪水方舟等神话以及有关犹太族祖亚伯拉罕、雅各和摩西等的传说，还有犹太教所订的教规等，因托名为创国英雄摩西受天命所写成，所以称为“经书”或“法律书”。先知即先知书，一部分是以色列和犹太立国到亡国的史记，如《约书亚记》《列王记》和《尼希米记》等；一部分是历代先知的言论集，多为犹太国家处于多难之秋时的悲愤之言，如《以赛亚书》《耶米利书》等。圣著其实是诗文集，可说是古代犹太民族的文学遗产，如《诗篇》《雅歌》《箴言》和《约伯记》等。

《旧约·创世记》中亚当和夏娃

《新约·福音书》中的耶稣复活

对于基督教来说,《新约圣经》是比《旧约圣经》更为重要的经典,包括四部分:福音书、使徒行传、使徒书信和启示录。福音书有四卷,即《马太福音》《马可福音》《路加福音》和《约翰福音》,相传为马太、马可、路加和约翰四位门徒所述的耶稣生平与言行。使徒行传据信为路加所编著,分为前后两编,前编大多记述彼得事迹以及耶路撒冷教会、安提阿教会等发展状况,后编记述保罗三次传教行程,在耶路撒冷被捕,以及被解送罗马的种种事迹。使徒书信大多为使徒通过书信对其建立的教会所作的教诲,如《罗马书》是使徒保罗的书信,《彼得书》是使徒彼得的书信。启示录相传是使徒约翰所作,分三部分:第一部分为序言和写给小亚细亚七个教会的信;第二部分以“见异象”的形式详列世界末日的景象;第三部分叙述基督的最后得胜。

《圣经》不仅是基督教的经典,同时也是重要的历史文献,其中直接或间接地提到了不少历史事件,是研究那一时期历史的必不可少的参考资料。此外,《圣经》还具有很高的文学价值,尤其是《旧约圣经》,被认为像希腊神话一样具有“永恒的魅力”,因而译成各国文字之后,对各国的文学尤其是西方文学,产生了深远影响。

三、基督教基本教义

耶稣在传道中一方面肯定犹太教律法和先知预言的基本信仰,另一方面又提出“爱”是“律法和先知一切道理的总纲”。耶稣在把爱作为信仰的核心内容与道德的最高境界这一点上,又超越了犹太教的传统信仰。这种以爱为核心的信仰包含三大基本教义:

(一)上帝是慈爱的天父。在犹太教的传统信仰中,上帝耶和华是宇宙的创造者和统治者，他全知全能、圣洁信实。但是耶稣补充说，上帝和人的关系还是父与子的关系，这种父子关系的实质是上帝对人的无条件的、充满自我牺牲精神的爱。上帝对世界的创造与统治都是爱的体现；上帝对人的爱不仅表现在为人类提供物质生活的条件，更重要的表现在对人的灵魂的拯救，甚至牺牲自己的独生子（即耶稣）来代人受过，“叫一切信他的人不至灭亡，反得永生”。

（二）爱上帝。耶稣主张人们不仅要敬畏上帝，而且要爱上帝；上帝不仅是崇拜的对象，而且是爱戴、亲近的对象。基督教要求其信徒追求和上帝同在，即“父在我里面，我也在父里面”的境界，而这种境界又是靠基督的“中介”实现的，因而爱上帝和跟从耶稣是一致的。耶稣主张人对上帝的爱，要如同上帝对人的爱一样，是无条件的和超越一切的。正是在这个意义上，他说：“爱父母过于爱我的，不配做我的门徒，爱儿女过于爱我的，不配做我的门徒。不背着他的十字架跟从我的，也不配做我的门徒。”

爱是基督教的核心

（三）爱人如己。耶稣强调爱人，实际上是爱上帝、体现上帝爱人的一个重要表现。这是要求在人与人之间建立一种新型关系。他说：“我怎样爱你们，你们也要怎样相爱。”他把爱人如己的原则发挥到了极致，将严于律己、宽以待人作为得到上帝饶恕的必要条件。他认为，爱他人并非只是礼尚往来、知恩图报，而应该效法上帝对人的爱，即无条件的、自我牺牲的、普世性的。人要想做到像上帝那样"叫日头照好人，也照歹人；降雨给义人，也给不义的人"，就必须学会宽恕，不仅要学会"饶恕他人的过错"，甚至要做到"爱你们的仇敌"。

第二节　基督教第一次分裂

罗马帝国后期，帝国一分为二：东部以君士坦丁堡为中心，称为东罗马帝国；西部以罗马为中心，称为西罗马帝国。由于帝国一分为二，东西罗马帝国的基督教会之间也出现了裂痕。名义上，东罗马帝国的君士坦丁堡教廷是整个基督教世界的中心，但西部的罗马教廷则常常自行其是。尤其到了公元五世纪，罗马教廷将西部的各教会一并纳入自己的管辖之下，还自封罗马大主教为教皇。这样，基督教实际上已形成了两个中心，即君士坦丁堡的宗主教(也称"牧首")和罗马的教皇。

东西罗马帝国的版图

一、圣像破坏运动

在公元七世纪之前，东西两教会的关系至少在表面上还保持着平静。但是，到了公元八世纪，关系就开始恶化了。促成关系恶化的原因，即历史上有名的所谓“圣像破坏运动”。

本来，基督教是从禁止偶像崇拜的犹太教演变而来的，所以最初也严禁崇拜偶像。但是，这种没有偶像的一神教，在传教时不免显得抽象，信徒们心中没有一个具体的崇拜对象。于是后来的基督教传教士为了有利于向底层民众传教，有时也为了美化教堂，便将基督、圣母、使徒和殉教圣者的画像挂在教堂里供信徒们朝拜。这样久而久之就习以为常了，各地的教堂里都充满了画像和塑像，而信徒们就对着这些画像和塑像顶礼膜拜，其情景和拜偶像的原始多神教无甚区别。这种拜偶像的习惯，在当时不仅受到伊斯兰教徒的嘲笑和犹太教徒的攻击，同时也遭到基督教内部某些派别如保罗派的反对，因为使徒保罗生前曾明确表示过，基督徒不应崇拜偶像。

利奥三世

教会内部的这种矛盾，招来了当时东罗马帝国皇帝利奥三世的干预。他决定支持保罗派，于是便于公元七二六年会同东罗马元老院和东罗马教会一起，颁布了一道“偶像崇拜禁令”，敕令所有基督教堂内即刻销毁所有的画像和塑像。但是，教会内部提倡偶像崇拜的一派却煽动众多信徒与皇帝对抗。当皇帝派出的执行官吏前去拆除偶像时，狂热的偶像崇拜派基督徒便从四面八方涌来，与帝国军队发生冲突。而利奥三世执意要实行他的禁令，命令军队镇压。这样，京城君士坦丁堡便整个地处于混乱之中。

京城动乱的消息传到东地中海各地，那里拥护偶像崇拜的基督徒便很快组成一支临时军队，以“消灭基督的敌人”为口号，浩浩荡荡地向京城开来。他们在京城附近又与帝国军队相遇。一场混战之后,这批乌合之众固然为帝国军队所消灭,但那里的教会却仍然拒不执行禁令,并发起了一场所谓的“护像运动”。这样,整个东罗马帝国都陷入了混乱之中。

再说西罗马那边,本来自封的罗马教皇就跟君士坦丁堡不和,现在接到东边来的一道“禁令”,要他们拆除教堂内所有的偶像,教皇当然不服。于是便采取了公然对抗的立场,一面向信徒们宣讲东部教会的“反基督罪行”,一面又将执行皇帝命令的军队逐出意大利,并组织“护教军”向君士坦丁堡开去。

皇帝利奥三世本想派一支强大的军队去意大利平乱,但由于东部也一片混乱,再加上伊斯兰教徒乘虚而入,攻占了小亚细亚的东罗马领土,所以他的计划根本不能实现,至多只能与西部抗衡而已。

这种东西抗衡的局面,一直持续了一百多年,其间关于“偶像崇拜”问题几经反复:利奥三世去世后,他的三个继承者都遵奉着他的“禁令”,但是到了公元七八〇年至公元七九七年期间,当时摄政的皇后伊勒娜转而支持拥护圣像派,抗衡的局面有所缓和。可是继伊勒娜之后执政的两代皇帝又恢复利奥三世的“禁令”。接着,在公元八四三年,女皇狄奥多拉当政,她又中止了“禁令”,与西部教会妥协,并召开君士坦丁堡会议,恢复了圣像供奉。

这样,关于偶像问题虽然告一段落,但东西两边教会分治的局面却难以改变。这种局面又持续一百多年。在这一百多年间,东西两边教会间的差异变得越来越大。虽然双方都承认同是基督的教会,但对教义的解释却有分歧。此外,当时东部教会使用的是希腊语,而西部教会使用的则是拉丁语。这种语言上的隔阂,也拉大了彼此间的距离。

二、色路拉里乌分裂

东西两教会真正分道扬镳,则是从公元一〇五四年才开始的。

一〇五四年发生的那件事,史称“色路拉里乌分裂”。在此之前,君士坦丁堡的宗教主色路拉里乌与罗马教皇利奥九世之间就一直在争夺全教会的领导权,关系已几近破裂。一〇五四年,色路拉里乌指控西部

教皇利奥九世

教会有背教规，用无酵面饼作为圣餐礼上的圣体。于是，东西双方又为圣餐礼上用的面饼到底要不要发酵而展开了激烈的争论。教皇利奥九世派红衣主教洪堡到君士坦丁堡去向色路拉里乌当面说理，但遭到色路拉里乌的冷落，于是洪堡就当即“绝罚”色路拉里乌。所谓“绝罚”，原意为“断绝往来”，但经基督教的特殊解释，“绝罚”又带有处分性质，受此处分者被认为永不得进天堂。君士坦丁堡宗教主受罗马教皇所派使臣的“绝罚”，当然不予理会，而且大怒，随即召开宗教会议，宣布“绝罚”罗马教皇利奥九世。

既然两边的最高首领这样相互“绝罚”，东西教会之间也就彻底断绝了关系。但是，他们又各自宣称自己的教会是基督的“正统”教会：东部称自己为“正教”，西部称自己为“公教”。就这样，基督教一分为二：东部即东地中海一带以及后来入教的巴尔干半岛和俄罗斯等地的教会，被称为“东正教”或“希腊正教”(因教会语言为希腊语)；西部即西地中海一带及北欧等地的教会被称为“罗马公教”或“拉丁教会”(因教会语言为拉丁语)。后者在十六世纪传入中国，习惯上称为“天主教”。

第三节 十字军东征

公元七至八世纪，在政治上本来四分五裂的西欧遂由法兰克王国的查理予以统一，史称“查理王朝”或“卡洛林王朝”，而查理则由罗马教皇授予“神圣罗马帝国皇帝”的称号，史称“查理大帝”。这时，兴起于阿拉伯半岛的伊斯兰教徒，也建立起了强大的阿拉伯帝国，并从东西两面进攻欧洲的基督教国家。它向东横扫叙利亚，一直打到君士坦丁堡即拜占庭帝国的京城，又向西席卷北非并占领了西班牙，对西欧形成了一个新月形的钳制阵势。

一、罗马教廷与十字军东征

在公元十一世纪之前，伊斯兰教徒一直和作为东罗马帝国后继者的拜占庭帝国处于交战状态，但是，虽然如此，他们大致上还能和居住在圣地耶路撒冷的基督教徒和平相处。然而，到了十一世纪中叶，阿拉伯帝国的政权落入土耳其人之手后，便对东部的基督教构成了极大的威胁。

教皇乌尔班二世

在这种情况下，罗马教皇乌尔班二世于一〇九五年召开克莱蒙会议，号召西欧君王们对伊斯兰教进行“圣战”，以维护东部的基督教。于是便开始了一场欧洲历史上持续时间最长的战争。这场战争史称“十字军东征”，共组织了八次，从一〇九六年到一二九一年，历时一百九十五年。

第一次东征(1096—1099)分四路进军，主将是洛林公爵戈弗雷、土鲁斯伯爵雷蒙和诺曼底公爵罗伯，军队由法国、英国和意大利三国骑士组成，约五万人，目的是收复被伊斯兰军队攻占的圣城耶路撒冷。鏖战三年之后获得成功，在耶路撒冷建立了以基督徒为主的“耶路撒冷王国”。

但是，大约过了四十年之后，来自土耳其的伊斯兰军队再次来犯，攻占了耶路撒冷王国的埃德萨城。耶路撒冷国王无力抵抗土耳其军队，便向罗马教廷求救。于是罗马教皇便组织了第二次十字军东征(1147—1149)。军队主要来自德法两国，主帅是德国皇帝康拉德三世和法国国王路易七世，但尽管花了两年时间，最后还是无功而返，埃德萨城仍在土耳其人手里。

大约又过了四十年,来自埃及的伊斯兰军队在其首领苏丹萨拉丁的指挥下一举攻占了圣城耶路撒冷。耶路撒冷王国覆灭。罗马教廷为此大怒,随即组织第三次东征(1189—1192)。此次东征的主将是德国皇帝腓特烈一世、法国国王菲利普二世和英国狮心王查理。由德、法、英三国骑士组成约六十万人的十字军浩浩荡荡开往东部,以期收复圣城。结果由于萨拉丁的军事天才和伊斯兰军队的顽强抵抗,这次"十字军东征"和第二次一样无功而返。

圣城陷落是罗马教廷无法容忍的。大约十年后,当时的教皇英诺森三世便组织第四次十字军东征(1202—1204)。由弗兰德斯侯爵鲍德温和曼特菲拉伯爵挂帅,组成十万人马的十字军,再次试图收复圣城。但是,这支来自西部的十字军不久便和东部的拜占庭帝国发生矛盾,于是对伊斯兰教徒的"圣战"变成了一场基督教徒之间的"内战"。十字军最后攻陷拜占庭京城君士坦丁堡,并建立"拉丁帝国"取代了拜占庭帝国。拉丁帝国后来一直延续了五十多年,到一二六一年才覆灭。拜占庭复国。

十字军

如果说前四次十字军东征都与收复失地有关的话,那么第五次东征(1217—1221)则是西部基督徒对伊斯兰教徒的主动进犯。号称"匈牙利十字军”的这次东征，主将是匈牙利国王安德烈二世，率本国军队和从德国招募来的武士共十万人，想征服叙利亚的伊斯兰教徒。但是，事与愿违，最后以失败而告终。

七年后，德国皇帝腓特烈二世又发起第六次十字军东征(1228—1229)，他率领德国武士十余万人去收复耶路撒冷，该城当初被埃及的伊斯兰领袖萨拉丁攻占，后来一直在伊斯兰教徒手里。战争持续了将近一年，结果是双方议和，基督徒名义上收复了这座圣城，实际上仍由伊斯兰教徒控制。

腓特烈二世

至于最后两次即第七和第八次十字军东征，时间分别为一一四八年至一二五四年和一二七〇年，主谋均为当时的法国国王路易九世。他率领由法国诸侯骑士数十万人组成的十字军直接攻打当时的伊斯兰教大本营埃及，意欲征服整个伊斯兰世界。然而，结果适得其反：第七次东征打了近八年仗，最后十字军全军覆没，主帅路易九世本人也成了伊斯兰教徒的阶下囚;不久由罗马教廷出面谈判,埃及方面释放了路易九世,但他于一二七〇年再度率军东征,结果更惨,仗没打赢,自己却在当年便病死于军中。

可以说,八次十字军东征至少有六次半是失败的。尤其是到了第八次东征失败后,"十字军"在东方据点只剩下一座阿克城,而此城后来也被埃及的伊斯兰教徒攻占,城内六万基督徒全部被俘。阿克城陷落后,西欧虽然又有组织"第九次十字军"的呼声,但是由于大势已去,人们丧失了信心,所以最后也就不了了之。

二、十字军东征的后果

十字军东征尽管在军事上以失败而告终,在宗教和文化方面却对欧洲社会产生了深远的影响。首先,在宗教方面,东征的影响主要表现为:(一)使教皇拥有无上权力。十字军东征的主要目的是收复圣地耶路撒冷,所以是十足的宗教战争。既然是宗教战争,罗马教皇在战时就成了"最高统帅",只要他一声号令,西欧各国的诸侯便群起响应。这样在将近两百年间,欧洲人逐渐确立了教权至上的观念,使教皇成了最高权力的象征。(二)使教廷拥有无限财富。在十字军东征期间,各参战国的诸侯和骑士为了筹措巨额军费,便把自己的封地卖给教廷。更有人出于宗教热诚,把自己的封地捐赠给教廷。这样,教廷的财产越积越多,以至于成了"世界首富",任何一个欧洲国王都无法望其项背。(三)使虔诚的教徒变得更为迷信。由于"十字军东征"期间教权不断得到加强,西欧的基督徒对随军僧侣从圣地耶路撒冷带回来的早期殉道者遗物之类的所谓"圣物"和"圣器"采取盲目迷信的态度,而教徒越迷信,教廷也就越专横。尤其到了后来,罗马教廷变得既专横又腐败,施行一系列胡作非为的举措,如建立异端审判所、托钵僧制度和出售赎罪券等,而其之所以能如此行事,就是因为有大量的教徒盲目迷信教廷。(四)使有识之士产生了疑问。如果说十字军东征在宗教信仰方面有什么积极意义的话,那就是它的失败使有些头脑清醒的基督徒开始领悟到,单凭宗教狂热是无法解决政治和军事问题的,同时也开始怀疑教皇是否真的在"替天行道"。这样,他们的宗教热情便有所冷却,对教皇的"权能"也不再抱绝对信任的态度了。

总之，在宗教方面，十字军东征的影响似乎是矛盾的：一方面教廷的权力在加强；另一方面人们对教廷的信心却开始动摇。这种矛盾在当时固然没有完全显露出来，但是它却为后来发生在十六世纪的西欧宗教改革运动深深地埋下了种子，因为宗教改革运动的第一步，就是对教皇的至上权力直接提出挑战。

除了宗教方面，十字军东征对西欧社会的整个文化生活都产生了巨大影响。首先，由于十字军东征，西欧人接触和吸收到了东部的拜占庭文化。因为在中世纪，拜占庭帝国掌握着东地中海的贸易权，京城君士坦丁堡的工商业十分发达，官邸和学校建筑宏伟，剧场和公园设施豪华，比西欧任何一个城市包括罗马城在内都要繁荣许多。尤其是君士坦丁堡的城市规模和格局，更是西欧城市望尘莫及的。在“十字军东征”期间，成千上万的西欧人来到君士坦丁堡，他们亲眼看到了拜占庭高度发达的文化，惊异之余又羡慕不止。尤其是第四次十字军东征，西欧人在君士坦丁堡建立了“拉丁帝国”，在那里统治达五十七年之久，而在此期间，有许多西欧学者在君士坦丁堡学习希腊语，进而研读古希腊典籍，并把古希腊的学术思想和文学艺术带回西欧。这对后来使西欧文化发生巨变的文艺复兴运动来说，无疑是一种先行的准备。

其次，十字军东征还使西欧人接触到了阿拉伯文化。当时的阿拉

十字军东征时的君士坦丁堡想象图

伯帝国，地跨欧、亚、非三大洲，具有与拜占庭几乎不相上下的发达文化。西欧人虽然很早就知道阿拉伯文化的繁荣，但在十字军东征之前，只有少数西欧学者到巴格达或者开罗留学，所以对整个西欧学术文化来说，影响并不大。从一〇九六年第一次十字军东征起，西欧人便全面接触到了阿拉伯文化。当时的阿拉伯人，在医学、化学、数学和天文学等方面是首屈一指的，所以当十字军以及随十字军来到东方的西欧人看到这些成就时，都大为惊讶。惊讶之余，他们便纷纷将其传回西欧。这对后来十六至十七世纪的西欧科技革命来说，同样是一种先行的准备。

最后，十字军东征对西欧的政治和经济也有积极的影响。在政治方面，由于十字军东征的主力军是西欧的地方诸侯和骑士，东征的失败首先使这一阶层的人大大地失去了社会优势，从而为西欧封建制度的最后崩溃早早地埋下了伏笔；在经济方面，也就是在十字军东征之后，西欧人才开始海外贸易，在此之前，整个西欧基本上是闭关自守的。

第四节　罗马教廷的兴盛

自基督教东西两大教会分裂后，西欧最大的矛盾是皇室和罗马教廷之间的矛盾，即政教冲突。起先，罗马教廷经过和世俗王权的激烈争执，开始与皇室分享权力；后来，到了十二世纪末、十三世纪初，即教皇英诺森三世在位期间，罗马教廷不仅使自已凌驾于皇室之上，而且使教皇得到了至高无上的地位。

一、教权与王权之争

一〇五七年，教皇斯蒂芬九世即位，支持枢机主教霍姆伯特撰文《反神职买卖三书》，宣布包括君主在内的普通信徒所授任的神职无效，实际是对皇帝有神职授任权的否定。

不料，教皇突然去世，引起一场危机。罗马教会的幕后主持者希尔德布兰德力挽狂澜，在他的指挥和策划下，召开克吕尼改革派枢机主教会议,选举佛罗伦萨主教格哈德为教皇,称尼古拉二世。

为摆脱德国皇帝和罗马贵族的控制,尼古拉二世依照希尔德布兰德的策略,与意大利南部的诺曼人结盟,取得意大利北部最强大的地方领主的支持,遂与德国皇帝展开正面交锋。

一〇五九年,尼古拉二世在罗马召开会议,颁布了由霍姆伯特起草的教皇选举法,明令非神职的普通信徒不准授任神职,规定教皇只能由枢机主教团选立,教皇人选不一定限于罗马城的神职人员,如遇特殊情况,选举地点也不一定限于罗马。会议对皇帝和世俗政权在教皇选举中的作用只字不提,实际上等于否定了他们的权力。

神圣罗马皇帝亨利四世

正当新法规定实施之际,教皇于一〇六一年去世,改革派理论家和枢机主教霍姆伯特也去世。在希尔德布兰主导下,亚历山大二世继任教皇。他继续扩大教皇权势,强令买卖神职的大主教蓄修补赎,干涉神圣罗马帝国皇帝德国的亨利四世的婚姻,反对亨利四世任命米兰大主教,并将亨利四世的几位亲信开除教籍。

一〇七三年在举行教皇亚历山大二世的殡葬时,改革派首领希尔德布兰被人们像暴动一样抬到“戴锁链的圣彼得教堂”的教皇宝座上,拥立为教皇,称格列高利七世。他毕生致力于实现“教权高于皇权”的目标,任教皇前,历任罗马教廷的要职,成为罗马教会的幕后主持者,以纵横捭阖的才能与谋略立下了汗马功劳;任教皇后,正值亨利四世忙于镇压国内贵族叛乱、无暇他顾之际,他就趁机逼迫亨利四世在纽伦堡的教皇使节面前悔罪,答应今后服从教皇。

一〇七五年,格列高利七世召开罗马宗教会议,发布《教皇敕令》,重申禁止包括君主在内的普通信徒授任神职,宣布只有教皇具有任免主教、制定新法规和设立新教区的权力，只有罗马主教堪称普世主教，有权废黜皇帝；同时还宣布，罗马教廷永无谬误，教皇永不受审判，等等。

但与此同时，亨利四世解决了国内危机，于是迅速改变了对教皇的态度，对《教皇敕令》表示异议，再次委任米兰大主教。他利用法国和德国数千名主教和神父反对关于买卖神职和神父结婚的禁令，于一〇七六年一月在沃尔姆斯召开会议，猛烈斥责格列高利七世，否认他有教皇权力。枢机主教“白人休哥”带头控诉教皇的罪行，伦巴第全体主教也跟着反对他。

教皇格列高利七世

格列高利七世对此予以反击。一〇七六年二月，他召开宗教会议，颁布了中世纪最著名的教皇法令，宣布革除亨利四世的教籍，取消他在德国和意大利的统治权，解除臣民对他的效忠誓言，这是前所未有的教皇权威的显示。亨利四世写了一封措辞尖刻的信作为回答，宣称教皇是伪修士，应滚下教皇宝座，永受诅咒。但亨利四世没有统一的德国做后盾，德意志的贵族和大多数修士都趁机起来反对他。

一〇七六年十月，德国贵族在特里布尔召开大会，宣布如果亨利四世的教籍一年内得不到恢复，就要废黜其帝位，并决定一〇七七年二月在奥格斯堡举行会议与教皇共商德国的政治和宗教问题。亨利四世陷于巨大的危险。面对强大的反对势力，他被迫屈辱地哀求格列高利七世帮他挣脱困境，撤销绝罚令。教皇拒绝一切要求，坚持要在奥格斯堡会议上解决这些问题。

亨利四世走投无路，决定采取忍辱负重的方法得到教皇的赦免。为了能在教皇参加奥格斯堡会议之前见到他，他于一〇七六年冬天穿过阿尔卑斯山，在教皇去往德国的必经之地意大利北部等候。格列高利七世因不明他的来意,慌忙躲进了卡诺莎城堡。亨利四世在城堡外披毡赤足等候三天,请求宽恕,终于在一〇七七年一月二十八日得到教皇赦免,随后返回德意志。

亨利四世通过苦肉计获得教皇赦罪得以保住皇位,这对于教皇而言无异放虎归山。亨利四世回国后,努力稳定政治局势,重新聚集起支持他的王公贵族和主教力量;另一方面,那些反对他的人对教皇的信任大大降低,惊恐地也都投到他的麾下;不过,一些坚持废黜他的贵族与主教则推选鲁道尔夫公爵为皇帝。格列高利七世于一〇八〇年三月召开罗马宗教会议,再次废掉亨利四世的教籍和帝位。然而,重振起来的亨利四世针锋相对,于同年六月在布利克森召开宗教会议,宣布废黜格列高利七世,推选其死对头拉文纳教区大主教威伯特为教皇,称克雷门三世,形成罗马城两个教皇对峙的局面。十月,鲁道尔夫战死,亨利四世的地位空前稳固。他决心除掉格列高利七世,一〇八一年率军进入意大利,围困罗马城达两年之久。格列高利七世被迫向诺曼人求救,援军未到,罗马城已被攻破。教皇克雷门三世在圣彼得大教堂为亨利四世举行了皇帝加冕礼。五月,诺曼人的军队进入罗马,德军北撤。诺曼人抢劫烧杀三日,三分之一的罗马城被毁。诺曼人南撤时,格列高利七世害怕罗马人向他清算引狼入室之罪,随诺曼人而去,不久在悔恨交加中病死。

二、教廷与朝廷分享权力

格列高利七世去世后,忠于他的枢机主教们选立维克多三世为教皇。因罗马城为德国皇帝亨利四世和教皇克雷门三世控制,他无法行使教皇职权,不久就去世了。改革派枢机主教又选法国枢机主教奥托为教皇,称乌尔班二世。奥托富有谋略和政治手腕,一〇九三年驱逐了克雷门三世,控制了罗马。一〇九五年三月,他在皮亚琴察召开宗教大会,宣布十字军东征。一〇九六年,他利用十字军打败了克雷门三世及其追随者,把敌对派全部开除教籍。在十字军浪潮推动下,他迅速跃居欧洲领袖的地位。

一〇九九年,帕斯卡尔二世继任教皇,为争夺主教授任权与亨利五世发生尖锐矛盾。一一一〇年亨利五世进军罗马,迫使教皇让步。一一一一一年，双方达成协议，皇帝放弃主教授任权，教皇放弃政治和经济权益，然后，教皇为亨利五世加冕。这个协议遭到德国主教团的激烈反对，他们拒绝交出自己的政治经济特权。教皇被迫撤回协议，德国皇帝大怒，下令囚禁教皇和枢机主教，强迫教皇为他加冕，并交出象征授任神职权力的权杖和权戒。然而，教皇迫于克吕尼改革派的愤怒抗议和强大压力，又于一一一二年三月召开罗马宗教会议，撤回协议。九月，又在维也纳宗教会议上开除了亨利五世的教籍，再次重申皇室无权授任神职。对此，亨利五世再次率军进入罗马，驱逐了教皇帕斯卡尔二世，另立卡里克斯托斯二世为教皇。

皇帝与教皇之间长期争夺主教授任权的纷争，逐渐使双方认识到，再继续下去不仅谁也无法取得绝对胜利，而且对各自的统治都会产生不利影响。同时十字军东征的成果也使双方无心再战，而把视线移向了富庶的东方。一些教会领袖也先后撰文论证教会和国家都有授任权，国家授予世俗权力，教会授予宗教权力。这种原则在英国已经开始实行。因此，亨利五世和教皇卡里克斯托斯二世终于在一一二二年达成妥协，签订了沃尔姆斯宗教协定。根据协定，德意志的主教和修道院院长由神职界按照法规选举产生，选举时皇帝可临场监选，有争议时，皇帝可同省都主教和其他主教协商解决。皇帝放弃主教授任权，交出了权杖和权戒。教皇则承认皇帝的世俗授任权。实际结果是：在德国，主教和修道院院长的任命需由皇帝和教会双方批准才有效；在其他地区，皇帝的授任权则大部分被剥夺。

从利奥九世以来，历时七十多年的主教授任权的纷争终于告一段落。在这场纷争中，教会取得了很大胜利，教皇的权势已发展到足以与皇权相对抗的地步，确立了中世纪西欧教廷与皇室分权的局面。

一一二五年，德意志旧统治王朝灭亡，经过十几年的皇位争夺战，霍亨斯陶芬家族于一一三八年夺得皇位。一一五二年，皇朝的第二个皇帝"红胡子"腓特烈一世即位，与教皇亚历山大三世之间展开了几个回合的争斗。一一七九年，教皇战胜德国皇帝。为防止以后皇帝干预教皇选举，制订了新的《教皇选举法》，规定教皇须经枢机主教的三分之二以上的人赞成才能当选。

“红胡子”腓特烈一世

教皇亚历山大三世

此后，教皇开始了进一步扩大权势的活动，他动员各国教会的神学家四处游说，宣传“教皇权力至上”“皇权来自教权”“教皇有权废黜皇帝”、在任教皇除非严重传播异端思想，否则不得予以废黜等信条。在和德国皇帝争权的同时，教皇还和英国国王展开了激烈的权力之争，并迫使英国国王做出了让步。

三、英诺森三世与教权至上

一一九八年，教皇英诺森三世即位，他提出“教皇是世界之父”这一历任教皇所追求的最高世俗目标，并伴随着十字军东征，把教皇权势推到了顶峰。

在教会内部，英诺森三世完全按照专制皇帝集权观念处理教会事务。他认为，主教的职责就是协助教皇管理教会。面对十字军东征中矛盾重重的西欧世俗君主无力对付教皇的局势，他大权独揽，随意按照自己的意志任免和调动主教和修道院长。

在与世俗王权的关系上，英诺森三世以公元八〇〇年教皇利奥三世为查理大帝加冕为根据，坚持教皇有权决定皇帝和国王的人选。他宣称，教皇是“使徒被得的继承人”的提法还不能表示教皇的真正地位，教皇应该是“真正的上帝的代理人”。教皇权力直接来自上帝，一切世

教皇英诺森三世

俗君王都应臣服于教皇,坚定宣扬"教皇权力至高无上"的观念。抱着这种观念,他怂恿十字军攻占君士坦丁堡,并在巴尔干至小亚细亚建立起十字军王国。

在处理西欧事务方面,当德国皇帝亨利六世死后,贵族集团为争夺皇位,使德国政局陷入混乱之际,英诺森三世趁机挑起内战,从中牟利。当奥托四世一二〇九年由教皇加冕登上皇位后,撕毁与教皇私下达成的"扩大教皇领地"的协议,并进军意大利。教皇毫不犹豫地废黜了奥托四世,并于一二一二年另立腓特烈二世为德意志皇帝。这样,德国政局完全落入英诺森三世之手。趁此时机,他又进一步扩大教皇权势,干预西欧各国内政,迫使法国国王腓力二世、莱昂国王阿尔卑斯九世、葡萄牙国王桑乔一世、波兰国王拉季斯拉夫等先后臣服。当英国国王约翰拒绝教皇任命的斯蒂芬·兰顿为坎特伯雷大主教时,英诺森三世宣布废黜英国国王,并以组织十字军相胁。英国国王被迫屈服,自认教皇附庸,同意每年向教皇纳贡。随着英国国王的臣服,教皇的权势达到顶峰。

一二一六年,英诺森三世去世,教皇洪诺留三世即位。自一二二〇年起,德意志皇帝腓特烈二世全力建立中央集权,镇压意大利北部的地方领主叛乱,削弱贵族和教会权力,引起意大利北部贵族和教皇的联合反抗。随后的两任教皇,即格列高利九世和英诺森四世,又与腓特烈二世长期纷争。一二四三年,教皇英诺森四世讨伐腓特烈二世失败,逃往法国,依靠法国国王重建教廷。一二四八年,腓特烈二世被意大利城邦联军击败,两年后去世。从此,德意志霍亨斯陶芬王朝走向没落,德国分裂为许多各自为政的诸侯领地。与此同时,教皇的权势也开始一步步走向衰落。

第二章
中世纪思想文化

> 我渴望认识上帝和灵魂。再没有其他东西了吗？什么也没有了。不要试图去了解而后相信，乃是相信后，你便能够了解。
>
> ——圣奥古斯丁

中世纪是基督教鼎盛时期，其思想文化以基督教哲学思想为主。早期基督教哲学称为“教父哲学”，后期基督教哲学称为“经院哲学”。此外，为了传播基督教思想，教会还开办了许多修道院，用来培养神职人员，这样就形成了中世纪独特的教育思想。

第一节　奥古斯丁的“教父哲学”

早期基督教哲学代表人物是生活在公元四世纪的罗马教会圣者奥古斯丁，他的思想完整地、系统地体现了基督教教义，在中世纪早期的数百年间一直是教会的“真理台柱”。

一、奥古斯丁其人

奥古斯丁出生在北非的一个小镇上，父亲是异教徒，母亲莫妮卡却

奥古斯丁

是虔诚的基督徒，因此他从小就受到母亲的基督教教育。奥古斯丁长大以后去了北非名城迦太基，由于迦太基在当时是个非常繁华奢侈的都市，所以奥古斯丁一度在那里沉溺于放纵的享乐生活。他母亲非常担心，但又无法使儿子改邪归正，而这时奥古斯丁又信奉了波斯的摩尼教。摩尼教是以善恶两神为基础的二元论宗教，所以使奥古斯丁常陷于理性与欲望交战的苦闷之中。后来，他又努力研究法律、修辞等希腊罗马的学问，还钻研天文学等自然科学，这才使他对摩尼教产生了疑问。可是，他又转而信奉起柏拉图的怀疑论，使自己更深地陷在种种怀疑的苦恼之中。公元三八一年，二十七岁的奥古斯丁为追求功名，离开迦太基去罗马留学。到了罗马，他大病一场。病愈后他一面做家庭教师谋生，一面开始去听米兰大主教安布罗兹的讲道。由于安布罗兹高超的布道艺术，逐渐使奥古斯丁对基督教产生了好感，但是这还没有使他下决心改信基督教。据说有一天，他拿着一本圣经跟平时一样在郊外散步，这时突然听到有孩子的声音不知从哪里传来，说：“翻开你手里书读吧！”于是他便翻开圣经读起来。读完之后，他的一切怀疑与苦闷全都消失了。他惊喜万分，马上跪下，对天祈祷。从此以后，奥古斯丁便正式皈依了基督教，日后又成了教会的圣者。

当然，关于奥古斯丁的生平事迹，其中有许多是后人杜撰的，传说而已。但是，奥古斯丁留下来的著作却是实实在在的，其中最著名的是《上帝之城》和《忏悔录》，奥古斯丁的宗教思想，就是在这些著作中表述的。

二、奥古斯丁思想要义

奥古斯丁宗教思想的要义由两个部分组成：一部分是关于上帝神性的论述；另一部分是关于上帝之城和尘世之城的论述。

关于上帝的神性,奥古斯丁首先认为上帝是不变的,因为上帝是最圆满的终极存在,如果会变化,那就不圆满了。其次,他认为上帝是创造的,也就是说上帝是从虚无中创造世界的,因为如果上帝创世时运用某种质料,那么这种质料便是先于上帝存在的,那它们又是谁创造的呢?所以,上帝只能从虚无中创造。再次,上帝是永恒的;也就是说,上帝置身于时间之外,因为如果没有上帝的创世,也就没有时间,而即使没有时间,上帝却依然存在,所以说上帝是永恒的。最后,奥古斯丁断言,上帝是全善的,因为他认为"上帝是我们幸福的基础",如果上帝不关怀他的创造物,那么他就是不完善的了。总之,奥古斯丁认为,上帝是不变的、创造的、永恒的和全善的。这种思想后来便成为中世纪基督教上帝论的基调。

关于上帝之城和尘世之城的论述,奥古斯丁的意思是:人类的历史就是上帝之城战胜尘世之城的历史:上帝之城是属"灵"的,尘世之城是属"肉"的,也就是基督教"灵肉对立"的基本思想:教会是上帝之城的体现,因此作为尘世的人只有在教会内才能得到灵魂的拯救。既然历史的最终目的是人的灵魂得到拯救,那么很明显,属于作为尘世之城代表的国家就必须从属于作为上帝之城代表的教会。奥古斯丁这种意欲建立神政国家的观点,后来一直是基督教会的基本原则,贯穿于整个中世纪,在教皇和皇帝的历次冲突中,它始终是教会的理论根据。

第二节　阿奎那与经院哲学

中世纪欧洲的一切学术活动均以基督教为核心。基督教会设有修道院和神学院,专门从事对《圣经》及教义的研究,因此也叫"经院"。在经院里研究和讲授的哲学就称作"经院哲学"。

一、经院哲学概况

经院哲学的基础是中世纪初期的教父哲学。后者的重要代表是罗马教会的圣奥古斯丁,他所框定的基督教义是教会布道和传教的理论

中世纪修道院

基础。对奥古斯丁教义进行哲学上的论证,便是经院哲学家们的使命。经院哲学家旨在于通过哲学来证明信仰与理性的一致,证明基督教信仰是颠扑不破的真理。既然大前提已定,经院哲学家所需做的仅仅是阐释工作,这样也就决定了经院哲学的基本特点,即:对古代经典进行细致入微的注释,反复考证,但不作发挥,更不创建新义。所以到了十四、十五世纪文艺复兴时期,新起的人文主义学者轻蔑地称“经院哲学”为“烦琐哲学”。但是,到了十九世纪中叶,人们对经院哲学有了新的认识并且重新加以研究,从而产生了一门对二十世纪学术研究颇有影响的新学科——阐释学。

中世纪经院哲学可分为三个时期:从公元九世纪到公元十二世纪为初始期,重要人物是苏格兰神学家史考托斯·艾利基纳和英格兰坎特布雷大主教安瑟姆。公元十三世纪是全盛期,有众多的大学者,其中最著名的是意大利天主教哲学家托马斯·阿奎那。公元十四世纪和十五世纪是衰落期。衰落既有外部原因也有内部原因。外部原因是这个时期人文主义思潮的涌起;内部原因是经院哲学本身就有矛盾,于是就出现了像英国的奥卡姆这样的葬送经院哲学的经院哲学家。

二、托马斯·阿奎那与《神学大全》

奥古斯丁的教父哲学是以柏拉图学说作为哲学基础的，或者说，是用柏拉图的"理念论"来阐释基督教义的；托马斯·阿奎那则不然，他把亚里士多德的哲学引了进来，并说服了教会，使之相信，亚里士多德的哲学体系比柏拉图的"理念论"更适合作为基督教哲学的基础。

阿奎那

托马斯·阿奎那的主要著作是《神学大全》《亚里士多德著作注释》和《反异教大全》，其中《神学大全》可说是天主教神学的百科全书。在这部著作中，托马斯·阿奎那以亚里士多德的思想为基础，论证宇宙的秩序和上帝的存在。他认为，一切事物都由"形式"和"质料"结合而成，但"形式"分为两类：一为"物质形式"；二为"纯粹形式"。"物质形式"不可能与个别事物相分离，而"纯粹形式"则是全然与个别事物相分离的。上帝、天使，以及人的灵魂，都属"纯粹形式"，其中人的灵魂属最低级"纯粹形式"，因为它还在某种程度上与"质料"即肉体相联系，而上帝是绝对的、最高级的"纯粹形式"。宇宙的秩序，就是由低级"形式"向高级"形式"循序发展的过程，其原动力，即亚里士多德所谓的"第一推动者"，托马斯·阿奎那认为就是上帝。

托马斯·阿奎那的哲学被称为"实在论"哲学，因为他认为"纯粹形式"即"一般"或者"共相"是实在的，上帝作为绝对"纯粹形式"即绝对"共相"也是实在的；而"个别事物"即"殊相"却并不实在，只是"共相"的某种表现而已。他的这种哲学为天主教会全盘接受，便成了正统的天主教哲学。

三、奥卡姆与"奥卡姆剃刀"

尽管托马斯·阿奎那的"实在论"得到罗马教廷的认可，但从十一世纪起，经院哲学内部就出现了与“实在论”相对立的“唯名论”观点。

唯名论者认为，所谓“纯粹形式”或者“共相”并不是实在的，不过是人用来表示事物的概念或者名称而已；真实存在的只有个别事物。当然，唯名论者并不否认上帝的存在，他们只是反对实在论者认为上帝是“实在的”观点，主张上帝是通过个别事物而存在的。

这种“实在论”与“唯名论”的争论到了十四世纪便越演越烈，其中以英国哲学家奥卡姆的“唯名论”观点最为激烈。奥卡姆猛烈地攻击托马斯·阿奎那的“实在论”学说，认为托马斯·阿奎那不但没有把上帝存在与上帝性质的问题说清楚，反而引入亚里士多德的许多概念，而这些概念本身又有待说明，所以都成了累赘的东西。于是，他建议，为了节省时间和精力，免得在这些概念里面纠缠不清，干脆用经济原则的“剃刀”将这些累赘之物统统剃掉再说——这就是哲学史上人们常说的“奥卡姆剃刀”。

奥卡姆

不过，奥卡姆的这把“剃刀”是不可能被天主教会接受的；相反，罗马教廷因其公然冒犯教会的正统神学而指控他是异端邪说，将其逮捕入狱。后来，他越狱逃跑，幸亏得到与教皇不和的巴伐利亚皇帝的庇护，才得以幸存。从此，他便与罗马教廷彻底对立，写了不少政论文反对教皇。奥卡姆的著作很多，主要的有《箴言集》《逻辑大全》和《神学百谈》等。

综观中世纪“经院哲学”内部的“实在论”和“唯名论”的争论，其意义在于：它既是古代哲学家关于宇宙本源和本体问题以及个别与一般的关系问题探讨的继续，又对后来西方哲学史上的两大哲学流派——即经验论和唯理论——的对立产生了直接的影响。所以说，虽然经院哲学是以神学的面目出现的，但它仍然是西方哲学发展中的重要一环。

第三节　修道院与中世纪教育

今天西方各国的教育制度,直接起源于中世纪的教会教育。诚然,在中世纪以前,欧洲也曾有过学校,如古希腊雅典时期和古罗马时期的教育,就是西方教育史上非常重要的一环。不过,古希腊罗马的这些学校,后来都随着日耳曼蛮族入侵罗马帝国而埋没在所谓"黑暗时期"的混乱中了。另一方面,基督教会出于传教的需要,却又开始了宗教教育。实际上,基督教在尚未被欧洲人接受之前,大约在公元二世纪的时候,就已经在北非和小亚细亚一些地方创立了一种类似于学校的机构,称之为Kapechumenat,意思是"问答",也就是通过教徒和神父之间的问答来修习有关信仰的知识。这类机构后来就被称为"问答学校",可以说是基督教会最早的教育机构。到了公元四世纪四十年代,基督教已在欧洲各国建立了教会。为了培养足够的神职人员,教会便建立起有相当规模的修道院。

修道院里的教师与学生

修道院是中世纪基督教会最重要的教育机构,也是后来西方近代大学的雏形之一。除了修道院,大约在公元八世纪时,当时的法兰克王国和英格兰王国还建立起一些从事世俗教育的"教区学校"和"行会学校”。不久,各国都予以仿效,于是“教区学校”或“行会学校”便和修道院同时存在,构成了中世纪教育的两大主干。不过,尽管“教区学校”或“行会学校”并不像修道院那样以培养教会神职人员为宗旨,但在当时宗教占绝对统治地位的情况下,宗教教育仍是这类学校的主要任务,只是在进行宗教教育的同时施行一些如文法、数学和手艺等世俗教育罢了。因此,说到中世纪教育,从根本说就是宗教教育,也就是说,西方近代教育最初就来自于中世纪的宗教教育。尽管如此,修道院、世俗学校和早期大学这三者之间毕竟有所不同。

一、修道院教育

早期的基督徒一致认为,如果和世俗相处,每每会因为蔽于物欲而不能成为高洁无瑕的信徒,所以他们大多相信,要想求得精神上的完善和永久的解脱,必须抛弃世俗的妻财子禄观念,脱离尘世隐遁到丛林荒野中去苦行修炼,以颐养与生俱来的灵性。凡是脱离尘世以求精神解脱的男女信徒,就叫做“修士”和“修女”。这种隐世修道的风气大约在公元三世纪时首先盛行于小亚细亚和北非一带,公元四世纪中叶传到希腊,后来大约在公元五世纪初又传入西欧。由于风气所至,西欧教会很快便建立起专供善男信女们隐修的修道院。不过,早期的修道院并没有具体的制度,只是信徒们自愿聚合的一种团体。真正使西欧修道院制度化而成为一种宗教教育机构的是意大利修士本尼狄克。

本尼狄克

本尼狄克(一译“本笃”)出生于贵族,早年在罗马修习古典文学,十八岁时隐修于罗马城外的苏比亚科山,三年后担任维谷瓦洛修道院院长。后来因为与其他修士意见不合,便离开了维谷瓦洛修道院。公元五二九年,本尼狄克在意大利南部的卡西诺山上创办卡西诺修道院,自任院长。在任卡西诺修道院院长期间，本尼狄克制订了所谓“本尼狄克清规”七十三条，成为修道院的正式制度，其中除要求修士苦读教会经典和生活简朴外，还规定修士每天必须从事体力劳动七至八个小时，以此作为克服人的懒惰和贪欲本性的手段。由于本尼狄克对修道院的组织和修士生活都作了详细规定，卡西诺修道院成为当时西欧各修道院的典范。于是，西欧原有的以及后来兴办的修道院都纷纷予以仿效。可以说，此后西方所有的修道院院规，大体上都是以“本尼狄克清规”作为蓝本的。

修道院教育的终极目标和修士生活的终极目标是完全一致的，即通过苦修求得个人灵魂的解脱，所以最初的修道院教育是纯宗教性的。但是，随着修道院规模的扩大，开始逐渐增设一些非宗教性的科目，如数学和天文学等。后来，这些非宗教性科目又成为修道院的定型课程，即所谓“自由七艺”。“自由七艺”就是文法、修辞、辩证、几何、算学、天文和音乐，主要以古希腊罗马的典籍作为教材。教学方法是问答式的，教师口头教授，学生用铁笔记录在蜡板上，后来又改用羊皮纸抄写。

除了研究古希腊罗马典籍，修道院也采用一些当时著名学者的论著作为教材。当然，像奥古斯丁这样的教会圣者的著作要加以研读，那

中世纪修士

自然不必说，还有一些非教会学者的著作也被作为教材使用。如罗马学者包伊修斯曾将亚里士多德的《论理学》和欧几里得的两部几何学著作译成拉丁文，同时还著有算学、几何和音乐方面的论文，他的译著和论文就被一些修道院采用为“自由七艺”的教本。此外，包伊修斯的一部论著即《哲学之安慰》对当时的修道院教育的影响也极大。据说，这部论述自然神学的著作是包伊修斯在狱中撰写的。至于他为何坐牢，现已很难考证，很可能是因为他的神学思想被当局认为有害所致。然而，他的《哲学之安慰》一书却是当时修道院里最风行的通俗哲学教本。除包伊修斯之外，意大利学者卡西奥德拉斯的《“自由七艺”论》一书也很有影响。他把当时被视为异教学术的“七艺”和基督教信仰结合在一起加以论述，可以说比奥古斯丁在自己的基督教学说中渗入柏拉图哲学走得更远，因此是当时最灵活地阐述基督教信仰的一部论著。至于修道院“自由七艺”正式教席的设置，一般认为始于西班牙塞维尔修道院的圣利安德，他是西欧修道院第一个专门教授“自由七艺”的修士。

大约到了公元六世纪初，修道院教学的范围更有扩大，除宗教课程和“自由七艺”之外，又加入了历史、科学、法律和技艺等内容。当时，对修道院教育贡献最大的是西班牙塞尔维教会的大主教伊西多尔。他不仅把“自由七艺”分为“前三艺”和“后四艺”并将它们定为修道院必修课程，还著有《探源论》二十卷，可说是当时的一部“百科全书”。而到查理大帝建立神圣罗马帝国时，西欧的修道院几乎全都设置了以“自由七艺”为基础的非宗教教学科目，其中的“文法”包括文学，除了要研读维吉尔的史诗《埃涅阿斯记》外，其他古希腊罗马的文学名著通常也被列为修习教材；“修辞”即古罗马的雄辩术，虽被列为“自由七艺”之一，但在修道院教学中相对来说不太受重视，一般以西塞罗的《雄辩家论》和昆提连的《雄辩术原理》为教材；“辩证”其实就是哲学，以包伊修斯的论著作为基本教材，同时也研读亚里士多德的《论理学》译本。以上三个科目被称为“前三艺”，修习的目的是提高修士在文史方面的修养，有利于布道和传教。如果说“前三艺”是现代大学文科教育的前身的话，那么“后四艺”则是理科的前身。“后四艺”是指算术、几何、天文和音乐，其中算术以包伊修斯的《算术论》为权威读本，但此书除了论述数的神秘特性之外并无实质内容，因为当时西欧的数学相当落后，这种情况一直要到阿拉伯人的数学传入之后才有所改变。几何也一样，开始并无真正的教学内容，只是用一些几何图形来附会宗教上的神秘信条，后来才从阿拉伯人那里传来欧几里得的《几何学原理》。天文也许是“自由七艺”中最落后的，基本上还是占星术，主要是用来推算节期，如每年的耶稣复活节应定在几月的第几个星期的星期几以及斋戒期的安排等，主要教材是当时作为权威的托勒密天文学著作《至大论》。至于音乐，当时被视为与算术和天文一类，这在现代人看来似乎有点古怪，但在中世纪，关于艺术的分类尚不明确，而音乐在古希腊是和数学一起加以研究的，其权威理论是毕达哥拉斯派的学说。这种把音乐看作是数的一种神秘表现的理论，显然在中世纪仍有着巨大影响。修道院的音乐教学分为声乐和器乐，以包伊修斯的《音乐论》为教本，修习目的当然是为了指导教堂祈祷时的唱诗活动。

大约从公元九世纪起，西欧修道院开始分为初等和高等两种，修道者也分为正式的修士和世俗生两种，前者是受戒出家的僧侣，后者则是一般的受教育者，修道完毕之后既可以从事世俗事务，也可以重新受戒成为神职人员。

修道院是中世纪最重要的教育机构，也是当时的文化中心和西方文化发展中的重要一环。修道院教育对西方文化的贡献首先在于，它是西方近代教育体制的雏形，其影响至今仍在西方教育中有所体现，如社会化的职前教育，最初就是模仿修道院教育而形成的；其次是，中世纪修道院保存了大量的古代典籍，如不少古希腊罗马的文学著作和学术著作，就是由于修士们的埋头抄写才免遭中世纪频繁的战火毁灭而留存至今。当然，在这过程中，修士们也毁掉了不少古代典籍，因为古代典籍大多是抄写在羊皮上的，而羊皮颇为昂贵，所以有些典籍就被修士们从羊皮上刮去，以便将此羊皮用来抄写《圣经》和其他基督教经典。但总的来说，修士们为后代保留下来的典籍，要比他们毁掉的多得多。再说，基督教经典本身也是西方文化遗产中宝贵的一部分。

二、世俗教育

中世纪教育虽以修道院的宗教教育为主，但非宗教性的世俗教育也已萌芽。因为当时的修道院不仅培养神职人员，同时也兼收一般市民的子弟。这种以一般市民子弟为教育对象的学校是修道院的附属部分,称为“天主学校”,后来各教区的主教也开始从事教区内的儿童教育,由教会创办学校,称为“教区学校”。“天主学校”可以说是西方近代大学的早期形式之一,“教区学校”则是西方近代中、小学的前身。不过,“天主学校”和“教区学校”虽然不以培养神职人员为目标,但却由教会督管,其教育内容仍以宗教为主,所以还算不上真正的世俗教育。

真正的世俗教育是在公元八世纪由当时法兰克(即法国)的查理大帝开创的。查理大帝首先在法兰克宫廷建立了一所宫廷学府,用以教育贵族子弟。公元七八二年,查理聘请英格兰著名学者阿尔昆出任宫廷学府的主管,同时把自己的三个王子和两个公主也送入学府就读。当时,这所宫廷学府以希腊语和拉丁语作为主要教学用语,因为学府开设的文法、修辞、辩证、算学和神学等课程都以古希腊罗马的典籍作为教材。学府的教学方法和当时修道院的教学方法一样是问答式的。譬如,下面这段问答,就是从当时的一本据说是阿尔昆亲自编写的问答教材中摘录的,颇有点像中国古代启蒙教育所用的《三字经》和《千字文》:

查理大帝

问:何谓生?答:有福则喜,有祸则悲,展望死之来临。问:何谓死?答:一种不可避免之命运,难以捉摸之真理,乃生之哀痛,事之完结,人类之蟊贼。问:何谓人?答:乃死亡之奴隶,乃生命之逆旅,乃寓邸之居停。问:人似何物?答:人似果树。问:人置身何处?答:即如灯烛之安放于风前。问:人于何处?答:于六墙之间。问:何谓六墙?答:乃上、下、右、左、前、后。问:人将遭遇几种经历?答:为饥、饱、醒、眠、息、作。问:何谓眠?答:乃死之影像。问:何谓人之自由?答:浑浑噩噩。问:何谓日?

答：乃宇宙之光辉，穹苍之美颜，白昼之荣彩，时间之主宰。问：何谓月？答：乃夜之眼目，露之施主，风雨之预兆。问：何谓星？答：乃天顶之图画，水手之导师，夜神之装饰。问：何谓雨？答：乃大地之水源，果实之母亲。问：何谓雾？答：乃白昼之暗夜，两眼之劳役。

查理大帝不仅注重宫廷教育，同时还开创了中世纪由官方主持的社会普及教育的先例。他于公元七八七年下诏，令全国各修道院附办普通学校，并且于公元八〇三年颁布了一道“义务教育令”，规定全国未成年人，尤其是男性，必须进学校就读，十六岁之前不得中途退学。这项教育令后来尽管没有真正实行，但却是西方历史上第一个有关社会义务教育的法令。

辅助查理大帝兴办教育的重臣就是阿尔昆。他是英格兰人，却在法兰克主持教育事务达十四年之久。晚年他隐退都尔城的圣马丁教堂，在那里又创办一所示范学校，一时成为西欧的教育中心，他本人则被视为当时全欧最有影响的教育家。他的弟子几乎遍及欧洲各国，其中有不少也是深有影响的教育家。譬如罗伯尼斯·毛鲁斯，他出自阿尔昆门下，后来在东法兰克（即现在德国南部）的舒尔达修道院创办了一所学校。这所学校不仅是当时东法兰克的教育中心，也是后来德国国民教育的重要基地之一。毛鲁斯不像他的老师阿尔昆那样具有保守的宗教思想，而是一个较有开拓精神的哲学家，他对非基督教的古典学术即古希腊罗马的典籍尤为精通，所以他的弟子中有很多饱学之士，其中从事教育的对后来德国国民教育的贡献都非常之大。

英格兰国王阿尔弗雷德

当查理大帝在法兰克兴办教育之时，英格兰国王阿尔弗雷德也不甘落后。他不仅仿效查理大帝建立宫廷学府，而且将宫廷学府的规模扩大到全国，使其成为一种较有普遍性的“贵族学校”。据史书记载，阿尔弗雷德为此曾动用王室经费的八分之一，而且还亲自将包伊修斯的《哲学之安慰》一书译成英语，同时又召集国内学者编纂了英国第一部历史即《盎格鲁-撒克逊编年史》。阿尔弗雷德可说是英国教育的开创者。为此，在他去世后一千年即一九〇三年时，英国人还特意在曼彻斯特为他塑造了一座雕像，以纪念这位历史上的贤明君主。雕像上的铭文是：“学已逝兮，唯王复之；教已忽兮，唯王兴之；法律失威兮，唯王振之；教会颓势兮，唯王举之；国家陷于凶寇兮，唯王救之。”可见阿尔弗雷德在英国人心目中的崇高地位。他的最大的功绩，就如铭文的第一、第二句所说，是复“学”和兴“教”。

然而，尽管查理大帝和阿尔弗雷德国王兴办的是非宗教性的世俗教育，但其教育对象却仅限于贵族子弟。至于普通市民的教育，在当时尚未普及。西欧真正市民化的世俗教育，一直要到中世纪末期才出现。这是因为，欧洲到了中世纪末期，由于贵族社会对奢侈品的大量需求使海外贸易发达起来，尤其自十字军东征以后，西欧更是掀起了一股东方贸易的浪潮，结果是产生了许多商业城市，如意大利的热那亚和威尼斯以及所谓“汉莎同盟”所属的各个城市，便是当时繁荣的贸易中心。由于这些新兴的商业城市后来逐渐脱离领主而取得独立地位，生活在这些城市里的市民便形成了一个新的社会阶层。这些人大多是从事工商业的，被称为“布尔乔亚”，即市民阶级。他们的生活方式与中世纪初期的基督徒已大不相同，从根本上说他们并不重视来世的灵魂得救而执着于现世的物质生活。就是因为他们都抱着以世俗为理想的人生观，他们对自己子女的教育也要求是现实的和世俗的。这就是中世纪末期西欧市民化世俗教育之所以兴起的社会原因。

不过，在市民化世俗教育兴起的过程中，仍有两种不同的倾向：其一是模仿贵族教育；其二是以实用为宗旨。模仿贵族教育的市民教育最初出现在德国，即十三世纪六十至八十年代在卢贝克、布雷斯劳和汉堡等城市建立的具有贵族倾向的“拉丁学校”。这种“拉丁学校”竭力模仿早先的宫廷学府，以教学严格、教材高雅著称，这对于崇拜贵族生活的早期“布尔乔亚”来说是非常有吸引力的，所以这种学校很快就在西欧各商业城市如雨后春笋般的出现了。譬如在英国，类似德国“拉丁学校”的中等学校称为“公学”，其中著名的有所谓的“六大公学”，即曼彻斯特公学、伊顿公学、威斯特敏斯特公学、哈罗公学、勒格比公学和查特豪斯公学。还有一种较公学更市民化一点的学校，是模仿古罗马的“文法学校”。这种学校的教学内容和教学方式更接近现代教育，可以说是西方现代初等教育的雏形，因为在英美，至今仍将小学称为“文法学校”(Grammar School)。当然，现在的“文法学校”和中世纪的“文法学校”相比，已经有了很大的变化。

除了“拉丁学校”“公学”和“文法学校”，西欧中世纪又有另一种完全市民化的学校出现，那就是所谓的“基尔特学校”(Gild School)，意译的话也可叫做“行会学校”。因为这种学校是专门为工商业设立的，最初由中世纪盛行的学徒制演化而来，所以其教育宗旨以实用为准则，教育内容以工商业知识为主，只是宗教课程没有完全废除，因为在中世纪宗教是占绝对统治地位的。再说教育本来就发源于宗教活动，所以即使在“基尔特学校”里，许多教职仍由地方牧师充当。“基尔特学校”的教育对象完全是普通市民的子弟，教育目标是培养工商业从业人员，如经理、会计、销售员和熟练工人等。因此，它是现代中等专科学校和中等职业学校的前身。

三、早期大学教育

按常理，高等教育的发达有赖于初等和中等教育的普及，但在中世纪，情况却有点特殊。因为在当时，初等和中等教育属世俗教育，高等教育属宗教教育，大体上是两个系统，所以发展是不平衡的。换言之，初等和中等教育由国家或地方当局兴办，高等教育则是教会活动的一部分。由于中世纪教会承担的社会角色比行政当局还要重要，所以中世纪的高等教育反而比初等和中等教育发达。这种情况后来对西方教育的格局产生了重大影响，因为至今在英美等国，著名的高等学府大多还是民办的，中、小学倒是国立或市立的多。

中世纪早期尚无现代意义上的“大学”，修道院便是高等教育机构。但是到了中世纪后期，大约在十一至十二世纪，在意大利和法国首先出现了早期的大学。这主要是受了阿拉伯人的影响。因为阿拉伯人在十世纪时就在大马士革和巴格达等城市建立了规模庞大的伊斯兰学院，有许多著名的阿拉伯学者在这些学院里翻译和教授古希腊罗马的学术经典，其水平远超过西欧学者。西欧人对阿拉伯人的了解则随当时旷日持久的“十字军东征”逐渐加深，于是便模仿阿拉伯人建立所谓的“阿拉伯大学”。这些“阿拉伯大学”，也就是后来英美等国的 College(学院)。不过，“阿拉伯大学”虽是欧洲中世纪大学的先驱，却不是西方现代大学即 University 的前身。

西欧真正的早期大学，是在阿拉伯人的影响下，由原先的修道院演变而来的。一般认为，意大利的萨莱诺大学和波隆纳大学以及法国的巴黎大学，是欧洲最古老的大学。在这三所大学中，萨莱诺大学建校最早，大约是在十一世纪初，最初是一所修道院，位于意大利南部，其演变成大学的原因是阿拉伯医学的传入。因为这所修道院本来就比较注重医学教学，早在六世纪时就翻译出版过古希腊的医书。十世纪末，有个叫康斯坦丁努斯·阿斯里坎努斯的学者曾在巴比伦和迦太基研究阿拉伯医学，十一世纪初来到萨莱诺，在修道院里翻译和教授阿拉伯医学。由于他的努力，这所修道院不久便以医学驰名全意大利。一〇九九年，诺曼底公爵罗伯因参加十字军东征负伤，特别到萨莱诺治疗，于是萨莱诺的医学更是名声大作，成了专门以医学研究和医学教学为主的学术中心。不过，这所修道院当时并不被认为是大学，一直到一二三三年才正式改名为萨莱诺大学。

如果说萨莱诺大学是以医学为主的话，那么位于意大利北部的波隆纳大学则偏重于法律研究。波隆纳城一向是意大利罗马法研究的重镇，在西罗马帝国灭亡后的数百年间一直保持着古罗马的遗风。中世纪初，那里也建起了修道院，但由于受当地风气的影响，修道院教学也以法学为主。除了研究罗马法，波隆纳修道院还侧重于教会法研究。大约在十二世纪四十年代，有个叫格雷蒂亚诺的修士在那里编纂了一部《教会法典》(亦称“格雷蒂亚诺法典”)，此后不仅教会法和民法开始分科研究，而且也使波隆纳成了教会法研究中心，修道院附属的法学院名声遐迩，各国学者都前来留学，学生人数曾超过四千，这在中世纪几乎是绝无仅有的。而波隆纳大学，就是由法学院演变而来的。

当然，除了萨莱诺大学和波隆纳大学，意大利稍后又出现了许多大学，但其中著名的如帕杜亚大学，是由波隆纳大学的分校演变而来，拿波里大学则由萨莱诺大学的分校演变而来。

留存至今的中世纪大学校舍

至于巴黎大学，最初是附属于巴黎圣母院的一所修道院，到十二世纪中叶，该修道院在当时著名的经院哲学大师阿贝拉德的支持下，一跃而成为闻名全欧的高等学府。阿贝拉德于一一一七年开始任修道院院长。该修道院规模虽小，但由于阿贝拉德拥有崇高的学术地位，从全欧各地负笈而来的学子却逾千人。一一八〇年，国王路易七世正式将这所修道院改为巴黎大学。巴黎大学既然是由阿贝拉德主持的修道院演变而来，所以其学术兴趣一开始就是神学和哲学。不过，自一二〇〇年后，它又逐渐增设了教会法和医学等科目，这才成为兼有神学、法学和医学的所谓“全科大学”，即 University。

西欧在十二世纪时，真正的大学只有上述三所。但是，到十三世纪末就增加到十四所，分布在意大利、法国、西班牙和英国。后来在罗马教廷的支持下，从一四〇〇年起又增加到五十所，而到中世纪末期，由于西欧商业城市的兴起，大学的数量竟达七十五所之多。据西方教育史家统计，至十六世纪也就是宗教改革前夕，全欧共有八十一所大学。其中有些是徒有虚名的，但有些却兴旺发达，如波隆纳大学和巴黎大学等，一度曾招入七八千学生，其声势简直可与现代一流大学相比。至于一些较晚成立的大学，则大多是当时所谓的“脱离运动”的产物。譬如，英国的牛津大学，就是因为在巴黎大学任教的英籍教师不满于教皇格利高里九世任命的校长，而于一二二九年愤然脱离巴黎大学回到英国牛津城独自创立的。至于十三世纪初成立的剑桥大学，则又是从牛津大学“脱离”而来的。由于牛津大学和剑桥大学是英国最古老的大学，其后成立的大学都以它们为楷模，而牛津大学又由巴黎大学分化而来，所以英国所有大学的学制及课程设置其实都源于巴黎大学。还有更晚一点即十四世纪在德国成立的布拉格大学、海德堡大学和莱比锡大学等，也都仿效巴黎大学。所以，巴黎大学一直有“欧洲大学之母”之称。

留存至今的中世纪牛津大学校舍

中世纪西欧早期大学实行的是四分科制，即教学科目分为文学科、法学科、医学科和神学科四种。这大体上就是后来西方大学学院制的前身，因为现代综合性大学一般都分为文学院、法学院、理工学院和医学院等。至于西方现代大学所实行的学位制，同样源于中世纪早期大学。不过，当时的情况稍有不同。中世纪大学分为四科，但这四科不是并列的，其中文学科是神学科、法学科和医学科的预科，也就是说，学生只有在修完文学科之后才能选择后三种专科中的一种。学位授予则在各科都进行,于是就形成了一种“双轨制”,也就是学生在文学科获得学位后,在后三种专科中又会获得学位。至于学位等级,由低到高,当时大体上有那么几种,即 Baccalaureus,Licentia,Magister 和 Doctor 等。其中 Baccalaureus,Magister 和 Doctor 是后来西方大学普遍实行的三级学位制的前身。Baccalaureus 是最低学位,就是现在的 Bachelor(学士)。关于 Bachelor 一词的来源,虽然大多数人都认为是由中世纪的 Baccalaureus 一词演变而来,但也有人认为来自法语 Bas Chevalier(低级骑士)一词。Magister 即现在的 Master(硕士),原是证明获此学位者有在大学任教的资格。Doctor(博士)作为最高学位一直沿用至今,但在中世纪,它是 Professor(教授)的同义词,证明获此学位者有专门教授神学、法学或医学的能力。不过,西方现代学位制虽然直接来自中世纪,但与当初情况已大不相同,如现在文学院已不再是其他学院的预科,而是同样独立授予学位。

第三章
中世纪艺术文化

艺术作品起源于人的心灵，后者即为上帝的形象和创造物，而上帝的心灵则是自然万物的源泉。

——托马斯·阿奎那

和中世纪思想文化一样，中世纪的艺术文化也被深深地打上了基督教的烙印，甚至可以说就是基督教艺术。这种艺术以教堂建筑和神像雕刻为主。在文学创作方面，当时的主流是宗教文学；虽然在中世纪后期出现了非宗教的骑士文学和市民文学，但也无不带有浓厚的宗教说教意味。

第一节　中世纪教堂建筑

中世纪的欧洲艺术仍以建筑为主，不过建筑风格已有巨大变化，而且呈多样化。中世纪重要的建筑几乎都是基督教教堂。在这些教堂建筑中，计有四种不同的风格：哥特风格、伯希利克风格、拜占庭风格和仿罗马风格。

一、哥特风格

最能代表中世纪建筑风格的是哥特风格的大教堂。所谓“哥特”，原指哥特族，古代日耳曼的一支，后来被用来泛指“日耳曼的”以至“中世纪的”。哥特风格建筑出现在十二至十六世纪初，其显著的特点是：广泛运用线条纵向的尖拱券、挺秀的小尖塔、轻盈的飞扶壁、修长的立柱或簇柱，窗子大多用彩色玻璃镶嵌，以造成上升感，使室内产生神秘的幻觉。现存于欧洲各国的哥特风格大教堂数量众多，如英国有名的坎特伯雷大教堂、伦敦威斯特敏斯特大教堂、德国的科隆大教堂等都属哥特风格，但最著名的也许是法国的巴黎圣母院。

巴黎圣母院位于塞纳河的西岱岛上，整座建筑呈横翼较短的十字形，东端是圣坛，圣坛后的外墙呈半圆形；西端是大门，西边各有一对高六十公尺的方塔。十字形平面的交叉处是穹顶，穹顶上部是一座高达九十公尺的尖塔。建筑的内部，东西向排着两长列直通屋顶的立柱，柱间距离不到十六公尺，而屋顶离地却有三十五公尺，这样便形成了一个极其窄长而又很高的空间。两列柱子的外侧还各有一列矮柱子支撑着上面一层的侧廊。建筑的西立面下部是三个“透视门”，当中一个是主门，称作“最后审判”，左右两边是次门，称作“圣母”和“圣安娜”。这种“透视门”，由一个套着一个、层层后退、逐渐缩小的尖圆拱券组成，每层

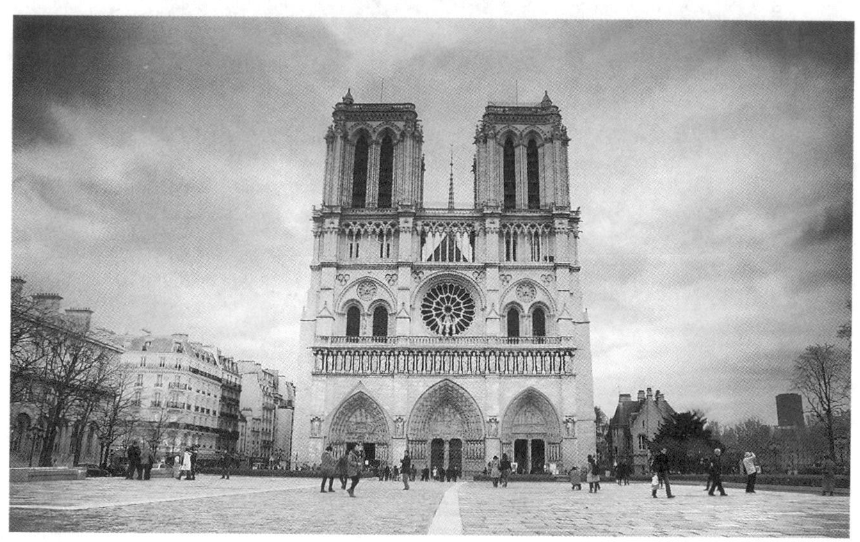

巴黎圣母院

拱券上都刻有一排圣母、圣婴、大主教或圣徒的形象。三个门的上方，横向的水平线上也有一排雕像，共二十九尊，全是法国历代的君王。在这群雕像的上方，正中是一个圆如巨轮的“玫瑰花窗”，嵌有五颜六色的玻璃。窗的两侧，又各有一对窗户。再上面是一连串连续的尖圆拱券，把两个高耸入云的方塔连在一起，方塔的后面便是那座尖塔。这样的内部结构，狭长而窄高的空间、高耸而细长的长排柱子，以及箭矢形的尖圆券，都形成一种腾空而起的向上动态，会使人产生似乎正在向天国靠近的幻觉，体现出超世脱俗的宗教情感。总之，巴黎圣母院是世界上哥特风格建筑中最和谐、最有特色的，所以它成了后世无数基督教堂的楷模。

科隆大教堂

二、伯希利克风格

所谓“伯希利克风格”，原意是指古罗马时代的长方形大会堂，专供市民集会和司法审判用的，基督教会模仿这种风格所建的教堂便称为

“伯希利克风格”建筑。这类建筑有窄而长的回廊，回廊所环绕的是内殿；内殿的上层及巨大的屋顶，则由沿回廊排列的立柱支撑。这类大教堂在君士坦丁大帝发布“米兰敕令”后便开始在耶路撒冷和伯利恒等地建造，如建在耶路撒冷的圣陵大教堂、建在伯利恒的圣诞大教堂和升天大教堂，便是典型的具有伯希利克风格的建筑。还有意大利北部有名的阿波利奈尔大教堂，也属此类。

圣陵大教堂

三、拜占庭风格

拜占庭风格的建筑，是指君士坦丁大帝迁都拜占庭之后在拜占庭所建造的一系列教堂。这种建筑风格可从现存于土耳其伊斯坦布尔的索菲亚大教堂中看出：教堂的墙壁和古罗马建筑一样由当时特有的那种“混凝土”浇铸而成，外面镶有瓷砖作为装饰，有时也镶有花纹大理石。这种装饰是拜占庭风格建筑特有的。教堂的顶是圆的，向上隆起，与古罗马建筑很相似，但不同的是它不像古罗马建筑圆顶那样是建筑在圆顶基座上的，而是建筑在方形基座上。大圆顶的四周，还设有许多小型的圆屋顶，所以从远处眺望，整个教堂给人以庞大巍峨之感。当然，拜占庭风格并不仅限于拜占庭一地，因为属拜占庭文化的诸多国家都接受了这种建筑风格。譬如,在希腊、巴尔干半岛和俄罗斯,都有这种风格的建筑。甚至在意大利半岛和西欧,因早期受其影响,也有这种类型建筑的存在。

索菲亚大教堂

四、仿罗马风格

顾名思义,就是相模仿古罗马的建筑,但实际上并没有完全恢复古罗马风格,而是在古罗马的基础上又创立了一种新风格。这种复古的潮流开始于查理大帝建立"神圣罗马帝国",真正出现仿罗马风格建筑则是在十一至十三世纪的两百年间。仿罗马风格的教堂,一般都有一座方形的或者圆形的塔,所以气派颇为威严;教堂内通常附设修道院,修道院有回廊,有成排的立柱,窗户呈半圆拱形,正门的上方有一扇大圆窗,上面往往镶有彩色玻璃。现存最有名的仿罗马风格建筑在意大利有比萨斜塔;在法国有昂古莱梅大教堂和亚威农圣母院;在德国则以本普大教堂和梅因兹大教堂最为出名。

比萨斜塔

第二节　中世纪雕刻艺术

中世纪艺术中仅次于建筑的是雕刻。雕刻的风格也与建筑相似，为拜占庭、仿罗马式和哥特式，其中仍以哥特式成就最高。

一、哥特式雕刻

哥特式雕刻原先是附属于哥特式教堂的，如巴黎圣母院里的圣母像，便是哥特式雕刻的杰作。到了十四世纪，出现了纯装饰性的甚至独立的雕刻作品，还有帝王雕像，如《查理五世雕像》等。

哥特式建筑出现于十二世纪四十年代，由于新的建筑技术的出现，使原罗马式建筑中起主要承重作用的厚墙逐渐消失，教堂内部的装饰也相应发生了变化。依赖于墙面的浮雕、壁画、镶嵌画等逐渐失去了依附，越来越大的玻璃窗成了装饰的新天地。同时，哥特式建筑空间的增大，为圆雕的发展创造了条件。

早期哥特式雕刻可以以夏特尔大教堂正面大门的人像柱为代表。为了适合圆柱的形状，人物身体被拉长。雕像身躯仍依附着圆柱，但开始了分离的趋势，人物表情安详。这些人像圆柱体现了由罗马式向哥特式过渡的特点。

哥特式雕刻

繁荣期的哥特式雕刻在把理想化的表现和从自然观察中获得的细节相互配合方面达到了风格的平稳。这个时期最有特征的雕刻仍是门侧柱雕像，这些雕像现在由于更为逼真的人体表现，并开始使面部表情个性化，以及衣饰的色彩变化和图案的更富想象力的处理，变得生气勃勃。如兰斯大教堂的《圣母领报》群像和《圣母访问》群像，以及斯特拉斯堡的《犹太教会》雕像，已不再被紧缚在圆柱上，而是略转着身体并使身体的重心落在一条腿上，另一条腿略微侧向一边，从而使衣服显出弯曲的线条和身体的起伏，加强了真实感和生动性。

巴黎圣母院中央门廊的雕刻表现的是基督受难与最后审判的题

材，在构图布局和人物动作上都显示出雕刻家力图在匀称与秩序中寻求变化的良苦用心。

亚眠大教堂正面的雕刻构图是鼎盛期哥特式雕刻的杰出范例之一。三个门廊分别雕刻着基督复活、圣母加冕与最后的审判的内容。门廊的巨墩上刻着圣者、先知与使徒的雕像行列。西面中央支柱上的基督雕像，被称为“美的上帝”，身体呈S形站立，姿态自然生动，表情仁慈，虽仍有一定理想化成分，但确实是一位人间的美男子。

此外，亚眠大教堂的圣母玛利亚雕像，因为原来是镀金的，被称作“金色玛利亚”。圣母马利亚在十二世纪时只是一个纯粹的宗教人物，但到了十三世纪后期，在基督教世界从东方到西方都出现了圣母崇拜。抱子圣母集美丽、纯洁、温柔、慈爱、神圣等一切女子美德于一身，成为哥特时期人们心目中最光辉的偶像。亚眠大教堂的“金色玛利亚”头戴皇冠，手抱圣婴，面带微笑，仿佛在与儿子嬉戏，充满温馨的母爱。

二、兰斯大教堂雕刻

在十三世纪法国盛期哥特式雕刻中，最值得骄傲的是兰斯大教堂的雕刻。兰斯大教堂的雕刻装饰极为丰富，犹如一座琳琅满目的雕刻博物馆，最精彩的作品是三个大门两侧的那些雕像。

在中央入口侧面是两组雕刻，即《圣母访问》和《圣母领报》。如果我们将它们与夏特尔教堂的人像柱作个比较，就会发现兰斯的雕像比夏特尔的雕像似乎更少依靠于建筑物本身。它们站立在小小的垫座上，这些垫座从门侧壁突然伸出，看不出它们与身后的细长小圆柱有何联系。而且，兰斯大教堂的这四个雕像被安排成相互关联的两对，不同于夏特尔大教堂每个雕像互相独立的面貌。由于兰斯大教堂工程浩大，持续五十多年才完成，这也导致了后期的雕刻风格的多样化。不同时期由不同艺术家所雕刻的大门雕像，现在都并肩站立，提供了各种风格的鲜明对比。右边一对雕像表现的是《圣母访问》，是由一位“古典风格”雕刻师创作的，人们之所以这样称呼他，是由于他对衣褶的处理同一些古典雕刻中的手法相似。但雕像不再是静态的、受圆柱形状限制的，而是在空间中自由运动，产生了一种S形的轮廓。两尊雕像，即伊丽莎白和圣母，身体上部朝着同伴转过去，老年伊丽莎白起皱纹的脸与年轻漂亮的玛利亚的脸形成对照。左边一对雕像是《圣母领报》，这两个雕像也不是同期雕刻的，圣母雕像是一位亚眠雕刻师的作品，衣褶宽阔流畅，表情沉静而略显拘谨。报喜天使迦百利很可能是四尊雕像中最后完成的一尊，衣饰和脸部的处理与另外几尊有所不同，他穿着宽大的长袍，衣褶尖利，有棱有角。他的脸不同于任何我们在罗马式艺术中曾见过的脸，面带微笑，眼睛周围出现笑纹。这种微笑与其归功于他在向圣母报告好消息时产生的快乐，不如归功于当时的法国艺术家——他们用这种风格化的面部表情显示了十三世纪的轻松气氛。

兰斯大教堂的雕刻

三、国际哥特式雕刻

十四世纪的法国雕刻在人物姿态、表情和运动方面都过分夸张，甚至带有一种矫揉造作之感，表明哥特式艺术中的象征倾向已代替了自然倾向，几乎没有了早期的那种生动朴素的特点。直到十四世纪末，北方与南方以其各自的创造力汇合成一股潮流，形成了所谓“国际哥特式”风格，雕刻方面才转变成开始重视对形体的重量感与体积感的表现，追求写实手法。

尼德兰雕刻家克劳斯·斯吕特是“国际哥特式”雕刻风格的创始人，也是晚期哥特式雕刻的最重要的人物之一。他在十四世纪来到法国第戎，为勃昆第公爵服务，把逼真的写实主义带进法国艺术。斯吕特传世作品中以一三九五年至一四〇六年为尚普莫尔的卡特尔修道院而作的喷泉雕像——《摩西井》最为著名。在井口四侧壁面旁站立着四尊雕像，其中摩西雕像最完美地体现出斯吕特的风格特点。整个雕像以结实的体积感占据着空间，每个细节都被刻画得很有分量，形式上似乎还连结在底座上，但实际上已离开底座成为独立的圆雕，这对后来出现的完全独立的雕像来说是一个先导。这座雕像在表现力量和运用写实手法方面远远超过了中世纪末的其他作品。

《摩西井》

第三节 宗教文学与世俗文学

在中世纪文学中，宗教的或教会的文学占有突出地位，虽然后来出现了世俗贵族的骑士文学和最初的市民文学，但它们明显受到宗教文学的影响，通常以道德教诲为其创作宗旨。

一、宗教文学与教会文学

宗教文学不一定就是教会文学，但教会文学必定是宗教文学，其分野的主要标志在于作者和作品内容。一般说来，宗教文学的作者不是僧侣，其作品内容也不全是宣传基督教教义；而教会文学的作者则是僧侣，其作品内容全是为了普及宗教教义。前者如法国诗人特洛雅的骑士文学传奇，写骑士以守护盛过受难基督血水的圣杯为荣，以及寻找圣杯的种种神秘事件，主要内容是要骑士断绝尘念，献身于宗教，但也包含着不少骑士文学的因素；后者如德国僧侣奥特弗里德写的《基督》，则号召忍受现实苦难，等待来世幸福，宣传幸福不在人间而在天上。

教会文学在中世纪初期垄断了欧洲文坛，品种繁多，有圣经故事、圣徒传、祈祷文、赞美诗、奇迹故事、梦幻故事、宗教剧等，一般用拉丁文写成。它们都散布"原罪"，即人类始祖犯罪、后代都是罪人的思想，提倡信奉上帝、顺从天命、忏悔、斋戒、忍让，把禁欲作为教义的核心，劝诱人们通过尘世的苦修进入幸福的天堂。因此，作品的主人公大多是清心寡欲的修道僧、与世隔绝的修女、虔诚的教徒；艺术上一般都有公式化、概念化和不真实的缺陷，但其中的某些表现手法，如象征、梦幻等，也被后代一些作家、诗人借鉴。

二、骑士文学

骑士文学是与教会文学完全不同的一种世俗文学。它产生于十一到十三世纪。这一时期，征战不息的混乱时代结束了。由于骑士制度的确立、骑士阶层社会地位的提高，产生了他们自己的精神生活和道德准则。他们突破基督教的出世观念和禁欲主义，要求现世享乐，向往世俗的爱情，追求个人英雄主义的骑士荣誉、扶弱除强的骑士精神和温雅知礼的骑士风度。骑士文学就是这种精神特征的集中反映。

骑士文学大多取材于民间传说和史诗，其基本主题大都是骑士的建功立业、侠义冒险、崇拜贵妇人及爱情至上等，大致可分两类：一类以骑士和贵妇人的爱情波折为主要内容，常用抒情诗来表示。法国南部普洛旺斯的"特鲁巴杜尔"(即行吟诗人)的情歌即是最有代表性的骑士抒情诗。其中《破晓歌》描写天将破晓，骑士与贵妇人离别时两情依依、难舍难分的场面最为精彩。《破晓歌》堪称普罗旺斯情歌的精粹，在包办婚姻的中世纪，"至高无上"的骑士之爱是历史上第一次出现的个人之爱。

另一类以骑士征战冒险、建功立业为主要内容，常用骑士传奇的形式来表示。中世纪西欧主要国家都有关于亚瑟王传奇的故事，各种骑士传奇大多是以亚瑟王和他的一百五十个"圆桌骑士"的故事(即所谓的“圣杯故事”)为基本内容整理改编的。所以,不列颠系统的《亚瑟王传奇》是中世纪骑士传奇文学中影响最广、最有代表性的系统。属于这个系统的骑士传奇,在英国最杰出的是《高文爵士和绿衣骑士》;在法国最典型的是《兰斯洛特》,还有韵文传奇《布鲁特传奇》。德国的《特里斯丹和绮瑟尔特》,则是后来加进不列颠系统的。第二系统是法兰西系统。法国西部是骑士文学的中心,那里的行吟诗人被称为“特鲁维尔”。这个系统的骑士传奇多取材于查理大帝和他的骑士们的征战故事,如《罗兰之歌》等。和英雄史诗不同,骑士传奇并不拘泥于史实,而是通过虚构有意识地突出冒险、爱情和护教三大主题。第三系统为古代系统,以古希腊、罗马的特洛伊战争、亚历山大征战等古代史诗为题材。

《亚瑟王传奇》中的亚瑟王

三、市民文学

十一至十二世纪,以手工业和商业为中心的城市的出现,标志着欧洲中世纪社会进入全盛时期。随着城市经济的发展和市民阶级的产生,反映市民阶级要求的精神产物——市民文学(亦称城市文学)应运而生。这是与骑士文学截然不同的文学,在中世纪的最后几百年间,成为主要的文学形式,在法国甚至成为文学的主流。

市民文学在民间故事的基础上发展起来。它取材于现实生活,表现市民阶级机智、乐观的生活情趣。在文学体裁上采用简单的、多样化的形式,如笑话、趣谈、讽刺叙事诗、韵文故事等。这些文学样式当时在英国、德国都很流行,尤其在号称“城市文学之乡”的法国,出现了简短的、趣味性很浓的、八音节诗句的韵文小故事,如《圣徒彼得和游方艺人》《布吕南》《驴的遗嘱》《撕开的鞍褥》和《高利贷者的祷文》等。这类故事被称为“法布罗”,大多写聪明、机智的市民如何作弄专横的贵族和贪婪的教士。

最能体现当时市民文学独特风格的作品是“列那狐的故事”。这个以动物为“人物”的故事,在西欧各国流传极广,德、法等国都有以此为题材的独自成篇的故事。在流传过程中,不同的历史阶段呈现出不同的思想特色。其中,法国的《列那狐的故事》是“列那狐系列”故事中最典型的。它以昏庸的狮王隐喻君王,以骆驼隐喻教皇,以蠢驴隐喻主教;以凶残的伊桑格兰狼隐喻豪强贵族,以机智的列那狐隐喻市民阶层,而鸡、猫、麻雀等小动物则代表下层民众。在错综复杂的矛盾中,狐和狼的争斗是矛盾冲突的主线,贯穿于二十七个故事中。它在民间传说和寓言的基础上组织成篇,巧妙地通过动物群体形态,反映中世纪社会的人情世态,却又与寓言有不同之点。作品中的动物不仅被人格化,更主要的是被赋予了社会属性。《列那狐的故事》充分体现了市民文学

《列那狐的故事》插图

的独特风格，辛辣的嘲讽、出色的喜剧揶揄手法，使其通篇洋溢着明朗、乐观的喜剧情调。

仅次于《列那狐的故事》的市民文学作品，是法国十三世纪的分上下两部的《玫瑰传奇》。这部作品写“情人”千方百计追求“玫瑰”而不可得，表现下层市民的愿望和理想。在艺术手法上，《玫瑰传奇》与《列那狐的故事》相近，也采用隐喻和训诫手法，只是它主要采用的是植物隐喻（如以玫瑰隐喻少女），和以动物隐喻为主的《列那狐的故事》相映成趣。

大约在十三、十四世纪，中世纪市民文学中还产生了反映世俗生活、富有喜剧特点的市民剧。法国的阿拉斯城是这种戏剧的摇篮。该城的拉阿勒是最早的市民喜剧作家。表现城市生活的“叶棚剧”就是他的首创。由戏剧独自发展成的“独脚喜剧”则以《巴尼奥莱的自由射手》为代表作。此外还有如下几种戏剧种类：劝诫剧（又称道德剧），出现于十四世纪，虽有某种宗教性质，却是通过隐喻、拟人把某种道德观念形象化了，再通过寓意说教扬善抑恶，其代表作是《坚忍的堡垒》；愚人剧（又称傻子剧），通过装疯卖傻的剧中形象针砭时弊，其代表作是《愚人王子》；闹剧（又称笑剧），是市民戏剧中最有特色的一种，由“幕间剧”转化而来，表现世态人情，生动活泼、戏谑幽默，有很浓的生活气息，其代表作是《巴特兰律师的闹剧》。中世纪的市民剧对十六和十七世纪欧洲戏剧的繁荣很有影响。

四、但丁与《神曲》

欧洲中世纪最杰出的宗教诗人是意大利的但丁·阿里盖利，他的长诗《神曲》可谓集中世纪诗歌艺术之大成。

《神曲》分《地狱》《炼狱》《天堂》三部，采用中世纪文学特有的幻游形式，讲述诗人在“人生的中途”即三十五岁那年，迷途于象征人生的一片幽暗的森林里。正当他竭力寻找走出迷津的道路时，忽然被三只猛兽——豹、狮、狼（分别象征淫欲、野心、贪婪）——拦住了去路。他惊惧地高声呼救，这时古罗马诗人维吉尔出现了，并对他说：你不能战胜这三只野兽，我将指示你另一条路径。于是，维吉尔就引导他去游历地狱。地狱形似一个上宽下窄的漏斗，共分九层，越到下面越狭小，直到

但 丁

大地中心。罪人的灵魂按生前罪孽的大小,在深浅不同的地狱层,接受不同的酷刑。冰湖是地狱的最底层。到了那儿,维吉尔便背着但丁越过大地中心,到了炼狱山下。炼狱又称"净界"。炼狱里的灵魂虽然和地狱的罪人犯着同样的罪过,但程度较轻,已经悔悟;他们得到上帝的宽恕,在这里修炼,忏悔洗过,一层层上升。炼狱也分九层,最高一层是"人间乐园"。这时,象征理性的维吉尔隐退,但丁年轻时的恋人贝娅特丽齐来到他面前。贝娅特丽齐象征着信仰与神圣的爱,她引导但丁游历了天堂。

《神曲》插图

《神曲》插图

在艺术上,《神曲》几乎采用了所有中世纪诗歌的表现手法。首先,它具有浓厚的宗教幻想色彩,通篇所写,就是诗人幻游三界达到至善境界的经历;其次,它从头至尾充满象征和寓意,如著名的四大象征——森林、狮、豹、狼;维吉尔象征知识和理性,贝娅特丽齐象征爱与信仰;就是诗中三界之行本身,也是人类灵魂由罪恶到净化直至幸福的象征:“地狱”象征污浊的人欲,“天堂”象征崇高的理想,“炼狱”则象征人类灵魂由污浊走向崇高的痛苦历程。

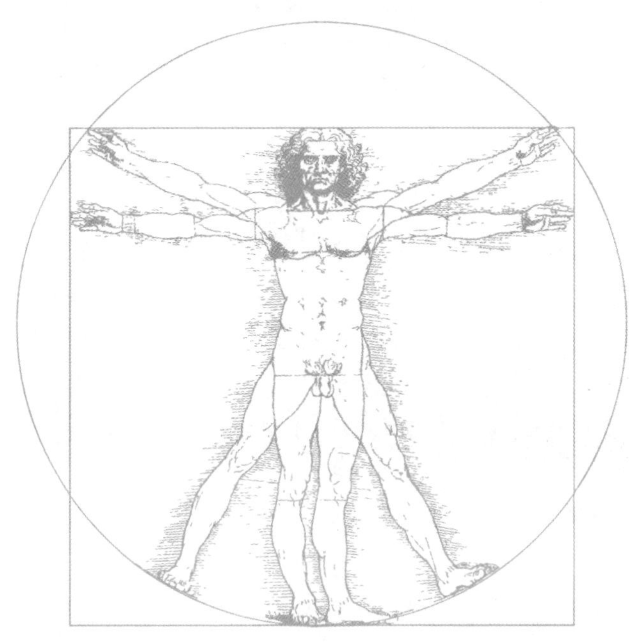

Ⅲ 文艺复兴时期文化

公元 14 世纪—公元 16 世纪

第一章
思想文化的复兴

一个能真正享受生活的人，是绝对完善的，甚至是神圣的。我们为他人生活已经够多了，让我们至少在这余生中为自己而活吧！世界上最伟大的事情，就是去学会怎样归依自己。

——米歇尔·蒙田

文艺复兴运动起源于对非基督教文化即古希腊罗马文献的研究，其最有意义的成就之一就是创导世俗文化。欧洲文艺复兴包括意大利文艺复兴和北欧文艺复兴。虽然意大利文艺复兴和北欧文艺复兴都倡导人文主义，而且都对后来的宗教改革运动产生了重大的思想影响，但两者之间却有着本质区别。意大利文艺复兴倡导的是世俗人文主义，即非基督教文化，而北欧文艺复兴所倡导的则是基督教人文主义，仍属基督教文化。换句话说，意大利文艺复兴可谓"异军突起"，而北欧文艺复兴则是基督教文化的"内部生变"。不过，基督教人文主义者虽是宗教改革运动的先驱，却只主张一种比较温和的改良思想，只是想通过提倡人文主义来消除教会的腐败，而非像后来的宗教改革家那样，断然和罗马教廷决裂。

第一节　世俗人文主义

在文艺复兴时期，世俗人文主义倾向可以说在各个方面都有表现，其中文学艺术方面的表现当然最为突出，但文学艺术表现的往往是一种情绪，或者说，仅仅是一种内心的向往而非清晰可见的思想。所以，尽管一般认为，意大利诗人和学者彼特拉克是第一个世俗人文主义者，是第一个放弃中世纪经院哲学、注重研究古代人文学科的人，也是第一个意识到中世纪和近代、精神和物质、宗教理想和社会现实之间存在着冲突的人，但彼特拉克主要是一个诗人，而非真正的思想家，他作为世俗人文主义先驱，只是启发了人们的思想。真正的世俗人文主义思想，主要表现在三个方面，即政治方面、科学方面和生活方面。这三方面最有代表性的思想家，分别是意大利的马基雅弗利、布鲁诺和法国的蒙田。

一、马基雅弗利的权谋政治论

马基雅弗利既是一个很有才能的政治活动家，又是一个有创见的政治思想家和著述家。他著作很多，其中最重要的是他的政治学论著《君主论》，因为他在这本书里最早提出了一套世俗化的政治理论，为后来的欧洲近代政治学开了先河。

在中世纪，欧洲各国一直是“政教合一”的，世俗政权不仅从属于教会神权，而且是以教会神权作为其存在的解释和基础的；但到了文艺复兴初期，由于各国社会越来越倾向于世俗化，教会神权开始被削弱，于是就出现了“政教分离”的动向，即世俗政权要求脱离教会神权，独立行使权力，在有些地方(如马基雅弗利所在的佛罗伦萨)还真的出现了这样的世俗政权。但是，世俗政权一旦脱离教会的管辖，一旦失去“天赋神权”的支持，它又将以什么作为自己的权力基础呢？这就是马基雅弗利在《君主论》一书里所要论述的主要问题。

马基雅弗利首先提出他对人性的看法。他认为，人性向恶不向善，而且永恒不变；人性永远是自私自利的、贪得无厌的、胆小怕死的、相互嫉妒的和忘恩负义的。换句话说,私有观念是人性的自然反映,为了私有财产,人们总是不顾道德,不顾名誉,身败名裂也是在所不惜的。既然如此,君主作为世俗政权的代表,首先应该认定,对于人性来说,最神圣的东西是私有财产,而不是任何其他东西,因为君主的权力就是以人性的自私为基础的;其次,君主还要充分意识到,他是维护臣民的私有财产不受侵犯的保护者,因为唯有如此,他才能不借助于宗教信仰而获得统治权,并以此来左右他的臣民。

马基雅弗利

基于此,马基雅弗利认为,世俗君主想独立进行统治,不外乎采用两种方法:一是依靠法律,即所谓“法治”;一是依靠暴力,即所谓“专制”。他同时认为,这两种方法若单独使用,都可能无效,因为法律只对理性有效,暴力只对兽性有效,而人是一种既有理性又有兽性的混合体,所以必须两种方法同时使用。换句话说,暴力就像狮子,虽然凶猛,但防不了陷阱;法律就像狐狸,虽然机敏,但抵御不住比它凶猛的狼。因此,君主必须同时具备狮子和狐狸两种性格,既要像狐狸那样避开陷阱,又能像狮子那样令人恐惧。这就是君主的“权谋”——“权”即“威”,“谋”即“智”,君主要有威有智,才能有效地统治他的臣民。

至于道德,马基雅弗利认为,世俗君主不必加以考虑。因为道德大凡来自宗教信仰,来自对上帝的畏惧,教会神权就是建立在这一基础上的。世俗君主既然要摆脱教会神权进行世俗化统治,若还像教会那样,以人们的道德畏惧或者以自身的道德表率作为权力基础,那简直是自相矛盾。要知道,世俗君主并不像教会那样具有道德优势,所以他必须抛开道德,确立自己以权谋为核心的政治地位。

尽管马基雅弗利对道德的轻视招来了许多批评,但不管怎么说,他的权谋政治论是开创性的,就如他自己所说,他开辟了“一条前人从未走过的道路”,而后人所走的,实际上就是他开辟的这条路。后世的西方政治理论不管有多么形形色色,也不管它们在表面上和马基雅弗利的权谋政治论有多么不同,反正有一点是肯定的,那就是:它们再也不可能返回到中世纪的神权政治那里去了。

二、布鲁诺的无限宇宙说

和马基雅弗利不同,布鲁诺关心的不是政治,而是宇宙,他的重要著作是《论原因、本质和太一》和《论无限、宇宙与众世界》等。作为思想家,布鲁诺最大的功绩是把当时的哥白尼天文学上升到哲学的高度,并对基督教义提出了质疑。

按基督教义,宇宙是上帝创造的,宇宙的中心是地球,所有其他天体,包括太阳在内,都围绕地球运行。这就是中世纪权威的“地心说”。布鲁诺虽然是个修道士,但他却部分接受了哥白尼的学说,并由此大胆推论,认为宇宙是无限的,没有边际。既然宇宙是无限的,那么宇宙就不可能是上帝创造的,因为按基督教义,上帝也是无限的,而若存在着两个无限,那就不可思议了,因为说某个无限之外还有一个无限,那就等于说这两个无限都是有限的。所以,布鲁诺认定,无限的上帝实际上就是无限的宇宙。

布鲁诺

不过,布鲁诺虽然同意哥白尼的看法,认为地球是围绕着太阳运行的,但他并不同意哥白尼的“日心说”。他比哥白尼走得更远,认为太阳也不是宇宙的中心,因为中心是相对于边际而言的,而宇宙是无边的。无边之物,谈何中心?

此外,布鲁诺不仅认为宇宙是无限的,而且认为宇宙是有灵魂的。他认为宇宙是一种特殊的自然,他称之为“产生自然的自然”,人类居住的地球则是这个“产生自然的自然”产生的一种自然，而地球如果有灵魂的话，那么这种灵魂就是由产生它的那个“产生自然的自然”赋予它的。这里，布鲁诺用的是宗教语言，若用科学语言来说，其本意是：宇宙是有其内在规律的（即“有灵魂的”），这种宇宙规律（即“宇宙灵魂”）就是宇宙活动的本源。

尽管布鲁诺仍用宗教语言表述思想，但当时的天主教会已看出他的思想和基督教义是根本不相容的。于是，他被斥为“异端”而受到宗教裁判所的审判。但他拒不“悔过”，坐牢八年后仍坚持认为，真正“亵渎上帝”的是罗马天主教会，而不是他。教会无奈，最后只好用火刑把他处决了。

总的来说，布鲁诺的无限宇宙说虽然只是一种大胆的假说，而且还有许多错误，如他认为月亮上有海、太阳上有生物等，后来都被证明是荒诞无稽的，但他对宇宙的理性思考，引发了世人对《圣经》创世说的怀疑，并为后世的科学宇宙论开了先河。

三、蒙田的快乐人生观

如果说布鲁诺思考的是遥远的宇宙，那么蒙田思考的则是身边的琐事。作为思想家，蒙田没有写过理论著作，而是以深具个性的随笔来表述他的人生观的。他的这些随笔，在他生前身后不断被编辑成册出版，那就是著名的《蒙田随笔》。

蒙　田

不同于马基雅弗利和布鲁诺，蒙田既不太关心政治，也不太关注宇宙。他最感兴趣的是人本身，或者说，个人和个人的日常生活；即便偶尔涉及宗教、政治、科学或者战争，他也是从个人感受、个人好恶和个人希望的角度来加以思考和理解的。从这个意义上说，蒙田是个纯粹的、本色的世俗人文主义者。

诚然，在蒙田生活的那个时

代，已有越来越多的人开始冲击基督教的神圣地位，但蒙田并没有加入冲击者的行列。他既没有直接去批判教会，也没有直接去质疑《圣经》，而是以一种我行我素的方式，在他的随笔里轻松愉快地谈论着世俗生活，宣扬着他的世俗人生观。

蒙田的人生观，可简单地称为“快乐人生观”。不过，这里的“快乐”不全是及时行乐的意思，而是有其非常严肃的一面的。蒙田主张每个人都应认真思考自己的生活，只是这种思考不应是苦行僧式的，而应该是积极乐观的；我们不应把生活看作是受苦受难，而应该把生活看作是一种享受。

为了真正享受生活的乐趣，就要真正认识生活，而要真正认识生活，首先是要知道，我们对生活究竟知道多少？所以，蒙田提出的第一个问题就是：“我知道什么？”而就在“我知道什么？”这个简单的问题中，隐含着蒙田对基督教义的怀疑态度——也许，基督教义什么也没有告诉我们？——这就是蒙田的怀疑论。

既然基督教义很值得怀疑，那么到何处才能找到生活的知识呢？蒙田和当时许多人文主义者一样，也把目光转向了古希腊人和古罗马人。他推崇古代经典作家，特别推崇苏格拉底，对柏拉图和亚里士多德这两个最有名的古希腊人，他倒反而谈得不多，因为这两个人是基督教会所推崇的。他还推崇那些不被基督教会重视的古罗马学者，如普鲁塔克、塞尼卡、西塞罗、卢卡莱修、贺拉斯和塔西佗等人。而当他引用普罗泰戈拉的那句名言“人是万物的尺度”时，他似乎像调侃、其实是意味深长地写道：“真是的，普罗泰戈拉给我们编了个难以置信的故事，把人当作万物的尺度，却从来不曾量量自己。”显然，在他的心目中，人从来就不是一个抽象的概念，而是活生生的个体，特别是每个人自己，才是真正的“万物的尺度”。

蒙田的人文思想，要比他同时代的其他人文学者更为超前，在某种程度上已接近现代西方个人主义思想了，尽管当时还没有“个人主义”这个词。正因为如此，他的快乐人生观也主要着眼于他自己的生活。他的随笔，可以说就是他自己的一幅肖像画。在那里，他把自己描绘成一个对生活充满热情而且非常懂得享受生活的智者。他说：“一个能真正享受生活的人，是绝对完善的，甚至是神圣的。我们为他人生活已经够多了,让我们至少在这余生中为自己而活吧！世界上最伟大的事情,就是去学会怎样归依自己。”

为他人活,还是为自己活——这是个千百年来一直有争议的问题。这个“他人”,在中世纪就是指上帝,在近代往往是指社会或者国家,在现代还包括家庭。宗教家、社会学家和道德家大凡认为,如果一个人只为自己活着,就活得没有意义。对此,蒙田的回答是:如果一个人连为自己活着都不肯,那你怎么能指望他为他人活着呢?

当然,蒙田的意思并不是说一个人要绝对自私,全然不顾他人;恰恰相反,他认为一个为自己活着、懂得享受生活的人,也是一个对他人最宽容的人。他自己就很宽容,无论是对政治、对习俗,还是对宗教信仰,他都抱着宽容和解的态度。特别是宗教,当时的天主教会正面临着分裂,情况非常严重,他却取一种宽容的、甚至是快乐主义的态度,认为教会不分裂固然很好,但分裂也很好,反正不分裂有不分裂的好处,分裂也有分裂的好处。甚至对一直被天主教会予以严厉镇压的各种巫术,他自己尽管并不相信,但也认为应该宽容对待,因为它们是出于无知,而无知是人人都有的。对于不同民族的习俗,他更是认为都有其合理性,甚至认为习俗是道德来源:“我们认为道德来源于天性,其实来源于习俗……应当这样看,超出习俗之外的东西,也不属于理性的范围。”

总之,从自问“我知道什么?”开始,经过求知,最后得出一个人应为自己活着、同时也要对他人宽容的结论,这就是蒙田的快乐人生观或人生哲学。蒙田的人生哲学虽然没有什么体系,其影响却特别大。这首先是因为,蒙田是用通俗的随笔形式来表述其人生观的,对众多普通读者都有潜移默化的作用;其次,由于随笔这种文学形式属蒙田首创,后世文学家在模仿这种形式时,自然而然会受其熏陶;最后,蒙田的怀疑论还直接启发了十七世纪法国哲学家笛卡尔,使其确立了著名的哲学命题——“我思,故我在”。这一哲学命题的确立,即标志着欧洲理性时代的开始。

除马基雅弗利、布鲁诺和蒙田之外,这一时期著名的世俗人文主义思想家还有库萨的尼古拉、瓦拉、彭波那齐和皮科等人。他们全是意大利人,可见当时意大利世俗人文主义思想之活跃。其中库萨的尼古拉被认为是意大利第一位人文主义哲学家,他的哲学思想虽然仍带有中世纪经院哲学的色彩,但在某种程度上已显露出了人文主义倾向;瓦拉和蒙田有点相似,也倡导个人主义和享乐主义,但他不像蒙田那样有文学才华,其重要论著是《论享乐》;彭波那齐主要关注人的灵魂问题,他的论著《论灵魂不死》公开质疑基督教的灵魂不死说,因此被教皇明令焚毁。相比之下,皮科做得稍为巧妙一点,他在《论人的尊严》里说,上帝赋予人超凡的能力,使每个人都能自由塑造自己的人生;但即使这样,罗马教廷仍看出了其中的"异端"性质,下令查禁此书,皮科也不得不逃到法国去了。

第二节 基督教人文主义

阿尔卑斯山以北地区的文艺复兴运动,称为"北欧文艺复兴"。北欧文艺复兴主要关心的是宗教和教会问题,因而也被称为"基督教人文主义"。

基督教人文主义者意识到传统信仰和现实生活、天主教会和世俗社会以及天主教会内部即罗马教廷和地方教会的对立,所以试图通过教会的自我批判和自我改良来消除各种对立。但是,结果出人意料,他们不仅没有消除对立,反而引发了导致天主教会分裂的宗教改革运动。在众多基督教人文主义者中,最有代表性的是英国的托马斯·莫尔和荷兰的埃拉斯谟。

一、托马斯·莫尔与《乌托邦》

托马斯·莫尔虽然不是僧侣,却非常关心宗教问题。他是个博学多才的大学者,又是朝廷重臣,曾任上议院议员和大法官之职,但他本质上是个理想家,不仅对当时的欧洲社会抱严厉的批判态度,还一心要构想一个理想社会。在宗教问题上,托马斯·莫尔主张大力改革教会,克服腐败,但坚决反对地方教会脱离罗马教廷。为此,他在宗教改革时期不仅和马丁·路德等人进行激烈的论战,而且和主张英国教会脱离罗马教廷的国王亨利八世公开对抗,最后被国王处死。

托马斯·莫尔最有价值的著作,就是被后人称为"近代《理想国》"

的《乌托邦》。在这部著作中，托马斯·莫尔除了直接批评英国社会的私欲横流，更重要的还构想了一个称作“乌托邦”的理想社会与之对照。譬如，乌托邦社会没有权贵，人人平等；没有私人财产，人人自食其力；没有盗贼，人人都是圣贤，等等。不过，其中最重要的、和他那个时代关系最密切的，则是他的宗教理想。

托马斯·莫尔

简要地说，托马斯·莫尔在《乌托邦》里所表述的宗教理想，其要点就是宗教宽容和宗教自由。他在书中写道：“在乌托邦，大家的信仰不相同。然而，信仰的表现形式虽分歧不一，但可以说条条道路通到一个目标，即崇拜神灵。因此，教堂内所见所闻都显得与普遍的一切信仰不矛盾。任何教派如有其自己仪式，可在每人家中举行。所以教堂中没有神像，个人可自由去体会神的形象，不管他喜欢哪一种最虔敬的方式。乌托邦人称呼神为‘密特拉’，别无其他特殊名称。他们一致认为，可以用这个名称体现神灵的性质，不管这一性质是什么。”像这样的宗教观，不要说当时的罗马教廷肯定不会接受，就是像马丁·路德这样的宗教改革家也未必会同意。

然而，托马斯·莫尔是一个生活在复杂时代里的复杂人物，他不仅思想复杂，言行也往往不能一致。他在《乌托邦》里所表述的宗教理想固然比他的同时代人都要“激进”，但在对待实际的宗教问题时，他的态度却还是相当保守的。至少和马丁·路德比，他的观点是保守的。这在他和马丁·路德的论战中充分表现了出来。他们的论战开始于马丁·路德一五二〇年发表《教会的巴比伦俘虏》一文。马丁·路德在文中列出天主教的七项圣礼，认为其中只有两项合乎教义，其余五项一律应予以废除。文章传到英国，首先引起国王亨利八世的不满。这位国王尽管想使英国教会脱离罗马教廷，但并不想质疑天主教义，于是就请托马斯·莫尔著文驳斥。这样，托马斯·莫尔便和马丁·路德一来一去地开始了论战。

如果撇开双方情绪化的相互指责和一些无谓的争辩的话，不难看出双方的主要分歧在于，托马斯·莫尔坚持要有教皇的权威，认为要以教皇的名义改革教会，使之保持统一，而马丁·路德则坚持他的“因信称义”原则，认为包括教皇制在内，凡不合《圣经》本意的，都必须进行改革，即使因此而造成教会分裂也在所不惜。显然，托马斯·莫尔在这场论战中代表的是改良派。他尽管深切感受到教会的腐败，主张教会改革，但仍认为教会的传统必须予以维护。

二、埃拉斯谟与《愚神颂》

埃拉斯谟是托马斯·莫尔的朋友，两人交往甚密。和托马斯·莫尔一样，埃拉斯谟也曾和马丁·路德论战。但他的风格不一样，手法也比托马斯·莫尔高明。托马斯·莫尔在论战中常常会气急败坏，文章里还不乏侮辱谩骂之辞，使文风犀利的马丁·路德倒给人留下了彬彬有礼的印象。埃拉斯谟则正好相反，他在论战中不紧不慢，有条有理，相比之下马丁·路德倒显得有点盛气凌人了。

埃拉斯谟

埃拉斯谟是基督教人文主义最重要的代表人物，也是十六世纪初欧洲公认的大学者。他出生在荷兰鹿特丹，常被人称为“鹿特丹的埃拉斯谟”。他一生勤勉好学，曾长年在德国、法国、英国、意大利和瑞士游学；后来他进入一个奥古斯丁派修道院当修道士，但很快就对修道院教育深感不满，称其为“野蛮”；于是，他转而研读拉丁作家的作品，不久便开始写作，并逐渐成为一个闻名全欧的教会人文学者。

作为著名学者，埃拉斯谟几乎和同时代的所有重要作家都有交往，而且和教皇利奥十世、神圣罗马帝国皇帝查理五世、法国国王法兰西斯一世、英国国王亨利八世都有私人交情。但在广泛交际的同时，埃拉斯谟仍勤奋写作,可谓著作等身。在他的大量著作中,影响最大的是三部,即《愚神颂》《格言录》和《怪语集》,其中出版于一五一一年的《愚神颂》,被认为是埃拉斯谟的一部传世杰作。

在这部类似小说的虚构作品中,埃拉斯谟采用比喻手法,以愚神自居,想真诚地了解世界,但在各地所看到的却到处是愚昧、虚伪和腐败,于是他就用诙谐、讽刺的口气予以描述和评论:所谓学者,研究的竟是些陈腐不堪或者离奇古怪的东西;所谓修道士,虚伪得要戴上两副手套才肯去接别人给他的钱,还说这样才能进天堂;所谓主教和枢机大主教,一个个都脑满肠肥,愚昧可笑。譬如,他在讲到僧侣们的虚伪和繁文缛节时,有这样一段妙论:"看他们怎样按照规定做一切事情,做得简直像数学一样准确,是很有趣的。任何错误都是对圣灵的亵渎。于是,每根鞋带上必须打这么多的结,必须用某种颜色,衣装服饰必须按照细密的规定,腰带必须用恰当的材料,必须有几根麦草宽,僧帽的式样和尺寸必须符合规矩,头发必须留几指长,睡眠必须规定几小时。可谁都会知道,各人的体质和气质是不一样的,这种平等其实最不平等。然而在这种荒谬的基础上,他们却判定局外人是微不足道的。这些宣扬罗马教皇仁爱精神的教士们甚至互相指责,谁要是腰带结错了,或者衣服颜色太深了,都会使他们大为骚动。有的人是十分虔诚的,虔诚到只穿一件西里西亚山羊毛外衣,一件米勒西亚羊毛内衣,另一些人却一定要把麻布衣服套在呢子衣服外面。某些教阶的僧侣们见了钱就躲避不迭,好像见了毒药一样,可是在酒色面前却毫不畏缩。他们受各种各样的苦,并不是为了要学基督的样子,而是为了各成一派,互不相同。"

像这样的讽刺,确实是够辛辣的,可谓嬉笑怒骂、文采飞扬,而且埃拉斯谟从不避重就轻,更不是小骂大帮忙,说到激愤之处,甚至连天主教会本身都难以幸免。他说:"天主教会是在血的基础上建立的,依靠血而壮大的,依靠血而扩大的。现在他们用刀剑来继续行善,好像耶稣基督也已经毁灭了似的。"

对于天主教会的禁欲主义,埃拉斯谟也是深恶痛绝的。他似乎天生是个要求自由享受生活的人。他反对禁欲,痛恨禁欲,认为人的各种欲望不但是合理的,而且是高尚的。他说:"神明在上,请告诉我,如果

《愚人颂》插图

生活中没有欢乐，哪时哪刻不是悲哀的、烦闷的、不愉快的、无聊的、不可忍受的?”所以在他看来，天主教会的禁欲主义，即所谓的至善，“不过是一种神经错乱而已”。

从总体上说，埃拉斯谟的思想具有典型的基督教人文主义特点，即推崇由人性、德性和德行三个方面构成的道德神学论。埃拉斯谟认为，在人性的发展过程的多样化中，有一种可能就是把本性加以提炼，造成本性的德性化，但他同时也认识到人们各自生活方式之间的差异，认识到人性与德性毕竟是不同的。这里，埃拉斯谟实际上指出了人的可塑性。由于有这种可塑性，每个人既有可能自由发展自己的人性，也有可能压制自己的德性。埃拉斯谟相信，通过教育可以把人身上隐蔽的原始美德发掘出来，并以此来抑制人性中的邪恶部分。因此，他认为教育是构建社会正义的必要前提。

和托马斯·莫尔一样，埃拉斯谟也反对教会分裂。由于他同时继承了人文主义传统和基督教传统，这就使他不能同意马丁·路德等改革家的分离主张。马丁·路德等人主张“因信称义”，即认为个人的灵魂得救完全有赖于耶稣基督，而基督的教诲只存在于《圣经》，教会只是一种形式，并不能给人以指导；埃拉斯谟则认为，教会对于个人的灵魂得救来说，是有其重要作用的，至少一个好的教会能给它的信徒以良好的教育。马丁·路德等人反对天主教教皇制，认为各国教会有权自治；埃拉斯谟则认为，教会应该统一，教皇的权威不能否定。马丁·路德等人否定天主教的善功和仪式在灵魂得救中的作用；埃拉斯谟则承认善功和仪式有助于信徒的灵魂得救，特别是善功，他认为是灵魂得救的重要途径。总之，埃拉斯谟和马丁·路德等新教改革家虽有共同之处，即都认为《圣经》是基督教信仰的基础，都反对教会腐败，主张教会改革，但他的目标却和他们不同，他只希望通过教育、通过重振天主教会来恢复“真正的基督教传统”。

第二章
艺术文化的复兴

> 诗人啊，如果你用笔去描述一个故事，画家用画笔把它画出来，就会更令人满意而且也那么难懂，你如果把绘画叫做“无声的诗”，画家也就可以把诗人的艺术叫做“无形的画”。
>
> ——达·芬奇

文艺复兴，实际上是从文学艺术的复兴开始的，其中尤以文学为先，开始于十四世纪。当时，人文主义还没有被当作一种思想宗旨明确地提出来，只是在文学创作中微妙地显露出了某种世俗倾向。这种世俗倾向是和当时学术界的“复古”倾向相呼应的。所谓“复古”，就是恢复古代希腊罗马文化。由于古希腊罗马文化是非基督教文化，而且从本质上说是一种世俗文化，因此提出“复古”要求，实际上是一种反基督教的“无意识策略”，其真正的宗旨在于重新肯定世俗生活。同样，在创作领域也出现了这种“无意识策略”；当时的文学艺术创作，实际上都没有“直接否定”基督教信仰，而只是在表现传统基督教题材的同时，引入了一种非宗教的世俗审美趣味；或者，用世俗题材来表现基督教主题，即在基督教认可的诸如“爱与美”的主题中混入了世俗理想，如此等等。总之，这一时期的文学艺术已不再是“纯正的”基督教文学和基督教艺术了，世俗倾向——或者说人文主义思想——不断渗透进来，并逐渐占据了主导地位。

第一节 文学的复兴

从十四世纪开始,西欧各国文学的总趋势是世俗化,从而产生了一种被后人称为“人文主义文学”的新文学。不过,这种人文主义文学并不是在各国同时出现的,而是最早出现在意大利,接着出现在法国、西班牙和英国,最后蔓延于整个西欧。

一、意大利人文主义文学

意大利是人文主义文学的发源地,其先驱是诗人彼特拉克和作家薄伽丘。

彼特拉克在十四世纪上半叶写的一系列抒情诗里就已隐含了人文主义倾向。这些抒情诗结集出版,取名《歌集》,其中有一大半是为一位名叫劳拉的女子而写的。诗人为这位女子的形体之美而着迷,因而不断抒发对她的爱慕之情;后来,这位女子不幸染病去世,诗人极度哀伤,又以诗追忆往事。这种注重世俗女子形体之美并由此产生强烈情感的倾向,在当时宗教仍一统天下的情况下,确实是有点“大逆不道”的。然而,这恰恰是后来席卷西欧的人文主义思想的萌芽。

薄伽丘

薄伽丘是十四世纪意大利著名的人文主义学者,彼特拉克的朋友。他的重要文学作品是故事集《十日谈》。此书的书名和阿拉伯的《一千零一夜》一样,来自整部小说集的主框架故事:一三四八年佛罗伦萨流行瘟疫,七个年轻女子和三个男子逃到郊外的一座乡间别墅，为了消磨时光，他们每天每人讲一个故事，共讲了十天，故名《十日谈》。书中一百个故事大多取材于民间传说，但都经薄伽丘改动过，其主要内容是男女性爱：有关于教士不顾教规勾引女信徒的；有关于修女忍不住欲望而偷情的；有关于妻子瞒着丈夫与人私通的；有关于少男少女设计骗过父母而一度春宵的，如此等等。这些故事本来流行于民间，就因其充满"可怕的人欲"而为教会所不齿，现经薄伽丘修改而集成一本书，其间透露的思想则是：人欲本属自然，教会强加压制，反使其变本加厉而属不自然了。因此，《十日谈》可以说是欧洲文学史上第一部带有婚恋自由和个性解放观念的作品，影响一直很大，同时也被长期列在教会的禁书单上。

《十日谈》插图

意大利的人文主义思想逐渐传播到西欧其他国家。到了十六世纪，法国、西班牙和英国涌现出众多具有人文主义思想的作家，其中尤以英国文学的成就最大，令世人瞩目。

二、法国、西班牙人文主义与《堂吉诃德》

法国人文主义文学的主要代表是散文家蒙田和小说家拉伯雷。蒙田的《随笔集》是一部记录他的读书体会、旅游见闻和日常生活中的感想的散文集，以内容广博、多姿多彩、富于生活情趣而见长。它是法国第一部近代散文集，而且“随笔”这一文体也被认为是蒙田所首创。拉伯雷的《巨人传》则是一部卷帙浩瀚的长篇叙事作品，共有五部，以夸张的故事和夸张的语言对中世纪以来法国社会生活中的各个方面都予以嘲讽，嬉笑怒骂，尖锐泼辣，得意处甚至不避粗俗。此书在当时每出一部都大受公众欢迎，但每次都被教会查禁，作者本人也曾被追究而不得不外出避难。

西班牙最杰出的人文主义作家是塞万提斯，他的长篇叙事作品《堂吉诃德》现在虽早已成为世界名著，但在当时只是一本在书摊上出售的通俗读物。这部作品模拟中世纪盛行的骑士传奇，写一个叫堂吉诃德的穷乡绅，因读骑士传奇入迷，幻想恢复骑士制度和游侠生活。他穿戴上祖先留下的破盔甲，手持长矛，骑着一匹可怜的瘦马，并选中邻村一个养猪姑娘作为自己崇拜的意中人，开始了他的行侠冒险活动。第一次他独自出马，被人打得半死；第二次带着农民桑丘・潘沙出发，一路上做出种种荒唐可笑的事情，如把风车当巨人，把酒囊当魔鬼，视羊群为军队，把妓女当贵妇，把木偶看成摩尔人，等等。出于拯救受难者的愿望，他去解救囚犯，结果反遭毒打。第三次出游，在骑士幻想的支配下，他又完成了不少可笑的“丰功伟绩”。最后，堂吉诃德被佯装的白月骑士击败，被迫回家。临终前，他方始醒悟，以自己切身的痛苦和教训表示他对骑士小说感到深恶痛绝。

塞万提斯

《堂吉诃德》是一部模拟讽刺作品，其目的就如塞万提斯在“自序”中所说：他写《堂吉诃德》是为了“攻击骑士传奇”，“要消除骑士传奇在社会上、在群众中的声望和影响”，“把骑士传奇那一套扫除干净”。为什么要“消除骑士传奇”？因为骑士传奇是中世纪影响最大的一种文学形式，其内容多为骑士冒险，而其思想则在于宣扬骑士忠君和护教的精神。塞万提斯将矛头指向骑士小说，实际上是在间接地攻击中世纪的"那一套"，因而也就间接地表达了他的人文主义思想。

《堂吉诃德》插图

除了具有人文主义思想倾向，《堂吉诃德》在艺术上至少有两大贡献。首先是，它极其成功地塑造了欧洲文学中不朽的形象堂吉诃德。这是一个鲜明生动而又复杂矛盾的艺术典型，他有时是个神志不清的梦幻家，有时又是真理正义的捍卫者；有时既可笑可怜，有时又崇高伟大：他身上充满喜剧性成分，同时又渗透着悲剧性因素。正因为这一形象具有明显的两重性，同时又融合成完美的整体，几百年来它一直是人们为之探讨甚至争论的对象。其次是，作为欧洲早期为数不多的以写实为基础的长篇叙事作品之一，《堂吉诃德》为欧洲后世的长篇小说创作树立了光辉典范。譬如，在作品中用堂吉诃德和桑丘两个人物形成鲜明对照，从而使两个形象都突现出来。这种手法后来为许许多多的小说家所模仿。还有，大量使用民间谚语，既富有智慧又富有地方色彩，这也是后世小说家常用的手法。总之，《堂吉诃德》是文艺复兴时期欧洲文学的一座不朽的丰碑，它在世界文学史上也占有重要地位。

三、英国人文主义与莎士比亚

在文艺复兴时期，文学成就最大的是英国。英国人文主义文学最早可追溯到十四世纪，其重要人物是乔叟。乔叟曾游历过当时作为新思想中心的意大利，深受彼特拉克和薄伽丘等人的影响。乔叟最具代表性的作品是《坎特伯雷故事集》。这部作品中包括二十四个"故事"，其结构和薄伽丘的《十日谈》很相像，由一群去坎特伯雷大教堂朝圣的香客轮流讲述。这些故事其实都是乔叟从民间收集来的，内容五花八门，但却栩栩如生地勾勒了一幅当时英国社会的风情民俗画卷。

乔叟之后，英国涌现出诸多诗人、作家和剧作家，重要的有：诗人斯宾塞，他的长诗《仙后》是这一时期英国诗歌创作的高峰；作家托马斯·莫尔，他创作的著名幻想小说《乌托邦》，描绘出一个理想社会；被称为"大学才子"的一群青年剧作家，其中以马洛最为出色，被认为是英国文艺复兴戏剧的真正创始人。

由于这些杰出的人物作为先驱，十六世纪后半叶，英国终于出现了莎士比亚这一名震世界的文学巨匠。

莎士比亚

莎士比亚一生共创作了三十八个剧本、两首长诗和一百五十四首十四行诗。他的创作一般分为三个时期：第一时期以创作历史剧和喜剧为主；第二时期以创作悲剧为主；第三时期以创作传奇剧为主。在这三个时期中，最为重要的是第二个时期的创作，著名的"四大悲剧"，即《哈姆雷特》《奥赛罗》《李尔王》和《麦克白》，均创作于这一时期。

《哈姆雷特》是莎士比亚的代表作。剧情是这样的：丹麦王子哈姆雷特在德国维登堡大学读书。他的叔父克劳狄斯毒死老哈姆雷特，篡夺了王位，并娶了嫂嫂——哈姆雷特的母亲。哈姆雷特回国后，父亲的鬼魂告诉他自己致死的原因。他遵照鬼魂的嘱咐，决定复仇。同时，国王开始怀疑哈姆雷特，在大臣波洛涅斯的建议下，利用大臣自己的女儿、哈姆雷特的情人奥菲丽娅去试探他，又指使哈姆雷特的两个同学罗森格兰兹和吉尔登斯顿去试探他，均被他识破。哈姆雷特利用一个剧团到宫廷演戏的机会，证实了鬼魂的话，决心行动。他说服母亲疏远国王，并把波洛涅斯错当国王杀死。国王派哈姆雷特和两个同学携诏书去英国索讨贡赋，想借英王之手除掉哈姆雷特。哈姆雷特发现阴谋，中途矫诏，折回丹麦。这时奥菲丽娅因为父亲被情人杀死，疯癫自尽。国王乘机挑拨波洛涅斯的儿子雷欧提斯以比剑为名，设法用毒剑刺死哈姆雷特。在最后一场中，哈姆雷特、国王、王后、雷欧提斯同归于尽。

《哈姆雷特》剧照

悲剧的中心人物哈姆雷特被认为是文艺复兴后期人文主义者的典型形象，他的复仇对他自己和他的国家的命运来说都是至关重要的，因此他踌躇不决，生怕自己承担不起这个重任。正是因为他踌躇不决，他错失了许多良机，最后酿成与仇人同归于尽的悲剧。这里，莎士比亚是显然同情哈姆雷特的，但是他也知道要“负起重整乾坤的责任”并非易事，是需要以生命为代价的。这种见地比一般理想主义者的见地要深刻得多。

除了具有深刻的思想内涵,《哈姆雷特》也是莎士比亚在艺术上最成熟、最精湛的一部悲剧。它在剧情的丰富性、人物的鲜明性和语言的生动性三方面都几乎达到了完美无缺的境界。因此,几百年来,西方戏剧界一直把此剧看作是不可逾越的悲剧顶峰。

《奥赛罗》的剧情是:骁勇善战的威尼斯将军、摩尔人奥赛罗本与爱妻苔丝德蒙娜相亲相爱,但奥赛罗手下的旗官伊阿古因奥赛罗提拔了另一个军官凯西奥、没有提拔他而怀恨在心,于是设下圈套,在奥赛罗面前诬陷凯西奥与苔丝德蒙娜有奸情。奥赛罗出于妒恨而听信谗言,杀死了凯西奥和自己的爱妻苔丝德蒙娜。当真相大白后,奥赛罗悔恨不已,拔剑自尽。

《李尔王》写古代不列颠王李尔年老,把国土分给两个女儿,而两个女儿得到国土后反而把父亲逼疯。最后,李尔在暴风雨和疯狂中死去。

《麦克白》是一部血腥的悲剧:苏格兰大将麦克白听信女巫预言,谋反篡位。在其妻怂恿下,他先谋杀了苏格兰邓肯王,又杀死了大将班柯和贵族麦克德夫的妻子和孩子。麦克德夫逃走后,带领马尔康王子的英军来讨伐麦克白。麦克白这时已众叛亲离,妻子发疯。最后,他被击败身亡。

莎士比亚的“四大悲剧”都以写不寻常的性格而著称,因此也称作“性格悲剧”。譬如,奥赛罗是多疑性格的典型,麦克白是野心加怯懦的复杂性格典型;至于“哈姆雷特性格”,则是举世闻名的思想大于行动的性格的典型,或者说,因思考过多而妨碍行动的那种性格典型。所有这些性格,都在很大程度上是最后酿成悲剧的原因,也是悲剧引人注目的要点所在。

除了四大悲剧,莎士比亚著名的戏剧还有:历史剧《亨利四世》和《亨利五世》、喜剧《威尼斯商人》和《仲夏夜之梦》、悲剧《罗密欧与朱丽叶》和《雅典的泰门》以及传奇剧《暴风雨》等。所有这些,都是世界戏剧史上不朽的杰作。

文艺复兴时期是西方文学史上继古希腊文学之后的第二个辉煌期。它是西方近代文学的开端,英国、法国和西班牙的民族文学就是在这一时期奠定基础的。因此,乔叟被称为“英国文学之父”;蒙田被称为

“法国文学之父”；塞万提斯则成了西班牙文学的象征；至于莎士比亚，他不仅是文艺复兴时期欧洲文学的峰巅，英国文学的骄傲，更是世界文学史上的一座令人敬仰不止的巍峨大山。

第二节　美术的复兴

和文学一样，美术的复兴也是从意大利开始的。由于新思想的影响，当时意大利画坛呈现出繁荣的景象。

一、意大利绘画与“画坛三杰”

十四世纪时，出现了具有人文主义倾向的画家契马部埃和乔托等人；到了十五世纪，出现了四大画派，即：佛罗伦萨画派、安布利亚画派、北意大利画派和威尼斯画派。

佛罗伦萨画派的主要画家有马萨奇奥、安哲利科、乌切洛和波提切利等人，其中马萨奇奥和波提切利的作品都将世俗的情调融入了神话

《维纳斯的诞生》

与宗教题材。譬如，波提切利的作品《维纳斯的诞生》，背景是西西里岛的绮丽风光，而女神维纳斯则画得仪态万千，充分显示了女性肉体的曲线美。这种对人体美的露骨表现，在中世纪是不可想象的。

安布利亚画派最出名的画家是弗朗契斯科。虽然仍像中世纪的画家一样以圣经故事作为绘画题材，但弗朗契斯科的画风却受佛罗伦萨画派的影响。他的代表作品《圣十字架的传说》是一组大型壁画，其中以《示巴女王与所罗门的会见》最为出名。在这幅画里，弗朗契斯科充分发挥了色彩的效果，人物的神态画得既逼真又具有梦幻般的神秘色彩。

北意大利画派由于地理环境的影响，深受当时全欧性的哥特艺术的熏陶，但其最重要的画家皮萨奈罗的画风却是写实的，而且色彩鲜艳夺目，具有十五世纪新派艺术的特点。可惜的是，皮萨奈罗的作品流传至今的少而又少，其中最好的一幅大概是现藏于伦敦国际美术馆的《圣母、圣子和圣者》。皮萨奈罗之外，北意大利画派最出名的画家是曼坦纳，他是个人文主义者，除了绘画还擅长雕刻，而且刻意表现古罗马式的人物造型，如《恺撒的胜利》和《帕纳苏斯》等都属此类。

威尼斯画派与贝里尼一家紧密相连。老贝里尼和他的两个儿子都是著名画家，他们的画风受曼坦纳的影响颇大，其中小儿子乔万尼·贝里尼最具才气，他以诗情浓郁的画笔促进了威尼斯画派的发展。但是，真正将威尼斯画派推向高峰的，则是乔万尼·贝里尼的学生提香。提香一度追随贝里尼的画风，但后来他背叛了老师，自创独特的画风而成为名震威尼斯的画坛奇才。提香善于画裸女，他笔下的女裸体丰满圆润，如名作《花神》，将百花女神画得就像一朵盛开的鲜花，迷人的肌肤、金色的长发、丰润的双颊，成了那个时代的美女典型。

《花神》

由于四大画派的努力，到了十六世纪，意大利画坛兴旺发达，名家辈出。其中最令人敬仰的就是有“三杰”之称的艺术巨匠达·芬奇、米开朗琪罗和拉斐尔。

(一) 达·芬奇 达·芬奇从十几岁起就开始作画,其后五六十年间,作品之多可谓不胜枚举。他不仅是画家,同时还是雕刻家、建筑师、自然科学家、工程师。正因为如此,他把科学知识和艺术想象有机结合在一起,使绘画水平达到了一个崭新的阶段,同时他还把解剖、透视、明暗、构图等整理成系统的绘画理论,对后来欧洲绘画的发展具有极大的影响。达·芬奇的作品虽然多得不可计数,但代表他最高艺术成就的是两幅绘画作品,即:《最后的晚餐》和《蒙娜·丽莎》。

《最后的晚餐》为米兰圣玛丽亚修道院而作,描绘耶稣和门徒的最后一次聚餐。画中耶稣坐在长形餐桌的当中,他的十二个门徒分坐两旁。当耶稣说“你们中有人出卖了我”时,十二个门徒表现出不同的反应。根据这些门徒各不相同的性格,达·芬奇画出了他们各自的动态和表情:有的吃惊,有的急于问清楚,有的含泪扪心,或绝望,或气愤,而犹大这个出卖耶稣的叛徒则暗自惊惶不安,手里紧握着钱袋。所有这些,充分表现了画家描绘人的感情与思想活动的卓越才能。据说,为

达·芬奇自画像和《蒙娜·丽莎》

表现好恶的犹大,达·芬奇曾在许许多多无赖汉中寻找模特儿,同时他还苦思冥想,如何突破中世纪的绘画公式,创造出耶稣的新形象。

《蒙娜·丽莎》现已成了家喻户晓的艺术形象,甚至被当作古典绘画的最高代表。这幅画所表现的被称为"蒙娜·丽莎"的女子既算不上美人,也没有贵妇人的华丽装束,但她的迷人之处却在于那含而不露的微笑似乎深不可测,因而被称为"神秘的微笑"。达·芬奇以超群的处理明暗关系的手法和极细致的变化,描绘出人物面部柔和迷蒙的内在表情。同时,"蒙娜·丽莎"交叠的双手也耐人寻味,在庄重的姿态中增添了宁静与安详之感,与那"神秘的微笑"是如此和谐一致。画的背景是想象的景色,如同梦境,这又衬托出了人物表情的神秘意味。这幅神奇的画曾被许多人临摹过,但没有人能再现出原作的神韵。

(二)米开朗琪罗 "三杰"中的第二位米开朗琪罗不仅是画家,同时还是雕刻家、建筑师和诗人。实际上,米开朗琪罗真正的天才在于雕刻方面,所以他的绘画也带有雕刻味,笔触之间蕴含着强有力的刀斧之功。这就构成了他笔下人物的一大特点,那就是无论男女,都画得刚劲有力,即便是圣母也同样如此。

米开朗琪罗的惊世之作是西斯廷教堂的巨型天顶画《创世记》。这是他日以继夜整整画了四年才完成的巨作,共有三十三个画面,分成九个画区,题名为《亚当之创造》《夏娃之创造》《水陆之创造》《日夜及万物之创造》《光明与黑暗之创造》《亚当与夏娃失去乐园》《诺亚与洪水》《诺

《亚当之创造》

亚之牺牲》和《诺亚之醉》。其中《亚当之创造》最令人惊叹,画面以蓝色的天空为背景,右边是造物主——天父耶和华——由天使们扶持着,自由地飞翔在空中;左边是裸体的亚当——正在被创造的第一个男人——半躺在绿色的小丘上,仿佛刚刚醒来,抬着头,手伸向前方,与飞翔中的造物主伸出的手相触,从他那儿获得生命。一切都画得完美而具有诗意:造物主被画成充满生命和智慧的白须老人;亚当的身体则画得异常健美,不仅从解剖学上看无懈可击,而且是男性美的集中体现,可说是那个时代的象征。

(三)拉斐尔 “三杰”中的最后一位拉斐尔虽然三十九岁便英年早逝,但他仍留下了众多的不朽之作。拉斐尔的绘画以善于描绘女性的优美与沉静为特征,他的画总呈现出一种女性的柔美,这与米开朗琪罗的男性美适成对照。在他众多的作品中,最能体现他的艺术天才的是大型壁画《雅典学派》《巴纳斯山》以及《西斯廷圣母像》。其中又以《西斯廷圣母像》最具他的特色,画面上的圣母温柔优美,装束简朴,目光慈爱,富有人间母性气息,她怀抱着圣婴似乎从云端徐徐降下。这种用世俗化方式对宗教题材的处理,即参照生活中母亲怀抱幼儿的形象来表现圣母和圣子,为拉斐尔所首创,同时也反映了当时的人文主义思潮。

拉斐尔

《西斯廷圣母像》

若要打个比方来说明这三位大师的艺术境界的话，那么达·芬奇的艺术境界就像深邃的峡谷，米开朗琪罗的艺术境界就像挺拔的高山，而拉斐尔的艺术境界就像辽阔的平原。确实，文艺复兴时期的意大利画坛即便仅凭这“三杰”，也足以让后人世代共仰了，更何况，到了文艺复兴后期，意大利画坛依然是群星灿烂，其中最负盛名的是乔尔乔内和柯雷乔。乔尔乔内属威尼斯画派，作品神奇而富有诗意，如《睡着的维纳斯》和《田园合奏》；柯雷乔属北意大利画派，画风轻快而色彩鲜明，代表作有《圣卡特琳娜的订婚》和《去埃及的路上》等。

二、意大利雕刻与米开朗琪罗

文艺复兴时期的意大利雕刻艺术，以佛罗伦萨最为发达。在文艺复兴初期的佛罗伦萨雕刻家中，最具创意的是多纳泰罗，他于一四三二年至一四四〇年间创作的青铜雕像《大卫》，头部虽仍带有哥特式雕刻的遗风，但躯体的曲线起伏却恢复了古罗马雕刻的风格特点。继多纳泰罗之后，波拉约罗和委罗基奥等雕刻家又进一步将这种风格发扬光大。

米开朗琪罗和《大卫》雕像

由于多纳泰罗等人开了新风，到文艺复兴中期，佛罗伦萨涌现出一大批杰出的雕刻家。其中最伟大的，就是米开朗琪罗。

米开朗琪罗的雕刻作品刚劲有力、气魄宏大，充分体现了文艺复兴时期生气勃勃的人文情怀。在米开朗琪罗的大量雕刻作品中，《大卫》《摩西》和《晨》《夕》《昼》《夜》，被认为是旷世之作。

米开朗琪罗的《大卫》雕像创作于一五〇四年，高五公尺五厘米。雕像的设计没有采用惯常的大卫参战场景，而是采用裸体立姿的造型；大卫的形象也不再是传统的犹太武士，而是一个英俊、健壮的意大利少年形象。雕像的姿势和神情既高贵又坚毅：头部略略前倾，脸上略带稚气，但双目圆睁，怒视前方；左手上举，握住搭在肩上的锤子；右手下垂，握着一块圆石；手臂肌肉绷紧，青筋暴起。在形体结构方面，米开朗琪罗做了大胆的夸张处理：头部被放大，下肢被放长，手和腿的关节也被故意突出。这样的艺术处理既有强烈的感官效果，又显得和谐而完美。

《摩西》雕像

一五一三年至一五一五年，米开朗琪罗创作《摩西》雕像。三年以后，这座高两公尺五十五厘米的大理石圆雕得以完成。摩西是以色列人的“先知”，传说是他带领六十万犹太人逃出埃及重建以色列家园，还为以色列人定下了《摩西十诫》。米开朗琪罗的《摩西》雕像取材于《旧约圣经》中摩西痛斥逆贼的故事。雕像的构图截取摩西坐在石椅中突闻以色列人中出了逆贼的一瞬间。摩西的头部左转，双目怒视前方；右手挽着浓密的长须，右肩顺势后移；左臂横在胸前，臂弯上部肌肉隆起；左脚已经后移，仿佛马上就要站立起来似的……整座雕像巍然如山，然而又富有动感；摩西的身姿显示出大义凛然、力挽狂澜的力量。

这是过去任何有关摩西的作品都不曾表现过的。

《晨》《夕》《昼》和《夜》，是米开朗琪罗一五二九年为佛罗伦萨的美第奇家族陵墓设计的四块浮雕。浮雕表现的四个人物有男有女，但都非常强健。《晨》中的人物呈沉思状；《夕》中的人物呈厌倦状；《昼》中的人物呈愠怒状；《夜》中的人物呈昏睡状。四块浮雕分为两组：《晨》《夕》为一组；《昼》《夜》为一组。《晨》《夕》一组表现人从沉思到厌倦；《昼》《夜》一组表现人从愠怒到昏睡。一般认为，这四块雕刻表现的是时间流逝和死亡的降临，显露出米开朗琪罗对人生苦短的一丝哀情。如在为《夜》所配的诗中，米开朗琪罗写道："甜蜜的沉睡，我愿变成顽石一块；世上的罪恶与耻辱，我愿不闻不见，免得忧伤悲哀。"可见，米开朗琪罗的雕刻不仅有雄伟刚劲的一面，还有沉静哀婉的一面。

米开朗琪罗去世后，有三位佛罗伦萨雕刻家——即彻利尼、阿马拉提和姜波隆纳——继承了他的雕刻艺术。他们虽然是意大利文艺复兴后期最出色的雕刻家，但其作品都没有米开朗琪罗的那种雄健气魄。

彻利尼的代表作品是他在罗马创作的《珀修斯》雕像。珀修斯是希腊神话中用神剑砍下怪物美杜莎头颅的英雄。彻利尼的雕像采取立式构图，珀修斯右手握剑，左手举着美杜莎的头颅，左膝自然弯曲，重心落在右腿上。整个雕像比例和谐、姿态优美，但似乎没有表现出珀修斯的英雄气概。

阿马拉提为佛罗伦萨喷泉广场所创作的《海神》雕像，是深受米开朗琪罗风格影响的作品，一直为人称道，但他的其他作品，或多或少有文艺复兴后期的矫饰倾向。

姜波隆纳的代表作是青铜雕像《麦丘利》《科西莫大公骑马像》和大理石雕塑《劫夺萨平的妇女》。这些雕像都运用了多视点手法，即从任何一个角度加以欣赏都无懈可击；人体造型也强健有力，被认为是这一时期最少矫饰倾向、最能体现米开朗琪罗遗风的作品。

第三节　建筑艺术的复兴

建筑艺术的复兴也始于佛罗伦萨，而且很快就遍及意大利全境，进而又风行全欧。这一时期的建筑突破中世纪哥特风格建筑的垄断，形成了一个全新的建筑体系。它以人文主义和理性的力量为美学基础，以罗马柱式、拱券、穹顶为造型特征，以严谨对称的平面、立面及多样组合为构图标准，表现出古罗马建筑风格，而反映这一鲜明特色的艺术成就，集中在宗教建筑和世俗建筑上。著名的代表人物有布鲁涅列斯奇、米切罗佐、阿尔伯蒂、布拉曼特、米开朗琪罗、小桑伽洛和帕拉第奥等人。罗马圣彼得大教堂是杰出的典范。

一、“文艺复兴的报春花”

布鲁涅列斯奇曾经从事雕刻并完善了科学的透视法，一四〇一年后专门从事建筑设计。一四二六年，他在原有的基础上主持建造佛罗伦萨大教堂的穹顶。他毅然采用了罗马古典建筑的穹顶形式和手法。一四三六年穹顶完工，一四六二年又在穹顶上建了一个八角采光亭。穹顶坐落在十多公尺高的鼓座上，有内外两层壳体；内径四十二公尺，高三十多公尺，外形像半个椭圆；穹顶内有小楼梯，可以登上采光亭；亭顶距地面一百十五公尺。穹顶的建成，标志着中世纪教会的禁忌已被打破，哥特式建筑的尖塔形式在建筑艺术上的垄断地位已经开始动摇。意大利文艺复兴建筑史从此开始，因而被称为是“文艺复兴的报春花”。

米切罗佐是布鲁涅列斯奇的学生。一四四四年至一四六〇年，他主持建造了佛罗伦萨的美第奇府邸，成为文艺复兴早期世俗建筑的代表作。这座建筑的平面呈长方形，内设圆柱式院落，辟有一个侧院和一个后院，但不严格对称。米切罗佐运用“A 平方＋B 平方＝C 平方”的公式设计了三层结构的建筑主体。第一层墙体用粗糙的石块砌筑；第二层用平整的石块砌筑，但留有较宽较深的缝；第三层也用平整的石块砌成，但严丝合缝、墙面光洁。这种方法，不但对比强烈、富于变化，而且增强了建筑物的稳定感和庄严感。直到今天，仍被广泛采用。建筑上的三排窗户，顶部都采用古罗马的拱券式，但底层和上面两层的规格、式样又有不同。檐部的高度为墙体总高度的八分之一，出檐两公尺五十厘米，与整个墙体立面成柱式的比例关系，于变化中达到和谐统一。这样的建筑风格，自然会使人产生亲切舒适之感。一四四六年至一四五一年,建筑师阿尔伯蒂,也在佛罗伦萨设计建造了鲁奇兰府邸。他们为文艺复兴早期意大利的世俗建筑开辟了道路。

美第奇府邸

二、圣彼得大教堂

十五世纪末至十六世纪上半叶,是意大利文艺复兴建筑的盛期阶段。著名的建筑艺术的代表作有罗马坦比哀多神堂、罗马圣彼得大教堂、罗马法尔尼斯府邸。

宗教建筑是神权的神圣象征。所以,中世纪的哥特式建筑便成为宗教信仰的圣殿,是不容篡改和亵渎的。文艺复兴艺术的伟大成就之一便是对宗教建筑的改造和发展。

布拉曼特是十六世纪初杰出的建筑大师。一五〇二年至一五一〇年,他设计建造了罗马的坦比哀多神堂。同时罗马教皇尤利二世为了整顿四分五裂的教会,以实现教皇国度的统一,便决定重建破旧不堪的圣彼得大教堂,并征集建筑方案。一五〇五年,布拉曼特的设计方案中选。一五〇六年受命主持修建。布拉曼特设计的教堂为平面正方形,其中的主体结构为希腊十字。在希腊十字的正中,放弃哥特式建筑的尖形屋顶,覆盖半圆形的大穹顶。在正方形的穹顶底座的四角上,各建一个小型的穹顶。在大穹顶的基座上部围建一圈柱廊。一五一四年,布拉曼特去世,改由拉斐尔、佩鲁齐、小桑伽洛和米开朗琪罗等人继续设计建造。一五六四年,当工程进行到圆顶基座时,八十九岁的米开朗琪罗也与世长辞,又由波尔塔和丰塔负责这项工程,并于一五九〇年竣工。一五六四年,维尼奥拉又设计了四个小穹顶。不久,教皇保皇五世决定把希腊十字平面改为拉丁十字平面,又命建筑师马代尔诺在教堂前面修建了巴西利卡式大厅。经过几代著名匠师的精心施工,圣彼得大教堂终于在一六二六年全面竣工。

圣彼得大教堂

罗马圣彼得大教堂,总面积一万八千多平方米,是世界上最大的天主教堂。它那银白色的穹顶,金灿灿的大厅,圆锥体的巨大石柱,一扫哥特式教堂尖削出世和阴森恐怖的格调,而倍感开朗清新、和谐典雅。整个教堂,从上到下,清晰活泼地展现出三个层次。第一个层次是那高高的十字架建筑体,它又由柱体基座、柱式围栏、锥体构件和十字架组成。第二个层次是直径达四十二公尺三十四厘米的圆形穹顶,它主要由半圆的穹顶和桶状的柱廊组成,穹顶上辟有玻璃窗;四角上则是规格小巧的类似穹顶,衬托着大穹顶,使其更加醒目突出。第三个层次便是巴西利卡式大厅,大厅门外由黑色石料砌成数级台阶,台基上立有古罗马式巨大石柱。大厅内的拉丁十字平面,纵深一百八十三公尺,两翼各宽一百三十七公尺。内部墙面镶嵌彩色大理石,并有大量的壁画、雕刻等艺术品装饰。穹顶正中有宝珠形的日月圆心;整个内顶绘有天花彩绘,通过玻璃窗射入的光线充足而愈显富丽。大厅中央还有一座高达二十九公尺的金色华盖,在四根描金铜柱的两根主柱上,装饰着许多攀缘在树枝上的小天使;华盖内置放着展翅飞翔的金鸽。从地面到十字架顶端,高一百三十七公尺七十厘米,比起任何哥特式教堂,都更加高大宏伟,壮丽辉煌。

一六五五年至一六六七年,G.L.伯尼尼又主持修建了教堂入口广场。广场由梯形和椭圆形平面组成,地面用黑色石块铺成。其轴长一百九十八公尺,周围由两百八十四根塔斯干圆柱和八十八根方柱组成的柱廊环绕。柱高十八公尺,柱顶各有一尊大理石雕像,好似英俊威武的卫士组成的仪仗队,在广场日夜值勤。

扩建后的圣彼得大教堂,规模宏伟、气势连绵、高低错落、富丽多姿,是意大利文艺复兴时期几代艺术家天才创作的结晶,也是意大利文艺复兴建筑的一座丰碑。

三、意大利府邸建筑

小桑伽洛除了参与建造罗马圣彼得大教堂外,还在一五一五年至一五四六年设计建造了罗马法尔尼斯府邸。这座府邸建成了一座封闭式院落,内院周围是券柱式回廊;入口、门厅和柱廊都按轴线对称布置,室内装饰富丽豪华;外墙体宽五十六公尺,高二十九公尺五十厘米;分为三层,用线脚隔开;顶上的出檐很大,但和整座建筑比例合度;府邸正面对着广场,气派庄重,被认为是文艺复兴盛期的典型府邸建筑。

帕拉第奥是意大利文艺复兴晚期的著名建筑师。他在一五四九年建于维琴察的巴西利卡和一五五二年建造的圆厅别墅,是这一时期的优秀代表。圆厅别墅采取了古典的严谨对称手法,其平面为正方形,四面都建有门廊,正中是一个圆形大厅。顶上为缓坡瓦顶,正中覆盖坦弧圆形屋顶,端庄古朴中富有清新气息。

除了宗教建筑和世俗建筑以外,文艺复兴时期的意大利还有园林建筑,如美第奇别墅、埃斯特别墅、朗特别墅等杰作,这些优雅别致的园林建筑,使这一时期的建筑艺术更富有诗情画意的人文色彩。

第三章
科技文化的复兴

所有这一切的中心是太阳，的确，在这最神圣的庙宇里，它可以一下子普照宇宙万物。谁还能把它放到另外一个更好的地方呢？因此，一些人把它叫做世界之灯并不是不恰当的……可以确信，是太阳居于宝座上统治着它周围的星体家族。

——米哈伊·哥白尼

在文艺复兴时期，沉寂了将近一千年的西欧科技领域也开始复兴。不过，科技的复兴要比文艺的复兴晚一点，开始于十六世纪初。首先发生变动的是天文学领域，在那里出现了哥白尼的新学说，史称“天文学革命”。此外，这一时期在技术上也有诸多发明，出现了罗盘、枪炮、印刷术和钟表。

第一节　哥白尼与天文学革命

一、哥白尼的“日心说”

哥白尼是波兰人，曾在波兰和意大利的几所大学学习，研究数学、天文学、法学和医学。他于一五四三年出版《天体运行论》一书,系统地阐述了他的天文学新观点,即“日心说”。

哥白尼

日心说与中世纪权威的地心说是相对立的。按传统的地心说,宇宙的中心是地球,所有的天体都围绕地球旋转。这种理论统治欧洲已有一千多年,其主要权威是古希腊思想家亚里士多德和希腊化时期的天文学家托勒密。但是,尽管当时人们普遍相信地心说,天文学界却一直有所为难,因为如果认定地球是宇宙的中心,它虽然自转但相对于其他天体是不动的,那么其他天体的运动该有一定的规律。可实际情况是,按地心理论怎么也找不到天体运动的规律。太阳和月亮似乎还有规律,其他的行星和恒星则好像是无规律地运行的。于是,便有人怀疑地心说是否正确。但基于地心说的权威性,人们首先是不敢公然予以反对,其次是否定了地心说之后,宇宙的中心又是什么呢?

哥白尼在《天体运行论》中提出的新学说,可说是天文学史上的一次大革命。他首先推翻了地心说,假定太阳是不动的,而地球和其他行星是围绕太阳运动的,这样便能发现许多天体运动的规律。这一学说被称为“日心说”,其实并不完全正确。因为哥白尼虽然推翻了“地心说”,但他并没有建立新的中心,而只是提出了地球围绕太阳公转的理论,因此称他的学说为“地动说”也许更为确切一点。至于整个宇宙的中心在哪里,或者宇宙是否真有中心,这是至今尚未解决的问题。

二、哥白尼的后继者

哥白尼于《天体运行论》出版的当年便与世长辞,但他的新学说却成了人们长期争论的焦点。在大约一百年间,他的学说一直被教会视为异端,其中还有人因为支持这一学说而被判处死刑。譬如,意大利哲学家布鲁诺,他不仅接受而且发展了哥白尼的“地动说”,认为宇宙是无限的,太阳系只是无限宇宙中的一个天体系统。这样的观点在当时实在是太“激进”了,于是教会便以公然怀疑宗教教义为由将他活活烧死在罗马。

如果说像布鲁诺这样的哲学家是以坚定的信念来支持哥白尼的新学说的话,那么更多的科学家则是以默默的工作来完善哥白尼的理论的。因为哥白尼虽然正确地提出了“地动说”,但他用来支持自己观点的证据却并不坚实,原因是他采用的是不正确的观测数值。也正因为如此,传统理论实际上并没有被彻底动摇。所以,为了真正确立“地动说”,就必须进行正确的观测并修改原先的星座表。在此过程中,有两位德国天文学家作出了杰出的贡献,那就是布拉赫和开普勒。

布拉赫是位热衷于观测的天文学家,他所持的宇宙观其实和哥白尼很不相同,可以说是居于传统“地心说”和哥白尼“日心说”的当中。他认为地球之外的一切行星是绕太阳运行的,而地球本身却是静止的,太阳和各行星都绕地球运行。但是,这种折衷的观点并没有妨碍布拉赫对天体运动进行准确的观察和测量,而他多年积累的观测资料,后来被证明恰恰否定了他自己的宇宙观。当然,这时布拉赫已经去世了。

真正完成哥白尼天文学的是开普勒。开普勒是布拉赫晚年时的助手。布拉赫去世后,他便接替布拉赫宫廷天文学家的职位。他一面研究布拉赫留下的观测资料,一面继续对行星尤其是火星的运行情况进行仔细的观测。一六〇九年,他出版有名的《新天文学》一书,公布了他的新发现,即后来所称的开普勒第一、第二定律。第一定律是:行星轨道是椭圆的,太阳在一个焦点上;第二定律是:在相等的时间内,行星和太阳的连线所扫过的面积相等。一六一九年,开普勒又出版他第二部重要著作《世界的调和》。在这部著作中,开普勒又公布了行星运动的第三定律:任何两行星公转周期的平方同轨道半长径的立方成正比。开普勒的行星运动三定律,就是以哥白尼的“地动说”为前提发现的,因而它反过来证明了哥白尼的“地动说”是正确的。

开勒普

伽利略

与开普勒几乎同时，意大利物理学家和天文学家伽利略也获得了一系列重要发现，如：月球表面凹凸不平、木星有四个卫星、太阳黑子、银河由无数恒星组成，以及金星、水星的盈亏现象等。这些发现同样有力地证明了哥白尼的“地动说”。

三、自然是有规律的

从哥白尼到伽利略，发生在中世纪后期的这场天文学革命，可以说是欧洲近代科技革命的开端。尽管在当时由于传统势力还十分强大，因而无论是哥白尼还是伽利略，都不得不对自己的科学见解有所保留，但他们的一系列重要发现已成为铁的事实而无可否认。这对于当时的人来说是一种莫大的启迪，即：自然是有规律的，而且只要通过观察和总结，人是能够掌握自然规律的。这样的认识一旦确立，即标志着科学时代的序幕已正式拉开，而其更为深远的影响在于，它既改变了欧洲人眼中的世界图景，同时还重塑了欧洲人的心灵。

第二节　技术发明与技术进步

在文艺复兴时期的诸多技术发明中，具有特殊意义的是罗盘、枪炮、印刷术和钟表的出现：罗盘使欧洲人具有了更强的航海能力；枪炮大大提高了军队的战斗力；印刷术带来了知识的普及；钟表则使人有了更强、更准确的时间概念。这些东西的出现，最初大都和中国的四大发明——即指南针、火药、造纸术和活字印刷——传入欧洲有关。

一、罗盘的改进

大约在十三世纪，欧洲就出现了磁针罗盘，但由于人们并没有认识到它有什么用途，所以当时的罗盘也不太精确。后来，由于航海业有了很大发展，人们发现罗盘对于航海特别有用，于是罗盘制造技术便得到了重视。到了十五世纪，罗盘不仅已在欧洲被普遍用于航海，而且制造得也越来越精确。但是，不管罗盘制造得怎样精确，磁针所指的方向和正确方向之间总是会有细微偏差的。这一点，欧洲的航海者在当时就已经认识到了。

罗盘（俗称指南针）

二、枪炮的发明

枪炮的出现与铸铁技术的高度发展以及火药的配制技术的提高密

切相关。中国人发明的火药大约十三世纪通过阿拉伯人、再通过十字军带到了欧洲。早期的火炮类似一个瓶子,里面装有火药,点燃后从喷射口发出有箭头的炮弹。这个瓶子式的装置起初用铁条箍成筒形,到了一三五〇年,已大部分用青铜浇铸,再过了几十年改用铁铸造。大约在同一时期,用引火线点燃的毛瑟枪也已制造出来,到了十六世纪毛瑟枪被改进成用隧石扳机打火。火器的出现促进了人们对弹道学的研究,而这方面的研究是近代力学的基础性工作。此外,火器的大规模使用,开了近代技术的标准化、规范化之先河,因为枪弹要求高度的可互换性,这就导致了对枪支零件标准化的注意。

早期火炮

三、钟表的发明

机械时钟是中世纪手工制作技术高度发达的产物。古代人的计时装置有日晷、漏壶(水漏和沙漏)以及刻有刻度的蜡烛或香。中世纪后期欧洲出现了摆轮钟,以重锤的重力作为动力。十三世纪形成了一股风气,所有的大教堂尖顶上都安装这种摆钟。从一二三二年到一三七〇年一百多年间，欧洲出现了三十九座这样的时钟。现存最早的教堂摆钟是多佛摆钟，它是一三四八年安装起来的。这些摆钟一般比较粗糙，走时不太准确。时钟的改进历史是与整个近代人类文明史同步的。十六世纪，纽伦堡造出了怀表，以后出现了手表。直到二十世纪中叶，机械钟都一直在改进之中。近代早期的科学先驱如伽利略、惠更斯和胡克等都对此项伟大的事业作出过贡献。

摆轮钟

四、印刷术的出现

中国的印刷术陆续通过蒙古人对欧洲的入侵而传到欧洲，欧洲人结合自己的文字形式进一步改进了印刷术。德国美因茨的古腾堡于一四三六年至一四五〇年间用金属活字印刷术印出了极为精美的书籍，是近代印刷术的开山祖师。纸的大量生产以及印刷术的使用，使欧洲人更容易读到圣经，读到新教思想家的著作，使文艺复兴运动和宗教改革运动在更大范围内开展起来，并日益深入人心。

古腾堡

第四章
宗教文化的变迁

啊！教皇！且听此言吧！您不是最神圣的人，而是最罪恶的人啊！上帝将要摧毁您的教皇宝座，并将它沉入地狱的深渊！……啊，我主基督，请俯视子民，让您的判决破坏并摧毁在罗马的这个恶魔的巢穴！

——马丁·路德

在十四至十六世纪，即从中世纪向近代过渡时期，欧洲发生了两件大事：一件是“文艺复兴”，另一件就是“宗教改革”。文艺复兴是通过复兴古代文化间接地把人们从中世纪宗教思想中解放出来，宗教改革则是直接针对象征着中世纪宗教权威的罗马教皇进行反抗，从而求得信仰自由和精神解脱。因此，宗教改革跟文艺复兴一样具有重大的历史意义，它对西欧社会诸方面的影响也跟文艺复兴一样深远。

第一节　宗教改革

宗教改革运动虽然是在一五一七年由德国的马丁·路德正式揭开序幕的，但改革的思想却在几百年前就开始萌芽，其间出现过许多试图对罗马天主教加以改革的先驱。譬如，早在十二世纪，法国的“瓦尔多教派”就倡导过反对教皇权威的“圣经主义”。在十四世纪，英国的“威克里夫教派”曾指责罗马教廷的腐败，并主张罗马教会必须进行改革；到了十五世纪，又有波希米亚的“胡斯教派”更为激烈地对罗马教廷口诛笔伐，指控教廷背离了基督的“正道”。然而，所有这些旨在改革的意图都因教廷的无情镇压而化为泡影。

一、马丁·路德与德国宗教改革

自十二世纪起，宗教改革的“幽灵”就一直在欧洲徘徊，终于到了十六世纪，马丁·路德振臂一呼，改革的浪潮便滚滚而来，西欧宗教由罗马天主教一统天下的局面也随之永告结束。这是基督教的第二次分裂，其影响远比十一世纪那次天主教与东正教的分裂为大，其原因也要复杂得多。

马丁·路德

首先，从十四世纪就开始的欧洲文艺复兴运动一直以宣扬人文主义为其宗旨，而人文主义是与教会的神权主义相对立的。人文主义者本着一贯的批判精神，对罗马教廷的腐败与堕落加以尖刻的责难，从而从外部动摇了罗马教廷的传统权威和旧有的神学观念。

其次，中世纪后期西欧政治上的一体化，到了十五世纪实际上已不复存在，各国的民族意识已经形成而且迅速地得到加强。在这种情况下，持续了几百年的宗教一体化，理所当然地要面临危机。

最后，德国传统的神秘主义思想也起着推波助澜的作用。这种从十四世纪起就流传于德国民间的神秘思想认为，个人只要有坚定而虔诚的信仰，无须教会的权威作中介，便能直接获得上帝的恩宠和启示。马丁·路德从青年时代起，就深受这种神秘主义感化，所以他对教皇的权威一直心存疑窦；而当他公然反抗教皇权威时，跟他一样受传统神秘主义思想熏陶的德国人，便很容易站到他的一边。由此可见，宗教改革运动之所以首先在德国爆发，并非出于偶然。

果然如此，到了一五一二年，利奥十世在罗马即位为新教皇。他为了筹措修建圣彼得大教堂的资金，于一五一七年颁布敕令，向欧洲各国发售赎罪券。这成了改革的导火线。一向反对罗马教廷的马丁·路德当时是符腾堡大学的神学教授，他认为教皇发售赎罪券是非法敛财，有悖基督教之道。于是，当教皇的赎罪券发售团来到德国撒克森州边境时，马丁·路德便在符腾堡大学教堂的大门上贴出了他的“意见书”。“意见书”列举了九十五条意见，这就是宗教史上有名的“九十五条论纲”。不过，当初马丁·路德只是提出这九十五条意见以引起讨论，还没有背叛罗马教皇或者鼓动人们脱离罗马教会的意思。因为他的“意见书”后面的附言里还写道：“那些不能出席、不能对这个题目进行口头发言的人，请用写信的方式参加辩论。”

马丁·路德在教堂门口贴出“意见书”

然而，即使是这样的讨论，罗马教廷也是不允许的。第二年，罗马教廷便指控马丁·路德是异端，并敕令他在六天内前往罗马就对他的指控予以答辩。但是，在萨克森选帝侯腓特烈三世的支持下，马丁·路德没有理会教廷的敕令。一五二〇年，教皇利奥十世发表敕令《斥马丁·路德谕》，谴责马丁·路德的论纲为谬妄。这就把马丁·路德逼上了绝路，他一怒之下连写了几篇文章表示与教皇决裂，并当众烧毁教皇的通谕。在马丁·路德写的这几篇文章中，最重要的一篇是《告日耳曼贵族书》，在文中，他明白宣布了自己“因信称义”的主张，认为基督徒之赎罪与得救不必仰仗教皇与教廷，一切信仰都应以《圣经》为依据，反对教廷的所谓炼狱说，还主张修士和修女都可以自由结婚，等等。

马丁·路德在沃尔姆斯会议上发言

马丁·路德的主张得到德国平民和贵族的普遍支持。平民支持他是因为他们被教廷的课税压得喘不过气来,早已怨恨在心;贵族支持他是因为他们对教皇干涉俗界政治心怀不满,尤其是萨克森选帝侯腓特烈三世,他早就想没收当地教会的财产。但是,当时的德国皇帝查理五世却认为马丁·路德的主张会妨碍他维护神圣罗马帝国的大业,因为他需要跟教皇联合起来对抗法国。于是,他便在一五二一年召开沃尔姆斯会议,命令马丁·路德出席,打算在会上迫使他放弃自己的主张。可是马丁·路德断然拒绝了教皇和查理五世的要求。他的回答是:"我不能也不愿放弃任何主张,因为违背良知行事既不正确,也不保险。这就是我的立场,我别无选择。上帝保佑。"

马丁·路德说完这些话之后,就离开会议大厅,准备接受逮捕,甚至死刑。实际情况也正是如此,会议一结束查理五世便发布了一道敕令,撤销对马丁·路德的一切法律保护。这等于说,任何人杀了他都不用负法律责任。这时,又是萨克森选帝侯腓特烈三世保护了马丁·路德,把他藏匿在属选帝侯领地的瓦特堡内。

马丁·路德躲藏在瓦特堡里达一年之久。在此期间,他把《圣经》

从拉丁文翻译成了德文。这同样是对罗马教廷权威的挑战,因为历来的《圣经》只有两种文字,即拉丁文和希腊文。(罗马教廷规定各地教会只能使用拉丁文《圣经》,希腊文《圣经》则是东部拜占庭教会使用的。)马丁·路德的德文《圣经》是第一部以欧洲民族语言形式出现的《圣经》,这就意味着拉丁文的神圣地位被打破,欧洲各国的基督徒可用自己的民族语言诵读《圣经》。所以说,马丁·路德翻译《圣经》同样具有重大意义,或者说是宗教改革的一个方面,因为后来各国都予以仿效,纷纷出版了用本国语言翻译的《圣经》。

在马丁·路德隐藏在瓦特堡的一年间,外边的形势急剧发展。等他从瓦特堡出来,重新露面时,他已成为改革运动的公认领袖,改革的势力也变得越来越大。随之而来的便是战争。首先是某些阶层想利用改革达到自己的政治目的,如一五二二年爆发的所谓"骑士战争",就是一批破落骑士挑起的。他们试图以改革的名义没收教会财产归为己有。接着是席卷德国的"农民起义",其中最激烈的是闵采尔领导的一五二四年的起义。闵采尔虽然打着马丁·路德的旗号,但其激烈程度竟连马丁·路德本人也感到害怕了。于是马丁·路德不得不号召贵族对闵采尔的农民军予以围剿。结果闵采尔被俘后处死,起义被镇压下去,马丁·路德则从此背上了镇压起义的"罪名"。

闵采尔

马丁·路德于一五四六年去世时,德国仍陷在一片混乱之中,因为拥护改革的诸侯和忠于教皇的诸侯一直在激烈地对抗。后来,"路德派"诸侯缔结"施马尔卡尔登盟约",和忠于教皇及德皇的天主教诸侯进行了有名的"施马尔卡尔登战争"。到一五五五年,德皇为了对付法国和土耳其,不得不停止国内战争。于是,他便召开奥格斯堡宗教会议,和"路德派"诸侯签订了"奥格斯堡和约",公开承认"路德派"新教会为德国的合法宗教。从此以后,德国的各诸侯以及自治城市都可以自由信奉罗马旧教或者路德新教，而以路德名义创建的新教会是不受罗马教廷的任何制约的。由于改革本来就有基础，所以不久之后，整个北德地区和东德地区都信奉了新教，而且还不断向北扩展到丹麦、瑞典和挪威等国。

二、其他国家的宗教改革

宗教改革除了德国的“路德派”改革之外，在瑞士也有一股强劲的势力。在那里，领导改革运动的是加尔文，因此被称作“加尔文派”。加尔文继早先的改革领导人茨温利之后有力地推动了中欧的宗教改革，首先使瑞士的教会脱离了罗马教廷，然后又将改革思想传播到苏格兰和荷兰等地。加尔文去世后，他所创建的新教会继续产生影响，尤其在十七世纪英国的清教徒运动中得到更大的发展。其后，又传入法国和美国。

加尔文

在欧洲大陆宗教改革浪潮的影响下，当时的英国国王亨利八世也在新贵族的支持下于一五三三年宣布，英国教会不再向罗马教廷缴付贡金。一五三四年，他又促使国会通过法案，规定英国教会不再受治于罗马教皇，而以英国国王为教会的最高首脑，同时将英国圣公会立为国教。

这样，在原先罗马教廷的辖区内，出现了三个互不相干的新宗派，即“路德派”“加尔文派”和英国圣公会。这三个宗派由于都是从罗马天主教分离出来的，因此被统称为“基督教新教”。至此，整个基督教世界就形成了天主教、东正教和新教三大派别鼎立的局面。这一局面在以后的几百年间始终没有改变，而三大派别之间的矛盾，则随着近代科学、民主思想的兴起、宗教在社会事务中的作用逐渐减小而趋于化解。但是，它们又各自维护着自身的信仰方式，绝无合并之意。

新教教堂

第二节　新教的特点及其影响

宗教改革是西欧近代民主思想在天主教领域里的曲折表现。因为新教与天主教的根本区别就在于新教强调个人在信仰中的自主权，强调信仰自由，强调信徒世俗生活的合理性，而自主、自由及个人生活价值的观念，恰恰是西欧近代民主思想的核心。

一、新教和天主教的区别

新教作为改革派在经典、教义与体制等方面均有自己的特色。

在经典方面，新教也以《圣经》即《新旧约全书》为经典，但不承认天主教所信奉的四十六卷希腊文《旧约》译本，只承认三十九卷的希伯来文《旧约》原本。

在教义方面，新教除了信仰三位一体的上帝、信仰原祖原罪、信仰基督救赎、信仰灵魂不灭和世界末日这四个基本神学信条之外，还强调

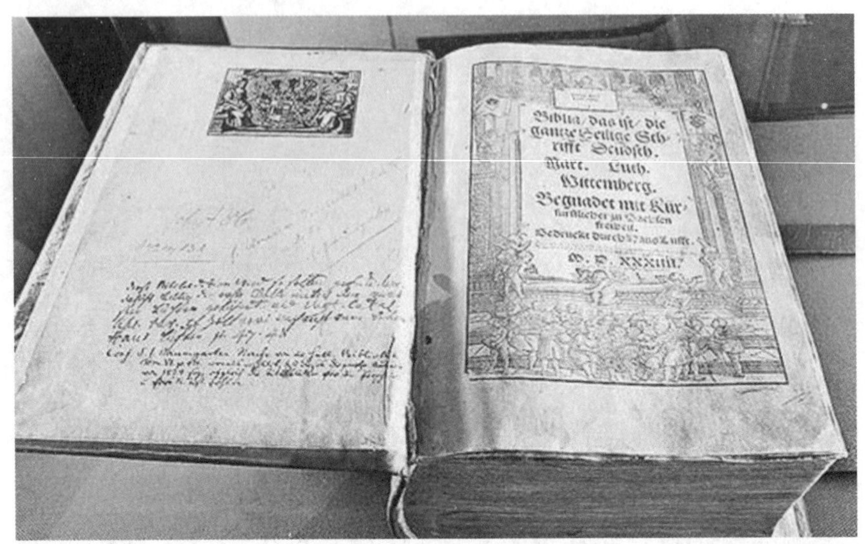

新教使用本国语言的《圣经》(此为马丁·路德翻译的德文《圣经》)

上帝的恩宠与主权、唯信得救、《圣经》是信仰的唯一准绳、教会只是基督徒的组织、教牧人员和普通信徒平等。

在体制方面,新教各派均独立自主,否认罗马教皇的权威,不承认他是基督在世的代表并与之断绝关系。新教以基督为教会的最高统帅,各宗派之间无统一的组织和领导,只有合作的或协调性的机构。新教在体制上的突出特点是废除了教阶制,普通信徒和教牧人员在宗教地位上一律平等,教牧人员或由选举产生或实行聘任,牧师可自由结婚。

在礼仪方面,新教反对奢侈风气、实行简化与廉俭的原则,传统的诸多圣礼仅保留洗礼与圣餐,而圣餐中普通信徒与教牧人员皆领饼酒以体现平等。此外,为了节约时间与金钱,各宗派一般只在圣诞节与复活节举行大型宗教节日活动。

二、新教的价值观

新教思想还改变了人们的许多想法,成为影响社会变革的重要力量。宗教改革家教导人们,世俗工作也是对上帝的一种服务。马丁·路德认为,从事各种工作的基督教徒都和神职人员一样,也是在尽自己的天职;所以,他支持商人和手工业者争取自身的权利。新教思想反对奇迹和虚无思想,提倡理性,虽然只是用在宗教方面,却有重要意义。新教的一些派别强调生活的计划性,不主张得过且过。许多新教徒不主张在世俗世界中行乐,提倡勤俭节约。这对资本积累不无好处。

新教的这些影响,导致了一种新的生活态度,即勤奋工作、理性计划、节约自律。这就同中世纪的生活方式有许多差异。中世纪的贵族提倡风度、优雅、奢侈、疯狂,中世纪的教会主张禁欲、虚无、来世,都与新教原则不一致。这样,宗教改革运动就影响了人们的生活习惯,使新的生活原则和价值观念替代了中世纪的意识形态和生活方式,从而刺激了经济和技术的发明。特别是加尔文教,主要的信徒是商人,而这些商人本来就不是从农村出来的,不属于农业社会。加尔文教在工商业发达的地区有很多信徒,特别是在伦敦和阿姆斯特丹。

美国早期新教徒

新教的人生观对经济的发展起到了促进作用。因为新教鼓励人们阅读《圣经》,这样就鼓励人们学习和阅读。在瑞典的路德教会把识字当作入会的条件,这样,提高文化修养成为一种新教徒必须具备的条件,成为推动人们扫盲的强大动力。虽然这种推动力是宗教性的,但是商人们和其他的人一旦学习了文化,就出现新的思想来进行管理。商人们学习识字的热情是最高的,有的地方达到百分之九十。更多的文化人的存在,意味着更多的发明创造的存在。这种扫盲活动使得欧洲有了一种强调人的文化素质的传统,对后来欧洲社会发展的影响非常大。

三、新教对社会与家庭的影响

新教思想对欧洲的社会生活产生了直接影响。运动兴起后，农民、商人都想通过宗教改革来为自己的政治、经济利益服务。他们根据自己的利益，提出改革目标，以求壮大自己的力量。农民们把《圣经》当作一种理论标准，用来为自己强化农村社区的目的服务。宗教改革运动还导致了婚姻的世俗化。新教思想对于欧洲社会的近代化，也起到重要的推动作用。

寻求新生活的新教徒

新教思想对家庭生活的最大影响是婚姻的世俗化。这就从广大民众，特别是从妇女身上解除了一道教会控制的束缚。虽然宗教改革运动时期的福音派改革是由男人僧侣推进的，但运动冲击了禁欲观念，提倡自由婚姻，关闭了女修道院，因此对于女性世界也是一种强烈的震撼。一些现代学者如奥茨门德据此理想化地认为，这一时期是欧洲现代家庭的诞生日：在此之前是禁欲、独身、死婴、乱伦、女巫和修道院林立，在此之后是自由的婚姻、和谐的夫妻关系、健康的婚姻立法和新兴妇产科医学的兴起。

Ⅳ 近代文化

公元17世纪—公元19世纪

第一章
近代思想文化

我思，故我在。

——勒内·笛卡尔

爱理性吧；让你的作品
因此而获得光辉与价值。

——尼科拉·布瓦洛

西方近代是一个思想的时代，各种各样的思想不断涌现，如唯理论哲学、经验论哲学、法国启蒙哲学、德国古典哲学，等等。尽管这些哲学思想各有各的观点，各有各的结论，但有一点是相同的，那就是：它们本质上都属理性主义范畴，所关心的也是同一个问题，即认识论问题；也就是说，它们都在探讨"人是依靠什么来认识真理的"？而且在探讨这一问题时不再依靠神学，不再依靠上帝之类的观念，而是完全从理性的角度来阐述人的存在和人的认识活动，甚至反过来，用理性解释上帝。

此外，西方近代思想还有一个特点，那就是在某一个时期往往存在着两种相互否定的哲学思潮，如在十七世纪，唯理论哲学和经验论哲学就是两种相互否定的哲学思潮；在十八世纪，出现了法国启蒙哲学，接着便出现了对它加以"批判"的德国古典哲学。当然，这样的相互否定只是理性主义的“内部争执”。到了十八世纪末,则出现了从整体上反对十七、十八世纪理性主义传统的浪漫主义思潮。但是,理性主义传统并没有因此而中断,而是进一步演变成了实证主义思潮,乃至科学主义思潮。与此同时,浪漫主义思潮也演变成各种各样的非理性主义思潮,如唯意志论哲学、生命哲学和实用主义哲学,继续冲击理性主义传统。所以,就西方近代思想文化而言,理性主义是贯穿其中的一条主线。这条主线的开端,就是十七世纪的大陆唯理论和英国经验论哲学。

第一节　唯理论哲学

十七世纪的唯理论又称“大陆理性主义哲学”,因起源于欧洲大陆和盛行于欧洲大陆而得名。唯理论,顾名思义,所强调的就是“理性”。所谓“理性”,就是指人的逻辑推理能力,而将其上升为“主义”,就是认为:唯有人的逻辑推理能力才能认识真理。换句话说,只承认理性认识的可靠性,否认理性认识依赖于感性经验;或者说,认为理性是绝对的,不以人的意志而转移。

产生唯理论哲学的文化背景是这样的:中世纪的“经院哲学”到了十五、十六世纪已呈穷途末路之势。当时有两股势力相继崛起:一股是以恢复古代文化为口号的人文主义思潮,要求更多地注重人自身的创造能力,反对以神为中心的中世纪文化;另一股以个人“因信得救”为口号的宗教改革思潮,要求更多地注重个人信仰的重要性,反对教会对教义所作的独断解释。由于这两股势力的内外夹攻,中世纪正统的“经院哲学”很快就丧失了权威性,甚至被当作一条“死狗”给抛弃了。这样,到了十六世纪末和十七世纪初,欧洲思想界一方面摆脱了中世纪的桎梏,一方面又陷入了混乱,怀疑主义和相对主义思想泛滥成灾,是非曲直无一定说。于是,有识之士便开始思考建立新的思想权威,以便使思想界再度统一起来。这种重建思想权威的努力,在欧洲大陆就表现为对理性的崇尚,也就是唯理论哲学体系的提出和建立。

唯理论哲学体系，大体上说来，是由三位哲学大师相继创建起来的。他们是法国哲学家笛卡尔、荷兰哲学家斯宾诺莎和德国哲学家莱布尼兹。

一、笛卡尔的唯理论

笛卡尔可以说是唯理论哲学的始祖。他首先认为，怀疑是必需的，但怀疑不能像怀疑论者那样当作目的，而应该当作手段，因为哲学的最终目的是要寻求无可怀疑的、绝对可靠的真理。那么，既然一切都可怀疑，有什么是不可怀疑的呢？那就是“我在怀疑”这件事是不可怀疑的。“我在怀疑”也就是“我思”，对“我”是不可怀疑的，也就表明“我思”是绝对的。因而，笛卡尔提出了“我思，故我在”这一命题，并且将它作为认识论的基本前提。有了“我思，故我在”这一前提，接下来的问题是，怎样的“我思”才是可靠的呢？笛卡尔认为，理性思维才是可靠的，所以他把几何学的推理方法或者说演绎法应用到哲学上，认为清晰明白的概念就是真理，理性本身不可能产生错误。那么，人又为什么常常犯错误呢？笛卡尔认为，这是因为人除了有理性之外，还有自由意志，自由意志往往使人越出理性的范围，错误就由此产生。这样，理性与自由意志便被笛卡尔对立起来。理性是真理的保证，自由意志则是错误的根源。那么，理性和自由意志又是从何而来的呢？笛卡尔认为，理性是人先天固有的，即人的心灵，是“天赋”的；自由意志则来自人的感官经验，而感官经验是有赖于外物的，因此属于后天物质性的。这样，心与物便在笛卡尔哲学中构成二元并列，世界究竟是“心”的，还是“物”的，他并没有最后解决。

笛卡尔

尽管如此，笛卡尔却为唯理论哲学奠定了基础。他的重要著作如《形而上学的沉思》和《哲学原理》等成了继他之后出现的笛卡尔派哲学家的经典。笛卡尔派哲学家都致力于解决笛卡尔留下的难题，即心物二元对立的问题，但收效甚微。

二、斯宾诺莎的实体论

将笛卡尔哲学向前大大推进一步的是荷兰哲学家斯宾诺莎。斯宾诺莎是继笛卡尔之后第二位大陆唯理论哲学大师。在认识论方面，斯宾诺莎在其重要著作《笛卡尔哲学原理》一书中，就旨在于补救笛卡尔二元论的缺陷。

斯宾诺莎

斯宾诺莎虽然像笛卡尔一样，认为感性知识是不可靠的，只有用理性直觉和推理才能得到真正可靠的知识，但他抛弃了笛卡尔的“天赋观念”，力图将自己的唯理论建立在一元论的基础上。他提出了实体论。所谓“实体”，既是自然界，又是上帝，是一切事物的统一的基础。这样，斯宾诺莎否定了超自然的上帝的存在，但同时他又把实体称为“上帝”，从而使他的哲学具有泛神论的特点。斯宾诺莎认为，实体有无数属性，每一属性都体现实体的本质，但人们只能认识其中的两种，即思维与广延。思维与广延，也就是精神与物质，或者说，心与物。在斯宾诺莎看来，心与物不是相互对立的，而是同一实体的两个不同的侧面。实体是绝对的、无限的，但作为实体不同侧面的心与物则是相对的、有限的；也就是说，精神与物质是相互限制的。至此，斯宾诺莎克服了笛卡尔哲学中使人头痛的二元论。

但是，尽管斯宾诺莎的唯理论哲学以实体作为万物存在的本源，从而摆脱了笛卡尔二元论的桎梏，却不免有矫枉过正之嫌。因为他在避免二元论的同时，也抹杀了个别的、具体的事物，使个别事物的特殊性完全湮灭在实体的统一性中了。这一缺陷，后来就由莱布尼兹加以弥补。

三、莱布尼兹的单子论

莱布尼兹是唯理论哲学的第三位大师，他在哲学上提出的理论是单子论。什么是“单子”呢？莱布尼兹在《单子论》一书中作了解释。他认为，构成一切存在的基础是不可分的、不占据空间的、能自由运动的、独立的精神实体，即单子。单子可分为两种：一种是具有微知觉或者“模糊知觉”的低级单子；一种是具有统觉或者“反省知觉”的高级单子。高级单子就是上帝，即宇宙万物的最终原因。莱布尼兹认为，单子与单子之间不发生直接的联系，但它们之间又是相互协调的，这就是前定和谐。所谓“前定和谐”，也就是说单子都具有同一倾向。那么，这种同一倾向又由什么东西决定的呢？莱布尼兹进而引入了“中心单子”的概念。中心单子也就是最高理性或者说上帝。由中心单子协调，相互独立的单子不再散沙一盘，而构成宇宙的和谐。

莱布尼兹

由“单子论”出发，莱布尼兹继而提出了他的认识论。他认为，普遍而必然的知识源于人的先天理性，并非来自外界经验；不过，经验虽不能产生真正的知识，却可以使知识显得明了。至于普遍而必然的知识，如数学命题，则只能溯源于理性而不可能出于感官经验，因为感官经验是非常有限的和具体的，根据经验既得不到具有普遍意义的抽象知识，如函数，也不可能对此加以验证。唯有依靠推理这一理性能力，人才能得到和把握普遍的、必然的、抽象的知识。

总而言之，莱布尼兹的“单子论”既克服了笛卡尔心物二元对立的困难，又弥补了斯宾诺莎“实体论”无视个别事物特性的缺陷，同时又将“一”与“多”这两个对立概念巧妙地融合在“中心单子”的概念之中。他的“单子”既是普遍的又是独特的，既是“一”又是“多”，具有辩证的性质。因而，可以说，理性主义哲学到了莱布尼兹手里已达到顶峰,其体系内部已无矛盾可言。但是,这一体系却是建立在理性这一基础上的,也就是说,它解释的是理性知识的内部结构。那么,理性知识是从何而来的呢?理性主义哲学给予的回答是,理性知识来自理性。再问,理性又从何而来?理性主义哲学便只能强调说,理性是"天赋的"。这等于没有回答。因此,理性主义哲学显然不可能使人完全满意。

确实如此。正当唯理论哲学盛行于欧洲大陆之际,在英吉利海峡对面的英伦三岛上就出现了一种与它截然不同的哲学思潮。那就是经验论哲学。

第二节 经验论哲学

经验论哲学由于发源于英国,因而也称"英国经验主义哲学"。它虽然和大陆唯理论一样注重认识论问题,但其出发点却与唯理论截然相反。唯理论的出发点是"理性",即宇宙秩序和人心中固有的理性;同时认为,只有通过理性,人才能获得普遍而必然的知识或者"真理"。经验论哲学却正好相反,它的出发点是"经验",即人对自身感官印象的积累与提炼;同时认为,感性经验是知识的唯一源泉。

英国经验论哲学大体上也是三位哲学大师营造的:弗朗西斯·培根是其开创者;霍布斯是其继承者;洛克则是集大成者。

一、弗朗西斯·培根与"新工具"

培根之所以被称为经验论哲学的开创者,乃是因为他首先提出了以经验为基础的求知法。他把这种求知法称为"新工具",他的一部重要哲学著作就题名为《新工具》。在这部著作中,培根首先批判了中世纪的经院哲学,认为经院哲学墨守亚里士多德的陈规,陷于演绎法的窠臼,只是分析现存的事实,却不足以发现新的知识。于是,他便提出了他的"新工具"——归纳法。归纳法以个人的经验为起点,直接观察自然,进而找出因果规律。培根认为,知识的目的在于直接效用,而通过归纳法获得的知识是最适合于实际运用的,所以也是最有力的。因此,他的名言是:“知识就是力量。”

培 根

培根虽然率先提出了经验主义的认识论,但他的学说尚不完整,因为关于知识的起源问题,关于心与物的关系问题,他往往语焉不详。在这方面予以进一步阐述的是霍布斯。

二、霍布斯的机械论

霍布斯是继培根之后的第二位经验论哲学大师。霍布斯的重要著作是《哲学原理》。在知识的起源问题上,霍布斯明确肯定人的一切知识都来自感觉经验,认为没有感觉,就没有知识。所谓的理性知识,并非理性所固有,最初也来自感性经验。这种观点可说是彻底的经验主义观点,比培根大大地进了一步。接着,霍布斯又就心与物的关系问题进一步阐述他的观点。他认为,知识的形成是先由外界事物通过感官形成概念,最后再变成知识。所以,知识的存在虽然最终归于内心,但其起源则在于外界事物。所谓“思想”,是由外物催生的,人心所做的工作,仅仅是把对外物的感知分类而形成概念、符号和名称等。所以,思想归根结底就是感知,而感知的积累便是知识。

霍布斯

霍布斯的认识论可说相当激进,他精明否定了精神主体的能动性,因而被后人称为“机械唯物论”。然而,霍布斯的学说在当时却产生了巨大的影响,刺激了许多学者进一步在经验的基础上营造完整的哲学体系，其中最为成功的便是哲学家洛克。

三、洛克与《人类理解论》

洛克可以说是英国经验论哲学的完成者。他的哲学体系由三部分组成：本体论、认识论、伦理学。其中以认识论为其核心，因为洛克认为，在进行哲学探讨之前，首先应该对人的理解力加以研究。所以，他的最重要的哲学著作就是《人类理解论》。

洛　克

《人类理解论》是洛克的认识论专著，主要研究三个问题，即：知识的起源问题、知识的可靠性问题和知识的极限问题。

关于知识的起源问题，洛克反对笛卡尔的“天赋观念”。他断言，绝对不存在“先天的知识”，一切知识能力均得之于后天。但是，他又认为，人的认识能力是先天的，只是知识的内容全然是后天的，得之于经验。洛克将人的心灵看作一块白板，上面若要有知识的印痕就必须借助于感官，以感官为中介把有关外部事物的知识“记录”在心灵这块白板上。

关于知识的可靠性问题，洛克首先将知识分为三类：第一类是直觉的知识，这类知识不用解释，其本身就是自明的，如“白不是黑”“圆不是三角”“三大于二”，等等；第二类是论证的知识，这类知识不是自明的，而需运用推理的方法才能获得，如“三角形三内角之和等于两直角”就属此类；第三类是感觉的知识，这是对外界特殊事物的知识，由于这类知识是完全依赖人的感觉而存在的，因此它们不具有普遍性和必然性，洛克认为除数学之外的各门自然科学知识就属这类知识。将知识分为三类之后，洛克便判断说，第一类知识是“最明白、最确定的”，因而是最可靠的；第二类知识相对第一类知识就不那么明确，因此也就不那么可靠;第三类知识则是最不明确、最不可靠的知识。

关于知识的极限问题,是对上述三类知识进行考察的必然结果。洛克虽然认为直觉的知识和论证的知识具有普遍性和必然性,但他又认为人在这两方面的认识能力是很有限的。至于感觉的知识,洛克认为,它比前两种知识更为“狭窄”,也就是说更加有限。总而言之,由于洛克断定知识均来自经验,因而经验的局限也就决定了知识的局限,凡是人类经验不可企及的地方,也就是人类知识和理解力的极限。所以,关于世界的本质问题、人的灵魂问题,等等,这些问题在洛克看来并不是经验的问题,因而也无知识可言,仅仅与人的信念和信仰有关。

综观英国经验论哲学,可以说它所强调的是知识的被动性,认为获取知识的方法在于观察、实验和归纳,并认为经验是衡量知识的唯一标准。这与大陆唯理论哲学正好相反,因为唯理论所强调的是由理性获得的知识才是可靠的,而对知识真伪的鉴别手段,只能是理性。经验和理性,孰是孰非,这便是西方近代哲学史上的第一个争论的焦点。实际上,理性主义和经验主义的矛盾是从中世纪“经院哲学”内部的“实在论”和“唯名论”的矛盾演化而来的。理性主义比较接近“实在论”,而经验主义则是唯名论的发展。两者的矛盾之所以无法解决,是因为它们各自的出发点不同,更重要的是它们各自所要达到的目的也不同。理性主义旨在于寻求永恒不变的“终极真理”,而经验主义则侧重于获取实际有用的“知识价值”。结果是,唯理论的“真理”在经验论者看来是不可靠的,而经验论的“知识”在唯理论者看来则是肤浅的。两者互不承认,争论达百年之久。这样到了十八世纪,经验论与唯理论之争遂演变为唯物论与唯心论之争,其阵线也从英伦三岛与欧洲大陆演变为以法国启蒙思想为中心的近代唯物论和以德国古典哲学为中心的近代唯心论两大阵营。

第三节 法国启蒙思想

十八世纪是欧洲历史上的启蒙时代。所谓“启蒙”,是针对中世纪的宗教蒙昧主义而言的，而以理性为核心反对中世纪蒙昧主义的一场思想运动，史称“启蒙运动”。启蒙运动在法国开展得最为轰轰烈烈，因此这一时期在法国形成的唯物论哲学有时也被称为“启蒙哲学”。

法国启蒙哲学以四位哲学家的学说为代表，他们是：伏尔泰、拉美特利、爱尔维修和狄德罗。其中伏尔泰是开创者，狄德罗是这一哲学的完成者。

一、伏尔泰的自然神论

伏尔泰不仅是哲学家，同时也是诗人、剧作家、小说家和历史学家。他是法国启蒙运动的领袖人物，在整个十八世纪都具有崇高的威望。他的主要哲学著作有《哲学通信》《形而上学论》《牛顿哲学原理》和《哲学辞典》等。

伏尔泰

伏尔泰是十八世纪初最早接受英国思想的大陆学者之一。所谓“英国思想”，就是指当时的英国经验论哲学，尤其是指洛克的哲学。从某种意义上说，伏尔泰的哲学是洛克哲学和牛顿科学思想的混合物。他首先把牛顿的万有引力规律引申为一种宇宙观，认为宇宙是一架巨大的机器。但是，这架“宇宙机器”又是无比奇妙的，是由一位无比奇妙的机器匠将其创造出来并为其制订了运行规律。这位机器匠，伏尔泰认为，就是上帝。只是，在伏尔泰看来，上帝制造并开动了宇宙机器之后便不再管它了，所以上帝仅仅给了宇宙以“第一推动力”，其后就由它自行运转。既然宇宙是这么一架自行运转的机器，人类认识宇宙也就无须依靠上帝，只需要凭自己的感觉就行了。因此，伏尔泰又全盘接受了洛克的认识论，认为人的一切观念都来自感觉，既不存在笛卡尔所谓的"天赋观念",也不存在莱布尼兹所谓的"单子"。对于莱布尼兹,伏尔泰甚至嘲笑他是"江湖骗子"。

伏尔泰这种认为宇宙是一架巨大机器的宇宙观,被称为"机械唯物论",而他认为宇宙是由一位称作"上帝"的机器匠制造的思想,则被称为"自然神论"。这样,伏尔泰便为整个法国启蒙思想定下了基调,因为机械唯物论和自然神论,可以说就是法国启蒙哲学的思想核心。

既然宇宙是一架机器,那么人又是什么呢?这个问题便由第二位启蒙哲学家拉美特利来回答。

二、拉美特利和《人是机器》

拉美特利的唯物论哲学同样来源于英国经验论,不过他又结合了笛卡尔的物理学思想,因为笛卡尔的理性主义哲学虽然是十八世纪启蒙哲学家所不能接受的,但笛卡尔在物理学方面的观点却与英国经验论有相似之处,所以拉美特利干脆把它们结合了起来。

拉美特利

笛卡尔曾证明说,动物是纯粹的机器。这一思想现在被拉美特利接过来并加以发挥。他于一七八四年发表了一部曾引起不小震动的论著《人是机器》。在这部著作中,拉美特利以笛卡尔关于动物是机器的思想为根据,进一步宣称:人归根结底也是动物,因此也不过是一些在地面上直立行走的机器而已。只不过,人这架机器比动物这架机器多几个齿轮,多几根弹簧,更精致一点罢了。即便是一直被认为神秘莫测的心灵问题,拉美特利也完全以生物学的观点来看待。他认为,人的心灵活动完全取决于机体的组织和状态;于是他断言,有多少种体质,便有多少种不同的精神,不同的性格。

拉美特利的观点可以说是典型的机械唯物论，是当时物理学和生物学取得某些进展之后在哲学领域被夸大发挥的典型例子。关于人的问题，实际上并不那么简单。首先是关于人体组织的情况当时也知之甚少；更何况，人的心灵活动远不是人体组织活动的单纯产物，它还与人的所有社会活动密切相关，其复杂性是根本不能从生物学上加以解释的。但是，尽管拉美特利的观点有简单化和武断化倾向，他却代表了当时强有力的反宗教神学思潮。拉美特利本人就明确反对教会关于灵魂不死的说教，同时他也批判笛卡尔的精神实体论和斯宾诺莎的“身心平行论”。

三、爱尔维修的感觉论

继拉美特利之后的第三个重要的启蒙哲学家是爱尔维修。

爱尔维修和拉美特利一样持有唯物论哲学观，同时也是洛克的信徒。不过，在关于宇宙的始因和秩序方面，他虽然像伏尔泰一样持自然神论的观点，即认为宇宙的始因是上帝，可他把这样的上帝限制在很小的范围内。他认为，上帝只是意味着某些未知的原因而已，因此一切事物都是自然界的组成部分，人也不例外。在认识论方面，爱尔维修继承的是洛克的经验论原则，认为人的认识来源于感觉，反对笛卡尔的“天赋观念”。但是，他比洛克走得更远。洛克还保留了“内省经验”的说法，即认为有一部分知识是通过内省获得的，无须通过感觉。爱尔维修则连“内省经验”也不予承认。他认为不存在作为知识来源的“内省经验”，一切知识统统来源于感觉，除此之外没有别的来源。总而言之，爱尔维修的唯物论是很彻底的，但是这种彻底的机械唯物论既不能有效地解释复杂的物质运动，更不能解释比自然界还要复杂的人类精神活动。所以，爱尔维修在伦理学和教育学等方面的学说不免带有简单化的倾向。

爱尔维修

四、狄德罗的唯物论

法国启蒙哲学的完成者是狄德罗。狄德罗的主要哲学著作有：《哲学思想录》《对自然的解释》和《关于物质和运动的哲学原理》等。他是当时的“百科全书派”的领袖，也是世界上第一部《百科全书》的主编。

狄德罗

狄德罗可说是十八世纪法国唯物主义哲学的真正代表。他不仅在某种程度上克服了机械唯物论的缺点，而且还彻底抛弃了自然神论，使自己的哲学变成了无神论唯物主义哲学。

首先，狄德罗主张把哲学建立在自然科学的基础上。为此，他提出了“元素组合说”，认为自然就是由各种元素所构成的物质世界，人也是由元素组合的结果。既然一切都由元素组成，在他看来，所谓创造世界的“上帝”就是多余的了。为了避免像拉美特利等人那样僵化的机械观点，狄德罗又提出物质和运动是不可分割的观点，认为运动是物质的本质属性，用运动的观点可解释一些用机械的观点无法解释的复杂现象。最后狄德罗还根据运动是绝对的原则，论述了自然界是处于不断发展状态的观点。这一观点可以说是后来达尔文进化论思想的哲学雏形。

其次，狄德罗继承和发展了英国经验主义的认识论，认为人的认识就是对客观世界的反映，认识起源于感觉，同时他又认为感觉与思维是既有联系又有区别的，并基本区分了感性认识和理性认识。但是，他对理性认识在认识过程中的作用却评价很低，认为“纯粹理智的东西”意义不大。这一点正说明了启蒙哲学本身带有的缺陷。这一缺陷后来就由德国唯心主义哲学来加以弥补。

最后，狄德罗还是一位杰出的政治思想家和美学家。在政治思想方面，狄德罗反对君主专制制度，认为人人都有“天赋权利”，因此他拥护同时代的社会思想家卢梭的“社会契约论”，主张在“人民”和“君主”之间缔结契约以建立一种开明的君主立宪制度。在美学方面，狄德罗提倡现实主义，反对形式主义；他在戏剧理论和绘画理论方面的成就已为后人所公认，如他的《演员论》和《绘画论》，已成为西方美学史上的经典著作。

十八世纪法国启蒙哲学发展了十七世纪英国经验论哲学，在反对宗教神学和推动启蒙运动的过程中明确倡导唯物论世界观，这固然有其历史功绩；但是，启蒙哲学从根本上说是一种解释自然的哲学，其基础是当时的自然科学，尤其是物理学，所以它明显地具有机械主义的特点。机械主义的致命缺陷就是忽视人在认识过程中思维的复杂性，因此它在解释心灵活动的时候，不是显得肤浅就是表现武断。这样的缺陷，就为另一哲学流派的产生与发展提供了余地。这一哲学流派，就是从十八世纪中叶到十九世纪三十年代盛行于德国、后来对西方近现代哲学产生极大影响的德国古典哲学。

第四节　德国古典哲学

德国古典哲学继承的是莱布尼兹理性哲学，遵循着从“心”到“物”或者说从一般到具体的研究方向，而不像英国经验论哲学那样，是采取从“物”到“心”或者说从具体到一般的研究方向的。但是，无论在广度和深度上，还是在方法上，德国古典哲学都远远地胜过十七世纪的理性主义哲学。因为，德国古典哲学在继承理性哲学的同时还包容了经验哲学的众多研究成果，具有综合的性质。此外，德国古典哲学又以包罗万象的完整体系见称，其规模之宏大，结构之严谨，方法之多样，也许是西方哲学史上首屈一指的。

和法国启蒙哲学一样，德国古典哲学以四大家为代表。这四大家是：康德、费希特、谢林和黑格尔。其中康德是开山鼻祖，黑格尔则可称为集大成者。不过这四大家虽然有某种继承关系，却是自成体系的。也就是说，就其对后世哲学的影响而言，他们四人都各自开创了一种哲学，尤其是康德哲学和黑格尔哲学，它们对西方思想的各个方面都产生了巨大影响。

一、康德的批判哲学

康德哲学的精髓包含在他的三部大作里，这三部大作是《纯粹理性批判》《实践理性批判》和《判断力批判》。由于这三大"批判"是康德哲学的核心，因此他的哲学也被称为"批判哲学"。所谓"批判"，就是对当时各种各样的哲学思潮，如唯理论、经验论、唯物论、唯心论、怀疑论和神秘论哲学等，加以综合性的批评和判断，并取其合理之处加以融会贯通而成为新理论。所以，康德哲学是在"批判"前人哲学的基础上建立起来的，是综合性的哲学。

康　德

在"三大批判"中，最重要的是《纯粹理性批判》，因为它是康德哲学的纲要。其他两大批判则是对这一纲要的具体运用：《实践理性批判》是在伦理学等领域里的运用；《判断力批判》则是在美学和艺术等领域里的运用。

在《纯粹理性批判》中，康德的中心任务是要解决知识问题、认识论问题，即解决世界到底能不能认识、如果能认识又能认识到什么程度的问题。因此在未认识事物之前，先要确定人的认识能力本身。这就是先验范畴。所谓"先验"，就是先于经验的意思。由于康德哲学是从探讨先验范畴开始的，所以也被称作"先验论哲学"。

先验论就是认为人的认识能力本身就具备一种认识形式，这些认识形式是先于经验的，既不来自经验，也不依赖经验，但一切经验之可能却必须以它为条件或依据。在探讨先验形式的同时，康德又提出了"自在之物"的概念。所谓"自在之物"，就是不依赖意识、不依赖先验认识形式而客观存在的东西。人的认识经验就是由于"自在之物"刺激了人的感官才开始的。但是，康德又强调说，"自在之物"是人不能认识的，因为人的认识经验必须依赖于先验认识形式才有可能。也就是说，认识经验是“自在之物”的刺激加上先验认识形式，因此不等于“自在之物”，因为感觉中的事物已呈感觉形式，非“自在之物”本身，而离开感觉的“事物”又是不可思议的。因此，康德认为，人的“理性”要求对“自在之物”有所认识，就必然陷入不可解决的矛盾。

那么，既然“自在之物”是不可认识的，那不就是多余的吗？康德的回答是：并非多余，而是存在的，因为人们必须相信在人的心灵之外存在着客观世界，这样人们才能进行各种实践活动。于是，康德的“批判”也就从“纯粹理性批判”进入到“实践理性批判”。

在《实践理性批判》以及《判断力批判》中，康德分别就人的意志力和判断力作了探讨。意志力和善恶有关，属宗教和伦理范围，康德的结论是：由于实践理性的先验性质，人在活动时必然要假定“至善者”的存在，至于这“至善者”是被称作“上帝”还是其他名称，那不是本质问题；由于“至善者”的存在，也就证明了道德原则的先验存在。至于判断力，有两类：一是审美判断力；二是目的论判断力。对于前者，康德的结论是：审美是非功利的、非概念的和非实用的精神活动。对于后者，康德的结论是：在机械论和目的论之间存在着二律背反，即必然性和目的性之间始终存在着对立，也就是说，站在必然性立场必然会反对目的性，站在目的性立场必然会反对必然性。

从总体上说，康德哲学是综合哲学，它力图将理性哲学和经验哲学融合在一起，调和唯心论和唯物论的矛盾。然而，正因为它是综合性的，它受到了左右两边的“批判”。可以说，自康德以后，西方哲学就一直围绕着对康德批判哲学的再批判而发展的。因此，康德哲学也就成了西方哲学史上的一座里程碑。

二、费希特的自我哲学

费希特将哲学是在批判康德哲学的基础上建立起来的。费希特摒弃了康德哲学中的经验论成分，发展了康德哲学中的唯理论因素。他的哲学是“纯正的”唯心论哲学，他本人则可谓是德国第一位真正的唯心论哲学大师。

费希特将自己的哲学称为“知识学”，他最重要的哲学论著就题名为《知识学基础》，而他的哲学体系的核心部分，也就是关于认知问题即知识论问题的探讨。

费希特

费希特首先从三个方面批判康德哲学：一是否认康德哲学所主张的有“自在之物”这个客观事物存在，认为客体是由主体推断出来的；二是否认康德主张的“自在之物”对人的感官的刺激作用，认为感觉是纯主观的；三是否认康德主张的知识一方面来源于“自在之物”的刺激而引起的感性材料，一方面来源于先验形式，认为感性内容就是先验形式。

彻底抛弃了康德的“自在之物”之后，费希特便开始创建他自己的“知识学”体系。他认为，在进行认识之前必须先设定认识主体，也就是“自我”，因为只有在“自我”的基础上，认识才有可能。所以，费希特的哲学有时也被称作“自我论哲学”，而且常常引起误解，认为费希特是个“自大狂”。其实不然，费希特的“自我”绝不是指个别人的“自我”，更不是费希特自己的“自我”，而是抽象的认识主体的代名词。他只是认为，认识是由认识主体独立完成的，不能再引入他物如“自在之物”之类，否则，必然陷入二元论的矛盾。

简单地说来，费希特的知识学以三个原理为中心内容，即：(一) 自我建立自我；(二) 自我建立非我(即事物)；(三) 自我与非我的统一。这三个阶段可以说是一个辩证发展过程中的三个阶段。自我在不断创造非我的过程中不断丰富自己，自我的创造过程也就是自我的认识过程。所以，在这过程中自我不断丰富着自我对非我的认识，同时对自我本身的认识也变得丰富了。

费希特哲学的最大贡献是发展了辩证法。他强调认识的正、反、合发展过程。所谓“正”，就是自我肯定自身；所谓“反”，就是自我被否定，即与非我发生矛盾；所谓“合”，就是自我与非我相互限制，并由此得到综合，又形成新的自我。如此往返无穷，便是认识过程。费希特哲学中的辩证法因素后来又由谢林予以进一步发展，最后成为黑格尔哲学的基本核心。

三、谢林的同一哲学

谢林比费希特小十三岁，大学时代与黑格尔是同学（实际上他比黑格尔还小五岁，但是他先出名），在耶拿大学任教时一度与费希特是同事。谢林一生中倡导过三种哲学：自然哲学、同一哲学和天启哲学。他的重要哲学著作是《自然哲学体系初稿》《先验唯心主义体系》《布鲁诺或事物之自然和神圣的原理》和《神话哲学与天启哲学》。

谢　林

谢林哲学中影响最大的是他的同一哲学。所谓“同一”，就是指物我的同一，也就是说，主体与客体、意识与存在、理想与现实是同一的。谢林认为，自然与人、物质与心灵都是“绝对”的产物。他把这个“绝对”称作“太一”或者“无差异”。“绝对”一分为二，成为主体与客体，而主体与客体又同一于“绝对”，并以“绝对”为目的。谢林认为：“一切知识都以客观东西与主观东西的一致为基础。”有主观的东西或者自我，就一定有客观的东西或者非我。这就是说，主体与客体或者自我与非我，是同时存在的，而两者都是“无差别的”、同一的东西，因而便引出了高于两者之上的同一或者“绝对”。由于这个同一或者“绝对”不是“经验的自我”，而是超出于个别的“自我”之上的，所以谢林便摆脱了费希特的主观唯心论，确立了他的客观唯心论体系。

谢林的客观唯心论同样含有辩证法的因素，而且是费希特辩证法的进一步发展，构成了德国古典哲学中辩证思想发展的重要一环。但是，谢林的同一哲学为了避免思维与存在对立的二元论，过分强调同一而抹杀了思维与存在的差别。这一缺陷，就是黑格尔哲学想要尽力弥补的。

四、黑格尔的精神哲学

黑格尔哲学是德国古典哲学中规模最庞大的哲学体系。这一体系几乎无所不包，其复杂和艰深程度，甚至连专业哲学家也望而生畏。不过，黑格尔哲学并不是没有重点的。他最重要的著作是一八七一年出版的《哲学全书》。这部巨著由三部分组成：第一部分是“逻辑学”；第二部分是自然哲学；第三部分是精神哲学。这三部分可以说是他的整个哲学体系的一个缩影，而其中的逻辑学是自然哲学和精神哲学的基础，后面两种哲学则是应用逻辑学。因此，黑格尔哲学的精华就在他的逻辑学中。

黑格尔

需要说明的是，黑格尔的逻辑学不是一般意义上的普通逻辑，而是他对概念辩证法的探讨。因此，有时也被称作“辩证逻辑”。

黑格尔哲学的基本概念是绝对精神，可以说，黑格尔整个哲学体系就是对绝对精神的论述。所谓“绝对精神”，就是客观独立存在的某种宇宙精神。黑格尔认为，自然界、人类社会和人的思维都是绝对精神的体现或者说外在表现，是绝对精神自我实现过程中的某一阶段或者某一环节。比如，从最大处着眼，“绝对精神”最初作为纯思维、纯概念而存在，这是第一阶段，即逻辑阶段；然后，它将自身外化为自然界，建立自己的对象，这是第二阶段，即“自然”阶段；最后，它又扬弃自然界回复其自身，便作为精神而存在，这是第三阶段，即“精神”阶段。黑格尔《哲学全书》的三部分，也就是绝对精神运动的三阶段。

由此可见，黑格尔的逻辑学是绝对精神运动的第一阶段，也就是纯思维阶段，或者说纯形式阶段。“逻辑学”也由三部分组成：存在论、本质论和概念论。这是绝对精神在逻辑阶段自我发展过程所经历的三个阶段。其中存在论是最抽象的,这时绝对精神仅仅表现为“纯存在”,即无任何规定性或者说差异,因此相当于“无”。黑格尔的逻辑学就是从“纯存在”或者“无”开始的。从“纯存在”中出现的第一个概念是质的概念,即某物之所以是某物的概念。由质否定其自身而推演出它的对立面即量的概念;由质与量的统一,就产生度的概念,即有质的量;将质与量包含于自身的度,是存在阶段的最高概念。

这样,概念便完成了最初的辩证运动,进入第二阶段即本质阶段。这阶段也包括三个小阶段:本质自身、现象和现实。其推演过程也同前。第三阶段便是概念阶段,也是绝对精神在整个逻辑阶段中的最后、最高阶段。概念是存在与本质的统一,其自身同样分三个小阶段:主观性、客观性和理念。由主观性到客观性,再到理念,这样便结束了整个逻辑阶段。接着,进入第二部分即自然哲学。在自然哲学中,黑格尔探讨的是人对自然的认识,也分三个阶段:力学、物理学和有机物理学。每个阶段又分三个小阶段,如此等等。最后进入“精神哲学”,即对个人意识和社会意识的探讨,仍分三个阶段:主观精神、客观精神和绝对精神。这样,黑格尔的哲学以绝对精神开始,最后又回到绝对精神。在这过程中,他对人类心灵作了全面的论述。

这就是黑格尔哲学体系的一个最粗的轮廓。从中可以看出,黑格尔在每一个地方都使用了正、反、合的三段式辩证法。正即肯定;反即否定;合即否定之否定。黑格尔认为,绝对精神就是在这样的辩证运动中发展的。对于人来说,这也就是宇宙与人自身的全貌。至于有没有客观的物质或者说不依赖于人的意识而存在的客观世界,黑格尔的回答是:客观、物质、世界,统统不过是人的概念,离开了概念,什么都不存在。

除了《哲学全书》,黑格尔的著作还有很多,重要的有《逻辑学》(即在《哲学全书》之前出版的,也称“大逻辑”,而《哲学全书》里的逻辑学部分则被称为“小逻辑”)、《法哲学原理》《历史哲学讲演录》《美学讲演录》《宗教哲学讲演》《哲学史讲演录》和《精神现象学》等。若列表显示黑格尔哲学体系的内容,大体如下:

一、逻辑学——有论(存在论)——质
——量
——度
——本质论——本质作为实存的根据
——现象
——现实
——概念论——主观概念
——客观概念
——理念
二、自然哲学——力学——空间和时间
——有限力学
——绝对力学
——物理学——普遍个体性物理学
——特殊的个体物理学
——总体个体的物理学
——有机物理学——地质自然界
——植物有机体
——动物有机体
三、精神哲学——主观精神——人类学——灵魂
——现象学——意识
——心理——精神
——客观精神——抽象法权
——道德
——社会伦理
——绝对精神——艺术
——宗教
——哲学

显然,黑格尔哲学是一个包罗万象的宏大哲学体系,它既是总结性的,又是开创性的。它的开创性就表现在他之后的西方哲学家不可能在谈论哲学的时候不提到他的哲学,而有众多的哲学流派就是在继承、

改造、发展和批判黑格尔哲学的基础上建立起来的。因此,黑格尔也像康德一样,可说是西方哲学史上的又一个划时代人物。

第五节 浪漫主义思潮

从康德到黑格尔的德国古典哲学,可以说是对法国启蒙思想的一种哲学批判,它尽管仍坚持理性原则,但它强调“精神”的深邃,基本上否定了启蒙哲学家浅显的实用理性。受其影响,稍后便出现了浪漫主义思潮。

浪漫主义思潮最初出现在德国,但很快就传到了英国。在法国,实际上在十八世纪就出现了和启蒙思想不协调的卢梭的思想。卢梭强调“人性”,特别是“感情”,在某种程度上和强调理性的启蒙哲学家唱反调,因而他也被视为浪漫主义思潮的先驱。

浪漫主义思潮的代表人物在英国有诗人华兹华斯、柯尔律治、拜伦、雪莱和济慈;在法国有作家夏多布里昂、史达尔夫人和诗人、小说家维克多·雨果;在德国有作家施莱格尔兄弟,以及早期的歌德和席勒等人。此外,德国的凯斯帕·弗里德里希和英国的约翰·康斯塔伯是绘画领域里的浪漫主义代表,贝多芬、舒伯特、肖邦和瓦格纳等人则在音乐创作方面明显表现出了浪漫主义倾向。浪漫主义作为一种思潮出

华兹华斯

夏多布里昂

现，其直接原因是欧洲社会对法国大革命普遍感到失望，因为大革命并没有真正实现自由、平等、博爱；其更深层次的原因，则是对十八世纪法国启蒙思想感到不满，因为法国大革命就是由启蒙思想引发的。

浪漫主义大声疾呼，要求崇尚情感，要求个性自由，直接向强调理性的启蒙思想提出了挑战。浪漫主义尽管主要是一种文学和艺术运动，但其和启蒙思想截然相反的自然观和历史观不仅渗透到当时的哲学和政治思想中，而且产生了普遍、持久的社会影响。

一、浪漫主义自然观

启蒙哲学家将自然视为一部没有生命的机器，一座其部件互相配合、运动准确、和谐的巨钟。有数学般精确的自然法则已为科学方法论所揭示出来。浪漫主义者反对这种无人性的机械模式，他们对待自然充满感情，并为自然的美和威严所鼓舞和惊叹不已。对浪漫主义者来说，自然是活生生的，上帝无处不与之同在。对于浪漫主义来说，自然并不是由许多机械部件构成的，而是由树木、湖泊、山脉云雾和星辰组成的有机体。人们带着感情去体验自然，并寻求与之神秘地融为一体。揭示大自然中最重要奥秘的是诗人的想象力，而不是数学家的逻辑。

浪漫主义崇尚自然

启蒙思想家将上帝视为一位伟大的钟表匠，他在一旁超然地观看着一个自动运行的机械性的宇宙体。他们还试图将宗教贬为一系列有待证明的科学定理。许多浪漫主义者则将上帝视为一种能鼓舞人的精神力量，他们哀叹基督教的衰亡。他们认为教堂、宗教仪式充满了诗意和神秘性，并能满足人类追求美的欲望；基督教的道德要求充满怜悯心和正义感，把人的行为提到一个更高的水平。浪漫主义者谴责启蒙哲学将宗教教义置于理性的检验镜之下，因而削弱了基督教的力量。对他们来说，宗教不是科学和三段论，而是人的本性在情感上的表现。浪漫主义者要求人们承认，个人是一种精神存在，要求人们按照恢复完整个性的目标培养人性中宗教的一面。而过去，由于启蒙哲学家过分强调智力，从而使这种完整的个性被搞得支离破碎。

启蒙运动思想家认为中世纪是一个黑暗、迷信而又狂热的时代，他们视中世纪仍未消亡的制度和传统为进步的障碍。浪漫主义者则崇尚中世纪。法国大革命、拿破仑以及破坏政治平衡所引起的多次战争给未来蒙上了一层阴影。一些人将目光投向中世纪，以期寻求安全感，因为那时的欧洲由一种单一的信仰联为一体。浪漫主义者认为，那时没有哪位理性主义者用刀片剖析并拆穿基督教的神秘性，也没有哪位满目凶光的革命者能把社会结构拆得四分五裂。在浪漫主义者的想象中，中世纪充满了英雄业绩、高尚情感与社会和谐。

二、浪漫主义历史观

浪漫主义者和启蒙思想家持有不同的历史观。在启蒙哲学家看来，由于历史记载了祖辈们所出现的失误和愚蠢行为，从而起到了为后人提供前车之鉴的作用。这样的知识有助于人们去争取更为美好的未来，研究历史只是为了这个目的。而对于浪漫主义者来说，一段历史就像一个人一样，是一个有着自己灵魂的独特的实体。他们要求史学家们描绘和分析如同万花筒一般纷繁的民族、传统和制度，正是这些构成了历史的经验。浪漫主义者要求研究历史和文化的特殊细节，并在具体的时代环境中予以理解——这就为近代历史学研究奠定了基础。

为了寻求普遍的原则，启蒙思想家们将地方传统视为农民式的迷信和阻碍进步的障碍而置之不理。浪漫主义者则反对文化的标准化，

浪漫主义重视民俗

他们将祖国语言、歌曲和传统视为一个民族独特的创造，视为民族感情最深刻的表现。浪漫主义者将稗史传奇、神话和民族的民间传统视为诗歌和艺术的源泉，因此他们带着敬畏的心情审视这些早期的文化表现。就这样，浪漫主义对近代民族主义的形成起了促进作用。

三、浪漫主义思潮的影响

浪漫主义奋起反对启蒙运动，对欧洲历史产生了重要而持久的影响。由于浪漫主义者强调了人的情感所固有的创造能力，从而给人性以应有的地位。人类情感所固有的创造作用包括直觉、自发性、本能、热情、意志和移情，而长期以来这些常常为启蒙思想家们所忽视或低估。通过鼓励个人的自由以及主张艺术、音乐和文学上的多样性，浪漫主义极大地丰富了欧洲的文化生活。此后的艺术家、作家和音乐家，大多沿着浪漫主

浪漫主义强调美与情感

义者所开辟的道路继续前进。例如，近代艺术在很多方面归功于强调人类感情的正当性并探索人的梦境和幻想的神秘世界的浪漫主义运动。有时浪漫主义者对感情的强调表现在反对奴役、童工和社会贫困的人文主义运动中。通过对各个不同的历史阶段、各个民族和各种文化特点的认识，浪漫主义有助于造就近代历史观，与此同时，由于重视民族的过去，浪漫主义也促成了近代民族主义。

但是，浪漫主义也存在着潜在的危险方面。由于他们攻击理性的热情过于强烈，因而削弱了西方理性主义的基础。他们把过去理想化，并对古代的民俗风情、故土和母语大加赞美，因而为政治生活增添了一种强烈的非理性成分。在以后的几十年里，特别是在德国，浪漫主义和政治上的民族主义结合在一起，并且“创造了一种不确切思维的普遍风气，一种精神上的……梦幻世界，以及用来处理政治问题的感情方式，而这本来是应该运用冷静的理性思维的”。

浪漫主义者崇尚民族历史和传统，在古老的文化中寻找民族灵魂，这些在启蒙思想家看来一定会认为是野蛮的——是一种向迷信的复归和神话对哲学的胜利。的确，一旦进入政治领域，浪漫主义就把过去和对世代相传下来的民族神话作为智慧之源泉加以理想化，又一次唤醒了更多地基于感觉而不是理性世界的思维方式。

第六节　社会主义思潮

在出现浪漫主义思潮同时，欧洲还出现了社会主义思潮。社会主义思潮可以说是社会经济领域里的一种浪漫主义，而且比文学艺术领域里的浪漫主义思潮更加激进。各种“社会主义者”团体虽然观点并不完全一致，但都要求建立一个基于合作而非竞争的“新社会”，梦想建立一个人人都能实现个人理想的社会秩序。

最重要的早期社会主义思想家——圣西门、傅立叶和欧文——信仰一种新的社会和经济体系，在这种体系中，生产和产品的分配将是为了社会的普遍福利按计划进行的。他们的思想在很大程度上影响了马克思和恩格斯。还有一些基督教共产主义者，他们抗议工业化引起的动荡不安以及对穷人的不公;这些"基督教社会主义者"规劝其信徒共财产同劳动,并一起生活在模范社区里。

社会主义者对社会是由孤立的和寻求自我的个人组成的设想提出质疑,并向自由放任派经济学家制定的经济法则提出挑战。他们否认人类作为个体已达到其成就的顶点,他们在辩论中说,人们作为一个共同劳动并享受稳定的社会团体,可为自己、也可为他人取得更大的幸福。一些社会主义者规劝人们自愿脱离大社会。他们建议,把公社和模范工厂作为应用社会主义或共产主义原则的场所。还有一些社会主义者对工业化的本质及工业化社会的未来有着深刻的洞察力;另一些社会主义者则浪漫地对过去一往情深,并制订了种种方案,这些方案旨在于保存工业化和都市化之前所存在的那种乡村生活的价值准则和伦理精神。

一、圣西门的"新基督教"

圣西门出生于一个显赫的法国贵族家庭。法国大革命期间,他宣布放弃自己的贵族头衔,并满怀激情地为建立新社会而奔走说教。他认为当时的社会弊端百出,需要重新组织,因为启蒙运动的批判哲学把旧秩序批得体无完肤,但却没有为重建社会提供向导图。圣西门认为他负有一种使命,即通过为正在由科学和工业所铸造的新时代提供一种理解的方式使社会走上正轨。许许多多优秀的法国青年对他的使命确信无疑。

圣西门

和浪漫主义者一样,圣西门也意识到了宗教的重要性。他认为,正如基督教在中世纪为社会提供了团结和稳定一样,科学知识将使他那个时代的社会结合在一起;科学家、工业家、银行家、艺术家和作家将代替教士和贵族而成为社会精英。他认为,在新的工业时代,对社会的控制权必须转移到工业界,即那些进行生产或使生产成为可能的人手中。这些工厂主、银行家、工程师、知识分子和科学家将利用技术使人类不断发展。圣西门的信徒们支持修建铁路和挖掘运河大系统的努力，其中包括苏伊士运河和巴拿马运河。他所描绘的由训练有素的专家领导的、按科学组织起来的社会美景图在十九世纪的知识分子中产生了一股巨大的吸引力，甚至今天在那些信仰专家治国的人们看来也依然焕发着活力。

和启蒙运动哲学家一样，圣西门重视科学，对理性改善社会的力量充满信心，并且相信，依社会进步法则办事就无疑能取得发展。与启蒙哲学家一样的还有，他抨击教士固守迷信和教条，牺牲普通百姓的利益。基督教的实质乃其“黄金律”——即上天要求人们在交往中应该像兄弟姐妹一样。在圣西门眼中，传统教士由于置教条于道德法之上，就丧失了他们领导欧洲的权力，正如贵族在法国大革命之前丧失了统治权一样。他要求有“一种新基督教”（他写的一本书的标题）来做自私自利的解毒剂，并取代使欧洲四分五裂的狭隘民族主义。

二、傅立叶的“法郎吉”

另一位法国早期的社会主义者是查理·傅立叶。与浪漫主义者一样，他认为社会与人类的自然需要发生了冲突，而这种紧张状况应对人类的苦难负责。只有重新组织社会以使它能满足人们追求快乐和满意的欲望，才能结束这种苦难。圣西门及其信徒在大规模工业、铁路和运河系统方面有种种重新组织社会的精密计划，而傅立叶则寻求建立一些小社会以使男人和女人享受生活的简单乐趣。这些约有一千六百人的小社会叫“法郎吉”，它将按照人性不变的需要来组织。

傅立叶

傅立叶对工业化的现实并不非常关注，他的思想反映的是手工业社会，是在他成长时法国仍然拥有的那个社会。在“法郎吉”里，没有暴力会压迫或妨碍无辜人们的能力。人人都有工作干，这样的工作将为本人带来利益，也将生产出使他们自己和其他人感到快乐的产品。与亚当·斯密一样,傅立叶理解专业化会产生枯燥和工作与生活的异化。但他又与斯密不同,他并不认为大规模增加生产力能补偿专业化的罪恶。在"法郎吉"里,钱和物品的分配也不是平等的;那些有专门技能和负特殊责任的人们将会得到相应奖励,这种奖励制度与自然是一致的,因为人类有一种得到奖赏的自然欲望。

无论傅立叶还是圣西门都支持妇女平等,这使他们成为第一批考虑此事的社会思想家。傅立叶给妇女平等的定义并不只是政治术语。他认为婚姻歪曲了无论男性还是女性的本质,因为一夫一妻制限制了他们的性欲要求,并使他们的生活视野局限在一个家庭里。人们应该考虑他们自己是全人类大家庭的一部分。由于已婚妇女不得不将其全部精力和时间都耗费在家务和孩子身上,她们再无时间或精力去享受生活乐趣。傅立叶并不要求废除家庭,但他的确希望随着社会适应他的理论,家庭会自行消亡。男女将发现满足其性要求的新途径,而社会也将安排照料孩子们。傅立叶的思想在美国找到了接受者,十九世纪四十年代,在美国以傅立叶主义原则为基础建立了至少二十九个社区,但它们的寿命都没有超过五至六年。

三、欧文的"模范公社"

一七九九年,罗伯特·欧文与别人共同拥有并经营苏格兰新莱那克棉织厂。由于对广泛存在的虐待工人现象感到忧虑不安,欧文决心改善他工厂里受雇者的生活,并且要证明在不影响利润的情况下也能做到这一点。他提高工资,改善劳动条件,拒绝接收不足十周岁的童工,为工人提供整洁的住房、食物和衣服,售物价格也非常合理。他为孩童和成人修建了学校。他采取一切方式要证明他的信仰,即更健康、更幸福的工人比那些不如他们走运

欧　文

的工人生产的东西要多。与圣西门一样，欧文相信，如果依照合适原则组织好的话，工业和技术能够而且将会使人类富足起来。当时，来参观欧文工厂的人遍布欧洲各国。

正如许多启蒙哲学家一样，欧文也认为环境是人性格的主要塑造者——即愚昧、酗酒和穷人的犯罪皆产生于恶劣的生活条件。欧文说，公共教育和工厂改革会使穷人成为更好的公民。当国会中止改革时，欧文甚至还力劝建立全英工人大会。在工业化的早期岁月里，组织成工会的工人寥寥无几，所以欧文的梦想在当时似乎是不可能的。欧文逐渐认识到，整个社会的和经济的秩序必须由一种新的、基于和谐的共同生活而非竞争的制度取而代之。他在印第安纳州的新哈莫尼建立了一座模范公社，但存在时间很短。欧文甚至在英国的工厂里连吸引工人都有困难，因为许多工人都是虔诚的基督教徒，他们厌恶欧文的世俗思想。

第七节　实证主义哲学

尽管文学艺术领域和社会经济领域出现了浪漫主义思潮和社会主义思潮，但在近代后期，哲学仍是当时影响最大的思想领域，而且仍坚持着理性主义的原则。不过，这时的理性哲学已开始越来越多地求助于科学，开始逐渐向科学主义演变。最初具有科学主义倾向的哲学，就是实证主义哲学。

实证主义首先产生于十九世纪三十年代的法国，随后在英国获得进一步发展。实证主义的主要代表是法国的孔德、英国的穆勒和斯宾塞。

一、实证主义创始人孔德

奥古斯特·孔德曾做过圣西门的秘书，深受圣西门早期思想的影响。尽管孔德后来因观点不同而离开了圣西门，但在创立实证主义体系的过程中，他还是采纳了圣西门的不少思想。如“实证主义”一词，最早就是圣西门提出来的，孔德把它作为自己哲学的名称，并扩大了“实证”

一词的含义；又如，圣西门把人类历史划分成三个时代，即：最初的原始偶像崇拜和多神教时代、其后确立一神观念的宗教时代和最后摆脱宗教建立科学实证时代；孔德直接采纳了圣西门的观点，提出人类精神发展的三阶段论，即：第一阶段以虚构为主要思维方式，称为“神学阶段”；第二阶段以抽象为主要思维方式，称为“哲学阶段”；第三阶段以实证为主要思维方式，称为“科学阶段”。

孔 德

孔德最先提出的实证主义原则是：知识必须建立在来自观察和实验的经验事实的基础上；哲学必须以实证自然科学为根据，以可以观察和实验的事实及知识为内容；在尚未把握能为实证自然科学所证实的知识的领域，我们的任务就是运用实证自然科学的方法去取得这种知识。根据这一原则，孔德的实证主义便具有以下三个特点：

（一）排斥“形而上学”，否认哲学研究诸如世界的本源、事物的内在本性、现象的起源和目的等本体论问题的必要性，要求把追求事物内在本质及绝对知识的倾向当作徒劳无益的企图予以摒弃。

（二）强调哲学必须以经验为基础，要求把知识限定在经验（即现象）的范围内，专心致力于发现不同经验之间的不变关系。

（三）对人类知识的力量抱乐观的态度，强调运用实证科学改造自然乃至改造社会的可能性。

孔德的主要著作有：《实证哲学教程》《实证主义概论》《实证政治体系》《实证宗教教义问答》和《实证逻辑体系》等。

从十九世纪五十年代起，孔德的实证主义开始在英、法两国思想界占据主导地位，拥有一大批追随者，如法兰西学院教授拉菲特、法国科学院院士利特雷、法国著名美学家丹纳、英国著名心理学家贝恩、剑桥大学道德哲学教授西奇威克等人，都是孔德哲学的坚定追随者。

二、穆勒的功利实证主义

约翰·斯图亚特·穆勒在某种程度上发展了孔德的实证主义哲学,他的主要哲学著作有《逻辑学体系》《论自由》《功利主义》《威廉·哈密尔顿爵士的哲学研究》《奥古斯特·孔德和实证主义》和《关于宗教的三篇论文》等。

和孔德等法国实证主义者一样,穆勒也强调事实和科学方法的价值,强调知识起源于经验,注重社会改革。但是,孔德重视的是专门科学的方法和结果,致力于人类知识分类和系统化,而穆勒则以法国人所忽略的心理学、逻辑学为出发点。

穆　勒

穆勒从事学术活动的最主要的动机,源于社会改革、政治改革和人类幸福的理想。要实现改革,需要有知识;而要取得知识,必须运用正确的方法,即能够由已知真理达到未知真理,从而给人类增加新知识的方法。这种方法不仅应该是以往各种研究方法的总结,而且可以运用到诸如心理学、伦理学、政治学、历史学等心理或道德科学方面。

穆勒相信,社会和政治领域的知识进步,和自然科学的进步一样重要。所以,要达到社会改革和人类幸福的目的,必须像发现自然规律一样,发现人类行为的规律。他认为,心理学确定的规律是最基本的规律,一切有关社会现象的其他规律都可以从中推演出来;但由于人的社会行为十分复杂,所以必须创建一门中介科学即“人性学”,它的任务是根据心灵的一般规律,结合人在社会中的地位,来确定能够促进或防止我们所关切的人性和行为趋向产生的条件。

在伦理理论方面,穆勒重申,最大多数人的最大幸福是至善和道德标准,但他认为快乐不仅有数量上的区别,而且有质量上的差异,质量要求胜过数量关系;幸福不仅仅是快乐,还要求对人类公共利益的同情心、知识的浇灌和精神的修养。他认为,不应把功利主义当成单纯的利己主义,自我牺牲行为是人类最高尚的美德;功利主义伦理学的全部精神和完备理想,就体现在耶稣的“道德黄金律”中,即:待人像你期望人待你一样,爱你的邻人像爱你自己一样。

三、斯宾塞的综合实证主义

集实证主义之大成的,是赫伯特·斯宾塞。他认为,知识应该是一个完全统一的有机的思想体系,哲学的使命就是发现“最高真理”,从中不仅能推导出力学、物理学、生物学、社会学和伦理学原理,而且还要使这些原理彼此协调,所以他称自己的哲学为“综合哲学”。

斯宾塞

斯宾塞断言,人类一切知识都以思维的初始活动为基础,如果不是因为心灵有对逻辑一致性的要求以及发现相似和差异的能力,知识是不可能的。但对思维过程和思维结果的考察表明,我们只能认识有限、相对和可分类的事物(现象),而不能认识绝对或者无限。不过我们总能把现象同绝对联系起来,现象必然以绝对为前提,否则,现象就不可思议,就不会被认识,它们本身就会是绝对。绝对是不可知的,这不仅可以从我们的智慧本性中得到证明,而且可以在科学事实方面得到证明:我们不能理解诸如物质、运动、空间、时间、自我等科学和哲学中的基本概念的起源。斯宾塞有时把不可知的绝对称为“力”。“力”是恒久存在的,是既无开端又无终结的无条件的实在,是一切现象的终极原因,是对经验进行科学组织的基础,因而也必然是一切知识的来源。不可知的恒久存在的“力”,在直接对立的主体与客体、自我与非我、精神与物质中表现自己。经验就是“力的恒久性”的表象:主体是模糊的表象,客体是清晰的表象;物理的东西和心理的东西都受相同的经验规律的支配。认识就是分类,“或者把相同的东西结合起来,把不同的东西分离开来”。因此,科学的最高成就,就在于解释现象的各种秩序。

斯宾塞认为,科学虽无法认知绝对,但不能成为否定绝对的理由,因为无论过去、现在或将来,永远都存在两种对立的精神活动方式:“人类的精神永远不会只被已确定的现象及其关系所占据,也必然会被现象及其关系中的不确定东西所占据。”“既然精神总存在着超越知识的可能,那就永远不会没有宗教的地盘。”他认为,历史上科学与宗教的互相对立和排斥乃是出于双方的误解;两者虽然表面上不相容,实际上却是一体两面,可以而且也应该携手共进。

虽然知识仅限于相对的现象,但哲学家的使命应该是发现一切现象所共同遵循的普遍规律。斯宾塞认为,进化规律就是一种普遍规律:从天体到物种,从无机界到有机界、从自然到社会,无不存在演进过程;相对、有限的现象世界由绝对、无限的“力”所决定,“力”的作用是永恒的、无所不及的,因此进化也必然是恒久的、普遍的。这就是说,无论从现象界各个领域的归纳,或者根据“力的恒久性”的第一原理的演绎,都可以得出普遍进化的规律。

在斯宾塞看来,进化就是“物质的集结”以及同时发生的运动的消散,在这个过程中,物质由相对不确定的、分散的同质状态进到相对确定的、凝聚的异质状态,而被保留的运动也发生了相应的转化。进化,首先是从分散到集中,从较少凝聚的形式到较多凝聚的形式;然后是从集中到分化,从分散的同质状态进到凝聚的异质状态;接着是从分化到平衡,从不确定、无联系的同质状态进到相对确定的、凝聚的异质状态,最终达到普遍和谐,达到平衡,即达到进化的顶点。由于外界的影响,平衡状态不可能持久,随之而来的必然是分散和解体,全部过程又重新开始。

普遍进化是斯宾塞综合哲学体系的根本理论。在其早期著作中,他就用这一理论批判主张事物永恒不变的形而上学,这对达尔文产生过直接影响。

在社会学方面,斯宾塞相信社会领域与自然领域一样,也存在着规律。社会学的任务就是发现社会现象的规律。他认为,社会像生物一样是一个有机体,社会的分工就类似于动物机体各个器官的分工。生物机体所以能保持稳定、均衡的状态,动物机体所以能正常生存、进化,都是由于各种器官的机能的互相配合与均衡。因此,社会的生存和进化也离不开各部分机能的均衡。动物机体中有营养、循环分配和调节三大系统各司其职,社会有机体也有这三大系统:营养(生产)、分配(商业、交通、银行)和调节(政府及各种管理机构),这三大系统也各司其职,缺一不可,否则,社会就失去均衡,无法生存,更谈不上进化。斯宾塞认为,他提出的“适者生存”法则不仅适用于生物领域,而且适用于社会领域,社会的进化正是通过这一法则实现的。

斯宾塞强调,社会机体与生物机体之间不仅存在着一致性,而且存在着差异性:生物机体的各个器官服从整体的生存;社会机体则相反,社会本身不应成为目的,整体为部分的存在服务。社会越进化,个人就越重要,社会的生存价值就体现在对公民的个人自由的维护上。国家的调节作用,应当是消除个人之间的冲突以及一切对个人自由的侵犯。

斯宾塞的主要著作有《社会静力学》《演进假说》《心理学原理》《第一原理》《生物学原理》《社会学原理》和《伦理学原理》等。

十九世纪七八十年代,斯宾塞的实证主义在西方各国的传播盛况空前。二十世纪初,它还在东方各国产生了不小的影响。

实证主义开了现代西方哲学中的科学主义思潮的先河,对现代西方哲学产生了深远影响。二十世纪的马赫主义和逻辑实证主义是它的后继者,被称为第二代实证主义和第三代实证主义,还有新康德主义、实用主义以及当代科学哲学等流派,也都在很大程度上受到了它的影响。

第二章
近代科技文化

在所有能为人类造福的财富中，我发觉再没有什么能比改善人类生活的新技术、新贡献和新发现更加伟大了，因此我觉得在原始的野蛮人中间，被人奉若神明的人，恐怕是一些发明家和创造家。

——弗朗西斯·培根

哥白尼天文学革命拉开了西方近代科技的序幕，在其后的三百年间，西方各国科技天才辈出，科技成就震惊世界，而其科技成就最突出的标志，就是不仅改变了人们的思维方式和生活方式，同时还改变了人类历史进程的五大科学革命和六大技术发明。

第一节　近代五大科学革命

所谓“近代西方五大科学革命”，分别是物理学革命、生理学革命、化学革命、电磁学革命和生物学革命。

一、牛顿与物理学革命

近代物理学，有时也称“古典力学”，它在十七世纪的巨大发展是与科学史上的两个伟人的名字连在一起的，那就是伽利略和牛顿。

伽利略虽然在天文学方面也有重大贡献，但他的最大成就却在物理学方面。可以说，作为近代科学基础的物理学，其创始人就是伽利略。

在伽利略时代，物理学的关键部门是力学，而传统力学是建立在亚里士多德的理论基础上的。亚里士多德的力学理论，从根本上说是“静止”理论，其要义有二：一是认为物体的原始状态是静止的，物体运动是由于物体受到力的作用的结果，所以只要力停止作用，物体便会恢复静止状态；二是认为物体在空间的运动是以“空间媒质”的作用为基础的，也就是说，空间是由“媒介物质”组成，不存在真空，否则的话，按他的第一要义，物体在空间中的运动就无法解释。但是，尽管亚里士多德的理论很容易为普通经验所接受，可自古以来，人们却知道有两种运动让人难以理解：一是投石块时石块在空中的弧线运动；二是石块从高处落下时的加速运动。

伽利略的研究就是从这两种运动着手的。他在比萨斜塔上做的著名实验，就旨在证明：亚里士多德的理论是错误的。因为按亚里士多德的理论，两个不同重量的物体同时从同一高度落下，重量大的物体应先落地。但伽利略却用事实证明了，不同重量的物体同时到地。也就是说，物体自由落下的速度与物体的重量无关，而与下落的时间成正比，即下落的时间越长，速度越快。这就是“自由落体加速度定律”。

同样，伽利略也否定了亚里士多德关于“空间媒质”的理论。他通过实验，发现了抛物运动规律。所有这些发现他都在一六三四年出版的《两种新科学的对话》一书里予以总结。这部著作的问世，奠定了近代物理学的基础。

牛　顿

如果说伽利略是近代物理学先驱的话，那么英国物理学家牛顿则是近代物理学的集大成者。牛顿的研究广泛而深入。首先，他在伽利略等人的研究基础上又进一步建立了成为经典力学基础的"牛顿运动定律"。这一著名定律首次发表于一六八七年出版的《自然哲学的数学原理》一书中。所谓"牛顿运动定律",包括三条运动定律——第一运动定律是:任何物体在不受外力的作用时,都保持原有的运动状态不变,即原来静止的继续静止,原来运动的继续做匀速直线运动;第二运动定律是:任何物体在外力作用下,运动状态发生变化,其动量随时间的变化率与其受的外力成正比(在经典力学中,质量是一个不变的量,因此这一定律也可表述为:物体的加速度与所受外力成正比,与物体的质量成反比,加速度的方向与外力的方向相同);第三运动定律是:当物体 A 给物体 B 一个作用力时,物体 B 必然同时给物体 A 一个反作用力。作用力与反作用力大小相等,方向相反,但在同一直线上。

其次,牛顿在开普勒定律的基础上,发现了万有引力定律。所谓"万有引力定律",就是指在两个物体之间,由于物体具有质量而产生的相互吸引力。地面上的物体所受的重力,就是地球与物体之间的引力,我们常称为"地心引力"。地球、行星之所以绕太阳运行,月亮、人造卫星之所以绕地球运行,也与它们之间的引力有关。地面上的两个物体,譬如一幢房子和一辆汽车之间,也有引力,但由于它们质量太小,互相间的引力根本感觉不到。质量大得惊人的天体就不同了,相互间的引力就很大,所以万有引力定律在天文学上特别重要。

由伽利略奠基、牛顿予以重大发展的近代物理学,是西方近代科学的主干,它不仅自身有诸多发现和创建,还为其他学科提供了原则和方法,同时也带动了其他学科的发展。其影响之大,甚至连近代哲学也为之改观,譬如近代机械唯物论哲学的出现,就是仰仗了物理学的高度发展。

二、哈维与生理学革命

生理学革命开始于文艺复兴时期的十六世纪,至十七世纪由英国生理学家威廉·哈维等人完成。

生理学的任务是了解生物有机体的结构,而对生物有机体加以实际观察的学科是解剖学。但是,由于宗教上的原因,人体解剖在西方长期受到阻挠。中世纪晚期,古希腊学术文献被大量发现,盖仑关于人体生理构造的学说得到罗马天主教会的认可，成为生理学界和医学的权威。但是，盖仑的人体学说主要基于对动物的解剖，因而存在许多错误。

哈 维

首先纠正盖仑错误的是十六世纪比利时解剖学家维萨留斯，他通过亲自动手解剖人体，掌握了丰富的人体解剖学知识，并于一五四三年出版了他的重要著作《论人体构造》，系统阐述了人体的骨骼系统、肌肉系统、血液系统、神经系统、消化系统和内脏系统。维萨留斯继承了盖仑和亚里士多德的许多观点，但也提出了许多不同的看法，指出了他们的许多错误。不过，在人体生理学中，最重要的是要了解血液的运动规律，因为血液贯穿全身，是联系身体各部分的渠道，只有正确认识血液的运动规律，才有助于进一步了解人体的其他机能。这一项研究工作，最初就是由维萨留斯在巴黎大学医学院的同学、西班牙解剖学家塞尔维特开始做的。

塞尔维特毕业后，继续留在巴黎大学进行实验研究，并作出了他一生中最重要的科学发现，即：血液的肺循环。他发现血液并不是通过心脏中的隔膜由右心室直接流入左心室，而是经由肺动脉进入肺静脉，与这里的空气相混合后流入左心室。这一发现通常称为“小循环”，是导向发现血液全身循环的重要一步。遗憾的是，塞尔维特的发现触犯了当时的正统神学，他被教会逮捕并处以火刑，被活活烧死了。

然而，英国解剖学家威廉·哈维继承了塞尔维持研究工作。哈维早年就学于剑桥大学医学院，后来到了当时欧洲最大的医学院——意大利帕多瓦大学医学院。帕多瓦大学素以政策开明、学术自由著称。哈维在此讲学，同时进行解剖学研究，特别是对心血管系统进行了细致的解剖学考察。

经过对心脏结构和功能的研究，哈维发现，心脏的每半边实际上仍分为上下两个腔，之间有一个瓣膜相隔，而且只允许上腔(即心房)的血液流到下腔(即心室),不允许倒流。大动脉与左心室相连,静脉与右心房相连,而肺动脉和肺静脉则将右心室和左心房连通,形成小循环。哈维还发现,心脏是一块中空的肌肉,不停地做收缩和扩张运动,收缩时将血液压出去,扩张时将血液吸进来。心脏的结构表明,它只可能吸收来自静脉的血液,也只可能将血液压往动脉。

哈维接着研究静脉与动脉的区别,他发现动脉的壁较厚,具有收缩和扩张的能力,而静脉壁较薄,里面的瓣膜使得血液只能单向流向心脏——这似乎表明,生物体内的血液总是单向流动的。为了证实这一点,哈维做了一个活体结扎实验。当他用绷带扎紧人手臂上的静脉时,心脏变得又空又小,而当扎紧手臂上的动脉时,心脏明显涨大。这表明,静脉确实是心脏血液的来源,而动脉则是心脏向外喷吐血液的通道。体内血液的单向流动实验,证明了盖仑静脉系统双向潮汐运动观点是错误的。

哈维向学界解说人体血管构造

哈维的另一个定量实验推翻了盖仑的动脉吸收理论。解剖发现,人的左心室容量约为两盎司,以每分钟心脏搏动七十二次计算,每小时由左心室进入主动脉的血液流量应为八千六百四十盎司,这个数字相当于普通人体重量的三倍，人体无论如何也不可能吸收这么多的血液。由于体内血液是单向流动的，这样多的血液是从静脉来的，而肝脏在这样短的时间内也绝不可能造出这样多的血液来。唯一的解释就是：体内血液是循环运动的。

哈维关于血液循环运动的讲演没有在伦敦医学界引起反响，但他并不气馁，继续进行他的解剖研究，终于在一六二八年出版了《心血运动论》这部生理学史上划时代的巨著，系统总结了他所发现的血液循环运动规律及其实验依据。过去盖仑学说中各种不可捉摸的“灵气”，现在都被血液的循环运动所驱除。哈维的这部著作，把物理学概念引入了生理学，从而预示了近代生理学发展的新方向。

三、拉瓦锡与化学革命

化学革命起因于对燃烧和气体问题的研究。燃烧问题一直是化学研究的一个核心问题，因为火和燃烧现象是自然界中极为常见的一种现象，许多化学过程都与之相关。人们大多注意到，在燃烧过程中有火焰迸出，还注意到，木柴燃尽后的灰烬，要比原先的木柴轻了许多。这使人很容易想到，在燃烧过程中一定有某种东西离开了燃烧物。这就是“燃素说”的基本想法，那种在燃烧过程中消失的东西，后来就被称为“燃素”。

首先提出燃素理论的是德国化学家斯塔尔。他认为，易燃物之所以易燃是因为含有较多的燃素，灰烬不能燃烧，因为其中不含有燃素。在燃烧过程中，被烧物体中的燃素被空气吸收，空气只起单纯的助燃作用，并且它的主要用途是带走燃素。在燃素说的概念框架内，斯塔尔还认识到，金属生锈与木材燃烧是同一类化学过程，它们都是失去燃素的过程。但“燃素说”有一个明显的问题，那就是：燃素是否有重量？因为有机物在燃烧完后重量一般大大减少，而金属生锈后重量却往往增加。如果它们都伴随有燃素的逃离，那么燃素究竟有没有重量，如果有，是正重量还是负重量？对于这一问题，斯塔尔却没有在意。

后来，英国化学家普利斯特列的发现，在某种程度上对这一问题作出了回答。普利斯特列在实验中认识到，空气里包含两种性质完全不同的成分，其中一种只占空气中三分之一到四分之一的质量，他将之称为“脱燃素空气”(即氧气)。但由于普利斯特列相信“燃素说”,他还没能正确认识氧气在化学反应中的作用。

彻底推翻“燃素说”,从而在化学领域引发一场概念革命的是法国化学家拉瓦锡。

拉瓦锡

拉瓦锡在他的早期研究中就深刻意识到了定量测量的重要性。他重复了前人关于燃烧问题的一些实验,发现燃烧磷和硫之后所得的物质比原来的磷和硫的重量之和要重,他推测一定是空气中某种东西加入了反应使反应物重量变重。为了验证这一看法,拉瓦锡于一七七四年设计了一种新的实验。他在一个密闭的容器里加热锡和铅,两种金属表面均起了一层金属灰。从前的实验都表明带有金属灰的金属比原来的要重,但他发现,整个容器在加热后并不比从前更重,这就是说金属增加了重量,空气必定失去了重量。空气若有所失,便会在密闭容器里形成部分真空。果然,容器一打开,空气马上涌了进来,容器重量立见增加。这个实验充分证明了,金属燃烧的结果是与部分空气相化合。但拉瓦锡当时并不知道空气是多种气体的混合物,所以在他向科学院所作的报告中也没有进一步解释。

同年,英国化学家普利斯特列访问巴黎,告诉拉瓦锡说,他已发现“脱燃素空气”。于是,拉瓦锡重做了普利斯特列的实验,明确得出结论:燃烧即物体与空气中的较纯净部分相化合的过程。至于空气中的较纯净部分,他当时称为“宜于呼吸的空气”,后来,即一七七九年,他正式把它改称为“氧气”。

一旦有了氧化的概念,拉瓦锡就比他的同时代人更深刻地理解了许多化学反应过程。譬如,前人所谓的“固定空气”,其实就是由碳和氧的化合所产生的;许多燃烧实验,其实就是燃烧物与氧气的化合过程,等等。既然大量实验已经表明,燃烧是一种氧化现象,拉瓦锡便向“燃素说”发起了进攻。一七八三年,他向科学院提交了一篇论文,指出了“燃素说”的诸多问题;相反,氧化理论可以十分恰当地解释燃烧现象,燃素理论则是一种错误的学说。

拉瓦锡的实验室

推翻“燃素说”,是化学界的一大革命,但拉瓦锡的贡献还不仅于此。一七八七年,拉瓦锡和化学家德莫瓦、贝托莱等人一起出版《化学命名法》一书,使近代化学第一次有了严格、统一、科学的化学物命名方法;更为重要的是,他还于一七八九年出版《化学纲要》一书,系统阐述了他的理论体系。该书的出版是化学史上划时代的事件,它不仅表明近代化学已抛弃旧化学理论,还为未来的化学研究提供了基本思路。

《化学纲要》一书对近代化学的贡献,相当于牛顿的《自然哲学的数学原理》一书对近代物理学的贡献,因而拉瓦锡堪称“近代化学之父”。

四、法拉第与电磁学革命

直到十八世纪末,欧洲科学界一直相信,电与磁是两回事。然而,十九世纪的一批物理学家却发现了电与磁之间的奇妙关系,因而创建了一门新兴学科——电磁学。

最初发现电磁关系的是丹麦物理学家奥斯特。奥斯特一直坚信,电磁之间一定有某种关系，电一定可以转化为磁，但他做了多次实验，均未成功。一八一九年，他产生了一个新的想法，即电流的磁效应可能不在电流流动的方向上。经过几次实验，他果然发现电流接通时附近的小磁针动了一下。他万分惊喜，又经反复验证后于当年七月发表了《关于磁针上电流碰撞的实验》的论文，指出：电流所产生的磁力既不与电流方向相同也不与之相反，而是与电流方向相垂直。此外，电流对周围磁针的影响可以透过各种非磁性物质。

奥斯特的发现马上轰动了整个欧洲科学界。既然电流有磁效应，科学家自然想到磁也可能会有电流效应。许多人为此做了不少实验，但磁的电流效应并未立即被发现。直到奥斯特的发现十年后，英国物理学家法拉第才完成了这一壮举。

法拉第

法拉第也像其他许多科学家一样，相信不仅有电流的磁效应，而且也应有磁的电流效应。一八二四年，他曾设计了一个实验以检验这种效应。他让两根导线平行放置，然后在一根导线中通电，看看另一根导线中会不会有电流感应。他当时希望看到导线中产生稳定的电流，结果瞬间的电流感应未被他注意。以后多次实验均无结果。

一八三一年八月，法拉第又设计了一个新的实验。他在一个软铁环上绕了两段线圈，一段线圈与电池相连，另一个则与电流计相连。这时他发现，当电池接通时，电流计产生强烈的振荡，但不久回复到零位置，当电池断开时，电流计又发生同样的现象。法拉第起先不明白这里的含义。九月，他将与电流计相连的线圈绕在一个铁圆筒上，又发现每当磁铁接近或离开圆筒时，电流计都有短暂的反应。这表明，磁确实可以产生电，虽然只是短暂的。

同年十月一日，法拉第又将两根绝缘铜线分别绕在同一根木头上，形成两组线圈，一组与电流计相连，另一组与电池相连。情况依旧，当电池接通或断开时,电流计指针跳动,随后就回到零位。十七日,法拉第进一步发现,仅仅用一根永磁棒插入或拔出线圈,就能从与线圈相连的电流计中发现指针偏转。法拉第十分清楚,他已经用实验证明了感应电流的存在。十一月二十四日,他向皇家学会提交了一篇论文,报告了他的重大发现。

感应电流的发现有着重大的意义,它意味着通过连续的运动磁体可以不间断地得到电流。据说,法拉第本人很快就制作了一个模型发电机。发电机和电动机的问世,表明人类已进入了电气时代。

不过,法拉第虽然奠定了电磁学的物理概念基础,但由于他并不精通数学,不能用精确的数学语言表述他的物理思想。而若没有精确的数学公式,基础概念就不可能上升为科学理论。这一使命,后来就由英国物理学家麦克斯韦完成了。

麦克斯韦

麦克斯韦于一八五五年写了《论法拉第的力线》一文,第一次赋予法拉第的力线概念以数学形式,从而初步建立了电与磁之间的数学关系。他的理论还表明,电与磁不能孤立存在,两者是不可分的。一八六二年,他又发表第二篇论文《论物理学的力线》。在这篇论文中,他提出了自己首创的"位移电流"和"电磁场"等新概念,并在此基础上给出了电磁场理论的更完整的数学表述。一八六五年,他发表著名论文《电磁场的动力理论》,不仅给出了今天被称为"麦克斯韦方程"的电磁场方程,而且还提出电磁波的概念。他认为,变化的电场必激发磁场,变化的磁场又激发电场,这种变化着的电场和磁场共同构成了统一的电磁场,电磁场以横波的形式在空间传播,即形成"电磁波"。

一八七三年,麦克斯韦出版了集电磁理论之大成的经典著作《电磁通论》。这部著作可称是"十九世纪电磁学百科全书",它不仅全面总结十九世纪电磁学所取得的成果,还预示着二十世纪信息时代的到来。

五、达尔文与生物学革命

近代生物学革命的标志,就是进化论思想的确立。实际上,关于生物物种进化的思想,早在十八世纪后期就已出现,当时的法国生物学家拉马克第一个提出了生物进化的理论。但是,进化思想一直并未得到广泛的接受(当时流行的是反进化论的"灾变说"),只有在英国博物学家达尔文发表了《物种起源》一书后,生物普遍进化的思想和物竞天择、适者生存的进化论思想才为学术界所公认。

达尔文

达尔文的祖父伊拉斯谟·达尔文是十八世纪英国著名的博物学家,发表过《动物学》等多种生物学著作,也是进化论的先驱之一。达尔文早年就读于剑桥大学神学院,但他对神学不感兴趣,倒是结识了一些搞自然科学的朋友,如植物学教授亨斯洛和当时著名的地质学家塞奇威克等人。一八三一年八月,英国海军的"贝格尔号"舰准备前往南美进行科学考察,经亨斯洛推荐,达尔文随船进行科学考察。

十二月二十七日,"贝格尔号"从英国普利茅斯港起航,先是南下非洲,从非洲西海岸西渡南大西洋,到达巴西;又从巴西南下绕过麦哲伦海峡到达南美洲西海岸的利马和加拉帕戈斯群岛;再从加拉帕戈斯群岛横渡太平洋去新西兰和澳洲;由澳洲穿越太平洋经过好望角再次回到巴西,然后从巴西直接回国。"贝格尔号"的环球航行历时五年,直到一八三六年十月才回到出发港——普利茅斯。

经过五年的实地考察,达尔文已成了一个训练有素的博物学家,同时也使他意识到,生物界存在着极为巨大的繁殖力和大量的变种,但是只有那些在生存斗争中有适应能力的变种才存活了下来,并得以有最多的后代，其余的变种则被淘汰。这就是自然选择的过程。为了证明这一过程，达尔文首先研究人工选择问题。事实上，人类一直在进行培育优良品种的工作，并且已经成功地培育出了强壮的马匹、产奶的奶牛、产毛的绵羊、产肉的肉鸡等，但是有关人工育种的学术著作充满了谬误。达尔文亲自进行家鸽的育种实验，从而对变异和选择问题有了更深的了解。一八五六年，达尔文准备开始写作《物种起源》。但他是个治学严谨的人，还想等着收集更多的材料和证据，以写出一部证据确凿的进化论巨著。

这样历时三年，达尔文于一八五九年才正式出版了《论通过自然选择的物种起源，或生存斗争中最适者生存》(一般简称为《物种起源》)一书。由于学界事先已知道此书的写作情况，所以此书初版一千两百五十本在出版的第一天就被抢购一空。

根据达尔文理论描述的人类进化过程

《物种起源》援引了大量的证据说明在自然选择作用下的物种进化规律。达尔文广泛引证了生物在人工培养下的进化现象、在自然条件下的多样性分布、生物化石所呈现的时间上的生物进化现象。达尔文认为，家养物种起源于少数几种野生物种，但由于物种本身有遗传和变异两种性质,其中对人类有用的变异就在人工选择过程中被保留了下来,被保留下来的有用的特性通过遗传继续传给后代,后代中又出现的变异则再一次被选择。这样,家养物种就沿着对人类越来越有用的方向进化了。

人工选择是在一个相对较短的时间内,造就出适合于人类需要的物种。达尔文认为,自然界同样也可以在一个相对缓慢得多的时间内,以其自然条件造就出与各种环境相适应的物种来,而且由于自然条件的多样性,自然界所造就的物种远比人工造就的多得多。比如长颈鹿,并不是它经常伸长脖子导致它的后代脖子这么长,而是由于变异的缘故。有些鹿生来颈就长一些,这些长颈的鹿因能吃到更多的树叶,所以更能存活下来。漫长的岁月过去了,那些脖子变长的变异因素在生存竞争中总是保持着优势,因而不断积累,终于形成了我们今天看到的长颈鹿。

总之,《物种起源》奠定了进化论的基础,即:生物进化的主导力量是自然选择,比较适合于外界环境条件的生物可以生存,并逐渐积累有利的变异特性而发展为新种;反之,比较不适合外界环境条件的生物,便不能生存或者不能传种,于是就会被逐渐淘汰。这一学说重大意义在于:它彻底否定了传统神学关于神造世界的观点,以及形而上学的物种不变论,它不仅使生物学研究领域为之大大改观,同时也改变了人类对自身历史与世界未来的看法。

第二节 近代六大技术发明

由于近代科学理论的发展,近代技术领域也相应爆发了革命。近代技术革命的集中表现,就是一系列的发明。在这些发明中,最具革命性的、对近现代社会经济和文化影响最大的是:蒸汽机的发明、轮船的发明、火车的发明、电话的发明、电灯的发明和飞机的发明。

一、瓦特与蒸汽机的发明

据说,蒸汽机是瓦特看到水壶水开时蒸汽冲开壶盖,因而受到启发

瓦 特

才发明的。其实,这完全是误传。因为蒸汽有推动力,这一点无须瓦特来发现,公元前二世纪的古希腊发明家赫隆就曾制造过一种利用蒸汽作为动力的“蒸汽球”。再说,在瓦特之前,譬如一六一九年,有个意大利医生布兰卡就已制造过一种蒸汽作动力的装置;一七〇七年,法国人帕潘和英国人纽考曼都已制造出了最原始的蒸汽机,并用它来驱动矿井里的抽水机。问题是,他们的蒸汽机由于结构不合理,不仅耗煤量大,而且工作效率也不高。

作为蒸汽机发明人的瓦特是在一七五九年左右开始研究蒸汽机的,当时他是格拉斯哥大学的一名机械师。他发现纽考曼的蒸汽机在工作时热量损失太大,于是便着手加以改进,但是他搞了一年半仍无进展。后来,在一个偶然的机会,他突然想到应改变纽考曼蒸汽机的结构。经过实验,证明他的想法不错。于是他开始制造简单的模型。虽然仍不完善,但效率已经超过纽考曼的蒸汽机。他以为事情已经成功,

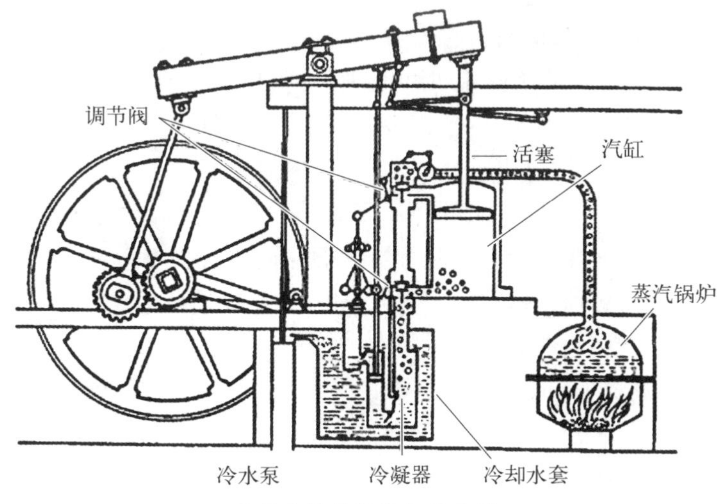

瓦特改造的蒸汽机结构图

没想到在他准备制造第一台样品时，由于当时冶金技术还很差，有些部件的强度达不到他的要求，因此他的样品设计无法予以实施。这样，他又不得不另想办法。经过多年的努力和无数次的试验，最终他对纽考曼蒸汽机进行了彻底的改进，即把蒸汽压力直接作用于活塞而代替纽考曼蒸汽机所用的大气压力。这样，瓦特才算发明了真正的蒸汽机，即瓦特蒸汽机。由于瓦特蒸汽机要比原先各种原始蒸汽机的效率高得多，于是便被广泛运用。瓦特也于一七六九年获得了专利权，成为这项技术的发明人。

二、富尔顿与轮船的发明

在船舶发展史上，第一个想到把蒸汽机装在船上作为动力的是法国发明家帕潘。他在一六九五年发明了一种简单的蒸汽机，并把它安装在船上使用。后来，又有很多人利用简单的蒸汽机来驱动船只，其中最有名的是法国的杜弗洛瓦侯爵。他在一七七六年从水鸟的蹼得到启发，造了一艘用蒸汽机划水的船，据说曾在塞纳河上航行了一年之久。

到了一七八七年，美国人费奇也造了一艘用蒸汽机在两侧划水的船，可是一小时只能航行六公里半。第二年，他作了改进，在船尾放桨，造了一艘长十八公尺的大船，上面能坐三十多人，在费城和帕林顿之间的河道上航行，时速达十多公里。不久，费奇又造一艘时速可达十三公里的船，作为定期客船航行在费城与帕林顿之间。但是，当时的美国人还很保守，只知道船总得用帆和桨来航行，所以对费奇的发明并不重视。费奇得不到国人的支持，便去法国申请专利权。不巧，正好碰上法国大革命，法国举国上下一片混乱，他只好败兴而归。

与此同时，英国人辛明顿也用瓦特蒸汽机在一八〇三年造了一艘蒸汽划水船。这艘船最初的航行情况很好，在克莱德河上被用作驳船，可是由于它开动时掀起的水波太大，冲坏了码头，于是便由英国政府下令禁止航行。

一般说来，轮船的发明人当推美国发明家富尔顿。他有多项发明，其中之一就是轮船。他为了研究轮船，特地去英国向辛明顿请教，同时又到法国去看费奇的设计图(费奇曾在法国申请过专利权，所以法国存有他的设计图)。他在法国造了一艘轮船，可是由于机器过重，航行不久

富尔顿

便沉没了。当时执政的拿破仑想请富尔顿为他造轮船,但遭到了拒绝。富尔顿在英国购买了一台瓦特蒸汽机,于一八〇七年在美国造了一艘性能空前卓越的轮船,那就是有名的“克莱蒙脱”号。这艘船的第一次试航,是从纽约沿哈德逊河而上,在全程为二百四十公里的航程中,它仅用了三十二个小时,使观看试航的人无不为之惊异。不过,在“克莱蒙脱”号试航的同时,另一个美国人史蒂文斯也造了一艘轮船,命名为“费尼克斯”号,也是在哈德逊河上试航成功的。只是,它比“克莱蒙脱”号晚了几天。

其实,富尔顿发明的“克莱蒙脱”号轮船,是以费奇的设计图为蓝本加以改进的,所用的蒸汽机也是现存的瓦特蒸汽机,而史蒂文斯发明的“费尼克斯”号不但比“克莱蒙脱”号要好,而且使用的蒸汽机也是由他自己制造的。可是,由于“费尼克斯”号的试航比“克莱蒙脱”号晚了几

富尔顿的“克莱蒙脱”号轮船

天,结果轮船发明者的荣誉便被富尔顿夺走了。

三、司蒂芬孙与火车的发明

现代的火车最初是由马拉的运煤车演化而来的。第一个想用蒸汽机作动力拉车的是英国人特雷维希克。他在1801年制造了一辆高压蒸汽机车,并在威尔士的佩尼德兰煤矿铺设一条十六公里长的铁路,由他的高压蒸汽机车牵引装满煤的车皮。这就是世界上第一列货车。一八〇九年,特雷维希克又造了一列火车,不过是放在伦敦广场上做生意的。他在广场上铺设一条环形铁路,由他的机车牵引一连串的马车在铁轨上行驶,游客坐一次付一便士。这就是世界上第一列客车。

司蒂芬孙

不过,特雷维希克的火车缺点很多。首先是用煤太多;其次是速度太慢,经济效益实在不高。于是人们便开始对他的火车进行改进,其中最成功的是英国工程师司蒂芬孙。经他改进的新型机车既省煤,速度又快,所以首先就被达林顿煤矿采用。一八二九年,利物浦曼彻斯特铁路公司组织机车竞赛,司蒂芬孙制造的“火箭号”机车获得优胜。于是司蒂芬孙式的机车开始迅速推广,司蒂芬孙也就被认为是火车的发明者了。

司蒂芬孙除了是新型蒸汽机车的发明者之外,还对商用列车的使用作出了贡献。他说服了当时头脑保守的政界人士,在曼彻斯特和利物浦之间铺设了一条五十公里长的铁轨,于一八三〇年九月十五日正式通车。第一列客车挂八节车厢,乘坐的都是当地的知名人士。火车从利物浦开出,仅用了一小时五十分钟就到达了曼彻斯特。这就是世界上第一列正式的商用客车。

自此以后,火车就急速发展。英国在十年之内铺设了两千多公里的铁路。美国不甘落后,于一八三〇年成立“巴尔的摩俄亥俄铁路公

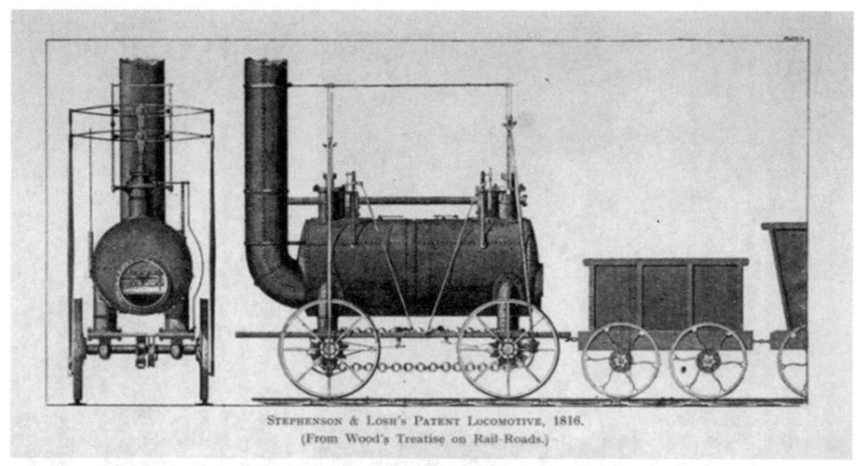

司蒂芬孙发明的火车

司”,铺设了从巴尔的摩到荷利科特的长二十公里的铁路,并从英国购入机车,开始了铁路客运业务。法国也于一八三二年开始在国内铺设铁路。不久,欧洲各国便全都有了火车。

四、贝尔与电话的发明

电话是由美国波士顿大学教授贝尔发明的。贝尔出生在英国,后移居美国。一八七三年至一八七七年间,他在波士顿大学任生理学教授,同时又对语音学深有研究。在此期间,他开始了一项研究,即利用一根电线里的电流把人的声音从一个地方传到另一个地方。

他雇用了一个叫华特森的年轻人做助手,经过反复实验,基本上成功了,但只能传递很小的声音。一八七六年三月十日,贝尔在三楼把发话机准备好,打算与地下室里的华特森作通话实验。这时,贝尔突然想到什么事,便对着发话机大声喊:“华特森,你快来,我有事!”这时,地下室里的华特森从收话机里听到了贝尔的声音,而且很清楚。他欣喜若狂,飞快地跑上三楼,对贝尔说:“我听到了,听到了,很清楚!”这一天可以说是电话发明史上最值得纪念的一天,而贝尔所说的那句话,也成了电话史上的“名言”。譬如一九一五年从纽约到旧金山的长途电话启用时,就是用这句话作为首次通话用语的。

贝尔向人们展示他发明的电话

当然，贝尔的电话后来又作了很大的改进才被推广使用，而且就在贝尔发明电话的同时，美国的另两位发明家即爱迪生和格雷，也分别发明了电话，只是因为贝尔首先获得专利权，所以他就成了电话的发明人。

五、爱迪生与电灯的发明

美国发明家爱迪生发明了留声机以后，便开始对电灯的实验。在此之前，英国人斯万实际上已经发明了电灯：他把一根白金线密封在一个真空玻璃球内，然后在白金线的两头接通强电流，在玻璃球内的白金线就会发光。可是，白金是贵金属，所以这种电灯只停留在实验室阶段，根本不能推广。爱迪生的贡献就在于他为电灯找到了一种比较廉价的灯丝，即椰子叶茎上的纤维，经碳化后便会通电发光。

爱迪生发明了电灯之后，便积极宣传，还拿到巴黎博览会上去展

爱迪生

览，可这时，斯万也找到了一种比较廉价的灯丝，即碳化木棉线。于是，两人为专利权发生了争执。最后他们相互妥协，决定合办“爱迪生-斯万公司”，产品也以“爱迪生-斯万电灯”的品名出售。

爱迪生和斯万的电灯都使用碳素作为灯丝，属于原始的电灯，寿命都不长。后来，直到二十世纪初，才由美国人库里奇发明了用钨做成灯丝的电灯。这种电灯称为“钨丝灯”，比原先的碳素灯不仅寿命长，而且亮得多。

六、莱特兄弟与飞机的发明

在飞机被发明之前，像英、法、德、美这样的国家实际上已经有了飞行的经历，因为人们建造飞艇已有多年历史。但是，飞艇不仅速度慢，而且操纵也不方便，因此在这些国家都有了在进行新型飞行器的试验。其中最成功的则是美国的莱特兄弟，因此他们被誉为飞机的发明者。

莱特兄弟制造的第一架飞机是于一九〇三年十二月十七日试飞成功的。这也是世界上第一架能够飞行的飞机，只能坐一个人，试飞时停

莱特兄弟

留在空中的时间为五十九秒，飞行距离二百四十七公尺。但两年以后，经他们改进后的飞机已经能在空中盘旋六十二分钟，飞行距离达三十八公里半之遥。

一九〇八年，莱特兄弟用他们的飞机在法国作公开表演，飞行时间长达一小时，飞行距离为九十六公里。法国人大为赞赏，于是便由法国政府出面向莱特兄弟购买了飞机的专利权。

第一次世界大战结束后，战时的轰炸机很快就被改装成客机进行商业飞行。此后，飞机又经过多次改进，性能越来越好，用途越来越广。于是，世界也就进入了航空时代。

除了上述六项重大发明，近代的发明还有许许多多，如内燃机的发明、电报的发明、电池的发明、汽车的发明、电车的发明，等等。总之，近代的发明是以近代科学发展为基础，同时又是工业革命刺激下的产物。然而，它们又反过来对近代社会产生巨大影响，如蒸汽机完全改变了机械动力；轮船使海上运输更为快捷，火车带来了划时代的

莱特兄弟发明的飞机

交通革命;电话正在改变人们的交往方式;电灯为工业电气化开了路,同时也改变了人们的作息规律;飞机则把人类引入了快速多变的二十世纪。

第三节 近代科学的制度化

在十七世纪之前,欧洲的科学研究活动基本上是由个人出于兴趣爱好而进行的,至多是有成就者可能会得到皇家的聘任或者某些有权者的赞助。但是到了十七世纪,由科学家组织的学会便分别在意大利、英国和法国成立,至于德国、俄国和美国等,也在十八世纪成立了类似的学术机构。这些学会和机构大多是官方性质的,经费由国库支出,这就意味着科学活动开始纳入国家事业之列,而且制度化了。

一、各国建立科学院

欧洲最早的学会是成立于一六〇一年的罗马学院,其宗旨是抑制传统的经院哲学,争取学术自由。次于罗马学院的是一六五七年成立的佛罗伦萨学院。这类学会以发扬伽利略的实验精神为宗旨，致力于研究温度表、钟摆、真空、毛细管现象以及静电和磁石。这两个学会虽然并不怎么正规，但已拥有来自各阶层的会员，可以说是近代学术机构的一种雏形。

一六六二年，英国成立皇家学会，四年之后，法国创建巴黎科学院。这两个学会的宗旨是铲除当时弥漫欧洲各大学的颓败风气，加强科学研究，提高工业技术，并在此基础上创造科学文明。这种科学思想的基础是英国近代哲学家弗朗西斯·培根的学说。培根曾在其著名的《新亚特兰提斯》里描绘了一座假想中的太平洋岛屿，那里有一所名叫“所罗门之家”的大研究院，科学家们和学者们就聚在那里共同从事研究，造福人类。

最初的英国皇家学会

培根的思想为德国哲学家莱布尼兹所继承。基于莱布尼兹的威望，德国于一七〇〇年成立了第一个学会柏林科学院。后来，俄国的彼得大帝出于俄国近代化的需要，接受莱布尼兹的建议，也于一七二五年创立了彼得堡学院。美国最早的学会，是一七二七年由富兰克林创建的，到一七四三年改名为“美国实用知识科学促进学会”。富兰克林不仅是美国独立战争时期的政治家，同时也是一位对电学有重大贡献的科学家。

二、英国出现各种科学团体

在英国，由于工业革命的兴起，更使各种学术组织如雨后春笋般的涌现出来。此外，传统的大学也开始重视自然科学教育和研究，譬如格拉斯哥大学和爱丁堡大学就为许多科学家提供了帮助。其中著名的有布莱克，他发现了碳酸气和地下热，而且协助过瓦特研究蒸汽机。而瓦特本人，也就是在格拉斯哥大学里发明蒸汽机的。

一七八一年，曼彻斯特成立文艺科学学会，拥有四十多名会员，除研究纺织品的漂白和染色技术外，他们还进行化学方面的各种实验。会员中最著名的是化学家道尔顿，他把自己的研究范围从气象学转移到化学上，从而奠定了近代原子论的基础。这个学会的辉煌成果使它成为各地学会的典范。

在伯明翰，至少在一七六〇年以前就成立了一个名叫“月会”的学术组织。之所以叫“月会”是因为会员们约定在每个月的月圆之日的下午开会，进行学术讨论，直到深夜为止。这个学会的会员都是当地名重一时的科学家，如发明蒸汽机的瓦特、陶瓷专家威基伍德和发现氧气的普利斯特列等人，都是这个学会的基本会员。

为了进一步发展新科学和新技术，一七九九年在伦敦创立了皇家研究所。这个研究所的宗旨很明确，就是要利用科学上的发明与发现提高英国的工业技术以促进工业生产的进一步发展。当然，这样实际的口号后来并没有完全实现，但是在研究所里却出了不少大科学家，如大化学家达瑞和著名物理学家法拉第便是这个研究所的成员。他们的研究成果举世瞩目。尤其是法拉第，他于一八三一年发现电磁感应现象，从而确定了电磁感应的基本定律，而这一定律是现代电工业的基础。此外，他还发现了后来以他的名字命名的法拉第电解定律以及磁致旋光效应，也叫“法拉第效应”。

三、法国成立巴黎理工大学

在法国,巴黎科学院也人才辈出,其中最出名的是大化学家拉瓦锡,他的最大贡献是于一七七二年证明了物质燃烧和包括人在内的动物呼吸都属于空气中氧气所参与的氧化作用,从而推翻了当时不正确的“燃素学说”。此外,他还和另外三位法国化学家拟订了化合物的第一个合理命名法,并在一七八九年写成了一本新体系的《化学纲要》。

巴黎理工大学

一七九五年,法国又成立巴黎理工大学和教育大学。这两座大学后来为法国培养了许多科学家。尤其巴黎理工大学,一向有“生金蛋的母鸡”之称,可见它对十九世纪前半叶法国科学发展的贡献之大。科学史上有许多一流的科学家都出自这所大学,如大数学家并兼力学家拉格朗日,他继牛顿的《自然哲学的数学原理》之后把新发展的数学分析应用在质点和刚体力学中,从而奠定了分析力学的基础;数学家兼天文学家拉普拉斯,他不仅在概率论、毛细现象理论、天体力学和函数理论方面都有重大贡献,还于一七九六年提出太阳系起源的星云假说,并从数学上作了论证。此外,还有物理学家卡尔诺的热力学研究,贝亚特、马洛斯、阿拉戈和弗兰斯奈等人对光学的理论研究,以及安培对电磁的研究,等等。除了培养超一流人才,这两所大学的组织和制度对世界各国的理工大学的教育机构的建立,也产生了直接的影响。

四、德国改革教育制度

再说德国，十九世纪初也对旧制度进行改革。作为改革的一环，就是以各大学为首，把自然科学列为正式的必修课程。这实际上早在一七七二年就已开始，当时哥廷根大学教授贝克曼就提出过“技术学”的新概念，并在一八〇六年公布了他的最初方案。当时的文教大臣洪堡又在吸收法国启蒙思想的基础上进行学制改革，并于一八〇九年创办柏林大学。接着又在全国各地开办职业学校。等到一八七〇年德国统一之后，这些职业学校都升格为理工大学，它们对各门学科的发展都作出了巨大贡献。德国在十九世纪后期之所以能在科学技术上超过英法两国，其原因也就在于此。

柏林大学

第三章
近代宗教文化

如果上帝不存在，就应该创造一个，但所有的自然现象证明，他确实存在。

——弗朗索瓦·伏尔泰

十六世纪宗教改革后，西欧基督教一分为二：一是以罗马教廷为核心的天主教，一是没有核心的各派新教。尽管新教是文艺复兴时期人文主义新思潮的产物，罗马天主教在新思潮的影响下也作了相应的改革，但自十八世纪起，无论是新教还是天主教，都受到了比人文主义思潮更强大的近代理性主义思潮的猛烈冲击。

第一节 理性时代的基督教

近代理性主义思潮对基督教信仰的冲击，主要来自三个方面，即：近代自然科学、《圣经》批判学和近代人本主义哲学。

一、近代自然科学与基督教

近代自然科学自十七世纪后逐渐摆脱基督教神学的束缚后，反过来对基督教神学提出了严峻挑战。继哥白尼天文学革命之后出现的近代五大科学革命,即:物理学革命、生理学革命、化学革命、电磁学革命和生物学革命,使越来越多的人开始接受科学的宇宙观,基督教创世说的正确性受到怀疑。具体说来,近代自然科学对基督教创世说提出的挑战主要有以下三个方面:

(一)基督教《圣经》中说,宇宙由上帝创造,并按上帝的意志运行;近代自然科学却认为,宇宙的运行是有规律的,这种规律可以被人的理智认识,并加以把握。

(二)基督教认为,生物由上帝创造,物种永恒不变;近代生物进化论却认为,物种不仅由简单进化为复杂,而且还会变异为新的物种。

(三)根据基督教的"原罪说"和"救赎说",由于人类始祖的堕落,人类生来有罪,因而需要救赎:近代生物学却认为,人类只是地球上无数生物之一,由类人猿进化而来,无所谓"原罪",也无需"救赎"。

此外,以近代科学技术为基础的工业革命,也间接地改变了人们的思维方式。由于工业革命重塑了西方社会的面貌,人们开始相信:人类并不受制于万物,恰恰相反,人类是万物的主宰。这种思维方式,无疑和信奉上帝、顺从自然的基督教义大相径庭。

二、《圣经》批判学与基督教

在近代自然科学对基督教创世说提出挑战的同时,近代《圣经》批判学又对基督教《圣经》的文本权威性提出了质疑。《圣经》批判学也称"《圣经》考据学"或"《圣经》评断学",其宗旨是用理性的历史学考据、训诂和比较方法,研究《圣经》各篇的真伪、写作年代和可信性。

《圣经》批判学中最有影响的是以德国杜宾根大学为中心的杜宾根学派,其重要人物是费迪南德·鲍尔和大卫·施特劳斯等人。

费迪南德·鲍尔经过考证,发现《新约圣经》中许多篇目的写作年代都和教会所说不合。譬如,被教会认为《新约圣经》中最重要的四部福音书,实际上是在不同年代写出来的,其作者也不是耶稣的门徒马太、路加、马可和约翰,很可能是早期教会的某些圣徒;《马太福音》带有犹太教倾向,成书时间可能最早;《路加福音》则是根据另一部被教会认为是伪福音的书改写的;《马可福音》的写作年代不会早于公元二世纪;《约翰福音》则要到公元二世纪的下半叶才被人写出来。因此,费迪南德·鲍尔断定,《新约圣经》的大部分写于公元二世纪。这一结论顿时引起了轩然大波,因为果真如此的话,《新约圣经》不过是早期教会刻意编写出来的,其可信性和权威性将大打折扣。

继费迪南德·鲍尔之后,他的学生大卫·施特劳斯的《耶稣传》一书又引起轰动。《耶稣传》全名为《经过历史批判的耶稣生平》,大卫·施特劳斯在书中第一次提出了耶稣的历史真实性问题,认为耶稣在世时的许多经历是可以考证出来的,而且耶稣的事迹理应和其他历史事件一样合乎常识,但《新约圣经》讲到耶稣时却充满了不合常识的神迹——这只是表达了早期基督徒的一种主观愿望,即:盼望一位救世主降临并施行神迹。所以,大卫·施特劳斯在描述了可考证的耶稣生平之后下结论说:耶稣确有其人,但《新约圣经》里的那个有超人特征的耶稣,不过是一个由早期教会创造出来的神话人物而已。

中文版《耶稣传》封面

三、人本主义哲学与基督教

比《圣经》批判学更进一步,近代人本主义哲学把批判的矛头直指基督教的本质。德国哲学家路德维希·费尔巴哈是近代人本主义哲学的代表人物。

费尔巴哈的重要著作是《哲学与基督教》和《基督教的本质》,他的哲学宗旨就是用人本主义批判基督教的神本主义:“不是上帝创造了人,而是人创造了上帝。”

费尔巴哈认为,基督教和世界上任何宗教一样,本质上是人的深沉自我意识——即人的希望与恐惧的表现。所谓万能的上帝,是人的自我意识的投射；人总是要想确立某种典范，以供自己仿效，上帝就是人确立的这样一种最高典范。然而，在基督教和其他所有的宗教中，上帝被当作一个独立的存在物来加以尊崇，这实际上掩盖了上帝的本质、宗教的本质。而把上帝和人分离开来，对立起来，实质上就是把人和自己的本质分离开来，对立起来。此外，在一切宗教中，上帝被认为是完美的、崇高的象征，而人则被认为是卑微的存在。实质上，上帝只是人自身的一种异化，或者说，是人把自己的某一部分奉若神明，并把这一部分对象化，使其成为自己崇拜的对象。这样一来，上帝当然就不能和人一样了：上帝是无限的，人是有限的；上帝是完美的，人是有缺陷的；上帝是永恒的，人是变化无常的；上帝是全知全能的，人是软弱无力的；上帝是神圣的，人是有罪的。总之，基督教把人和上帝对立起来：上帝是绝对的肯定，人是绝对的否定。这种对立，实质上是人自身的分裂和自我对立——这就是基督教的本质。

费尔巴哈

由于费尔巴哈的人本主义哲学把基督教的本质归结为人的自身异化，认为上帝只是人的一种意识投射，基督教一下子失去了它的神秘性，而任何宗教一旦失去神秘性，也就失去了神圣性。

除了受到自然科学、《圣经》批判学和人本主义哲学的强烈冲击，近代基督教还受到其他一些社会因素的压力。譬如，比较宗教学的兴起使许多欧洲学者发现，世界上的宗教其实都很相似，这就使基督教在其信徒的心目中失去了过去那种绝对地位；还有近代欧洲民族主义情绪的上升，也严重威胁到教会的权力，特别是罗马天主教会，其教廷至高无上的权威开始受到地方教会的质疑，有人甚至公开要求限制教廷的权力。总之，在各种冲击和压力下，基督教在近代陷入了危机。对此，无论是新教，还是罗马天主教，都必须找到应对之策。

第二节　新教福音觉醒运动

新教各派是独立的，没有统一的组织和领袖，但在共同的压力之下，各派都在不同程度上对教义和组织进行调整，施行改革。这就是近代新教的福音觉醒运动。该运动的宗旨是重建神学体系，以证明信仰的必要性，从而使基督教复兴。

一、新教神学体系的重建

新教神学家借助于十八世纪后半叶至十九世纪上半叶的近代浪漫主义思潮，同时融合康德的思想，重建了自己的神学体系。浪漫主义思潮有强调感情、反对理性的倾向，而康德有关实践理性的思想则表明，尽管人的纯粹理性无法证明上帝的存在，但对于人的实践理性或者道德行为来说，宗教信仰是有必要的。在康德思想的基础上，新教神学家进一步予以发挥，其要义是：人的纯粹理性无法证明上帝的存在，但也无法证明上帝的不存在；因此，上帝的存在与不存在，不是靠纯粹理性所能决定的；而人在实际生活中具有一种内在的感情，一种对真理的依赖感，或者说，相信绝对真理的存在，因为唯有如此，人才会有必要的道德勇气——这就是基督教信仰的基础，因为基督教所信仰的上帝，就是绝对真理的代名词。

施莱尔马赫

在新教重建神学体系的过程中，德国神学家施莱尔马赫是最重要的人物，被认为是马丁·路德和加尔文之后对新教最有贡献的神学家。施莱尔马赫的神学理论综合了各派的成果，不仅为基督教神学提供了一个全新的基础，而且还赋予耶稣基督一种新的意义。他认为，感觉是宗教生活特有的要素，宗教从本质上讲就是感觉；宗教的起点是人的体验，不必要求科学的证明，因为人的生命体验已经证明了上帝和宗教的真实性；基督教是一种深刻、崇高、具有普遍性的宗教，因为基督教最充分地完成了一切宗教试图达到的目的；基督教的崇高与力量，就表现在其创立者的独特作用中，耶稣基督是有限和无限、暂时和永恒的结合，是神与人的合一，所以耶稣基督是引领他人与上帝沟通的中介人。

施莱尔马赫的神学思想对新教各派都产生了巨大影响，特别是他对基督教的基本概念的重新论述，使新教各派的教会都采取了一种更为开放的态度，同时也使众多信徒对基督教传统有了一种更为深刻的历史学和心理学上的理解，从而为新教的福音觉醒运动做好了思想准备。

二、欧洲大陆的福音觉醒运动

欧洲大陆的福音觉醒运动以德国为中心。德国的福音觉醒运动开始于拿破仑占领时期，发祥地是中部的普鲁士邦。到十九世纪初，觉醒运动已在德国各地普遍兴起，主要表现为教会的复兴和国内传教事业的发展，同时也刺激了教会的慈善活动。这一时期出现了一些由普通信徒组成的志愿团体从事国内传教活动，其中影响最大的是内传会。该团体在一八三三年建立了一所养育院，收养贫苦儿童，后来又建立了一个由数百个机构组成的遍布各地的活动网，帮助失业者、囚犯和无人照管的儿童；同时，他们还通过主日学校、城市布道和散发宗教书籍来影响民众。

福音觉醒运动不仅扩大了新教的影响，还导致了新教各派的联合。十九世纪初，德国政治上四分五裂，教会也处于分裂状态。普鲁士是新教徒最为集中的地方，大多是马丁·路德派信徒，其他派的信徒较少。一八一七年，在纪念马丁·路德发表《九十五条论纲》三百周年之际，马丁·路德派和当地第二大派别归正派实行联合，称“联合福音教会”。其后，在当时的德国皇帝威廉三世的支持下，德国境内的所有马丁·路德派和归正派教会都逐步合并为联合福音教会。联合福音教会因得到政府支持，信徒不断增加，到十九世纪末，成为欧洲大陆最大的新教教会。

除德国外，在欧洲大陆新教势力较强的是北欧的丹麦、挪威和瑞典。在丹麦，福音觉醒运动深受浪漫主义思潮的影响，具有类似自由教会的倾向；在挪威，新教则比较保守，所以福音觉醒运动带有虔敬主义色彩；在瑞典，福音觉醒运动可谓形形色色，其中影响最大的沙尔陶派原先受到摩拉维亚兄弟会的影响而倾向于改革，但后来又退缩，重新强调教会正统和各种烦琐的圣事。

三、英国国教派的牛津运动

英国是工业化最早的国家，自十七世纪以后，宗教就开始式微。为了扭转颓势，教会曾多次作出努力，但收效都不大。时至十九世纪三十年代，新教国教会中的有些人终于发起了一场运动，旨在复兴基督教信仰。那就是英国福音觉醒运动中影响最大的牛津运动。

约翰·纽曼

牛津运动因为由牛津大学神学教授约翰·纽曼和爱德华·皮由兹等人领导而得名，又因为约翰·纽曼等人以刊行《时代书册》为其宣传宗教主张的主要手段，也被称为“书册运动”。

牛津运动可分为前后两个阶段：前阶段从一八三三年到一八四〇年，后阶段从一八四〇年到一八四五年。约翰·纽曼于一八三三年开始刊行《时代书册》，第一本只有四页，名为《关于牧职的想法，谨致全体教士》，文中充分表达了他对复兴教会的紧迫感和对新教的坚定信念。与此同时，纽曼又经常在牛津大学圣玛利亚教堂讲道，吸引了一大批人。虽然纽曼刊行的《时代书册》和他的讲道赢得了很多支持者，但牛津运动的转折点是爱德华·皮由兹的加入。皮由兹不仅是牛津大学的权威神学教授，在全英国宗教界也是举足轻重的人物，他的加入很快使牛津运动引起了全国的注意。在以后的几年中，参加牛津运动的人数不断增加，影响迅速扩大。从一八三六年到一八三八年，牛津运动发展到顶峰，《时代书册》发行量超过六万，纽曼和皮由兹的讲道更是成了人们的热门话题。

但是,从一八四〇年起,牛津运动进入了后阶段。这一阶段的特点是:一批新加入的人因倾向于罗马天主教而导致运动分裂,纽曼的思想演变使运动产生了混乱。

自十六世纪宗教改革以后,英国基本上是一个新教国家,罗马天主教是一直遭到排斥的。由于牛津运动中的有些人过于强调信徒对教会的忠诚,引起了不少新教徒的反感。一八三八年,牛津国教会主教就曾指责说,牛津大学中的某些人试图推行罗马天主教教义;一八四一年,牛津大学诗学教授伊萨克·威廉斯被指控有罗马天主教倾向而被校方开除;一八四四年,牛津运动的主要领袖皮由兹也被指控传播异教而暂停传教两年。

皮由兹

国教会原是牛津运动的后盾,现在反过来指控皮由兹等人,表明运动已经分裂。导致分裂的最初原因,恰恰在于运动创始人纽曼的思想演变。纽曼在第九十号《时代书册》里试图证明,英国国教和罗马天主教实质上是一致的。这等于否定了三百年前的宗教改革。作为牛津运动的主将,纽曼对许多人有决定性影响,本来已有人过分强调虔敬,受纽曼的影响,有一部分人甚至认为罗马天主教才是真正的基督教。这就招来了国教会的严厉制裁。一八四一年三月,牛津大学国教会公开谴责《时代书册》,并以违反大学条例为名,禁止《时代书册》刊行。至此,牛津运动不可避免地开始衰落了。一八四五年,纽曼宣布脱离英国国教会,转入罗马天主教会,追随他的有数百人。罗马教皇对此当然表示欢迎,英国国教会则将牛津运动斥之为"教皇的袭击"。

历时十二年的牛津运动就这样结束了,但运动中产生的安立甘会教派,却在皮由兹等人的主持下渡过了难关,后来又迅速发展,成为国教会中一个重要派别。

四、美国的新教复兴运动

北美殖民地原本以新教徒为主，但自美国独立之后，本来很有势力的新教教会逐渐失势，美国人的生活越来越世俗化，所以在十八世纪末，教会发起了一场宗教复兴运动。这场运动在十九世纪二十年代达到高潮，此后又持续了半个多世纪。其结果是，新教徒在全国人口中的比例大大增加。在十八世纪末，新教徒在全国人口中比例仅百分之七，到十九世纪中叶，这一比例上升到百分之十五，而到了十九世纪末，已达到百分之三十六。

由于教徒人数不断增加，教会地位也越来越重要，新教各派——如卫斯理派、浸礼派和长老派这三个当时最大的新教教派——都发展成了庞大的宗教团体。然而，随着美国内战的爆发，这三派都发生了分裂。

首先是卫斯理派分裂。一八四四年，卫斯理派举行全国总会议，但由于南北教会在蓄奴制问题上意见不一，总会议变成了分裂会议。北方教会谴责蓄奴制，并规定赞成蓄奴制者不得入会；南方教会则以传统为由，不主张教会卷入政治争端。于是，总会议最后只好通过一份公报，宣布南北教会分离。北方卫斯理派称“美以美会”，南方卫斯理派称“监理会”。

威廉·米勒

几乎在同时，浸礼派也发生了南北分裂，原因同样是南北教会在蓄奴制问题上不可调和的矛盾。一八四四年，在南方召开的浸礼派大会通过决议，要求该派在全国的教会不得歧视蓄有奴隶的教徒，但北方各州的教会拒绝接受，宣称他们反对任何赞成蓄奴制的行为。于是，南方的浸礼派教会宣布和北方教会脱离，于一八四五年成立了浸礼年会（即浸信会）。

一八五七年，长老派教会也分裂为南北两派，而且南方教会又分裂为新旧两派，北方教会也分裂为新旧两派。到了一八六四年，南方的新旧两派合并，成为独立的合众国长老会；北方新旧两派也于一八六九至一八七〇年间联合，成立了美利坚合众国长老会。

在原有教派分裂的同时，也有许多新的教派相继成立，其中影响最大的是基督复临派和摩门教。

基督复临派创立者威廉·米勒是浸礼派的信徒，他从一八三一年起开始自己传道，宣称按《圣经·但以里书》里所说到的日期推算，耶稣基督将于一八四三年至一八四四年间复临人世建立千年基督王国。米勒的传道赢得了成千上万的信徒，并自称为基督复临派。尽管后来到了一八四四年耶稣基督并没有复临人间，但米勒和他的信徒们仍于一八四五年召开了基督复临派全国大会，坚持基督复临的信念，并于一八六三年正式成立了基督复临安息日会。

摩门教由约瑟夫·史密斯创立，他声称自己受天使指派发现了《圣经》的续篇，即公元五世纪时由先知摩门用神秘文字写成《摩门经》；他借助天使的神力将此书翻译成了英文，但原书已被天使收回。史密斯的英文《摩门经》于一八三〇年在纽约出版；同年，第一个摩门教会便在纽约州成立。史密斯宣称，根据《摩门经》，上帝将在美国建立新耶路撒冷。随后，摩门教在俄亥俄州赢得了众多信徒，其总教会也从纽约州迁到了俄亥俄州。一八四三年，史密斯自称得到神灵启示，要求摩门教的信徒实行一夫多妻制，并在一起过群居生活。史密斯死后，一大批摩门教徒长途跋涉到达犹他州的盐湖城，并在那里建立宗教社区，吸收信徒。尽管摩门教徒行为怪异，因而一直受到其他教派的严厉批评，一度还遭到美国联邦政府的军事镇压，然而，这并没能阻止摩门教徒在美国各州的活动，特别是在犹他州，自十九世纪五十年代以后，该

约瑟夫·史密斯

教还逐渐成了当地信徒最多的一个新教教派。

第三节　天主教"越山主义"

总的说来,面对近代理性主义思潮和社会日益世俗化的严重挑战,新教是以重建教义体系、以自身的变化来求得生存和发展的。罗马天主教则不然,它虽然也像新教一样利用对理性主义不满的浪漫主义潮流,防止了教会势力的继续衰落,但在复兴天主教信仰方面,罗马教廷采取的却是所谓"越山主义"方针,即进一步维护教皇的最高权威和传统教义的神圣性,以此增强天主教徒的信心。此外,在以新教为主的德国和英国,那里的天主教会因受新教的影响,出现了所谓"天主教自由主义",即:旨在于通过自由议会式的教会制度来适应社会,以此达到复兴天主教的目的。这种天主教自由主义虽然受到罗马教廷的严厉指责,但就复兴天主教信仰来说,它和罗马教廷的"越山主义"一样,也取得了相当大的成功。

一、浪漫主义与天主教

近代浪漫主义主要是一种文艺思潮,可以说是对近代理性主义的一种反拨。浪漫主义否定理性的绝对权威,推崇个体的独特体验,推崇个性和自我,推崇精神与自然的神秘交往。虽然浪漫主义者并不一定是宗教的维护者,有的甚至还是无神论者,但在他们的浪漫言论中,或多或少都带有一种类似宗教情绪的倾向。这就为天主教神学家创造了合适的气氛。

一八一七年,天主教神学家拉芒内出版《论宗教冷漠》一书,认为理性是一种不可靠的向导,个人理性只会造成信仰冷漠,结果就是在欧洲泛滥的无神论和无政府状态。该书一出,备受普通读者的关注,几周内就售出四万册,还使很多人很快皈依了天主教。第二年,拉芒内又出版《世俗社会政治和宗教权力评论》第一卷,后两卷于一八二〇年和一八二三年出版,影响甚大;与此同时,另一位天主教神学家梅斯特尔于一八一九年也出版了《论教皇》一书。在这些著作中,拉芒内和梅斯特尔都谴责了理性主义的自由平等和民众主权理论，认为要重建欧洲社会的稳定与和平，关键在于重建权威，而权威就是君主制和教皇制。在教皇和君主两者间，他们认为教皇权威更加重要，君主权威也应服从教皇权威，因为教皇是普世君主；基于此，他们呼吁公众恢复天主教信仰，恢复天主教会在社会生活中的地位。

拉芒内

拉芒内和梅斯特尔为复兴天主教的努力深受罗马教廷的赞赏，当时的教皇利奥十二世特邀拉芒内前往罗马，后来还让他担任了红衣主教。拉芒内和梅斯特尔的言论还得到许多有影响的浪漫派作家的响应，如法国的夏多布里昂和德国的施莱格尔等人都著文强调，欧洲应恢复天主教传统，并以教皇为中心结成全欧联盟。

二、罗马教廷的“越山主义”

所谓“越山主义”(Ultramontanism)，源于拉丁文 Ultra Montes，意为“在山的那一边”，指越过阿尔卑斯山，因为罗马教廷所在地意大利属南欧，越过北面的阿尔卑斯山就是北欧。所以，在十六世纪宗教改革时期，“越山主义”一词最初被用来指称罗马教廷势力的向北扩张，到了十八、十九世纪，这个词便成了“教皇权力至上论”的代名词。

教皇权力至上论的基础是“教皇永无谬误”论。但是，对于“教皇永无谬误”论，即便在天主教内部也一直是有争议的，尤其是到了近代，由于受各种理性思想的影响，教会内部对“教皇永无谬误”论的质疑和批评越来越多——这无疑动摇了教皇的至上权力。历史表明，每当教皇权力被动摇时，天主教就会出现分裂，十六世纪的宗教改革就是一个最好的例子。对此，历代教皇都觉得，单靠教皇本人的呼吁、通谕和宗教法庭训谕还不足以维护教皇的至上权力，而要由教廷作出明文规定：凡天主教徒，都必须把“教皇永无谬误”这一原则当作基本教义来加以遵守。不过,由于种种原因,历代教皇都一直没能做到这一点。

时至十九世纪中叶,罗马教廷终于在当时的教皇庇护九世的主持下,编写了《邪说提要》一书,并于一八六四年正式发表。在《邪说提要》中,罗马教廷列举了各种"邪说"后,又向所有天主教徒诏示:教皇永远是真理的唯一代表;教皇的权力是上帝赋予的,其他世俗权力必须服从;教皇和《圣经》永无谬误,不容受到任何怀疑。接着,在一八七〇年,罗马教廷又召开了第一届由世界各地天主教会的代表参加的梵蒂冈大公会议,并以五百三十二票对两票通过了《天主教教义宪章》,把"教皇永无谬误"正式定为天主教基本教义。该教义共有四点要义:(一)来自使徒圣彼得的至高无上的地位;(二)彼得的这种至高地位为罗马教皇所永远继承;(三)罗马教皇至高无上的性质及权威;(四)教皇永无谬误。会议还发表公告称:"我们(即参加会议的代表)忠实遵循自有基督教信仰以来即已存在的传统,为了救主上帝的荣耀,为了圣教会的尊荣,为了教徒们的救恩,经征得神圣普世教会会议的赞同,以一条天启神圣教义训示天下并通告周知:罗马教皇在其以教会元首身份发言时,即在其作为全体信众之牧人及导师行使职责时,由于他拥有至高无上的使徒权威,有天主许给圣彼得的助佑,他为普世教会所当共同遵守之信仰或道德规定的教义,乃永无谬误的,因为神圣的救世主确定,他的教会就信仰或道德制订教义时,应享有此种权利;因此,罗马教皇所作此类决定,其本身是不能改变的,也为教会公意所不能改变。"

教皇庇护九世

第一届梵蒂冈大公会议的召开,标志着罗马教廷的"越山主义"在天主教会内部的胜利;但是,世俗权力并不承认教皇的绝对权威。当时的意大利国王伊曼纽尔趁普法战争爆发、法军撤出意大利之机,宣布将原本属教皇管辖的罗马并入意大利王国，仅留下梵蒂冈一小块地方。教皇庇护九世对此举提出抗议，并开除了伊曼纽尔的教籍；同时，为了赢得天主教徒的同情，他宣布“教皇的国度不在此岸世界”，而他本人已成了“梵蒂冈囚徒”。

伊曼纽尔的鲁莽之举反而帮了教皇的大忙。现在，全欧洲天主教徒的同情都在教皇一边，教皇作为精神领袖的地位反而大大加强了。作为教廷失去罗马的补偿，各国天主教徒的捐款源源不断流向梵蒂冈，弥补了教廷长期以来的财政亏空。更为重要的是，以往罗马教廷正因为拥有世俗领地而时常招致批评，被认为这是教廷“腐败”的标志；现在，教廷不再拥有世俗领地，其道德威望一下子提高了许多。这不仅激发了天主教徒对教皇的忠诚感，同时也使教皇在非天主教徒眼里成了一个真正的宗教领袖，因而在此后的几十年间，有许多需要精神寄托的欧洲人纷纷皈依了罗马教廷。就这样，罗马教廷的“越山主义”意外地复兴了天主教。

三、天主教自由主义

在罗马教廷的“越山主义”取得意外成功的同时，英国和德国的部分天主教会则试图采用另一种方法来复兴天主教。那就是天主教自由主义，或称“自由派天主教运动”。自由派反对罗马教廷的“越山主义”，希望通过改革教会制度，使天主教摆脱那种被新教徒指责为家长制的封闭状态，以适应整个西方社会的世俗化和自由化趋势。

约翰·阿克顿

在英国，自由派天主教运动的主要代表人物是剑桥大学教授约翰·阿克顿。他于一八五九年任天主教刊物《漫笔者》主编后，将其更名为《国内外评论》，并倡导对天主教传统进行自由的、批判性研究。由于阿克顿的观点时常和罗马教廷相左，一八六四年被解除主编职务；此后，他便成了英国天主教会内的反对派领袖，不仅赢得了相当数量的追随者，还得到部分地方教会的支持。由于阿克顿公开批评罗马教廷的教权主义，尤其是"教皇永无谬误"论，从而为一些有自由化倾向的天主教会争取到了不少对罗马教廷反感的信徒。

德国的自由派天主教运动有两个中心：一个是杜宾根大学的天主教神学院，以J.A.穆勒为代表；另一个是慕尼黑大学，以道林格尔为首。

J.A.穆勒由于受新教影响，尤其是受到重建新教教义的施莱尔马赫等人的启发，认为天主教教义不必害怕历史的和哲学的批评，因为任何有生命力的信仰都有其赖以存在的充分理由；即使是宗教传统，也不是一成不变的，而应随着世界的变化而变化，所以他主张抛弃传统天主教神学理论，重新解释天主教教义。

道林格尔原先是"越山主义"的拥护者，但他后来却走得比J.A.穆勒更远。他不仅公开反对罗马教廷的"越山主义"，主张自由批评，而且未经罗马教廷允许，还于一八六三年在慕尼黑组织了一次天主教学者大会，讨论历史科学与教会史的关系问题。在会上，道林格尔谴责罗马教廷对神学家个人自由的干涉，主张重写天主教教会史，而且认为神学家对教会史的考察不应受到教规的限制，可以使用历史科学的方法考察教会的历史。

J.A.穆勒重新解释天主教教义和道林格尔重写天主教教会史的观点，虽然得到欧美各国众多自由派天主教徒的大声喝彩，却随即遭到罗马教廷的严厉谴责和处罚。一八六四年罗马教廷发表《邪说提要》，即把他们的观点列为"邪说"，接着又重重地处罚了他们和所有倾向于自由主义的地方教会以及普通信徒。然而，尽管罗马教廷压制了自由派天主教运动，不久却又面临更大的自由主义挑战。那就是出现在十九世纪末、二十世纪初的天主教现代主义运动。

第四章
近代艺术文化

先生们，行动起来吧！请你们替我从那所谓高尚嗜好的乐园里唤醒所有纯洁的心灵，在那里，他们饱受无聊的愚昧，处于半睡半醒的状态，他们内心里虽充满激情，可骨头里却缺少勇气，他们还未厌世到致死的地步，但又懒到无所作为，所以他们就躺在桃金娘和月桂树丛中，过着他们的萎靡生活，虚度光阴。

——约翰·沃尔夫冈·歌德

西方近代艺术，从艺术风格上说，包括十七世纪的巴罗克艺术、十八世纪的洛可可艺术和古典主义艺术，以及十九世纪的浪漫主义和现实主义艺术；从艺术样式上说，包括绘画、雕塑、建筑、音乐、舞蹈和文学。但是，不管哪种风格，哪种样式，不管各种风格和各种样式如何不同，甚至相互抵触，它们却有一个共同的特点，那就是世俗理想化的特点——也就是说，它们既是世俗的（而非宗教的），又是理想的（而非庸俗的）；或者说，它们既充分体现了世俗审美趣味，但又不仅限于单纯的感官享受，而是仍带有某种类似宗教理想的严肃倾向，即：对至善至美的追求。因为从本质上说，西方近代艺术是古希腊世俗人文艺术和中世纪基督教艺术的一种融合。

第一节 巴罗克艺术

文艺复兴时期的意大利绘画既具有宗教的威严又具有世俗的豪华,可以说是西方艺术从中世纪向近代过渡的体现。到了十七世纪,欧洲绘画进一步世俗化。这不仅表现在绘画题材方面,即世俗生活越来越多地进入画面,同时也表现在绘画风格方面,即画风日趋豪华。这种豪华的画风被统称为"巴罗克"(Baroque)。"巴罗克"一词来源于葡萄牙语,本是珍珠工艺方面的术语,意思是"形状奇特而色泽异常的珍珠",后来被用于各类艺术,泛指一种刻意追求装饰美的风格。十七世纪的欧洲,无论是建筑、绘画,还是雕塑、音乐,都具有巴罗克倾向,因此说十七世纪是巴罗克时代也不过分。

一、巴罗克绘画

就绘画而言,最体现巴罗克风格的是十七世纪的西班牙绘画、弗兰德斯绘画与荷兰绘画。

卡拉瓦乔的《胜利者丘比特》

西班牙十七世纪绘画直接受十六世纪后期意大利画家卡拉瓦乔的影响。卡拉瓦乔不仅是意大利世俗画的代表,同时也是当时意大利众多画家中表现出巴罗克倾向的第一人。由于西班牙习画者开始往往从师于意大利人,加上西班牙自己特有的民族风尚,巴罗克风格很快便在西班牙画坛盛行起来。

在西班牙众多的巴罗克画家中,最具盛名的是宫廷画家委拉士开兹。委拉士开兹出生在西班牙南部的塞维利亚城,该城因受意大利文艺复兴的影响,至十七世纪已成为西班牙的艺术中心。委拉士开兹自幼受环境熏陶,喜欢绘画,而且生性勤勉,曾随当地画家伊尔·格累柯习画,深得格累柯宠爱,遂将女儿嫁给了他。

委拉士开兹可说一开始就交上了好运,因为紧接着他的舅舅又把他推荐给了当时的西班牙国王腓力四世,并被聘为宫廷画家。当时腓力四世才十九岁,委拉士开兹也不过二十五岁,所以两位年轻人很快就有了不同一般的交情,而委拉士开兹一生所作的肖像画中,也以腓力四世的肖像居多,现存还有二十幅之多,其中以《穿猎装的腓力四世》最为出名。

委拉士开兹

任宫廷画家四年之后,委拉士开兹经腓力四世特许,前往意大利习画两年。他先在威尼斯悉心研究丁托莱托色彩艳丽、场面壮观的绘画作品,后来又去意大利南部的拿波里研讨画理。但是,他未受意大利前辈画家的理论和笔法的限制,而是融会诸派的画风,创造了他自己的风格。因此,委拉士开兹真正伟大的作品,是在他三十一岁时从意大利回到西班牙之后创作的。

他所描绘的对象,多半是王公贵族,宗教题材可说少而又少。在他的绘画中,他不仅画出贵族男女的高贵气质,同时还尽力传达出隐藏在高贵气质下的一丝阴郁;不仅勾画贵族的庄严仪态,同时也如实画出他们娇弱的体质。他喜欢用金色或银色,使画面显得非常高雅而端庄。譬如,在一幅题名为《玛格丽塔·特莱莎公主》的肖像画中,他使这位公主完全沉浸在银白色与蔷薇色的宁静气氛里,并使光线透过她金黄色的头发洒落到全身。对此,后人称赞他"用油彩就像用水彩一样有透明感,同时又像宝石一样闪亮"。

堪称委拉士开兹传世杰作的是一幅名为《勃列达的受降》的大型壁画。勃列达是荷兰的一个都城,当时为西班牙所统治,一度曾反叛西班牙,但不敌西班牙的大军而不得不投降。委拉士开兹画的就是

《勃列达的受降》(局部)

西班牙大军接受勃列达城叛军投降时的情景。当初的用意当然是要显示西班牙的光荣和胜利,但对于我们来说,此画的可贵之处在于它充分体现了那个时代的巴罗克画风。整幅画显得既威严又优雅;人物众多,但层次分明;色彩斑斓,但错综有致,完全是世俗豪华的气派。

委拉士开兹五十岁时再度前往意大利旅行和作画。他的后期作品更具世俗情调,重要的如《宫娥》和《纺织女》,都表现宫廷生活,而且笔触优美、写实。这一时期的作品,后来被认为开了现实主义画派的先河。委拉士开兹晚年升任大司礼官,但他仍勤奋作画。一六六〇年,他以廷臣终其一生。

继委拉士开兹之后,称得上西班牙巴罗克大师的是牟利罗。但是,牟利罗的巴罗克风格却和委拉士开兹不同。如果说委拉士开兹以豪华的宫廷画成为巴罗克之正统的话,那么牟利罗则以生动的风俗画作为巴罗克之变种。这是因为,牟利罗不像委拉士开兹那样是位宫廷画家,而是个终身穷困的街头画师。他是委拉士开兹的同乡,在京城马德里时曾受到委拉士开兹的照顾和指导,并得以观摩宫廷收藏的名画,但不管怎么说,牟利罗终其一生都是个平民画家。因此,他的作品常常描绘街头的儿童和妇女,最出名的两幅是《吃西瓜和吃葡萄的少年》《乞儿》。尽管绘画题材并不“高雅”,但在牟利罗笔下,乞儿之类的对象仍被表现得鲜艳夺目。他喜欢用金色和黄色,不像委拉士开兹那样喜欢用银白色,所以他的画虽不像委拉士开兹的那样“闪亮”,但却柔和而灵秀,给本来杂乱的街头生活抹上了一层温馨、宁静的色彩。这在本质上仍是装饰性的,同属当时占主导地位的巴罗克风格。

牟利罗晚年从风俗画转向以圣经故事为题材的宗教画,但是他的宗教画与其他画家不同,是以平民化的态度表现圣经人物的。譬如,他在这方面的名画《玛丽亚童贞受胎》,画面上的圣母完全是个世俗形象的美貌少女,毫无宗教的神秘色彩。虽然这种圣母世俗化的倾向早在拉斐尔的作品中就有所表现,但牟利罗却将这一倾向推到了极致。因此,他有“塞维利亚的拉斐尔”之称。塞维利亚是他的出生地,也是他长年居住和作画的地方。

《玛丽亚童贞受胎》

除了西班牙,当时的弗兰德斯(Flanders)也是巴罗克绘画的重镇。所谓“弗兰德斯”,最初包括荷兰和比利时的西南部,受西班牙统治,后来荷兰首先独立,弗兰德斯也就不复存在。弗兰德斯因为同时受意大利、法国和西班牙的各种巴罗克艺术的影响,巴罗克风格的绘画曾盛极一时,而最值得夸耀的是,这里产生了堪称欧洲第一的巴罗克绘画大师鲁本斯。

鲁本斯出生在德国,但祖籍却是弗兰德斯的安特卫普(今属比利时)。他十三岁时由母亲带回故乡,最初随画家努尔特习画,后来去意大利留学,先后在罗马、热那亚、佛罗伦萨和威尼斯等地住了八年之久。其中在威尼斯的时间最长,因此受威尼斯画派特别是提香作品的影响也最大。此外,他还到过西班牙,欣赏并临摹了那里丰富的宫廷名画。

鲁本斯

从一六〇九年回到安特卫普,一直到一六四〇年去世为止,这三十多年是鲁本斯的艺术成熟与多产时代。他不仅具有非凡的绘画才能,而且学识渊博,精通七国语言,常被任命为宫廷使节,出入各国京城,周旋于各国的王公贵族之间。他的一生是在豪华与得意中度过的,而他的艺术辉煌期却是他一生中的最后十年,即一六三〇年他妻子伊莎贝拉去世后,他以五十三岁的高龄娶了一位年仅十六岁的女子海伦·富尔曼为第二任妻子。海伦年轻美貌,尤以体态丰满、肌肤白皙而令人倾倒。鲁本斯的后期杰作就常以海伦为模特儿,尤其是裸体画,其中富有女性质感的女裸体每每就是海伦的真实写照。

作为巴罗克大师,鲁本斯绘画的特点在于画面充满戏剧性冲突:有反抗,有殉难;有天使与魔鬼厮杀,人与野兽搏斗;有醉酒和爱情的追逐,也有英雄的爱国主义精神。鲁本斯所画的人物形象姿态夸张,有大幅度的运动感;男性大多健壮彪悍,女性则丰腴多肉,曲线鲜明,色彩感人。他的名作是为法国国王路易十三之母玛丽亚·美地奇皇太后画的二十一幅巨型装饰画。这组巨画表现出鲁本斯独特风格的魅力,宏伟、奔放、夸张、绚丽,人物的动态组成热烈的画面,其中一幅《玛丽亚·美地奇抵达马赛》最为典型地体现出他的风格:皇室气派的高贵、人物衣饰的华丽、神话气氛的绮丽,都在细致的用笔用色中表现得极为突出,可谓美轮美奂。画面下边的一组裸体形象更是集中表现了鲁本斯艺术的主要特色:对女性肉体质感的精确描绘,可谓达到了令人难以企及的高度。

《玛丽亚·美地奇抵达马赛》

《劫夺吕西普的女儿》

除了这组巨画，鲁本斯的其他传世之作还有《智者朝圣图》《劫夺吕西普的女儿》《戴草帽的女人》和《亚马孙之战》等。所有这些作品都以鲜明的巴罗克风格充分体现出强烈的世俗甚至异教倾向，而正是这一特点使鲁本斯成为当时全欧洲风行的巴罗克艺术的主要代表。至于鲁本斯对西方后世画家的影响，则首先体现在十九世纪早期的浪漫派绘画中，如法国浪漫派大师德拉克洛瓦便一生都对他崇敬之至。

荷兰在独立前本是弗兰德斯的一部分，一六四九年独立逐渐成为欧洲海上贸易中心，工商业率先发展，因而其文化艺术较欧洲其他国家更具世俗平民的性质。就绘画而言，荷兰画家首先摆脱了意大利文艺复兴时期绘画的影响，开拓了崭新的画风。这一画风中固然仍带有巴罗克风格的装饰性质，但其题材却不再是宫廷生活而大多是市民日常生活和符合市民审美趣味的风景及静物等。在这种情况下，不仅肖像画仍有突出成就，风俗画、风景画和静物画也都应运而生，其表现范围之大，画技之多样化，是当时欧洲其他国家所无法比拟的。譬如，画家奥斯塔德和维米尔擅长风俗画；凡·戈因和霍贝玛是杰出的风景画家；波特尔、寇普和伏斯的动物画不仅在当时为新画种，而且均为上乘之作;还有赫姆和瓦瑟姆的静物画也属首创,他们以花草和果物入画,可谓别开生面。

在十七世纪荷兰画家中,最杰出的是哈尔斯和伦勃朗。他们虽然不是典型的巴罗克画家,但画风明显受巴罗克艺术的影响,甚至可以说是一种独特的巴罗克风格。

哈尔斯

《吉卜赛女郎》

哈尔斯是肖像画大师。他生前豪爽不羁,放浪形骸,但是由于才气横溢,仍为时人所重,据说鲁本斯和凡·代克都曾拜访过他的画室。只是到了晚年,他穷困潦倒,艺术上也少有知音,八十四岁去世时甚为凄凉。

哈尔斯之所以被认为是肖像画大师,乃是因为他将肖像画这一本为贵族独享的艺术彻底地平民化了。他的肖像画表现当时社会各阶层和各种类型的人物。商人、军官、市民、艺术家,乃至于吉卜赛女郎和女巫,都成了他的肖像画对象,如《微笑的军官》《弹琴的男子》《吉卜赛女郎》以及《哈连姆的女巫》,都是他的传世之作。在这些作品中,哈尔斯往往敏锐地抓住对象的瞬间动作,充分表现其性格特征,而其笔触又极度豪放,色彩瑰丽,被认为是“往画布上扔颜料”。这正是当时巴罗克风格的一种独特表现,通过这种风格,哈尔斯充分显示了他的作品的平民性和世俗乐观情绪。

伦勃朗

伦勃朗是十七世纪继鲁本斯之后的最后一位画坛巨匠，但是他无论在生活上还是在作品风格上都不像鲁本斯那样“辉煌”。他是个艺术殉道者，一生都在工作室里度过，不参加社交活动，也没有任何官职头衔。他年轻时曾有过一段幸福日子，生活较优裕，与妻子爱情深厚，名画《画家与他的妻子》便作于此时。但是，后来他却屡遭不幸，先是三个儿子在四年间相继夭折，其后妻子又去世。他不善理财，又不知足地收藏艺术品，以致债务缠身，与债权人打官司达数年之久。六十三岁时，他不得不搬进贫民窟，在偏僻肮脏的环境里继续作画，后来在孤寂中与世长辞。

也许正因为伦勃朗一生坎坷，所以他的艺术风格既不豪华也不艳丽。他留给后代大量作品，所描绘的大多是普通人的形象，如名作《杜普教授的解剖学课》《夜巡》《戴金盔的人》《磨坊》《浪子回头》《丹娜埃》和《三棵树》等。他的作品之多，在画家中又是少见的，现存的就有油画三百多幅、铜版画三百多幅和众多的素描画。他的作品题材广阔，有肖像画，有风俗画，也有风景画。在他的肖像画和人物构图中，他善于以概括的手法表现人物性格特征，擅长用聚光及透明阴影突出主题，而且运用细腻的笔触表现对象的质感。这种画风虽表面上与鲁本斯的画风不同，但本质上仍具有当

《夜巡》(局部)

时巴罗克风格的一般特征，即：注重装饰，使画面显得很“丰富”；只不过伦勃朗由于题材本身的限制不再以明亮绚丽的色调来渲染画面，而是以深沉灰暗的色调来营造气氛罢了。因此，非常明显的是，即便是伦勃朗的作品，也同属于十七世纪巴罗克风格。因为当时欧洲画坛的总倾向就是世俗化，或者说得更确切一点，是对世俗生活的理想化表现。

伦勃朗虽然现已被认为十七世纪画坛巨匠，但在他生前以及他去世后近两百年间却一直没有受到重视，其中原因就是在于他的风格有些特别，在当时不为人欣赏。譬如，现已被列入历代十大名画的《夜巡》，当时却被顾主拒绝接受，因为他的构图和明暗光线处理都与当时一般的巴罗克风格大不相同。那么为什么到了十九世纪后期，伦勃朗又一下子名声大作了呢？关键就在于，他的表面上不加渲染的理想化风格，或者说阴郁的巴罗克，正合乎那时的文化潮流，即转向社会批判的后期浪漫主义。

二、巴罗克雕塑

巴罗克雕塑的一般特点是：注重人物的动感、面部表情和肉体刻画，这与注重静穆、端庄的古代雕塑大不相同，即便与文艺复兴时期米开朗琪罗的雕塑相比也有很大差异。从某种程度上说，巴罗克雕塑将米开朗琪罗雕塑中动感的一面发展到了极致。换句话说，巴罗克雕塑的人物动作比米开朗琪罗的雕塑更具戏剧性，但却失去了米开朗琪罗雕塑中庄重的一面。从整体上看，巴罗克雕塑往往表现人物情绪最强烈的一瞬间，似乎是从人物一连串激烈的动作中摄取的一刹那予以凝固，其动作幅度又往往很大，而且正处于完成之中又未完成的状态下。因此，巴罗克雕塑不仅不给人以稳定感，相反，它刻意追求运动感以获取感官刺激效果，这一点是与巴罗克绘画一样的。巴罗克雕塑以意大利和法国的成就最为显著。

意大利巴罗克雕塑的最杰出代表是贝尼尼，他也是从米开朗琪罗到十九世纪末法国罗丹之间最伟大的雕塑家。

贝尼尼的伟大是他确定了巴罗克雕塑的时代精神风貌。他不仅是伟大的雕塑家，也是伟大的建筑家；他不但为自己监造的教堂、陵墓等创作了不少纪念性和装饰性的雕塑，而且也为其他教堂以及教皇、国王创作了不少雕像。无论是他的建筑，还是他的雕塑，均为巴罗克艺术的典型代表。在他众多作品中，雕塑《狂喜的圣泰莱莎》是他的代表作，也是这一时期的典范之作。这座雕像旨在于表现圣女泰莱莎在领悟天意时刹那间的狂喜。贝尼尼的表现方式是：泰莱莎身体后倾，双眼紧闭，双唇微开，身后是一片云雾，以此显示泰莱莎狂喜到了神志昏迷的境地；而在她面前，则站着一位天使，她一手拉着泰莱莎，一手举着一支箭，箭头正对着泰莱莎的胸膛，满脸笑容地似乎正在把箭刺向泰莱莎。这种造型产生强烈的视觉效果，加上泰莱莎和天使衣带的飘动以及天使娇好的面容，整座雕像给人以浮动感和奢华感。这样表现宗教

贝尼尼自画像

《狂喜的圣泰莱莎》(局部)

题材,若是在中世纪将是不可想象的,因为很明显地这里渗入了大量的世俗审美情趣。

除了《狂喜的圣泰莱莎》,贝尼尼的其他杰作有《普罗赛比娜的掠夺》《君士坦丁大帝骑马像》和《阿波罗与达芙妮》等。所有这些作品都充分体现出豪华的巴罗克风格,其中《普罗赛比娜的掠夺》几乎可与鲁本斯的名画《劫夺吕西普的女儿》相比拟,而《阿波罗与达芙妮》则生动表现了希腊神话中阿波罗追求达芙妮而后者变作月桂树时的一刹那,几乎可称作西方雕塑中的最具美感的一座。

《阿波罗与达芙妮》

与贝尼尼同时,意大利还有几位著名雕塑家如阿尔加蒂、杜克斯施加和奎里努斯等,但他们的成就都不及贝尼尼。

法国十七世纪雕塑虽深受意大利影响,但在欧洲也处于领先地位。当时供职于凡尔赛宫的雕塑家很多,最有名的有布惹、热拉尔东、柯斯福克斯等人。在布惹的圆雕《克罗特纳的罗曼》和浮雕《亚力山德罗和特奥基奈斯》等作品中,可以看出丰富的动态和热烈的情调。热拉尔东的圆雕群像《阿波罗之浴》和浮雕《沐浴的女神》也体现出宫廷艺术的"堂皇而稍带冷漠的高雅气质"。柯斯福克斯装饰在凡尔赛宫的《维纳斯》和《路易十四像》也具有类似特征。总之,这一时期的法国雕塑与意大利一样,崇尚动感、豪华和装饰趣味,也就是"巴罗克"。

三、巴罗克建筑

被誉为"巴罗克建筑之父"的是意大利建筑师波罗米尼,他在设计罗马的圣卡尔罗教堂时,充分运用了正弦弧和反弦弧构成的多变状曲线，其殿堂的平面近似橄榄形，周围是不规则的小祈祷室，立面山花断开，墙面凹凸度很大，椭圆状的穹顶布满十字形、八角形、圆形、四方形和弧形图案，确实寄托了“畸形的珍珠”的寓意。圣卡尔罗教堂设计于一六三六至一六四〇年间，始建于一六三八年，其正面完成于一六六二至一六六七年，是波罗米尼最重要的作品。他的另一个重要作品是萨迦察的圣伊沃教堂，其平面图呈六角星状，是基督教所称的圣父、圣子和圣灵三位一体的基本教义的象征。整座建筑物结构复杂，形态奇特，穹顶上有独特的螺旋状阶梯，六个采光的窗户像六朵花瓣，给人神奇高超的感觉。

圣卡尔罗教堂

波罗米尼的建筑作品在十七世纪的罗马显示了最新奇的个人风格。后人认为这与他的性格孤僻十分吻合。他的父亲也是个建筑师，本人则曾在同辈建筑大师贝尼尼的手下当过圣彼得大教堂工地的刻石匠，不久就成为后者在艺术上的竞争对手。他为人古板好强，不善合作，但对艺术的追求极为高远，每件作品都要做到超群出众。后来他自杀身亡，令人惋惜的不仅在自杀本身，还包括在临终前他竟把自己的设计手稿付之一炬。

不过，在波罗米尼和贝尼尼之前，具有巴罗克风格的建筑早已在意大利陆续出现。一五六八年由维尼奥拉和一五七五年由波尔达分别设计的罗马耶稣会堂的平面图和正门立面，是巴罗克式建筑艺术家们的最早成果。该会堂的长方形的端部有突出的神龛，是由哥特式教堂惯常的十字形演变而来的，正门上面的分层檐部被做成重叠的弧形和三角形，立面上部两侧有两对大涡卷，成为巴罗克建筑表现动感的开端，引起广泛的仿效。马丹诺在一六〇三年设计的圣苏珊娜教堂，尤其是他设计的圣彼得大教堂的东面建筑，是十六世纪和十七世纪之交巴罗克风格的新发展，后者檐部曲折起伏，明暗对比强烈，给人一种波动不息的不平静的感觉。

从十七世纪三十年代起，意大利巴罗克建筑进入成熟期，与波罗米尼的成果比较，在罗马的更杰出的作品应是大约建于一六五六至一六六七年的圣彼得大教堂的椭圆形大广场。它是贝尼尼的创作。广场的面积约达三公顷半，以一个方尖碑为中心，两边各有一个喷水池，由两个相对应的半圆形大理石柱廊围绕，富有气势，其意图是表现教堂正伸出巨大的手臂，迎接来自四面八方的信徒，并把他们拥抱在怀里。柱廊明暗效果显著，柱子上装饰着雕像，绚丽多姿。贝尼尼是受教会委任，终生为该教堂工作，使这座先前由文艺复兴大师米开朗基罗设计了大圆顶的宏伟建筑物终于得以完成，并以巴罗克风格使之更加辉煌。贝尼尼在教堂建筑方面的代表作，还有建于一六五三年至一六五八年的圣安德烈·阿里·克维里纳列小教堂。通常认为比起波罗米尼来，贝尼尼的建筑更宏伟更绚丽，但后人也有认为它们给人一种过于雕琢的感觉。好在这丝毫不影响其气派的豪华和庄严。贝尼尼独立设计或参与设计的其他一些“世俗巴罗克”建筑，也是宏伟与绚丽兼备，如巴尔贝里尼宫等。

威尼斯大运河之畔的圣马利亚教堂是巴罗克艺术成熟时期的另一杰出建筑，由朗格纳于一六三〇年至一六三一年设计，外表呈八角形，耸立在阶梯的台基上，巨大的圆屋顶覆盖着六个礼拜堂的高墙，屋顶与下面用旋涡形装饰物连结，八面墙壁都有壁龛和雕像。

威尼斯的圣马利亚教堂

四、巴罗克音乐

在十七世纪之前，欧洲音乐不仅形式简单，而且从属于其他活动，如为教堂圣歌伴奏、为宴庆舞蹈伴奏等。音乐在欧洲作为一门独立的艺术，开始于十六、十七世纪之交的意大利，当时出现了一种新的表演形式，即以音乐伴奏演唱一些神话故事——这就是歌剧的起源。后来，随着歌剧的缓慢发展，音乐也逐渐得到了发展。

最初的意大利歌剧是巴罗克音乐的重要载体，换句话说，巴罗克音乐是随着歌剧的产生而产生的。在创作歌剧的过程中，当时的作曲家既要发挥音乐的功能，又不能因此而淹没歌词。为此，他们必须放弃复调音乐，采用新的音乐形式，使之起到提高歌词戏剧效果的作用。这样，就有了最初的宣叙调，以及后来的小抒情调和咏叹调。

意大利歌剧

在早期巴罗克作曲家中，威尼斯的蒙特维迪是最重要的代表。蒙特维迪的重要作品有《奥菲欧》《阿丽安娜》《于里斯还乡记》和《波佩雅的加冕》等。在这些作品中，蒙特维迪开始运用颤音和不谐和音，同时又擅长运用单音和连续发展的旋律，并创造了和声的表演手段，使乐曲灵敏地表现出声乐的优美和情感力量。此外，蒙特维迪还逐渐突出了管弦乐的作用：最初演出《奥菲欧》时，乐队还是在后台演奏的，后来为了使音乐和声乐更加和谐一致，他就把乐队安排到了舞台前面——这一做法，后来就成了歌剧演出时的传统。

以蒙特维迪为核心，当时形成了一个可以说是欧洲最早的乐派——"威尼斯乐派"，成员大多是他的学生，其中最杰出的是卡瓦里和契斯蒂等人。卡瓦里的作品突出旋律的作用，同时运用民歌体咏叹调和朴素的宣叙调；契斯蒂的作品突出歌剧的纯音乐成分，加强了歌剧的抒情性和优美的艺术效果。

在巴罗克音乐中，清唱剧是其重要组成部分。清唱剧与歌剧不同，演出时不需要专门的服装和布景，也没有戏剧动作，主要靠歌词演唱，简单的情节是靠解说者叙述的。最初的清唱剧演出的地点主要是教堂,而不是音乐厅。早期清唱剧作曲家的代表是罗马教会的著名音乐家卡里西米,他的重要作品是表现宗教道德观念的《所罗门的裁判》和《耶弗他》。

“康塔塔”是早期巴罗克音乐中另一种常见的形式,专指以人声演唱的声乐曲,其代表人物也是卡里西米。一出康塔塔可能是独唱套曲,也可能由宣叙调、咏叹调和重唱等几个乐章构成,有时还包括合唱。

巴罗克音乐,以及后来的洛可可音乐,是欧洲古典音乐的前身。

第二节 洛可可艺术

进入十八世纪,豪华强劲的巴罗克画风逐渐衰落,取而代之的是追求雅致精细的洛可可(Rococo)风格。所谓“洛可可”,是从“洛卡伊尔”(Rocaille)一词派生而来的,原意是指法国路易十五时代的一种宫廷室内装潢,即用贝壳和小石子塑成涡旋形的花纹。这种装潢艺术不仅很快就从法国流传到西欧各国,同时也对其他艺术产生了强烈的影响。洛可可风格,可以说是巴罗克风格的精致化与单纯化,它的特征就是优雅、轻巧、纤细,形式上不再遵守对称、均衡等古典法则,以复杂的波浪纹线条为主势。这种艺术风格,充分反映出当时法国宫廷极度世俗化的享乐风气。由于法国在欧洲的先进地位,这种风气很快就弥漫于德国、奥地利、意大利和西班牙等国,以至形成了十八世纪在欧洲占统治地位的洛可可风格。

一、法国洛可可绘画

洛可可风格的绘画,主题仍以贵族为主,但不仅限于肖像画,而是越来越多地描绘宫廷与贵族生活,如宴乐和郊游等;笔法已不同于巴罗克时代的豪放,而是柔和纤细,精美中给人以优雅之感;画面形象也不像巴罗克绘画那样夸张,不再使用强烈的明暗对比,而是在日常形象上抹上一层朦胧的色彩,仿佛要在现实生活中创造出某种仙境似的。

洛可可绘画的典型代表是法国的华托和布歇。

华 托

华托是洛可可绘画的早期代表，人称“敏感的色彩诗人”。他曾随画家基罗和奥德隆习画，这两位画家都是洛可可画风的先驱，对华托往后的创作产生了直接的影响。后来，他又去卢森堡博物馆临摹鲁本斯的作品，掌握了宏大的布局技巧。自一七一二年以后，华托的作品已达到非常纯熟的地步。他的作品的内容大多是对上流社会生活中求爱、嬉戏、音乐歌舞和一些剧场情景的描绘，如《约会》《法国的爱情戏》《意大利式的游戏》《喷泉》《音乐课》《意大利的夜间音乐会》《意大利人演滑稽剧》和《法国的滑稽演员》等。他最驰名的作品则是一七一七年创作的《发舟西苔岛》。

《发舟西苔岛》是一幅有众多人物的风景画，题材取之于一个剧本，但华托创造性地将它变成了一个构思独到而且诗意盎然的画面：小丘上一些盛装的贵族男女坐在枝叶茂盛的树木和花环簇拥的维纳斯神像下面；另几个已经步下小丘走向河边，那儿有金色的小船和快乐的小爱神们在等待他们；远处，在朦胧的烟雾中显现出一座岛屿的轮廓，那里是理想中的幸福之岛，即西苔岛；一对对恋爱中的男女渴望着到达那里，以领略爱情的真正幸福。这样的构思与布局，加上梦幻般的色调，使整幅画给人以精美优雅之感。可见，称华托为“敏感的色彩诗人”是颇有道理的。

一般说来，华托喜欢用娇嫩而半透明的颜料作画，喜欢玫瑰色、天蓝色、紫藤色和金黄色的调子。从这些色调中呈现出来的画面，往往非常轻灵飘逸；特别是他描绘的风景，晕染出一片蒙蒙的雾气，这在西方绘画史上是前所未有的；所以，有人认为华托在某种程度上受了东方绘画尤其是中国山水画影响。这有可能，因为在十八世纪的巴黎，华托很容易看到由商人或传教士带回国的东方绘画作品。但不管怎么说，华托的主要风格特征是洛可可的。只是他比当时一般的宫廷洛可可画家

《发舟西苔岛》

要高明得多,所以他的作品很少有矫揉造作、妩媚轻薄等一般洛可可画家易犯的通病。

布歇是法国洛可可艺术鼎盛期的真正代表。他是路易十五的宫廷画家,而且深受路易十五及其情妇蓬巴杜夫人的宠爱。他的作品,在内容上完全取材于宫廷生活:在形式上则大胆运用鲜明的色彩玫瑰色与天蓝色烘托出人物娇嫩的肉色,使画面极具感官刺激,甚至有点轻佻和色情的意味。然而,这恰恰是当时法国宫廷艺术的理想,也是洛可可画风的正统,就如朱尔斯和艾德蒙两人在十九世纪合著的《洛可可艺术之辩护》一书里所说,他"代表了整个十八世纪法国的艺术趣味。他不仅是那个时代的主要画家,也是它的主要见证人,主要代表,以及十八世纪的标准典型"。

布 歇

布歇的作品之多也许只有后来的毕加索才能和他相比。在他去世前经他自己确认的作品就有一千多幅,还有一万多幅素描。不过,最能代表他风格的则是《浴后的狄安娜》《赫拉克勒斯和翁法勒》《维纳斯梳妆》和《蓬巴杜夫人》等作品。其中《浴后的狄安娜》及《赫拉克勒斯和翁法勒》两幅裸体画在西方裸体艺术中占有独特地位,因为它们代表了十八世纪裸体艺术的总倾向,那就是高雅而性感。

《浴后的狄安娜》

布歇之后最出名的洛可可画家是他的弟子弗拉戈纳尔,他承袭了布歇的画风,其作品从内容到形式都与布歇一脉相承,但在精美、华丽乃至于娇艳、轻佻方面,却有过之而无不及。譬如,他的代表作《秋千》,画中央是一个穿粉红衣裙的年轻贵妇在荡秋千,裙摆掀起,袒露出两条玉腿,而画的左下面却有一个年轻男子正仰卧着往上看。这种明显带有挑逗意味的构图在西方绘画中是很少见的,而若联想到东方“秋千图”之发达,我们只能推测这是受东方绘画影响的结果。实际情况也正是如此：在十八世纪，西方文化最具享乐主义倾向，同时也与东方世俗文化的接触最多。

《秋千》

尽管洛可可从本质上说是一种宫廷艺术风格，但是它的影响却不限于宫廷。它几乎渗透到各个方面，而就绘画而言，它即便在当时一些总体上不能算是洛可可画家的人身上也有不同程度的表现。这方面的代表人物可举夏尔丹和格瑞兹为例：

夏尔丹是个手艺匠的儿子，成名之后可说是法国非宫廷艺术的代表，擅长于肖像画、风俗画和静物画。尽管他的作画题材大多取自民间生活，构图也不像典型的洛可可画家那样讲究繁华，但在色调和笔法上却仍然显示出那个时代的一般特征，即讲究柔和含蓄的色调和精细抒情的描绘。换句话说，夏尔丹同样执着于对世俗生活的理想表现，只是他的世俗生活不是宫廷生活而是民间生活罢了。譬如，他的名画《厨妇》和《玩羽毛球的少女》等，所画人物虽不是贵族，但高贵雅致的情调仍散发着洛可可风格的气息。

《玩羽毛球的少女》

《破碎的瓦壶》

这一点在格瑞兹的作品中表现得更为明显。格瑞兹是泥瓦匠的儿子,一生中的大半岁月是在艰苦和失意中度过的。他和夏尔丹一样,是个表现平民生活的风俗画家,但在他笔下,平民形象都带有洛可可式的脂粉气,而且还有某种道德说教的意味,他的一些有名作品如《乡村婚礼》《小鸟死了》《破碎的瓦壶》和《卖牛奶的女孩》等,都无不如此。其中《破碎的瓦壶》是他的主要代表作,画面上的少女是格瑞兹以他的恋人安娜·加勃里尔为模特儿而画的。安娜是一家旧书店老板的女儿,长得甜美,痴心的格瑞兹曾为她画过多幅作品。这些作品在当时被看作“美人画”而大受欢迎,因为格瑞兹的风格明显地与流行于宫廷的洛可可风格很相像。当时法国社会的情景似乎是自相矛盾的:一方面,大革命的脚步声正在逼近,奢华的法国宫廷处于风雨飘摇之中;另一方面,宫廷生活的高雅和豪华又是法国平民无限羡慕而竭力想仿效的对象。所以,像格瑞兹和夏尔丹这样的画家之所以能成名,在很大程度上就是因为有这样的风气,而这样的风气也反过来决定了他们的画风,即一种经过变异的或者说平民化了的洛可可风格。

二、英国绘画中的洛可可

十八世纪之前,英国还没有自己的绘画艺术,充当宫廷画家的往往是外国人,如德国的贺尔拜因、弗兰德斯的鲁本斯及其弟子凡·代克,特别是凡·代克,他于一六三二年移居英国后成为正式的英国宫廷画家,因而他的绘画艺术也就成了后世英国画家首先仿效的典范。到了十八世纪初期,英国本地的画家开始脱颖而出,而且逐渐形成了具有英国特色的绘画艺术。

一般说来,英国绘画与同一时代以法国为中心的欧洲大陆绘画相比,有两方面值得注意的差异:其一是,英国绘画并不以肖像画为主,而是以风俗画为主;其二是,水彩风景画在英国特别发达。这两方面的差异,虽然足以使英国绘画与大陆绘画有所不同,但在风格上两者之间仍有相似之处,因为它们毕竟是同时代的。

英国第一位享有全欧声誉的画家、也被誉为英国绘画开山鼻祖的霍加斯,就是一位风俗画家。他出生于伦敦的一个教师家庭,少年时代做过学徒,后来随师习画,三十多岁时以《妓女生涯》和《浪子生涯》两幅风俗画而一举成名。后来他又创作了众多作品,并受聘成为英王的宫廷画师。

霍加斯的风俗画大凡具有讽刺含义,这在大陆画家中是很少见的。譬如,他有一组题名为《文明结婚》的连环风俗画就在于讽刺当时可悲的婚姻制度。这组连环画的第一幅《婚约》描绘两个家庭在为子女安排买卖婚姻的场景;第二幅《新婚夫妇家庭的早晨》则画新婚夫妇婚后各有私情:新郎在外面放浪一夜之后回到家里,新娘其实也刚刚送走情人正坐在椅子上伸懒腰;第三幅《决斗》画新郎与新娘的情人决斗后行将死去时的情景;第四幅《自杀》自然是画新娘不得已只好自寻绝路了。这种连环画形式过去常被用来描绘圣经故事,现在却被霍加斯不无讽意地填入了世俗生活的内容。有时,霍加斯的风俗画除了嘲讽还有点粗俗,如两幅连环画《林中约会(之前)》和《林中情人(之后)》就是。在"之前"的画面上,两个情人衣冠楚楚站在林子里,男的正在诉说衷肠,女的则半推半就;在"之后"的画面上,两个情人已是衣衫不整,头发蓬乱,男的衬衣露在外面,女的裙摆掀起,露出一条赤裸的大腿,两人的神情也正好颠了个倒：女的似乎在哀求男的不要忘怀，而男的似乎已心不在焉。

霍加斯的风俗画

当然，一幅画在艺术上的成败并不取决于它的“情节”，霍加斯也不是漫画家，但不管怎么说，他这种带有讽意和不避粗俗的画风却给英国风俗画定下了基调。从总体上看，英国的风俗画确实比欧洲各国的风俗画都要“俗”，也就是更具市民艺术的特点。

继霍加斯之后出名的另两个英国画家是雷诺兹和庚斯博罗，两人都是肖像画家。

雷诺兹受意大利威尼斯画派的影响很大，尤其是米开朗琪罗的作品，是他竭力想仿效的，所以，他的画风比较粗犷有力，色彩深厚；庚斯博罗的作品则比较轻盈流利，可看出当时法国洛可可风格的影响。他们两人齐名，但相互鄙视，使当时的英国画坛分成了雷诺兹派和庚斯博罗派。这是因为，庚斯博罗看不起雷诺兹的世俗风格；雷诺兹呢，也看不起庚斯博罗作品的贵族情调。两派成见之深,后来到了相互攻讦的地步,但是到庚斯博罗临死之际,两派又终于和解,据说雷诺兹还在庚斯博罗的葬礼上念了悼词。

雷诺兹的肖像画

除了风俗画和肖像画,英国十八世纪的风景画也许是全欧最为发达的,而英国风景画的突出成就又与水彩画这一画种的发展密不可分,因为当时众多的英国风景画家都使用水彩而不是油画颜料来作画的。水彩画虽然早在文艺复兴时期就已经在欧洲大陆出现,如德国绘画大师丢勒就曾作过这种画,但长期以来大陆画家都不把它当作主要手段。唯有到了十八世纪的英国,水彩画才发展成为堪与油画争衡的画种。

英国这一时期的水彩风景画家有特文纳尔、柯岑斯父子、桑德比、戴伊斯、吉尔丁等人。他们的水彩风景画大体可分为两大类:一类是侧重色调而不注重色彩,以墨色为主;一类是注重色彩而不重色调。前者如老柯岑斯的《湖光山色》,以墨色的浓淡表现风景,很带有中国水墨风景画的韵味;后者如吉尔丁的《瀑布》,充分运用色彩表现远近层次及细节,工整细润,与洛可可画家笔下的风景有相似之处。

英国十八世纪水彩风景画虽已引人注目,但仍在发展之中,它要到十九世纪上半叶才真正达到辉煌的高度,出现了像透纳这样的水彩风景画大师。

三、洛可可雕塑

就像洛可可绘画的中心在法国一样,洛可可风格的雕塑艺术也以法国为中心。洛可可雕塑以纤巧见长,虽给人以美妙优雅之感,却往往失之于柔弱而力度不足。不过,这正是当时世俗理想主义文化倾向的一种艺术表现。

洛可可趣味尽管在十八世纪上半叶在法国占统治地位,但典型的洛可可雕塑却无法成为艺术杰作,因为有众多的洛可可雕塑仅仅是当时的洛可可建筑的一种装饰品而已。独立的洛可可雕塑在艺术上稍有成就的有柯斯弗科斯的《狄安娜》、库斯图的《马尔勒之马》、鲁兰的《太阳之马》、阿达姆的《抒情诗》和克罗提翁的《玩狮子狗的女人》等,其中最有代表性的是柯斯弗科斯的《狄安娜》和克罗提翁的《玩狮子狗的女人》。前者是早期洛可可的代表,与后期巴罗克作品很难区分,只是风格上更为妩媚,狩猎女神狄安娜看上去就像一个带狗散步的法国少女。后者则是洛可可衰落期的典型作品,轻薄之意一望可知:一个裸体女人仰卧在靠垫上,双腿高高翘起,两脚之间夹着一只小巧的狮子狗;整座雕像只给人嬉戏轻佻之感,自古希腊以来雕塑固有的庄重感,已荡然无存。

正因为洛可可风格与雕塑艺术在本质上是不相容的,到了十八世纪中期洛可可雕塑便陷入了困境。于是雕塑家们不得不重新回过头去面对古人,以寻找出路。这样就产生了所谓的新古典主义倾向。

在十八世纪中后期具有新古典主义倾向的法国雕塑家中,最出色的是法尔康涅和乌东。

法尔康涅在五十年代和六十年代初制作了一些神话雕像,如《司音乐的缪斯》《丘比特》《浴女》和《泉边的山林水泽女神》等。这些作品在造型上是仿古的,但在雕刻手法上仍明显带有洛可可风格,可以说是“洛可可”艺术与古典艺术的混合之作。六十年代中期,法尔康涅受俄国宫廷之聘到了彼得堡,在那里工作达十二年之久。在这期间,他的作品更倾向于古典风格,其中最有名的就是《彼得大帝纪念碑骑马像》。这座雕像以内容深刻、形象含蓄、结构严谨和手法简洁见长,将彼得大帝塑造成一个国家的缔造者、立法者和施恩者,而在彼得的形象上,同时显示出了智慧、勇气、威严和慷慨的表情,雕像后来由俄国铜匠翻铸成五公尺多高的青铜像,高高耸立在彼得堡十二月党人广场上。十九世纪的俄国诗人如拉吉舍夫和普希金等,都曾用诗文赞颂过这座作为俄罗斯象征的伟大雕像。

《彼得大帝纪念碑骑马像》

乌东也许是受洛可可风格影响最小的十八世纪法国雕塑家。他最主要的艺术成就是他所创作的一系列肖像雕刻，有全身像，也有胸像，而胸像据信属他首创。在他雕刻的肖像中，有帝王和贵妇像，如《拿破仑像》《拿破仑夫人约瑟芬像》和《俄国女皇叶卡捷琳娜二世像》等；也有许多伟人像，如《伏尔泰像》《狄德罗像》《弗兰克林像》《莫里哀像》《蒲丰像》《华盛顿像》和《格鲁克像》等，其中《伏尔泰像》是他的代表作。从《伏尔泰像》可以看出，乌东肖像雕

《伏尔泰像》(头部)

刻的特点是强调人物性格刻画,重点往往集中在脸部表情上,如伏尔泰的机智、犀利和爱嘲讽的性格特征在伏尔泰的眼神和微笑中被表现得淋漓尽致。这一点也说明了乌东为什么会首创胸像这一全新的雕塑品种。因为他把雕刻的重心主要放在脸部,身体的其余部分当然可以省略了。所以有人认为,乌东的胸像雕刻实际上是立体的肖像画而已。

法尔康涅和乌东的新古典主义雕塑从理论上说是与洛可可雕塑相对的,实际上它是对洛可可雕塑的一种补救,因为洛可可趣味对世俗理想的过度追求有脱离世俗的危险性,有"浮"的意味。新古典主义将其拉回到世俗"地面"以求得平衡。但是,当新古典主义发展到极致时,由于它对世俗的过度执着而又有失去理想的危险性,有"沉"的意味。这样,便需要再度补救,于是具有理想倾向的浪漫主义就应运而生了。这种上下沉浮,或者说左右摆动,是西方艺术发展的恒常节奏,雕塑如此,绘画当然也如此。

四、洛可可工艺美术

洛可可艺术主要适应装饰的需要,在装饰中起重要作用的工艺美术自然大受重视。

洛可可工艺美术

瓷器是当时最受青睐的工艺品。它的质地轻巧,外形圆滑曲婉,颜色清丽雅淡,正与"洛可可"风格的本义吻合。在十七、十八世纪的法国上层社会里,把瓷器作为美化厅堂和内室的摆设,几乎是不可或缺的。这种兴致与"洛可可"风格的发展相辅相成。

欧洲对瓷器的需求长期依靠从中国和日本进口。后来一些欧洲国家开始探索自制瓷器的技术,并逐渐有所进展。在十八世纪初,法国还未能像相邻的德国那样烧制硬瓷,而只能继续生产软瓷,但产品的精巧豪华已达到极高的程度,使王室和贵族们的需求得到部分的满足。一七五六年迁址到塞夫勒的制瓷工场是官办机构,最受路易十五的宠姬蓬巴杜侯爵夫人的热心支持,它的制成品的技术质量和艺术水平由路易十五亲自任命的总管监督。设计者都是场内场外的著名艺术家。例如有一只带有小型塑像的盒子是由很有名气的雕塑家法尔康涅参与创作的。至于进行具体制作工作的,则全是训练有素的技术人员。据说一七七五至一七七七年间,在俄国叶卡捷琳娜二世委托制作的精致餐具中,每一件都必须经过八个技工之手,包括模型工、整修工、釉画工、底色画工、花卉画工、徽章画工、镀金工和抛光工。他们在各个工序中各施其能,互相协作,精益求精,才得以制成一流的精品,使之成为本国和外国上层社会争相收藏的对象。当时最令人喜爱的,无疑是楚楚动人的美女或快活调皮的牧羊人的造型,因为它们的轻松、活泼的格调最为鲜明。

法国洛可可工艺美术的成就还表现在家具的设计和生产、壁毯和织锦的织作上。王室拥有专门的家具工场。路易十五登基后的最初年

洛可可家具和室内装饰

间，著名家具大师克莱桑的作品就以曲线美取胜，上面雕有复杂精巧的图案，在优质木料中还配合使用了华丽的金属。在他之后的宫廷家具师更注意使家具显得纤巧轻便，如设计安乐椅时，还特别考虑到穿着大裙子的贵妇人坐上去是否方便和舒适。

洛可可装饰的重要成分是壁毯，当时有钱人家无不以拥有高雅的壁毯为荣。早在路易十四时代，法国就已有专门制作壁毯的葛布兰织毯场，让织毯工艺与绘画艺术结合起来。在十八世纪中叶，洛可可绘画大师布歇也主持了该场的管理工作。人们巧用不断发展起来的印染技术，使得织作所用的不同颜色的毛线和绢线达到上万种，加上金丝和银丝的搭配，壁毯就能把五彩缤纷的画稿尽可能忠实地复现出来。至于织锦，一个重要用途是装饰家具，也用来做窗帘，既为挡光，也为美观华贵。

五、洛可可音乐

十八世纪，在洛可可建筑、绘画和雕塑等艺术形式兴盛如潮的同时，法国还出现了洛可可音乐。

洛可可音乐是由早先的宫廷音乐演化而来的，其特点是小巧精致，清晰流畅，富于节奏感，充满情趣，令人陶醉和欣喜，但有时也不免流于浮华。洛可可音乐的演出地点最初是贵族的客厅，后来也出现在巴黎的高级娱乐场所，听众大多是富裕的巴黎市民。

库泊兰

在法国的洛可可音乐作品中，最有特色的是古钢琴曲，最有名的作曲家是库泊兰和拉摩。

库泊兰写过许多带标题的小品，大多构成组曲。他的代表作是《莫尼克小姐》《收割者》和《蝴蝶》等。此外，他还于一七一六年出版了《古钢琴演奏艺术》一书，对怎样伴奏旋律和怎样演奏动人的装饰音等，都作了重要说明。此书对当时的古钢琴艺术有很大的促进作用，同时也是欧洲音乐史上的一部不可多得的早期音乐理论著作。

拉　摩

拉摩的古钢琴曲风格较为朴素，较少追求精雕细刻，但他吸收了民间曲调的许多特点，其著名作品《风笛舞曲》《铃鼓》和《母鸡》等，都是十分风趣的小品。在音乐理论方面，拉摩比库泊兰更有贡献，他的"调中心、基础低音和用根音确定和弦性质"的理论，为近代功能体系和声奠定了基础。拉摩的重要理论著作是一七二二年出版的《论归纳为自然法则的和声》。

洛可可音乐从总体上来说是娱乐性的，就如德彪西后来所说，"法兰西音乐的目的，首先就是要使人们愉快，而库泊兰和拉摩，他们都是真正的法兰西人"。因此，从某种意义上说，洛可可音乐是当时的通俗音乐，它不仅深得喜欢享乐的上层贵族的青睐，在普通市民中也有不少爱好者。洛可可音乐虽然不像后来以莫扎特等人为代表的古典派音乐那么深邃、那么严肃，但它在普及音乐方面还是功不可没的，因为没有洛可可音乐培养出那么多音乐听众，后来的古典派音乐很可能会曲高和寡，无人问津。

第三节　古典主义艺术

十八世纪的洛可可绘画到了五十年代以后变得浮华而滥情，艺术上已无建树，于是美术界便出现了复古思潮，即古典主义。所谓"古典主义"，就是主张在绘画中放弃个人主观情感，以理智的、客观的画法严格遵守古代(即古希腊罗马)艺术的原则和定理，强调素描或者说线条在绘画中的重要性,反对滥用色彩。因为古典主义画家认为,线条是理性的、冷静的,色彩则是感情的、迷乱的。

一、古典主义绘画

十九世纪上半叶是古典主义绘画的繁荣期,其中心也就在洛可可艺术最盛行的法国。不过,溯其渊源,法国古典主义绘画的远祖则是十七世纪的法国大画家普桑。

普桑虽然生活在十七世纪,但他的艺术却与那时盛行的巴罗克截然不同,以庄重、肃穆和恬静为其特征。他曾是宫廷画家,但他却讨厌法国,自一六二四年起就长期居住在罗马悉心研究古代艺术。他的作品大多取材于圣经、历史和神话,出名的有《基督治愈盲者》《阿卡狄亚的牧草人》《诗人的灵感》和《酒神祭》等。由于在他的作品中“古风犹存”,而且他本人也有一整套的关于古典绘画的理论,因此他在十七世纪便被认为是与鲁本斯等人的风格相对立的一种画风的代表人物,尽管在当时他远不及鲁本斯那样受人欢迎。但是到了十八世纪后期,随着洛可可艺术的衰落,普桑的“古色古香”的作品开始受到重视,接着他又被认为是法国古典画派的创始人。

法国古典画派有三位代表人物,他们是大卫、格罗和安格尔。

路易·大卫是这一画派的实际奠基人。他早年师从维恩,但维恩的洛可可风格在当时已趋没落,于是他便转向古代艺术并开始以古典题材作画。后来,他又去罗马临摹古典作品达六年之久,回国后举办个人画展大获成功,因为他那些带有古风的作品具有理智、庄重、严峻的基调,加上精到的构图,使人耳目一新。所以,他很快就吸引了众多的信徒,成为公开倡导古典风格的古典主义画派的领袖。拿破仑称帝后,聘他为宫廷画家,由他为自己绘制巨幅肖像。大卫欣然从命,先后完成了《横越阿尔卑斯山的拿破仑》和《拿破仑加冕》等作品,深受拿破仑赞赏。从此,大卫画名日隆,不仅是古典画派的领袖,而且还成了当时法国最有权威的画家。他广收门徒,使古典派成了一种官方画派,在学院里教授其画技,因此古典派也被称为“学院派”。大卫最出名的作品是《马拉之死》。作品描绘大革命志士、“人民之友”马拉在浴盆中工作时被刺身亡后的悲壮一刻,而作品风格则是古典主义的,庄重而静穆。

路易·大卫

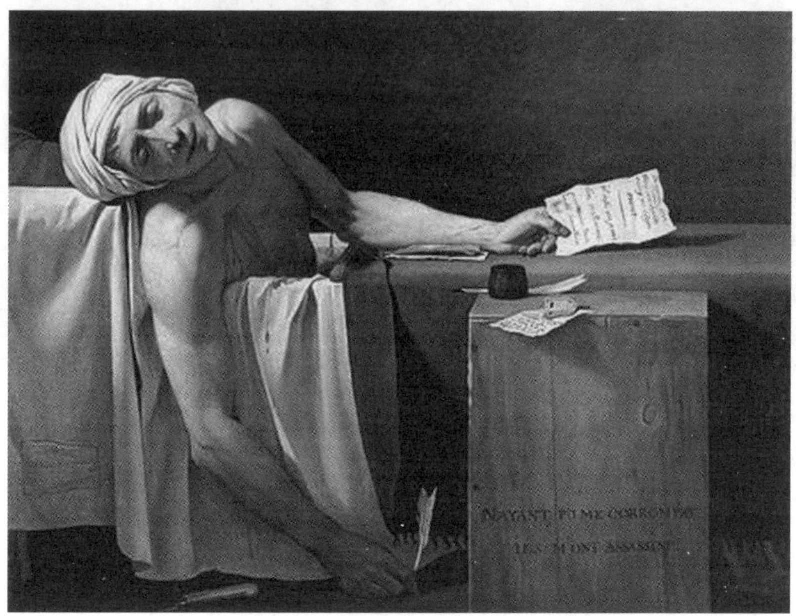

《马拉之死》

格罗是大卫的学生，曾任拿破仑的随军画家，画有许多颂扬拿破仑的作品，其中《拿破仑在阿克柯》《拿破仑在埃罗战场》充分体现了古典主义的特色，其画技不在大卫之下。但是，格罗却是个很矛盾的人物，他一方面是大卫古典画派的继承者，另一方面又是巴罗克绘画的崇拜者，对鲁本斯与凡·代克的作品深有研究。因此，他的作品往往比典型的古典派绘画多一层华丽的色彩，而这恰恰是古典画派尤其是它的领袖大卫所无法容忍的。于是，他处于两难境地：既不能与古典派彻底决裂而投向当时与古典派对立的浪漫派，又不能彻底改变其已经形成的画风而成为标准的古典派画家。加之他对恩师大卫的尊重而又开罪于大卫，这位被后人认为极有天赋的画家，最后在矛盾与痛苦中投入塞纳河自尽了。

《拿破仑在埃罗战场》

安格尔也出于大卫门下，但他却是古典主义的忠实信徒。不仅如此，他还可以说是古典派的最后一位、也是最有成就的艺术大师，其名声甚至超过他的老师大卫。安格尔认为，画家必须向古代画家学习观察自然的方法，而古代画家本身就是客观自然，因此“古希腊的”就是“自然的”和“美的”同义词，只有以永恒的美和自然为基础的艺术才算得上是艺术。基于此,他与当时的浪漫派画家进行激烈的论战,认为浪漫派绘画只是一种哗众取宠的“骗术”而已。他不仅反对浪漫派,对浪漫派奉为先驱的巴罗克大师鲁本斯和凡·代克也是出言不逊,认为“鲁本斯给人的感觉是卖肉的,而全面的布局配置,则是肉铺”。这里的关键是:从鲁本斯到浪漫派所形成的绘画风格注重的是色彩的运用,注重渲染,而从拉斐尔到古典派所形成的绘画风格注重的是线条的布置,注重刻画。因此,安格尔轻蔑地称鲁本斯和浪漫派画家是“谎言学派的色彩家”。当然,浪漫派对古典派的攻击也一样激烈,认为他们都是些冷冰冰的僵尸,只会搞些雕虫小技,根本算不上什么艺术,等等。总之,到了安格尔的时代,法国绘画界空前“热闹”,古典派和浪漫派相互否定,都认为自己才是真正的、绝对的艺术,对方是“胡闹”。实际上,两派只是各自树立的“理想”不同而已,其共同点是:都想追求绝对和完美,而这种追求,恰恰是那个时代的“文化精神”,绘画界的情况只是这一精神的一种体现,一个缩影。

安格尔

不管古典派和浪漫派在理论上如何势不两立,安格尔在艺术上的成就即便在今天看来仍然是巨大的。他的画风极度理智、冷静,画中从不流露个人情感,而是以极其精致的笔法描绘对象,其写实程度几近现代的彩色照片。譬如,他的名作《浴女》,以几乎无可挑剔的准确性和精湛的技法表现女子背部的肌肤与线条,集中体现了古典主义绘画的原则和精神,堪称古典派绘画艺术的典范之作。与这幅名画相照辉映的还有他的《泉》《维纳斯》《土耳其浴室》等裸体画杰作。除了裸体画,肖像画也是安格尔艺术中的珍品,如著名的《利维尔夫人像》《巴尔瑟利像》《德弗塞夫人像》《安格尔夫人像》《巴尔丁像》和《哈松维尔夫人像》等,都具有严谨、锋利、简洁的古典手法特点,以及在人物精神刻画方面的深厚功力。

《浴女》

《泉》

二、古典主义雕塑

自十八世纪以来,法国艺术在欧洲的统治地位就已牢固确立。尤其是有全欧意义的法国大革命,使十八世纪末到十九世纪的法国艺术远远超越了国界而走上欧洲的舞台。这种情况在雕刻艺术方面也表现得十分明显。

在谈到法国古典主义雕塑时,一个不容忽视的情况是:意大利的罗马对法国雕塑艺术的发展的重要性。因为在大革命时期,法国的美术学院被封闭,当时几乎每一个重要的雕塑家都曾有过去罗马留学的经历。由于前往罗马的法国雕塑家人数众多,在罗马占据压倒优势,当时几乎成了意大利雕塑艺术的主流。难怪有人说,贝尼尼的后继者不是他的弟子和后代,而是法国的雕塑家了。由此可以认为,法国古典主义的雕塑艺术,其起源在于罗马。

此外,意大利的伟大雕塑家安东尼奥·卡诺瓦长期在法国从事艺术活动,受到拿破仑的恩宠,为拿破仑家族雕塑了不少肖像作品,其中最著名的是为拿破仑的妹妹玛丽·宝琳·波尔盖丝所作的大理石雕刻《装扮成维纳斯的玛丽·宝琳·波尔盖丝》。卡诺瓦在法国雕塑家中享有很高声誉,差不多所有十九世纪法国及欧洲的雕塑家,不是出于他的门下,就曾受过他的影响。

《装扮成维纳斯的玛丽·宝琳·波尔盖丝》

活跃在十八世纪末十九世纪初的法国古典主义雕塑家很多,如前已介绍的伟大雕塑家乌东,此外还有特巴庇、卡拉曼尔、莱孔特、克洛迪翁、斯托芬、多列托尔、希纳尔莫、卡尔特尼埃、多塞奴兄弟等人;活跃于十九世纪二十至六十年代的,则有普拉狄尔和丹热。

詹姆斯·普拉狄尔生于瑞士的日内瓦,一八〇九年随父迁居巴黎,获法国美术学院罗马奖赴意大利深造,在那里形成了冷静的古典风格,在卡诺瓦的指导下完成了《尼西亚》《萨罕》等希腊神话题材的作品。回国后,在七月革命时期享有崇高声誉,担任国家沙龙的评审员,成了古典学院派在雕塑界的领袖人物。外表的完整性、韵味和触觉感是普拉狄尔多数雕塑创作的基本特色。他创作了许多巨幅的纪念性装饰作品、胸像、立像和花园的雕像,特别是以神话为题材的雕塑群像,如《维纳斯与丘比特》等。巴黎先贤寺拿破仑墓上的十二守卫者雕像，均出自他的手下。

大卫·丹热是法国新古典主义雕塑家中带有浪漫主义气质的一位，为了区别于大革命中的著名画家路易·大卫，当时巴黎称他为“丹热的大卫”。一八一一年因获罗马奖而去意大利留学，与卡诺瓦有过交往，并受其影响。这一时期，他创作了不少新古典主义风格的裸体英雄像，为他今后的雕塑艺术创作打下了坚实的基础。当时的新古典主义者在创作男子雕像时常让模特儿戴上消防队员的头盔，装扮成古代英雄，所以被观众戏称为“消防队员风格”。丹热的《菲利波蒙》就是这种风格作品的典型代表。他一生共创作肖像雕塑约五百件，几乎包括了当时法国的所有著名人物，仿佛成了十九世纪上半叶法国社会的一个缩影。作品中强烈的个性特征，几乎成了每一个知名人物珍贵的生平资料，如创作于一八四七年的戈贝尔将军的纪念碑，表现了这位远征军将领仆地阵亡前的动人形象，一百多年来一直令人叹为观止。

第四节 浪漫主义艺术

与古典主义针锋相对的是浪漫主义。古典主义重理性描写和类型化表现，遵循古典的法规与形式，以及雕塑般的造型和强调素描的作用；而浪漫主义则是重感情的传达，人性化的描写，喜欢热烈而奔放的性情抒发，以及饱满的色素所显示的渴望情绪。简言之，浪漫主义重视感情、重视色彩、重视刺激。因此，浪漫主义画家在取材方面也与古典主义画家截然不同。他们喜欢取材于异国生活和异常事件，甚至取材于像莎士比亚、歌德和拜伦这样的具有浪漫倾向的大诗人的作品，以表现其主观情感和幻想。

一、浪漫主义绘画

浪漫主义绘画的先驱是西班牙画家戈雅。戈雅的早期作品虽然具有明显的洛可可风格，但已表现出了他的某些特色。那就是有一种内在的骚动感，不像一般的洛可可绘画那样完全是牧歌式的和脂粉气的。后来，他的这种骚动不安的特点表现得越来越明显，最后到了十九世纪初，法国出现了浪漫主义画派，人们发现他们所追求的正是戈雅的风格。于是，戈雅便被当作一位早期的浪漫画家看待了。戈雅的浪漫画风主要表现在他豪放的笔致和大胆的构图方面，同时也表现在他喜欢用明亮鲜艳的色彩大块地涂抹，更表现在他热情奔放的想象力中。他用动人的构图和艳丽的色彩美化平民女子，如他的名画《卖牛奶的姑娘》；他用粗犷的线条和阴暗的色调诅咒战争，如他的组画《战争的灾难》；他还用滑稽的笔法嘲讽王权、教会和法律，如有名的蚀版画《幻想集》便是。然而，作为一名宫廷画家，戈雅有时不得不掩盖自己的浪漫激情。譬如，他和当时的西班牙王后玛哈·露易莎的关系一直是后人多方猜测的一个谜。原因是，戈雅为王后画过肖像，这幅肖像显然在当时是由国王过目的，被后人称为《穿衣的玛哈》。之所以这样称它是因为戈雅实际上画了两幅王后像，另一幅是裸体的，被后人称为《裸体的玛哈》。两幅画除了一幅穿衣，一幅裸体，几乎一模一样。戈雅为什么要画两幅呢？而且，裸体的一幅在当时肯定不为人知。于是，有人认为戈雅与王后玛哈有私情，否则王后是不可能给他当裸体模特儿的。但是，也有人认为(这种看法可能更符合实情)，并不存在什么私情，而是戈雅对王后抱有激情，但无法在奉命而作的王后肖像中表现出来，于是他画了应景的《穿衣的玛哈》之后私下里凭着丰富的想象力又画了《裸体的玛哈》，而后者才是他真实情感的流露。当然，这两幅《玛哈》现在都已成了不朽名画，它们引人注目地并排陈列在西班牙普拉多美术馆里，令参观者浮想联翩。

戈　雅

不过，一般说来，戈雅作画是无拘无束的，他任凭想象力驰骋，也任凭自己的情感大胆流露，这一点，正是浪漫主义所竭力追求的。

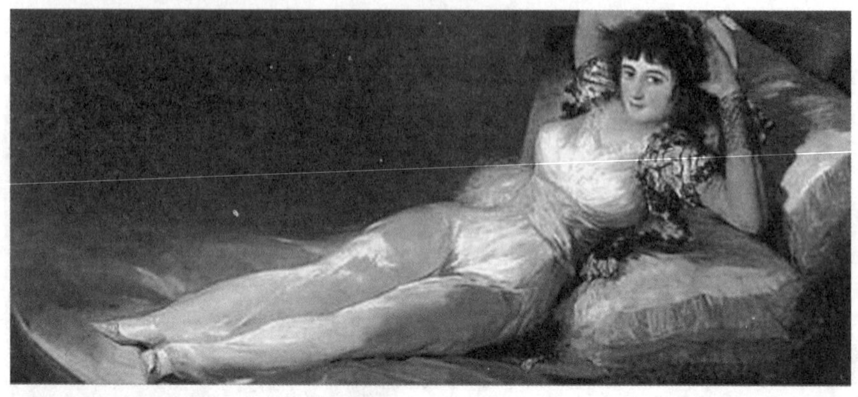

《穿衣的玛哈》

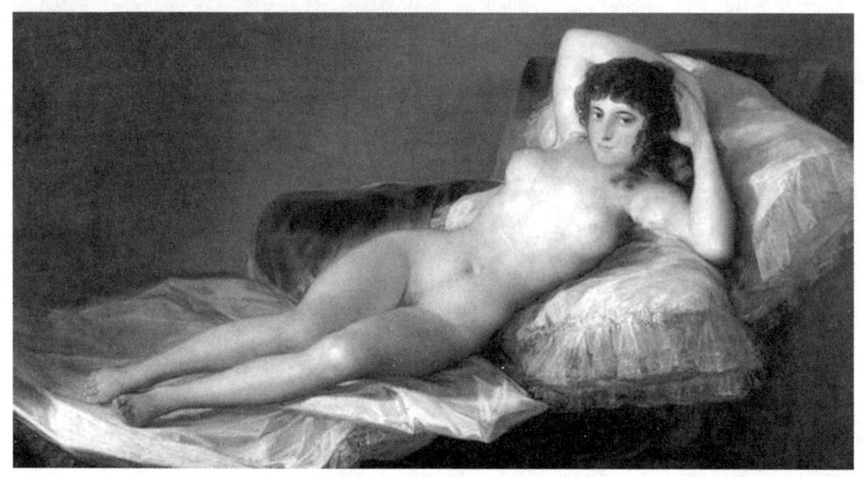

《裸体的玛哈》

与戈雅同时,法国也有一位画家表现出了浪漫风格,他就是普吕东。普吕东的绘画天才虽然不及戈雅,但他却能在古典主义全盛时代独自默默地坚守一种调和明暗而且用色鲜艳的画法,其作品可说是在为后来的浪漫派铺路。普吕东性格温和,他虽然不追随古典主义,但是也从不直接反对古典主义。真正作为古典主义反对者和自觉的浪漫主义者出现的,则是画家席里柯和德拉克洛瓦。

席里柯早年学画于画家维尔奈。维尔奈喜欢养马,也善于画马,席里柯受其影响,对骑马和画马也情有独钟。后来,他转而向画家儒朗学

席里柯

画，但不久便觉得儒朗的古典主义画规陈腐而压制创作个性，于是自己跑到卢浮宫美术馆去临摹前辈大师提香、拉斐尔、鲁本斯和伦勃朗等人的作品。他最崇拜的画家是鲁本斯，因为鲁本斯雄健、奔放的画风很契合他的个性。他二十一岁时画的《轻骑兵军官》就已充满热烈的色调和激越的情感；一八一四年画的《离开战场的负伤骑兵军官》则更具悲剧性的激情，已标志着他的浪漫主义风格的基本形成。一八一八年，他创作了他最有名的作品《梅杜萨之筏》。

《梅杜萨之筏》取材于一八一六年七月“梅杜萨号”军舰遇难事件。当时，这艘军舰正驶往非洲，不幸触礁沉没，船上的一百四十九人只好登上救生艇，但不久又遭风暴袭击，救生艇破损下沉。于是，那些人只好将残存的木板扎成木筏，在海上随风漂流。经过三天的风吹日晒，断水断粮，等另一条船发现他们时，幸存者仅剩十五人。其中有一个军医，他生还后回忆当时的情景，并写文章发表在报纸上，轰动一时。席里柯就是读了这个军医的文章后才决定画一幅画来作永久性纪念的。他采访生还者，去医院观察临死者的痛苦状和死者的尸体，还复制了一只木筏放入海中，认真观察木筏在海浪中的颠簸之状。一切准备就绪之后，他便关上画室的门，开始作画。经过将近两年的努力，他终于画出了一幅巨型油画。画面上的人物比真人还大：有的苦撑瘦弱的身躯，向着远方的船影呐喊呼救；有的躺在木筏上，痛苦呻吟；有的横尸木筏边，半浸在海水中。一根临时的桅杆已倾斜，半截篷帆被风吹得像要腾空而起。痛苦、挣扎、死亡和绝望中的最后一丝希望，都被席里柯凝固在巨大的画面上，色彩沉郁而丰富，光与影对照强烈，充满垂危之际的悲惨激情。

《梅杜萨之筏》的浪漫风格与古典主义格格不入：首先是，它取材于当代事件，突破了古典主义取材历史的惯例；其次是，它用色强烈、感

《梅杜萨之筏》

情外露，破坏了古典主义的静穆和含蓄原则。因此，作品于一八一九年展出时，就像一颗炸弹爆炸一样引起了激烈的争论。古典派对它进行无情的攻击，而对古典派不满的人又为它大声喝彩。尽管两派相持不下，但事实表明了浪漫派已赢得一席之地，不仅结束了古典派在法国画坛一统天下的局面，而且还信心百倍地要取古典派而代之。人们都寄希望于席里柯这位富有创见的画坛豪杰，但不幸的是，没过几年，席里柯因骑马不慎坠地身亡，年仅三十三岁。

德拉克洛瓦

席里柯去世之后，德拉克洛瓦继而高举起浪漫派的大旗。德拉克洛瓦比席里柯小八岁，早年在儒朗处学画时曾是席里柯的同学，两人志同道合，都对古典派的清规戒律大为不满。不过，德拉克洛瓦比席里柯更具音乐和文学修养。他喜欢莫扎特的音乐、莎士比亚和拜伦的诗篇，而且还和诗人波德莱尔、小说家乔治·桑、音乐家肖邦等人有交往。这些人都是浪漫主义者，对他的艺术风格的形成具有极大的影响。在画家中，他最崇拜的是鲁本斯和戈雅，这两位画家豪放、热情的艺术风格在他的作品中都有所表现。

德拉克洛瓦的成名作是《但丁与维吉尔》，取材于但丁的《神曲》，表现但丁在维吉尔引导下游历地狱时的情景。画面上呈现出一片凄惨恐怖之状，令人触目惊心。这幅画就像席里柯的《梅杜萨之筏》一样，招来古典派的猛烈批评。但浪漫派却认为，它是继席里柯之后向古典派扔出的又一颗炸弹。譬如，当时的浪漫派诗人戈蒂埃就评论道："这是恐怖的景色……强烈的色彩、愤怒的笔触，使古典主义者如此不满，以致他们的假发都发抖了，而年轻的画家却感到欢欣鼓舞。"

一八三〇年，法国爆发"七月革命"，巴黎市区到处发生巷战。这震撼人心的历史性场面，激起了德拉克洛瓦的热情。他以勇猛的笔力、浓炙的色彩，绘制了《自由女神在街垒中领导着人民》这幅充满浪漫激情的名画。画面上，自由女神右手挥舞着象征革命的三色旗，左手握着带有刺刀的长枪；女神身后，左边的青年两手持双枪，正向前跃进，右边的青年则手持长枪，正在搜索前方；女神脚前，是废墟和尸体，整幅画的背景，是滚滚的硝烟。这一作品的出现，无疑是对古典主义学院派的致命打击。恰在这个年代，由于浪漫主义文学家雨果的戏剧《欧那尼》的上演，使古典主义在文学方面失去优势。所以，一八三〇年成了浪漫运动走向胜利的一年，当时年仅三十三岁的德拉克洛瓦，就以他的这幅《自由女神在街垒中领导着人

《自由女神在街垒中领导着人民》（局部）

民》俨然成为浪漫画派的领袖人物。

三十年代之后，德拉克洛瓦又创作了大量作品，重要的有《阿尔及尔妇女》《摩洛哥犹太人的婚礼》《十字军进入君士坦丁堡》《利贝拉被劫》和《肖邦像》等。所有这些作品都具有鲜明的浪漫主义特色，无论在题材、构图方面，还是在用色方面，都与古典主义大相径庭，这当然要招来虽已衰落但仍有势力的古典派的攻击。所以，德拉克洛瓦除了创作，还要和古典派论战，而他的最大对手就是当时的古典派权威画家安格尔。论战的表面内容虽是关于绘画艺术的，如安格尔坚决捍卫绘画以线条勾勒为主、着色为副的古典原则，反对浪漫派的“以色煽情”，而德拉克洛瓦则力主绘画的感情功用，反对古典派的“以线压情”；但是，在这种“线”与“色”的冲突背后，却蕴含着深刻的文化含义，或者说是有其文化背景的。因为绘画中以线为主的原则体现了自文艺复兴以来传统的理性原则，而浪漫派以色为主的原则体现了十八世纪后期形成的感情原则，所以“线”与“色”的冲突，实质上是“理”与“情”的冲突，“理性至上”和“感情至上”的冲突，也就是两种不同的文化理想的冲突。但是，无论是“理性至上”的理想，还是“感情至上”的理想，就理想而言，它们又处于同一文化阶段，那就是“理想主义”阶段。要真正结束这一阶段，那就要彻底放弃对“绝对理想”的追求。也就是要到二十世纪“现代主义”出现之后。因为“现代主义”才是真正不抱“绝对理想”的，或者说是以“无理想”作为“理想”的，也就是以不断的自我否定、不断的“创新”为“理想”，而这种“理想”已不是原来意义上的理想了。

总之，当时在德拉克洛瓦和安格尔的论战中，由于双方是从不同理想出发的，因此谁也胜不了谁。于是，到了六十年代，随着两位大师的相继去世，“古典”与“浪漫”之争也就不了了之。继而出现的是所谓的“写实主义”，这一流派与其说的反理想主义，不如说是避开了理想。它既不像古典主义那样以古代艺术为理想，也不像浪漫主义那样以完美的未来为理想，而是执着于“现实”，即当代生活。因此，宗教、神话、历史被排除在他们的艺术之外，伟大的激情也非他们的艺术追求，他们仅限于栩栩如生地描绘“现实”眼前的社会与自然。这一流派的出现，实际上已预示着西方近代理想主义文化的危机，也是近代文化向非理想化的现代文化过渡期的产物，所以我们最好是把它放到下一编“现代文化”中去叙述。

二、浪漫主义雕塑

浪漫主义雕塑与浪漫主义绘画一样，经常取材于当代事件以表达强烈的激情。虽然浪漫主义雕塑没有呈现出像绘画那样的盛势，但也出现了一批浪漫主义的雕塑家，其中最著名的是法国的吕德和卡尔波。

吕德是从古典主义到浪漫主义之间的过渡人物，所以他的作品既有古典主义的严谨，又有浪漫主义的激情，最典型的是一八三六年完成的爱德华广场凯旋门右方的高浮雕《马赛曲》。这件作品所显示的艺术效果与德拉克洛瓦的油画《自由女神在街垒上领导着人民》可说异曲同工。浮雕以完整的构图、连续的韵律突出鲜明的主题：群像由一个象征法兰西共和国的带翅自由女神作为领导处于上层，她左手高举，在呼喊着人们；下层是一组群像，处于中心位置的长者挥舞着头盔，神色庄严而刚毅，他身边是年轻的儿子，呈裸体，正昂首阔步，他们两边各有几名青年战士和义民，都呈行进状，其中一个正仰头望着上面的自由女神。这一切连同后面飘扬的军旗和刀、枪、剑、戟，造成千军万马的气势，其运动感使人觉得整座雕像就是一阵惊天动地的呐喊。除了《马赛曲》，吕德其他著名雕塑作品还有《戏龟的童子》《呼喊的贞德》和《纳伊将军像》等，均具有明显的浪漫主义倾向。

《马赛曲》

卡尔波则是典型的浪漫主义雕塑家。卡尔波最著名的作品是装饰浮雕《花神》和为巴黎大歌剧院制作的高浮雕《舞蹈》。《花神》采用的还是古典与浪漫折衷的手法：花神与周围的小天使们俱呈裸体，尤其是花

《舞蹈》

神，体态丰满，姿势优美，给人以轻盈甜美之感。至于《舞蹈》，则是地地道道的浪漫主义作品：一群裸体男女，中央是一个作为“舞神”象征的美少年，他高举着双臂，一手拿着一面手鼓，头微微下倾，欢笑着在指挥一群正手拉着手围着他欢舞的少女，而这些少女的舞姿俱呈陶醉狂欢之状，笑逐颜开，在她们的腿足间，有一个小天使正欢快地在拍手拍脚。这座浮雕不仅姿态狂放，而且男女裸体极为逼真，因此揭幕之际便遭到古典派和思想保守者的非议，有人甚至还在夜间朝它泼污水，要求将它移走。但正在这时，普法战争爆发，人们忙于应付战争，关于一座浮雕的争执也就搁置一边。等三年后战争结束，普鲁士军占领巴黎，虽然仍有人重提移走这座雕像之事，但普鲁士人大概认为巴黎本来奢靡，并不将此事当真，而普通法国人已经看了三年，也不再大惊小怪了。所以，这座充满情欲和欢乐、表现生命之舞的浪漫之作，至今仍矗立在巴黎大歌剧院门前。

除了吕德和卡尔波，法国成就较大的浪漫主义雕塑家还有巴里和大卫·丹格罗等人。

巴里是动物雕塑家，善于表现猛兽的神态和气势，其最出色的动物雕像是《吞噬鳄鱼的猛虎》。这座用动物野性来表达浪漫激情的雕像，当时在巴黎沙龙展出时受到学院派议员的非难，但同时也因其大胆而使巴里蜚声雕塑界。

大卫·丹格罗的作品仍带有古典主义余风，但是他的著名浮雕《雨果像》却浪漫气十足。他把雨果这位浪漫主义大文豪雕成裸体已令人震惊，还让他在周围如烟如云的装饰物中间呈手舞足蹈之状，很容易让人想起古代著名雕像《拉奥孔》。

第五节　英国古典派与“拉斐尔前派”

从十八世纪起,西方绘画雕塑艺术的中心已从意大利移到了法国,而从十八世纪到十九世纪中叶这一段时间里,在法国形成的艺术风格又反过来影响包括意大利在内的周边国家。譬如,洛可可风格、古典主义和浪漫主义,最初都出现于法国,盛行于法国,但其影响却是全欧性的,有时甚至还影响到大西洋对岸的美国。在所有受法国影响的国家中,成就最大的则是英国。

英国虽然晚至十八世纪才真正有自己的绘画艺术而且其主要成就是在风景画方面,产生了像透纳和庚斯博罗这样的风景画大师,但是到了十九世纪,英国绘画的发展基本上已跟法国保持一致,出现了与法国类似的古典主义思潮和浪漫主义思潮,只是时间上要比法国晚大约半个世纪,也就是说,英国的古典主义和浪漫主义画派是在十九世纪后半叶才出现的。

一、英国古典主义绘画

英国的古典主义绘画虽不能与法国相比,但也出现了几位颇有成就的画家,其中最有代表性的是莱顿和塔德马。

莱顿自画像

莱顿曾任皇家学院院长,他的作品大多取材于古希腊罗马神话,画法与法国古典主义相同,形式古雅,色彩沉静,其代表作是《赛伊基的水浴》。除了绘画,莱顿还是一位雕塑家,他最好的雕刻作品是《和巨蟒搏斗的运动员》。

塔德马原籍波兰,擅长历史画,

作品谨守法国学院派的法度,但他描绘女性时,却用纯粹的英国模特儿,其成功之作是《安逸的爱》。

二、拉斐尔前派

与古典主义同时,也有一种类似于浪漫主义的思潮在英国画坛出现,那就是在一八五〇年兴起的所谓"拉斐尔前派"(pre-raphaelism)的艺术运动。拉斐尔前派,顾名思义,就是主张绘画应该回到拉斐尔之前,因为这一派认为,拉斐尔以后的画家,即使是有很高名望的,也仅止于摹写对象,而没有艺术理想。可见,这一派的主旨是要使绘画艺术重新具有理想,所以他们有时也被称为"理想主义"。

最初倡导这一"主义"的是画家布朗。他曾在罗马悉心研究文艺复兴时期意大利各派的绘画。在此期间,他认识了两位德国画家,即奥佛贝克和柯内留斯。这两位画家是当时德国拿撒勒画派的主要成员,他们认为拉斐尔以后的艺术,由于把人体描绘得过于逼真,使绘画带有明显的肉体诱惑性,最终导致了人性的堕落,因此他们提出了一种复古的主张,但这种复古不是古典主义所倡导的恢复到古希腊罗马,而是恢复中世纪的信仰主义,以便使艺术重新获得精神力量。布朗深受这两位德国画家的影响,回国后他便开始倡导前拉斐尔主义,只是他不像拿撒勒派那样明确主张恢复到中世纪,而是泛泛地提倡画坛应恢复拉斐尔以前的理想精神。他的看法得到一些画家、雕塑家和诗人的赞同,于是他们聚在一起,形成了拉斐尔前派。

拉斐尔前派以三位画家为核心,他们是亨特、罗塞蒂和米莱斯。

亨特曾游历过巴勒斯坦和以色列等地,主张绘画应有宗教道德意义,他的作品大多根据圣经故事作象征性的描绘,画风细致、缜密。他的重要作品有《被雇的牧羊人》《世界之光》和《信徒避难》等。

罗塞蒂原籍意大利,他除了作画,还写诗,而且常以诗和画表现同一题材。作品常描绘圣经故事和但丁《神曲》中的场景,带有神秘倾向和伤感气息,重要的有《但丁之梦》《贝亚特丽齐》和《圣母领报》等。

米莱斯早期作为"拉斐尔前派"主要成员所创作的作品具有深厚的基督教人道主义倾向,基调感伤,画风细腻,如《盲女》《玛丽安娜》《秋叶》等;但后来,他脱离"拉斐尔前派"而成为古典派的重要人物。

《贝亚特丽齐》

《玛丽安娜》

拉斐尔前派刚形成时，他们的作品并没有得到好评，一八五〇年的第一次画展得到的评价是“古怪奇特”“标新立异”和“欺世盗名”，就连同样具有基督教人道主义思想的著名小说家狄更斯，也对他们有所非议。可是，第二年再度展出他们的作品时，情况却大为好转了：首先是因为罗塞蒂在报刊上接连发表了几篇为自己辩护的文章，其次是他们得到了当时很有影响的艺术评论家罗斯金的热诚赞扬。从此以后，拉斐尔前派便引起了广泛的注意，并逐渐成为英国画坛上的一股重要力量。

从总体上说，拉斐尔前派的作品与古典派的作品是对立的，它们更多地取材于基督教传说而不是希腊罗马神话，更注重情感、理想乃至于幻想的表达而不是严守静穆、理智和含蓄的古典法则，因此从某种程度上说，拉斐尔前派就是英国的浪漫画派。尽管它在表面上与法国德拉克洛瓦的浪漫主义有明显的区别，但在精神实质上却是一样的，即赐予艺术以超俗的理想色彩。

继拉斐尔前派之后，又出现了新拉斐尔前派。这一派其实并无“新”意，只是使作品中的理想色彩变得更为浓郁而已，可以说是一种新理想主义。组成这一派的重要成员是伯恩-琼斯、莫里斯和瓦兹等人。其中伯恩-琼斯的创作深受罗塞蒂的影响，以浪漫的笔调描绘中世纪传

伯恩·琼斯与莫里斯 1890 年合影

奇中的人物和故事，如亚瑟王传奇等，代表作是《国王和乞食少女》；莫里斯致力于工艺美术方面的革新，提倡浪漫、轻快和华美的风格，其作品受中世纪艺术和东方艺术的影响颇深；瓦兹可说是新理想主义的典型代表，他认为“画家把壮观之美表现出来并没有尽其职责，而应该进一步给人以道德上的启示”；因此他致力于人生问题的描绘，作品具有人生哲理，如他的代表作《时间、死亡和审判》《爱与死》《爱与生》和《希望》等，无不以揭示某一哲理为其主旨。有时，他为了突出作品的哲理性，甚至到了说教的地步，所以有人便不无贬意地称他是“画坛上的布道者”。

莫里斯具有工艺美术特点的绘画

第六节 古典音乐的兴起

和古典绘画一样,所谓“古典音乐”,是相对于二十世纪“现代流行音乐”而言的,泛指十八世纪和十九世纪的西方音乐。

在十七世纪之前,欧洲还没有独立的音乐,当时的音乐不仅形式简单,而且从属于其他活动,如为教堂圣歌伴奏、为宴庆舞蹈伴奏等。十六、十七世纪之交,在意大利出现了最初的歌剧,音乐在其中的作用尽管有所加强,但仍然只是声乐的伴奏。后来,随着歌剧的缓慢发展,音乐不仅得到发展,还逐渐从歌剧中独立出来而形成了一个独立的艺术门类——近代古典音乐。在十八、十九世纪,古典音乐又获得长足进展,从中涌现出许多天才的大音乐家,他们把这种音乐推到一个前所未有的高度,使其成了一门辉煌灿烂的艺术。

一、十八世纪四大先驱

十八世纪可以说是西方古典音乐的发展期,在其前半期,出现了四位集前代音乐之大成的音乐家,分别在四个国家推动了音乐的发展。他们是意大利的史卡拉蒂、法国的拉摩、英国的亨德尔和德国的巴赫。

史卡拉蒂

史卡拉蒂的大部分艺术生活实际上是在十七世纪后期进行的,但他的影响却在十八世纪,即形成了所谓的“史卡拉蒂派”。史卡拉蒂的主要贡献是使意大利歌剧具有了更加完备的形式。在早期歌剧中,歌唱部分和朗诵相去不远,而且常由演员自由吟唱。史卡拉蒂在前辈作曲家努力的基础上,使歌唱部分有了一定的规格,即形成了一种较为固定的咏叹调。有了咏叹调，歌剧也就形成了一个较有组织的整体。此外，史卡拉蒂还独创了一种用管弦乐演奏的歌剧序曲，这种序曲后来被称为“意大利序曲”。

如果说，史卡拉蒂用咏叹调为歌剧增色不少，那么在法国，拉摩则在他创作的歌剧里给予舞蹈以重要的地位，而舞蹈也是他作品中最优美的部分。他的作品非常细腻，富有变化，每一首乐曲都有明显的特色，而且他很大胆地采用和声，使旋律的效果大为增加。在一定程度上，拉摩使歌剧成了一种综合艺术，将戏剧、舞蹈、独唱、合唱以及管弦乐有机地结合到了一起。

亨德尔

亨德尔写有不少圣剧。圣剧可以说是歌剧的一种形式，但与一般歌剧重视独唱有所不同，圣剧更重视合唱。亨德尔的圣剧，总体风格是朴实端庄，但由于他受史卡拉蒂为首的拿波里乐派的影响颇深，所以他的作品中也不无华美之处，使人感受到外在美和内在深刻性的结合。亨德尔原是法国人，后来入英国籍，可以说是他为英国音乐艺术奠定了基础。

上述三位音乐家，除了在歌剧领域里大有贡献以外，在其他方面也多有建树。譬如史卡拉蒂，不仅写有不少组曲，还写有不少钢琴曲。他的钢琴曲自成一类，一般称为“奏鸣曲”。在这些作品中，钢琴演奏最初表现出了高深的技巧，最引人注目的是采用双手交叉的弹奏法，从而创造了一种新的钢琴音响效果。拉摩不仅创作丰富，在音乐理论上也颇有造诣，他所著的《和声学教程》奠定了近代和声学的基础。亨德尔则创作了许多协奏曲，这些协奏曲均以组曲为基础再加以变化，已具有近代协奏曲的基本形式，因而在音乐史上颇有价值。

尽管如此，十八世纪前期欧洲最伟大的音乐家则是德国的巴赫。他被誉为“近代音乐之父”，尽管他的巨大影响要到十九世纪才充分显示出来。在巴赫生前，独霸欧洲乐坛的是意大利音乐，轻松华美，而巴赫的音乐却始终保持着德国音乐庄重深沉的风格。也许为此之故，当时他并不怎么被人重视。他的作品多以复调写成，包括各种体裁，唯有歌剧他从未涉足过。他的声乐作品都是宗教性的，主要有《b 小调弥撒曲》《马太：受难曲》以及两百多首“康塔塔”；器乐则以世俗作品为主，如《勃兰登堡协奏曲》、古钢琴曲《英国组曲》和《法国组曲》、管风琴曲《众赞歌前奏曲》和《托卡塔与赋格》、小提琴奏鸣曲和大提琴奏鸣曲以及音乐史上最早将“十二平均律”乐制系统应用于创作实践的《平均律钢琴曲集》等。巴赫在器乐创作方面的成就虽然在十八世纪没有被人们所认识，但到了十九世纪初，他的名声却越来越大。最初将巴赫的作品从沉睡中唤醒的是德国作曲家门德尔松，他在一九二九年指挥演出了巴赫的《马太：受难曲》，人们为巴赫伟大的音乐所震惊。从那以后，几乎所有的作曲家都奉巴赫为师了。

巴　赫

二、海顿与莫扎特

十八世纪中叶，原初由史卡拉蒂首创的歌剧三乐章序曲被移到音乐会上单独演奏，这样就产生了一种新的音乐体裁，即交响乐。不过，最初的交响乐尽管受到众多作曲家和听众的喜爱，但仍没有彻底摆脱歌剧序曲的旧框框。使交响乐获得自身独立形式的是奥地利作曲家海顿。

海顿对交响乐所作的改革是把乐曲建立在某一主题上。可以说，近代交响乐中的主题发展，最初就是由海顿自觉引入的，因而他常被誉为“近代交响乐之父”。海顿的交响作品是二十一部《伦敦交响曲》。在每一部交响乐中，他总是由一小段短短的乐句即所谓“动机”发展成整个乐章。这就是近代交响乐的基本形式。除了为交响乐定型之外，海顿还将弦乐四重奏定了型，因而他也被誉为“奏鸣曲之父”。

海　顿

莫扎特

海顿虽然为交响乐定了型，但使交响曲的表现力进一步丰富的却是海顿的挚友莫扎特。莫扎特有“神童”的美称，因为他三岁便能在钢琴上奏乐，五岁便能作曲，十七岁便担任大主教宫廷乐师。担任宫廷乐师四年后，由于对大主教不满，他愤而辞职。此后他一直贫病交加，年仅三十五岁便与世长辞，死后只有两三好友为其送葬。然而，他却为世界留下了宝贵的音乐财富。他写有三部歌剧，即：《费加罗的婚礼》《堂璜》和《魔笛》；四十九部交响曲，其中以降E大调、g小调和C大调三部最为著名，还有各种独奏乐器的协奏曲、钢琴奏鸣曲以及未完成的《追思曲》等。莫扎特的作品以清丽流畅、结构工整而见称。在交响乐方面，他尤其具有独特的造诣，连海顿也时常向他请教。他的交响作品既像歌唱一样甜美，又不失其深度。虽然他有时也会在欢快的乐章中引入一点哀伤的成分，但总的来说，他的作品就像春天的太阳一样给人以愉悦和温暖。此外，他还奠定了近代协奏曲形式。可以说，莫扎特是十八世纪众多音乐大家中最具天赋的一位。他的许多不朽的作品，至今仍为成千上万的人带来欢乐和美的享受。

三、“乐圣”贝多芬

贝多芬可谓是西方近代音乐史上的巨人。他的伟大，不仅在于

贝多芬

他创作了大量的作品，更在于他用音乐表现了悲壮的时代精神。在艺术上，他继承海顿、莫扎特的传统，同时吸取法国大革命时期的成果，既集古典音乐之大成，又开浪漫派音乐之先河。在创作手法上，他进行了多方面的革新，如运用广阔发展的对比主题、富于动力的和声，使奏鸣曲式发展成戏剧性结构；赐予管弦乐曲以具有交响乐构思的配器等等。他最重要的作品是九部交响乐，其中第三《英雄交响曲》、第五《命运交响曲》、第六《田园交响曲》以及第九《合唱交响曲》，是西方音乐史上的不朽巨作。

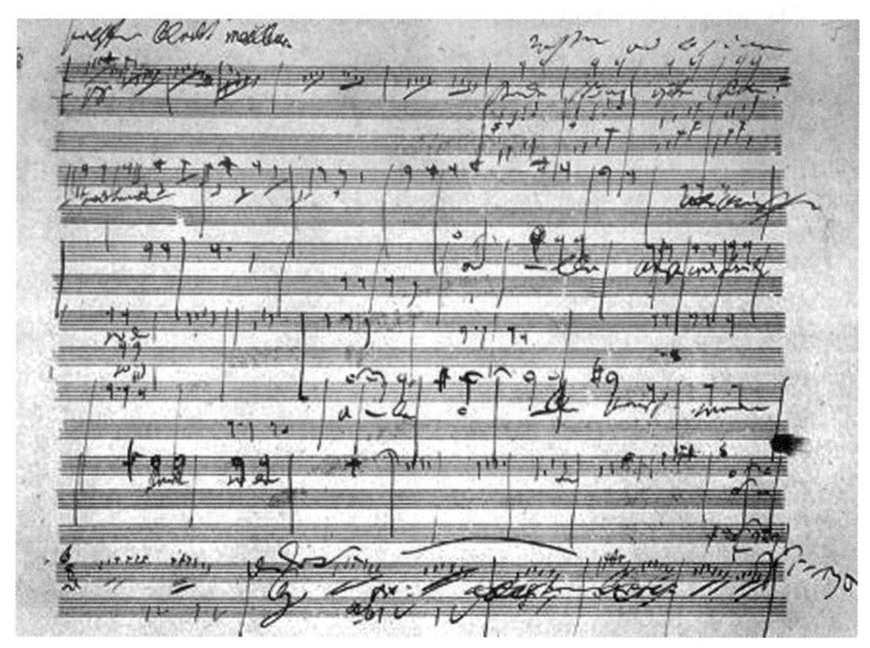

贝多芬手稿

贝多芬的音乐，既具有莫扎特式的丰富旋律，又具有海顿式的主题发展，故而能产生惊心动魄的艺术效果。他的作品，永远以一个主旋律为中心，和声、伴奏、对位都与主旋律有机相连，使主旋律表现得极为突出。在有些作品如第四交响曲中，他同时处理几个主题，自由穿插，无拘无束，这给了后来的浪漫派作曲家以莫大的启示。他的每一部交响乐都自成体系，而且相互迥然不同。也就是说，他的每一部交响乐都是对艺术峰巅的一次攀登，其高度无人企及，而其蕴含着的精神力量，更如排山倒海，令人惊叹。

贝多芬以后，德国的交响乐坛上犹有三大名家：门德尔松、舒曼和勃拉姆斯。门德尔松和舒曼是浪漫派音乐的代表，前者风格优美，善于抒情，重要作品有《苏格兰交响曲》和《意大利交响曲》等；后者风格诡谲，耽于梦幻，著名作品有交响乐《春》和《莱茵河》等。勃拉姆斯虽受门德尔松和舒曼的影响颇深，但其作品风格却具有古典传统，且有意追摹贝多芬。这在他的交响乐中表现得最为明显。

四、古典音乐鼎盛期

如果说十八世纪是西方古典音乐的发展期的话，那么十九世纪可以说是古典音乐的鼎盛期，其间，欧洲乐坛兴旺发达，名家辈出。在歌剧方面，有意大利的罗西尼、贝里尼和威尔第；法国的圣桑和比才；德国的韦伯和瓦格纳。交响乐方面，在德国有贝多芬、门德尔松、舒曼和勃拉姆斯；在法国有柏辽兹；在俄国有柴可夫斯基。此外，十九世纪特别发达的歌曲创作和钢琴曲创作方面，前者有"歌曲大王"舒伯特，后者有"钢琴大王"李斯特和"钢琴诗人"肖邦。最后，还有被誉为"圆舞曲之父"的约翰·施特劳斯。

歌剧在十七世纪兴起之后，一直是欧洲人喜爱的艺术形式，到十九世纪仍经久不衰。这一时期的歌剧仍以意大利和法国为主，德国可说是后起之秀。在意大利众多歌剧作家中，威尔第是使意大利歌剧光芒四射的大家。他的初期作品具有深厚的民族色彩，后来他又吸收了法国歌剧的某些表演形式，从而使他的作品影响扩展到了全欧，他的名作《行吟诗人》和《茶花女》至今仍是世界各地常演的剧目。在法国歌剧中，影响最大的则是比才的《卡门》。此剧根据法国作家梅里美的同名小说改编而成，音乐都用舞蹈歌曲及分节歌，就如小说一样，具有强烈的戏剧性和西班牙色彩。至于德国歌剧，虽然直到一八二一年才出现第一部重要作品即韦伯的《自由射手》，但其后却出现了像瓦格纳这样的歌剧大家。瓦格纳的巨大影响实际已超越了音乐领域，但就其音乐艺术而言，他首先是一位歌剧改革家。他的歌剧往往取材于北欧传说，具有鲜明的浪漫主义色彩。他还将音乐、歌词与舞蹈有机结合在一起，并采用交响乐的发展手法加强歌剧的表现力。他的著名歌剧有《尼伯龙根的指环》和《特里斯坦与伊索尔德》。他的论著《喜剧与戏剧》和《未来的艺术作品》在艺术理论领域里也影响甚大。

威尔第

瓦格纳

在十九世纪，交响乐已荣登“音乐皇后”的宝座，被认为是一种最复杂、最庞大和最高级的音乐体裁。因而，绝大多数作曲家都写交响乐。在这方面，成就最大的是德国作曲家。由于在十八世纪德国就已拥有像海顿和莫扎特这样的交响乐师，所以德国的交响乐本来就处于领先地位，而在十八世纪又产生了一代“乐圣”贝多芬，这就进一步使德国成了举世瞩目的交响乐圣地。

除了德国，交响乐在法国和俄国也相当发达。这一时期法国最著

柴可夫斯基

名的交响乐作家是柏辽兹。他是典型的浪漫派作曲家,其作品往往是他自身浪漫生活的直接写照,如《幻想交响曲》和《罗密欧与朱丽叶》等。十九世纪最伟大的俄国作曲家是柴可夫斯基,他的作品具有浓郁的俄罗斯风格,深沉而阴郁,几近他的同胞陀思妥耶夫斯基的小说。他是近代俄国第一个具有世界影响的大音乐家,其代表作《第六交响曲》也称《悲怆交响曲》,是一部几乎可与贝多芬的交响曲媲美的伟大杰作。

歌剧和交响乐是十九世纪西方音乐的两大支柱,但这并不等于说其他体裁的创作就相对逊色。在歌曲、圆舞曲和各种器乐曲等诸多创作领域内,十九世纪的作曲家都达到了前人从未达到的高度。

在歌曲创作方面,成就最大的要数奥地利作曲家舒伯特了。他一生创作了六百多首歌曲,歌词大多是歌德、席勒和海涅等大诗人的诗作。他所谱的曲,不仅与这些诗作的意境相融合,甚至更加丰富了它的内涵,其中有些名篇,如《魔王》《野玫瑰》和《春之信念》等,至今仍是人们喜爱的古典歌曲。从总体上说,舒伯特的歌曲创作不仅提高了歌曲的艺术表现力,同时也加强了钢琴伴奏的作用,仅凭这一点,舒伯特也可以名垂音乐史册了。更何况,他还写有数量众多的交响曲、管弦乐序曲和钢琴曲。

在钢琴曲创作方面,有两位作曲家是举世瞩目的,那就是李斯特和肖邦。李斯特是匈牙利人,他既是作曲家,又是著名的钢琴演奏家,他在钢琴曲方面的创作与实践,使钢琴演奏技巧得到了大大的丰富与改进,使钢琴的表现力得到空前的提高,从而使钢琴稳坐在"乐器之王"的宝座上,他自己也获得了"钢琴之王"的美誉。他的十九首题名为《匈牙利狂想曲》的钢琴曲曾使无数人为之倾倒。与李斯特一起可称为"钢琴双璧"的肖邦是波兰人,他被后人赞为"钢琴诗人",也是作曲家兼钢琴演奏家。他的钢琴曲大多是采用民间曲调而写成的舞曲，如《马祖卡舞曲》《波洛涅兹舞曲》《圆舞曲》等。此外，他还将前奏曲、诙谐曲发展成独立的钢琴曲，同时又进一步使钢琴练习曲的技术性和艺术性完美地结合在一起。他的创作在发挥钢琴性能及和声表现力等方面颇多创意，对其后的西方音乐尤其是钢琴曲创作产生了深远影响。就风格而言，肖邦的钢琴曲极为抒情，幽雅而迷人，旋律结构与乐句安排扑朔迷离、变化无穷。这是他不平凡的艺术天才的表现，同时也是对后世钢琴演奏家的考验，因为要成功地演奏肖邦的钢琴曲实非易事。

李斯特

肖　邦

在圆舞曲创作方面，奥地利的约翰·施特劳斯可谓首屈一指。他所作的圆舞曲多达四百多首，均以旋转舞步的快速律动为其特征，轻快而优美。他的名曲《维也纳森林的故事》《春之声》和《南国玫瑰》等流传甚广，一曲《蓝色的多瑙河》更让无数人为之沉醉入迷。

第七节　芭蕾艺术的兴衰

“芭蕾”(Ballet)一词来源于意大利语，原意仅为“舞蹈”，后经引申，意指“舞剧”,即用舞蹈表演的戏剧。由于舞蹈自古就与音乐密切相关,因此所谓“芭蕾剧”就是一种集舞蹈、音乐与戏剧于一体的综合艺术,其中以舞蹈为最主要的表现手段。

芭蕾的源头虽可追溯到十六世纪的意大利,但其真正形成却是在十七世纪后期的法国。十八世纪,芭蕾从法国传入俄国,并在那里获得巨大的发展。根据这一线索,我们可以将芭蕾的历史大体分为三个阶段,即:芭蕾的形成阶段、芭蕾的成熟阶段和芭蕾的改革阶段。

一、芭蕾艺术的形成

芭蕾是由欧洲的宫廷舞蹈演化而来的,所以在很长一段时间里它是一种宫廷艺术。自十六世纪始,欧洲宫廷,尤其是西欧各国的宫廷,都时兴以舞蹈作为一种高雅的娱乐活动。当时的宫廷舞蹈种类繁多,譬如在意大利有罗曼斯卡舞、吐尔廷舞和沃尔特舞等;在法国有阿勒曼德舞和库朗舞等;在西班牙有萨拉班德舞和基格舞等;此外还有匹茨舞、莎塔雷洛·特迪斯科舞等。这些宫廷舞蹈虽然并非芭蕾本身,但可以说它们为意大利和法国的早期芭蕾提供了许多动作语汇。

舞蹈史家一般认为,一五八一年在法国亨利三世宫廷演出的《皇后喜剧芭蕾》是欧洲产生的第一部真正的芭蕾作品,这不仅因为那次演出的质量和规模远远超过以往的宫廷舞蹈表演,更为重要的是因为它具有一个戏剧性的主题。

《皇后喜剧芭蕾》之后,法国宫廷便时常有这类芭蕾表演,如亨利四世时期就演出过不下于八十部这样的芭蕾。但是,数量尽管不少,质量却不高,其中没有一部超过最初的《皇后喜剧芭蕾》。也就是说,在这段时间里,芭蕾是停止不前的。

芭蕾的巨大进步,是在十七世纪后期路易十四当政时期。路易十四对舞蹈深感兴趣而且他本人就是个出色的舞蹈家。由于他的热心赞助,芭蕾有了重大突破。当然,这当中,他的舞蹈教师毕香圃和宫廷乐师兼舞师吕里是关键人物。路易十四在一六六一年要求毕香圃制订芭蕾规则,毕香圃奉命照办,由此确定了芭蕾的基本技巧。吕里则主管着宫廷的演出,还为舞剧写了不少乐曲。

后来,芭蕾变得越来越专业化,其技巧虽然来自古典时期的宫廷舞蹈，但动作由接近地面逐步改变为离开地面，有了腾越步、跳步和空中交叉步，动作设计从水平方向变到垂直方向。从毕香圃规定的五个脚位和十二个手臂位置，发展成了一整套内容广泛的步伐变化，这样就奠定了芭蕾的基本技巧和训练的基本规程。

芭蕾舞

到了十八世纪，法国宫廷已拥有众多的芭蕾舞蹈家，他们开始到欧洲各国的宫廷去作巡回演出。出于对当时影响最大的法国宫廷的仿效，欧洲各国宫廷如奥地利、俄罗斯以及北欧诸国的宫廷也纷纷建立了芭蕾舞团。这样，虽然芭蕾此时仍然仅仅是一种宫廷娱乐形式，但它至少已成了一种国际性的艺术活动，而且更为重要的是它已有了自身的固定程式。至此，芭蕾作为一种艺术样式便已基本确立。

二、芭蕾艺术的成熟

芭蕾在十八世纪中期形成固定程式之后，几十年间不曾改变，慢慢地就僵化了。每次演出，序幕总是巴塞比舞，第一幕总是缪塞提舞，第二幕总是汤波林舞，最后总是恰空舞，几乎没有人敢违反这个公式。少数人尝试过改革，但也都是从小处着手的。只有舞蹈家让-乔治·诺维尔提出过大胆建议。他在一七六〇年出版的《舞蹈和舞剧书信集》里强调说，芭蕾不仅仅是形体技巧，还应成为戏剧性表现和思想交流的工具。也就是说，芭蕾演出要有基本情节和中心主题，凡与情节无关的独舞及舞蹈片断都必须取消。此外，布景、音乐和情节都必须保持一致；服装要适合舞蹈主题；音乐也一样，必须为舞蹈专门作曲，等等。

让-乔治·诺维尔

诺维尔的改革建议是大胆而全面的，当时也有像狄德罗这样的大学者支持他，但由于法国国内一般形势并不利于改革，诺维尔的建议没有被实际采纳。

真正对芭蕾变化发生巨大影响的是法国大革命。由于君主政体被推翻，本质上属于贵族艺术的芭蕾便从宫廷走向了社会。随着大革命的结束和全欧性的浪漫主义思潮的兴起，芭蕾也就像诗歌、音乐和绘画一样，成了浪漫主义艺术运动的一个活跃部门，从而被推向更普及和更具创造性的成熟阶段。

法国大革命以后的若干年间，芭蕾的内容、形式、技巧、风格以及舞蹈语汇各方面都发生了根本性的变化。与这一变化有联系的最重要的三个人物是维甘诺、布拉西斯和戈蒂埃。

维甘诺是诺维尔的学生，他继承了老师的改革意志，致力于芭蕾的戏剧化。为此，他创作了许多当时首屈一指的舞剧并担任维也纳、威尼斯和其他欧洲名城的歌剧院的芭蕾教师。可以说，他是使芭蕾走向成熟的第一个人。

布拉西斯无疑是高踞芭蕾史上的人物之一。他深受诺维尔和维甘诺的影响，但他更多的是致力于芭蕾教学体系的建立。他在十九世纪初出版的《舞蹈法典》一书，每所舞蹈学校都把它作为教材。他长期担任舞蹈学校和戏剧学院的校长，培养出许多舞蹈人才，所以说他是芭蕾教育的大师是最合适的。

在布拉西斯培养的人才中就有戈蒂埃。戈蒂埃虽然是以浪漫主义大诗人的名声而为世人所知晓，但他生前还是一位芭蕾艺术的热爱者和积极推动者。他不仅写有芭蕾剧《吉赛尔》，还培养了像芳妮·爱尔丝莱和玛丽·塔莉奥妮这样的早期芭蕾明星。更为重要的是，戈蒂埃还以他杰出的评论提高了观众对芭蕾的欣赏趣味，从而有力地将芭蕾推向欧洲浪漫主义运动的深处。

戈蒂埃

如果说是浪漫主义促成了芭蕾的成熟，那是一点不过分的。因为从某种意义上说，浪漫主义就是一种用幻想或者理想与丑恶现实相对抗的意图表现。这一点再好不过地在当时的芭蕾艺术中显示出来：幻想、神仙故事和民间传说、浪漫的爱情和美丽的梦，这些几乎成了芭蕾的固定题材。譬如，由菲利普·塔里奥尼编导的《仙女》，就是当时最典型的芭蕾作品。它描绘了森林中一只超自然的动物和一位苏格兰人恋爱的浪漫悲剧。

由于芭蕾以浪漫幻想题材为主，它在这一时期便发生了两个重要变化：首先是女主角在剧中占了统治地位；其次是舞蹈动作变得越来越向上升举。女演员不是踮起脚尖跳舞就是被男演员托举在空中"飞舞"。全部独舞都让给女领舞演员，男演员仅仅成了支撑物或者仅为女演员配作背景而已。

尽管这些变化在当时就受到不少人的指责和嘲笑，但芭蕾仍踮着脚尖在十九世纪初走进了她的"黄金时代"。一八三〇年至一八四〇年间，芭蕾在艺术灵感、技巧和编导等方面都达到了前所未有的高峰。出现了五位女明星：塔莉奥妮、爱尔丝莱、格丽西、塞丽托和格拉恩。

人们为她们的精彩演技而倾倒。芭蕾成了人们钟爱的"高雅艺术"。但是，渐渐地，芭蕾的创作灵感开始枯萎了。革新仅仅停留在服装方面。变化多样的新技巧主要是用来炫耀杂技式的绝招的；表演顺序千篇一律，演出的高潮总是男女领舞演员的双人舞；形式变得固定化，单调无味地重复再重复。于是，在意大利、法国和英国，人们对芭蕾的兴趣消逝了。西欧的芭蕾处于低潮，贫乏而矫饰。

只有在俄国，芭蕾保持了它的名望和威信。这不仅因为俄国宫廷一直有偏爱芭蕾的传统，还因为俄国还邀请许多外籍演员、编导和教师

佩蒂帕

去俄国提高芭蕾艺术。在所有去俄国的外国艺术家中,影响最大的是佩蒂帕。

佩蒂帕是圣彼得堡帝国剧院最著名的编导,常被誉为"古典芭蕾之父"。他于一八四七年加入帝国芭蕾剧院后,积极活动达五十年之久,编导过六十多部长篇作品以及许多短剧和舞蹈片段。最著名的有《堂吉诃德》《舞姬》《睡美人》和《蓝胡子》等。他还排演别处演过的许多著名芭蕾,包括《吉赛尔》《葛蓓莉娅》全剧以及《天鹅湖》和《仙女》的片段。他的最大成功也许是重排《天鹅湖》全剧。《天鹅湖》原先由列律格尔编导,柴可夫斯基作曲,于一八七七年上演,但初演就告失败,后来也无人问津;直到十多年之后,佩蒂帕重新排演此剧,并对舞剧的原谱进行了增删和次序上的

《天鹅湖》剧照

调整，于一八九五年初上演，终获成功，使其登上了古典芭蕾舞剧的顶峰。

然而，就在《天鹅湖》风靡整个俄罗斯之际，俄国的芭蕾实际上也陷入了危机。在十九世纪最后二十年间，俄国芭蕾从总体上说已变得内容烦琐、形式僵化，因为它追随的一直是三十年前的旧风格。在佩蒂帕的权威影响下，要想改变这一风格又是不可能的。这样，整个欧洲的芭蕾艺术可以说都陷入了低谷，芭蕾的"黄金时代"也就结束了。

三、芭蕾艺术的改革

二十世纪初，终于有两位俄罗斯巨匠，即福金和佳吉列夫，打破过去传统的束缚，对芭蕾作了彻底改造。但是，芭蕾的革新不是发生在圣彼得堡或莫斯科，而是在巴黎。

福金出生于圣彼得堡，原先是独舞演员，后来以编导和教学出名。在一九〇九年到一九一四年间，他在巴黎很快成为著名的舞剧编导。他在这期间上演的一些主要作品如《伊戈尔王子》《仙女们》

米哈伊尔·福金

《狂欢节》《火鸟》《玫瑰仙子》等，至今仍是保留剧目。福金对芭蕾所作的改革，概括起来有五个基本原则：（一）抛弃传统的现成动作，每部舞剧都创作合适的新动作；（二）抛弃传统的解说性舞蹈片段，加强舞蹈的戏剧表现力；（三）抛弃有时连演员本人也不理解的传统手势语言，运用演员整个人体去传达思想感情；（四）抛弃与剧情内容无关的传统群舞，运用群舞配合展现舞剧主题；（五）加强音乐、舞蹈、布景、服装等的统一效果，特别是音乐，应该是统一于编导计划的完整乐曲而不能是一些互不连贯的片段。

如果说福金的贡献是艺术方面的，那么佳吉列夫的主要贡献则是舞团组织方面的。一九〇九年，佳吉列夫组织帝国剧院一群著名俄国舞蹈家去巴黎演出。这些舞蹈家中包括福金、巴芙洛娃、卡莎薇娜、尼京斯基和莫德金等人，演出的舞剧大半是福金的作品。这个舞团后来就被称为“佳吉列夫舞团”，在西方各大城市作巡回演出，激起了人们对芭蕾艺术的兴趣。此外，这个由佳吉列夫主持的舞团还造就了不少有世界声誉的明星演员和杰出编导家，有的还形成独自的流派。譬如巴兰钦，他出自这个舞团，后来对美国的芭蕾发展产生了巨大影响。至于佳吉列夫的两位巨星尼京斯基和巴芙洛娃，他们的声誉简直使他们成了传奇人物。

尼京斯基

由于福金在艺术上的革新和佳吉列夫在世界各地所进行的一系列成功的演出，芭蕾彻底打破了传统的束缚，重新获得了剧场形式的表现力量。到二十年代，革新后的芭蕾成了受到崇高评价的一种真正的国际艺术。在这过程中，佳吉列夫舞团就像春风一样在各国再度吹开了芭蕾之花。

巴芙洛娃

芭蕾在二十世纪最初三十年间的发展是和当时的现代艺术运动联系在一起的。它既受到其他艺术部门如音乐、绘画、戏剧等的巨大影响,也受到来自舞蹈领域内部的刺激,如伊莎多拉·邓肯所倡导的“现代舞”,就给予福金以深刻的启示。

到了二十世纪五十年代,芭蕾又出现了新的动向。这次是以所谓的“交响乐芭蕾”为主流,目的在于使芭蕾成为一种抽象艺术。不过,这种芭蕾已不属于古典芭蕾,而应称作“现代芭蕾”了。

第八节　戏剧、诗歌与小说

西方近代文学约三百年的进程,在很大程度上是和西方近代思想的演变相对应的:当十七、十八世纪理性主义思想传统形成时,文学创作中就出现了崇尚理性的古典主义戏剧;当十八世纪末、十九世纪初浪漫主义思潮冲击理性主义传统时,最具浪漫倾向的诗歌创作便繁荣一时;而当狂放的浪漫思潮逐渐退却、人们再度用理性的目光审视现实生活时,现实主义小说也就在十九世纪三十年代应运而生了。不过,古典主义戏剧、浪漫主义诗歌和现实主义小说不仅仅是同时代思潮的载体,因为它们在表现时代思潮的同时,还表现出了超时代的艺术性。

一、古典主义戏剧

由于文艺复兴时期人文主义者推崇古希腊罗马的文学艺术,到了十七世纪，欧洲出现了古典主义的文学思潮。所谓“古典主义”，就是在理论上和创作实践上都以古希腊罗马为典范。

古希腊罗马留给后世的文学遗产中，最重要的便是史诗和戏剧。史诗是一种古老原始的文学样式，大凡是在民间口头流传的过程中逐渐形成的，后世作家无法模仿；因此，古希腊罗马文学可供模仿的实际上唯有戏剧这一样式。这也就决定了古典主义必然以戏剧作为创作的最重要的样式。换言之，古典主义文学在很大程度上也就是古典主义戏剧。

古典主义戏剧在各国的情况固然有所不同，但也有共同之处。一般说来，古典主义剧作家，尤其是悲剧作家，都从古希腊罗马文学和历史中寻求戏剧题材，就像当初古希腊悲剧作家都从神话中寻求题材一样。不过，古典主义剧作家使用的虽是古代现存的题材，他们用以表达的却是自己的思想感情。他们借用历史，但并不重复历史，因为他们真正关心的还是自己时代的生活。说得通俗一点，古典主义戏剧是有点“借古讽今”意味的。

其次，古典主义剧作家大凡都崇尚理性。这有两方面的原因：一是他们认为古希腊人和古罗马人是崇尚理性的；二是当时盛行于欧洲大陆的唯理论哲学思想影响很大，尤其是笛卡尔的理性主义哲学，一度为众多的文人作家所信奉。崇尚理性，实际上也就是崇尚理想化的悟性，因此古典主义戏剧常常通过描写理性与个人情感的冲突，颂扬理性的最后胜利。也就是说，古典主义的文学理想是克制个人情感、为恪守理性原则而作出自我牺牲的“英雄行为”。

此外，古典主义剧作家都以追求形式的完美为己任。他们的剧作大多结构严谨，情节单一。凡与主题情节不相干的插曲之类的东西，在他们的剧作中是从不出现的。在戏剧语言方面，他们力求准确、明晰而且典雅，既不夸张，也不花哨。

从以上关于古典主义戏剧的一般特点中可以看出，古典主义戏剧与以莎士比亚为代表的文艺复兴戏剧是截然不同的。文艺复兴戏剧固然也受到古希腊罗马戏剧的影响，但仍然明显地带有中世纪市民剧和神秘剧的痕迹。譬如，在莎士比亚的戏剧里，超自然现象如鬼魂之类，往往起着很重要的作用；还有，莎士比亚的戏剧常常是由几条情节线索组合而成的，戏剧语言也常常是夸张的，甚至是花哨的。所有这些，在古典主义戏剧里都被有意识地避免了。

为了把剧本写得精练、集中，或者说写得更合乎“理性”，更具有“古典”特色，古典主义剧作家都在不同程度上遵守着所谓的“三一律”，也就是“三个整一规律”，即：戏剧时间的整一，剧情发生在一昼夜之内；戏剧地点的整一，剧情发生在同一地点；以及，剧情本身的整一，即单一线索。当然，关于“三一律”，即便在当时也有争议。到了十八世纪中期，随着莎士比亚戏剧的名声日隆，“三一律”基本上已被抛弃。但不管怎么说，遵守“三一律”却是十七世纪古典主义戏剧的一大特色。

古典主义戏剧最先出现在法国，代表其最高成就的也是法国。法国古典主义戏剧有三位大师，他们是悲剧作家高乃依、拉辛和喜剧作家莫里哀。

高乃依是法国古典主义悲剧的创始人。他一生创作了三十多个剧本，大部分是悲剧，其中《熙德》《贺拉斯》《西拿》和《波利厄克特》被称为是高乃依的“四大悲剧”。《熙德》是法国第一部古典主义悲剧，也是高乃依最优秀的作品。剧情取材于西班牙传说。主人公罗狄克与施曼娜相爱，但罗狄克的父亲杰葛将军却与施曼娜的父亲高迈斯伯爵有仇。为了替父泄恨，罗狄克杀了高迈斯；施曼娜则要求国王严惩罗狄克，为父报仇。一对情人因家族仇恨而势不两立。这时，摩尔人入侵西班牙，罗狄克受命抗敌，立下大功，被授予“熙德”称号。施曼娜却执意要求国王惩处他。但是，贤明的国王开导了施曼娜，使她“理智地”放弃了为父报仇的意愿，并与罗狄克言归于好，最后又喜结良缘。

高乃依

这个剧本充分表现了古典主义的"理性胜利"原则，即：个人感情让位于理性，而代表理性的是"国家利益"，贤明的国王又是"国家利益"的最高代表。不过，《熙德》虽然因其鲜明的理性主义和爱国主义主题而在上演时轰动了巴黎，它却因为没有取材于古希腊罗马和没有完全恪守"三一律"而遭到正统的法兰西学院的公开批评，致使高乃依搁笔三年之久。

拉辛是法国古典主义戏剧全盛期的代表。他一生写有十一部悲剧，代表作《安德洛玛克》被认为是古典主义悲剧的典范。剧情取材于希腊悲剧。主人公安德洛玛克是特洛伊英雄赫克托尔的妻子，赫克托尔被阿基琉斯杀死后特洛伊城陷落，安德洛玛克被俘成了希腊爱庇尔王皮洛斯的女奴。皮洛斯爱上了安德洛玛克，迟迟拖延与未婚妻爱尔米奥娜的婚期。悲剧开始时，希腊使节要求皮洛斯处死安德洛玛克和她的儿子，以绝后患。皮洛斯一面违抗命令不杀安德洛玛克，一面又用此命令胁迫安德洛玛克与其成婚。为了保全儿子为国为夫报仇，安德洛玛克假意答应皮洛斯的要求，但决定一旦儿子得到安全处置，自己便自杀。可是，皮洛斯的未婚妻爱尔米奥娜因妒恨交加，唆使爱慕她的俄瑞斯特杀死了皮洛斯，随后又悔恨自杀。俄瑞斯特为此发了疯，而安德洛玛克和她的儿子终得以保全。这个剧本之所以成为古典主义悲剧典范，是因为它首先歌颂了安德洛玛克为国为丈夫复仇时的理性态度及自我牺牲精神，其次是严格遵守了"三一律"，结构简练集中，而且语言又非常明晰和典雅。

拉　辛

除了《安德洛玛克》，拉辛的重要悲剧还有《费得尔》《爱丝苔尔》和《阿达莉》。从总体上看，拉辛的悲剧有三个特点：其一是，他常常将"理性"置于残酷的戏剧冲突之中，先激起观众的恐惧和愤怒情绪，然后便产生了期待"理性"胜利的心情；其二是，他虽严格遵守"三一律"，但"三一律"在他手里不仅不是一种束缚，相反成了他得心应手的工具；其三是，他善于刻画人物心理，尤其是对女性心理的分析，可谓入木三分。这是一般古典主义悲剧作家难以做到的。由于有这些明显的优点，拉辛无疑是古典主义悲剧最杰出的代表，他的名字对后代人来说简直就是古典主义的同义词。

古典主义喜剧大师是莫里哀。他原名若望-巴蒂斯特·波克兰，“莫里哀”是他的艺名。莫里哀一生写了近三十个剧本，其中著名的有《妇人学堂》《吝啬鬼》《恨世者》《伪君子》和《无病呻吟》等。

《伪君子》代表了莫里哀一生创作的最高成就。这部五幕诗体讽刺喜剧的剧情大体是这样的：流落巴黎的没落贵族达尔丢夫伪装成虔诚的天主教徒，骗取了富商奥尔贡和他母亲的信任，母子俩把他当作“良心导师”留在家里，待若上宾。奥尔贡还要把女儿嫁给他，甚至把性命攸关的秘密都告诉他。不料，达尔丢夫得寸进尺，还想占有奥尔贡年轻美貌的后妻艾尔密尔。这事被奥尔贡的儿子大密斯发现。大密斯向父亲告发，达尔丢夫巧言诡辩，致使奥尔贡不仅不相信儿子，反而将儿子赶出家门，并且立下字据，将家产继承权送给达尔丢夫。后来，伪君子的面目暴露，他居然利用字据霸占奥尔贡的家产，还向国王告发奥尔贡私藏政治犯的秘密文件。奥尔贡陷入绝境。幸亏国王洞察一切，宽恕了当年勤王有功的奥尔贡，并拘捕了达尔丢夫。

莫里哀

这个剧本由于无情地揭露和鞭挞了当时盛行于法国的宗教伪善，因而首次在宫中上演后便遭到大主教和皇太后的反对，第二天就被禁演。为此，莫里哀一直努力了五年，先后三次给国王路易十四上陈情表，为此剧辩护。后来，由于皇太后去世，莫里哀又多次修改剧本，路易十四才同意解禁。

在艺术上，《伪君子》完全遵守古典主义“三一律”原则：剧情发生的地点限制在奥尔贡家里；剧情的时间限制在一昼夜之内；剧情本身集

《伪君子》剧照

中描写达尔丢夫的伪善。但是,这部喜剧也有独到的创新之处:首先,它打破了古典主义把喜剧和悲剧截然分开的框框,在喜剧中穿插了一些悲剧因素,如奥尔贡女儿婚姻遭到破坏、奥尔贡面临家破人亡的绝境等,给人以悲喜交加的艺术效果;其次,在主人公达尔丢夫形象的塑造方面,莫里哀运用了大胆创新的艺术手法,把达尔丢夫安排在第三幕才第一次出场,而在第一、第二幕里,他通过奥尔贡一家人围绕着达尔丢夫为人如何的问题而引起的争论,为他的正式出场作了大量的铺垫,从而使观众有“未见其人,已闻其声”的感觉。这种让主人公在全剧演至一半时才出场的做法,真是令人震惊,但又不得不承认这种手法之高超:它一举数得,既提出了喜剧的基本冲突,又表现了中心人物和其他人物的基本性格,还为剧情的发展作了有力的铺垫。因此,这部喜剧的开场可说世界闻名,连后来的德国大诗人歌德也赞叹地说:“那样的开场,世界上只有一次,像他那样的开场是现存最伟大的、最好的开场。”

莫里哀的喜剧创作是古典主义时期的喜剧高峰。莫里哀虽然基本上遵循古典主义法则,但在运用这些法则时他并不受限于它们。他时常从现实生活中选取题材,以概括和夸张等艺术手法塑造人物性格,这些人物性格中有不少已成为文学史上的不朽形象，如达尔丢夫是“伪善”的象征，《吝啬鬼》里的阿巴贡则是“吝啬”的代名词。

高乃依、拉辛和莫里哀不仅是法国古典主义戏剧大师，同时也是十七世纪欧洲古典主义文学的代表。他们的戏剧标志着欧洲戏剧在莎士比亚之后走上了一个新的阶段，其影响达两百年之久。因为十七世纪以后，欧洲许多国家在不同时代和不同程度上出现过古典主义文学时期，如英国在十七世纪末形成了古典主义流派，德国、意大利和俄国等国家在十七、十八世纪最初形成民族文学时也深受法国古典主义文学的影响。总之，古典主义在欧洲的影响一直要到十九世纪浪漫主义兴起后才逐渐消失。

二、浪漫主义诗歌

在西方近代文学史上，一种思潮总与一种体裁密切相关。十七、十八世纪的古典主义思潮，其主要体裁是戏剧；十九世纪的浪漫主义思潮，其主要体裁则是诗歌。这是因为，体裁与思潮之间存在着内在联系。古典主义的要旨是表现理性原则。理性与节制、适度、条理等概念相关，因此就需要有一种结构严谨的表现形式，而戏剧就是一种最讲究结构的文学体裁。同样，浪漫主义的要旨是表现个人的感情。感情与奔放、激越、节奏等概念相关，因此就需要有一种自由灵活的表现形式，而诗歌就是一种最灵活和最抒情的文学体裁。

当然，古典主义时期也有古典主义诗歌，浪漫主义时期也有浪漫主义戏剧，但都不是主要体裁。这说明，文学体裁并不是一种中性的形式，而是本身就具有倾向性的。戏剧之于古典主义，诗歌之于浪漫主义，这并非出于偶然，而是具有内在必然性的。换句话说，古典主义使戏剧独处一尊，浪漫主义使诗歌鹤立鸡群。就西方近代文学史而言，戏剧也就是在古典主义时期最为发达，诗歌也就是在浪漫主义时期最为繁荣，此后再没有出现过复兴的迹象。

欧洲浪漫主义文学思潮在十八世纪后期迅速崛起，很快就成为取代古典主义的主要思潮。它最初虽然出现在德国，但它的发展却在英国。这是因为，英国在这一时期涌现出了众多世界第一流的大诗人，他们是浪漫主义的真正先驱，也是浪漫主义的杰出代表。

英国浪漫主义作为一个自觉的文学运动，开始于湖畔派诗人的创作。湖畔派主要由华兹华斯、柯尔律治、骚塞三位诗人组成，因他们曾长期住在英国北部的湖区而得名。

一七八九年，华兹华斯和柯尔律治合写的诗集《抒情歌谣集》出版，标志着英国浪漫主义的开始。在这部诗集里，最能代表这两位诗人的新诗风（即浪漫主义诗风）的是华兹华斯的抒情长诗《丁登寺》和柯尔律治的叙事诗《古舟子咏》。华兹华斯的抒情诗着力抒发对大自然的留恋之情，柯尔律治的叙事诗则以奇特的想象力描写超自然的人与事，而自然、想象、超自然，这类东西恰恰是古典主义诗歌所不屑的，因为古典主义崇尚的是理性与秩序。

柯尔律治

华兹华斯和柯尔律治开了新诗风之后，英国诗坛继而便出现了一大批新诗人，其中享有世界声誉的是拜伦、雪莱和济慈。

拜伦天生跛足，但又生性骄傲自尊，在他的诗歌创作中，充分表现出了他遗世独立和惊世骇俗的性格。他的成名作是组诗《东方叙事诗》，诗中塑造了一系列孤傲的社会叛逆者形象，即有名的“拜伦式英雄”。他的代表作是长篇叙事诗《恰尔德·哈罗德游记》。这部具有强烈自传色彩的作品给人留下的最深刻的印象是：诗中主人公忧郁的厌世情绪和狂放不羁的生活态度、对人生和现实的敏锐洞察和对自由的热烈追

拜　伦

求。他的最后一部重要作品是未完成的长篇讽刺叙事诗《堂璜》。在作品中,拜伦将传说中的西班牙花花公子堂璜写成一个骄傲、英俊、大胆而又常常听天由命的人,通过他的经历谱写了一曲充满愤怒、蔑视、威胁和呼吁的慷慨悲歌。除了叙事诗,拜伦还写有大量的抒情诗,其风格和他的叙事诗一样,既痛苦又孤傲,既阴郁又强烈,可说是诗人个性的自我写照。

雪莱是一位理想主义诗人,有“天才的预言家”之称。在他最早的一部长诗《麦布女王》里,就已体现了诗人的预言特色:麦布女王撩开“时间”的帐幕,看见“未来的世界不再是地狱,而是爱情、自由、健康”。他的另一部长诗《伊斯兰的起义》也体现出这一特色,虽然长诗的结局是悲剧性的,但诗人还是对未来充满信心,预言道:“未来的欢腾将来自于我们的死亡。”在他的代表作、诗剧《解放了的普罗米修斯》里,这种“预言性”和艺术表现得到了成功的结合。在诗剧里,雪莱改变了希腊神话中的盗火者普罗米修斯最终与主神宙斯妥协的结尾,而是把他塑造成一个具有不屈抗争精神的英雄形象,预言人类最终会通过道德力量而得到拯救,他高唱道:“再也没有暴力、没有暴君……人们彼此间,像精灵一样地自由……”也许,较之于叙事诗,雪莱的抒情诗更为出色。譬如,他的《致云雀》和《西风颂》早已成为脍炙人口的名篇,不知激励过多少人的著名诗句“冬天已经来了,春天还会远吗?”就出自《西风颂》。

雪　莱

约翰·济慈则是浪漫主义诗坛的奇才,他终年未满二十六岁,却留下了丰富的作品。他短短的一生中的大部分时间是在病魔缠身和死亡威胁中度过的,因此他的诗作既是痛苦的呻吟又是甜美的歌唱,也就是将生活的感受和美的理想结合在一起,达到了一种完美的境界。他的重要的长诗有《安狄米恩》《拉美亚》和《海璧朗》等。他享誉世界的作品

济 慈

则是颂诗《希腊古瓮颂》和《夜莺颂》。尤其是后者,可说是浪漫主义抒情诗中的绝唱。

继英国之后,法国也开始了浪漫主义文学运动。诗人拉马丁的代表作《沉思集》歌颂爱情和死亡,赞美大自然和上帝,具有忧郁、悲观和神秘色彩。他的诗歌着重抒发内心感受,诗风朦胧、飘逸,开了法国浪漫派诗歌的新风。不过,法国最有影响的浪漫主义诗人是雨果和缪塞。

雨 果

雨果是法国浪漫主义运动的领袖。他多才多艺,既是诗人,又是剧作家和小说家。作为诗人,雨果写有大量的抒情诗,其诗集有《短歌和民谣》《秋叶集》《黄昏之歌》《心声集》《光与影集》等。其中《秋叶集》和《黄昏之歌》偏重于政治抒情,《心声集》和《光与影集》则偏重于抒发个人感情,描写家庭生活之温馨与自然景色之优美。

缪塞是才华横溢的浪漫主义诗人。他的第一部诗集《西班牙和意大利故事集》，充满异国和热烈的激情。他的长诗《罗拉》标志着他在思想和风格上的转折，反映了复辟时期年轻一代的痛苦和绝望情绪。他的抒情诗《夜歌》抒写他与女作家乔治·桑感情破裂后的复杂、痛苦的心情以及对生活感到的绝望和迷惘，感情细腻，诗句流畅而富于音乐感，被人认为是法国浪漫派抒情诗杰作。

在德国，最早的浪漫主义诗人是诺瓦利斯。他也许还是欧洲第一位浪漫主义诗人，死于一八〇一年，终年仅二十八岁。他的重要诗集《夜之颂歌》是典型的德国早期浪漫派作品，通过对黑夜的诗化而抒发诗人对生与死的神秘感：在黑夜里，一切都变得和谐而宁静；因此，黑夜就象征着无限，而无限就是死亡，像黑夜一样神秘的、可怕的而又诱人的死亡。

除了诺瓦利斯，这一时期德国还出现了其他一些浪漫派作家，如蒂克、克莱斯特和霍夫曼等，但最有影响的是年轻时代的歌德和席勒。虽然这两位德国文豪后来离开了浪漫主义运动，但他们却是德国早期浪漫运动即“狂飙突进运动”的代表人物。作为浪漫主义诗人，歌德和席勒都写有不少诗作，主要是抒情诗。不过，德国最大的浪漫派诗人却是海涅。海涅早期诗作如《青春的苦恼》《抒情插曲》《还乡集》和《北海集》等，都以个人遭遇、爱情苦恼为主题，具有浪漫主义倾向。他最重要的抒情诗集是一八二七年出版的《诗集》，其中不少诗作充分表现出浪漫主义的风格，感情纯朴真挚，民歌色彩浓郁，后人将它们谱上乐曲在德国广泛流传，被视为德国抒情诗中的上乘之作。

海　涅

同一时期，俄国也开始形成具有民族特色的文学。作为俄国民族文学先驱的普希金，最初就是作为一位浪漫主义诗人出现

歌德(左)与席勒雕像

普希金

的。普希金的浪漫主义风格主要表现在他的抒情诗创作中。继普希金之后最重要的俄国浪漫主义诗人是莱蒙托夫。他的诗作具有拜伦式的风格,情绪痛苦而孤傲,在强烈的反叛精神中表现出绝望之情。

浪漫主义思潮不仅是全欧性的,它还跨过大西洋传播到美国。在十九世纪初,美国重要的浪漫派诗人是爱伦·坡,其诗作注重形式美,尤其追求诗的“音律”,基调低沉、忧郁。同时,他还是一位杰出的短篇小说家,其影响主要在二十世纪,被认为是“现代派”的远祖之一。此外,在十九世纪中叶,美国诗坛响彻着惠特曼的歌声。惠特曼是美国浪漫主义最伟大的诗人,他的《草叶集》是美国浪漫主义文学的顶峰。

《草叶集》几乎收入了惠特曼一生所创作的全部诗歌，共三百多首，贯穿全集的是诗人乐观自信的自由民主思想以及对“自我”的歌颂。“草叶”即象征年轻而生机勃勃的美国。

惠特曼

浪漫主义虽以诗歌为其最高成就，但在其他方面也有建树。譬如，小说创作。在这方面，英国小说家司各特和法国诗人兼小说家雨果的创作举世瞩目。司各特常被誉为“历史小说之父”，擅长于在艺术虚构的同时引入历史真实细节，情节曲折，富于传奇色彩，代表作有《清教徒》和《艾凡赫》等。雨果可说是浪漫主义小说创作的杰出代表，他的小说多写超凡的事件、超凡的人物和超凡的环境，充满浪漫的神奇色彩，如《巴黎圣母院》《笑面人》《悲惨世界》等，至今拥有众多读者。

浪漫主义文学思潮在西方流行的时间虽然不长，总共不过五六十年，但是它的影响却非常深远。首先，由于浪漫主义文学一开始就以反传统的面貌出现，因此它开创了西方文学史上的一个新纪元。浪漫主义反对古典主义传统，把文学创作引上了一条崭新的道路。因为自此以后，西方文学不再以模仿经典为己任，而更注重理想与创新；不再以理性为鹄的，而更注重个人感情的流露；不再强调艺术形式的均衡适度，而更重视艺术效果的体现。换言之，浪漫主义的反传统精神不仅是现代西方文学艺术

司各特

创作中的主要精神原则,甚至已成了一种新传统。

其次,由于浪漫主义实际上是一种新的人生观和世界观在文学艺术领域的表现,因此这种文学很容易越出西方文化区域而对世界其他地区产生影响。譬如,中国和日本之所以会在十九世纪末至二十世纪初弃传统文学而迎来“新文学”或者“现代文学”,除了其他种种原因,在很大程度上就是因为受到了西方浪漫主义文学的巨大影响。

三、现实主义小说

十九世纪三十至四十年代,浪漫主义思潮势头渐渐减弱,另一种思潮开始抬头。那就是现实主义思潮。

现实主义是从浪漫主义逐渐演化而来的,因此其核心和浪漫主义一样,依然以人的心灵自由问题作为关注的焦点。但是,与浪漫主义相比,现实主义更重视人的心灵与外部世界的碰撞与和谐,也就是说,现实主义更强调对客观现实作真实的、具体的描绘,并以典型化作为其主要艺术手段。既然现实主义的要旨是真实地描写客观现实,小说便很自然地成了它最常用、最重要的体裁,因为较之于戏剧和诗歌,小说更容易创造客观、真实的效果。

虽然现实主义小说是十九世纪中期西方文学中最重要的部分,但这样的小说并不是史无前例的崭新创造。它源于十八世纪。因为在当时欧洲已经产生了某些具有现实主义倾向的小说家,譬如英国十八世纪四大小说家——即:笛福、斯威夫特、理查逊和菲尔丁,还有德国大诗人歌德也写过小说,如《少年维特之烦恼》等,一直都很有影响。即便是浪漫主义小说,如司各特和雨果的作品,也并非通篇都是神奇与理想,其中也有对现实生活的客观描写。只不过,在当时并没有形成思潮,也没有构成“主义”罢了。

当然,十九世纪现实主义小说家的成就,是远远超过他们的前辈的,特别是法国和英国的现实主义小说家,其影响之大甚至使浪漫主义大诗人也相形见绌。除了法国和英国,这一时期的俄罗斯小说创作也值得一提。虽然俄罗斯不属于西方国家,但这一时期的小说创作却深受西方现实主义的影响,而且成就不亚于英、法。此外,美国的现实主义小说创作也相当有成就，只是在美国，现实主义要比在西欧出现得晚一点，要到十九世纪末才成为小说创作的主流。

（一）法国现实主义小说 法国是十九世纪现实主义文学思潮的发源地。小说家司汤达是法国现实主义的奠基人。司汤达原名亨利·贝尔，“司汤达”是其笔名。他生前不为人所重视，死后才充分被认识。

司汤达

司汤达的作品不多，写有长篇小说《阿尔芒斯》《红与黑》《吕西安·娄凡》（又名《红与白》）和《巴玛修道院》，以及为数不多的中短篇小说。其中《红与黑》是他的代表作，也是法国现实主义第一部成熟的作品。

《红与黑》里的主人公于连·索瑞尔是个出生于平民的年轻人，他从小就崇拜拿破仑，想靠建立军功而飞黄腾达。但在当时，他的希望不能实现，他便看出只有通过教会，才能达到出人头地的目的。他把一部拉丁文《圣经》背得烂熟。当地神甫很信任他，介绍他到市长德·瑞那家里当家庭教师。不久，因和德·瑞那夫人恋爱，他被迫离开市长家，到神学院学习。后来他去巴黎，当了德·拉·莫尔侯爵的秘书，得到侯爵的赏识选用。但他并不以此为满足，继而使侯爵的女儿玛蒂尔德与他发生恋情，为此侯爵只好赠给他庄园、金钱、贵族封号和军衔。正当他踌躇满志之际，德·瑞那夫人在他人威逼下写了一封揭发他的信，侯爵知道了他的“前科”，便取消了女儿和他的婚约。于连一怒之下用手枪打伤了德·瑞那夫人，因而被捕，最后被判死刑。

在这部关于爱情与野心的小说里，最初显示出了现实主义小说的一些特点：首先，作者将故事置于非常现实的背景之上，即一八三〇年法国王政复辟时期（小说的副标题就是“一八三〇年纪事”），并对这一背景作了真实、具体的描绘；其次，作者使用典型化手法塑造人物形象，其中最突出的就是主人公于连，他是当时大批出身平民而又想跻身于上流社会的法国青年的典型代表；最后，作者运用大段的心理描写揭示人物的动机，以此使小说不仅在外部细节的描写方面具有真实性，在人物内心活动方面也给人以真实之感。

如果说司汤达是法国第一位现实主义小说家的话，那么巴尔扎克则是法国最伟大的现实主义小说家。巴尔扎克的作品之多令人咋舌，长、中、短篇总计达一百三十多种，但其中大部分都被他归在《人间喜剧》这一总名称下。

巴尔扎克原计划用一百三十七部作品构成《人间喜剧》，但到他去世为止，他只完成了这一庞大计划的三分之二，即九十一部作品。《人间喜剧》由三部分组成，分别题名为：“分析研究”“哲学研究”和“风俗研究”。这三部分并不平衡：“分析研究”仅有两部作品；“哲学研究”有二十二部作品；“风俗研究”规模最大，有六十七部作品，而且分为六个“场景”，即：“私人生活场景”“外省生活场景”“巴黎生活场景”“政治生活场景”“军事生活场景”和“乡村生活场景”，每一“场景”由数量不等的作品组成。

巴尔扎克

巴尔扎克是典型的现实主义小说家。他并不满足于描写个别社会现象，而是要把十九世纪上半叶法国社会的全貌描写出来。不过，在他对社会生活所作的多方面描写中，他最擅长的还是对金钱作用的描写。他的作品几乎每一部都接触到这样的主题：金钱使人心扭曲。可以说，在卷帙浩瀚的《人间喜剧》中，尽管大大小小的人物数以千计，但真正的主人公就是金钱。他描写了一幕幕家庭和婚姻悲剧，这些悲剧全都围绕着金钱问题展开。金钱是社会的杠杆，是向上爬的敲门砖，是社会交往的证书，是丑史秽行的根源，这一切都在《人间喜剧》里被淋漓尽致地描绘出来。

在艺术上,《人间喜剧》有两个不同凡响的特点。其一是,到处可见性格典型。在巴尔扎克笔下,无论是吝啬鬼、好色鬼还是野心家,个个都是典型形象,即便像父爱、母爱、嫉妒等精神特征,也是典型化地被表现出来的。更为可贵的是,同一类型的形象又是千差万别的,从不雷同。譬如,吝啬鬼形象,在《人间喜剧》中少说也有七八个,但他们的吝啬却吝啬得各有特色,没有一个是重复的。

其二是,为了使《人间喜剧》构成一个整体,巴尔扎克创造性地使用了“人物再现法”,也就是把一个人物分别置于若干作品中,一部作品只写这一人物的一部分经历。这就把多部相对独立的作品串联起来了。这类被再现的人物有四百多个,形成了一个“社会”,而这个小小的“社会”就是法国大社会的缩影。读者在阅读过程中时不时会遇到“熟人”,就像在现实生活中一样,于是便产生了“真实”的感觉。

总之,《人间喜剧》是巴尔扎克树起的一座现实主义的丰碑,它屹立在法国文学史上,也屹立在世界文学史上,其对西方各国乃至于东方各国的小说创作所产生的直接影响,长达半个世纪之久。

继巴尔扎克之后,法国最重要的现实主义小说家是福楼拜。福楼拜一生创作了八部长篇小说,重要的有《包法利夫人》《情感教育》和《圣安东的诱惑》,其中《包法利夫人》是他的代表作。

福楼拜

《包法利夫人》的主人公爱玛是个富裕农民的女儿,她喜欢读浪漫主义小说,因而头脑里充满了各种浪漫的幻想。由于她的社会地位,她只能嫁给平庸的乡间医生包法利。婚后,她不满于庸俗、狭隘的市民生活,向往浮华的上流社会,于是就学上流社会的贵妇人那样寻找情人。她先后与当地的一个农场主和一个律师的秘书私通,自以为风流浪漫,但她的情人却是凡夫俗子,不过是玩弄她而已。后来,她负债累累,求救于她的情人,可他们谁也不愿解囊,绝望之余她只好服毒自尽。

这部小说的现实主义意义在于，它以非常真实细腻的手法塑造了爱玛·包法利这一沉迷于浪漫幻想的性格典型。爱玛的悲剧既是对平庸生活的抗议，也是对不切实际的浪漫主义空想的辛辣嘲讽。此外，这部小说和福楼拜的其他作品一样体现了“客观而无动于衷”的美学原则。福楼拜不像巴尔扎克那样经常要在小说里发议论，他主张“作家退出小说”，也就是作家对小说里的任何东西都不发表评论，只让小说形象面对读者。这种纯客观的态度，实际上已预示着法国现实主义向自然主义的演变，因为自然主义就要求作家以自然科学家的纯客观态度观察和描写社会生活。

左　拉

法国自然主义的代表人物是小说家左拉，而福楼拜可以说是从现实主义到自然主义的过渡人物。至于具有自然主义倾向的其他法国作家，最有成就的是小说家莫泊桑。莫泊桑是福楼拜的学生，而福楼拜是左拉的好友。

当然，从法国现实主义中演变出自然主义并不等于说后者已取代了前者。实际上，在十九世纪末和二十世纪初，法国仍有许多继承巴尔扎克传统的现实主义小说家，其中最卓越的是罗曼·罗兰。

（二）英国现实主义小说　英国在十八世纪就产生过四大小说家，其中《鲁滨孙漂流记》一书的作者笛福甚至享有世界声誉。但是，英国现实主义小说的繁荣期却是在十九世纪中期。在此之前，作为十八世纪至十九世纪过渡人物的是女作家简·奥斯丁。她著有六部长篇家庭小说，其中《傲慢与偏见》和《爱玛》等一直拥有众多的读者，因此她对十九世纪的小说繁荣具有重大影响。

十九世纪中期，英国涌现出一大批优秀的现实主义小说家。他们的作品虽不像法国现实主义小说那样刻意塑造性格典型，但同样以探索现实与人性为己任。在这批小说家中，最杰出的是狄更斯。

简·奥斯丁

狄更斯一生共创作了二十多部中长篇小说,这些小说具有鲜明的思想特征和艺术风格。一般说来,在狄更斯的全部创作中,人道主义始终是他的基本思想,而在艺术上,幽默、讽刺,加上深厚的抒情色彩,是他的基本风格。最能体现他的基本思想和基本风格的作品,则是他的自传体长篇小说《大卫·科波菲尔》。

狄更斯

基于人道主义理想,狄更斯在其作品中描写得最多的是城市底层社会的生活。他关注贫苦儿童的命运,写了《奥列佛·退斯特》;他关注劳工问题,写了《艰难时世》: 他关注孤老幼童的困苦,写了《老古玩店》;他关注普通人在社会动荡时期的不幸遭遇,写了《双城记》;他关注不公正的司法制度对社会造成的损害,写了《荒凉山庄》;他关注出身底层的年轻人的奋斗,写了《远大前程》,如此等等。在这些作品中,狄更斯怀着深切的同情,描写生活中的种种苦难,以期唤起人们的良心,还世界以公正与仁爱。因为他坚信,即便现实生活昏暗无道,人性却不会绝灭,慈悲之心终究会战胜世间的不义,为人类带来希望与光明。

除狄更斯之外,这一时期重要的小说家还有萨克雷、盖斯凯尔夫人和勃朗特姐妹。他们的作品大凡与狄更斯有类似的特点:对"小人物"的不幸寄予无限的同情,同时又对人性寄予莫大的希望。盖斯凯尔夫人最重要的长篇小说《玛丽·巴顿》以一个工人的女儿和一个工厂主的儿子的恋爱纠葛为线索,写贫富之间的种种矛盾,最后透露出的信息是:克服贫富不和的唯一办法只能是相互宽容为怀。勃朗特姐妹即夏洛蒂·勃朗特和艾米丽·勃朗特,前者的代表作《简·爱》是一部自传性的长篇小说,写一个出身低微的家庭女教师如何以崇高美好的情操维护其独立自由的人格;后者的唯一长篇小说《呼啸山庄》饮誉文坛,小说以男女主人公痛苦曲折的爱情经历,展现人性的扭曲与复归。萨克雷则有点例外,他与狄更斯齐名,但风格却有所不同:狄更斯的作品也以幽默、讽刺见长,可基调则是抒情的,甚至有点伤感的;萨克雷的作品基调却是讽刺,犀利的讽刺,极少抒情成分,因此他被称作"第一流的讽刺家"。其最出色的讽刺作品,就是竭尽挖苦嘲笑之能事的长篇小说《名利场》。

托马斯·哈代

总的来说,英国现实主义小说较之于同一时期的法国现实主义小说更倾向于描写底层生活和宣扬仁爱精神。这一特点到了十九世纪后期仍然表现得很明显,如在托马斯·哈代的小说中就是如此。

哈代是十九世纪后期英国最重要的小说家,他的主要作品是长篇小说《德伯家的苔丝》和《无名的裘德》。在这两部作品中，哈代把两位主人公，苔丝和裘德，都描写为出身卑微而品格高尚的理想形象和仁爱精神的化身。但是，尽管他们充满爱心，生活却无情地使他们遭受毁灭。在哈代笔下，这种毁灭又是不可抵御的，是命运安排定当的。因此，哈代的小说在控诉生活的同时又具有深厚的悲观色彩。

哈代带有宿命倾向的悲观主义将十九世纪英国现实主义小说从社会层面引向更为虚玄的哲学层面，从某种程度上说，它即标志着以狄更斯为代表的传统现实主义鼎盛期的终结。因为继哈代之后，英国的小说创作开始转向心理探索，进而在二十世纪初形成了现代心理小说的热潮。

（三）俄国现实主义小说 俄国文学的历史很短，至十八世纪才刚刚有像样的文学。但是，到了十九世纪，俄国文学突飞猛进，一下子跃入世界文学强国之列，即便与英、法相比，也有过之而无不及。

和英、法一样，十九世纪俄国文学也以现实主义小说的成就最大。其奠基者是果戈理，他的长篇小说《死魂灵》被认为是第一部具有俄国特色的、有分量的现实主义作品。不过，真正享有世界声誉、也使俄国文学享有世界声誉的，则是有“俄罗斯三大小说家”之称的屠格涅夫、陀思妥耶夫斯基和列夫·托尔斯泰。

屠格涅夫长期侨居西欧，与福楼拜、左拉等法国小说家过往甚密，因此他的创作深受西欧文学尤其是法国文学的影响。但是，他的作品又是完全与俄罗斯现实生活联系在一起的。他的主要作品是他一生创作的六部长篇小说：《罗亭》《贵族之家》《前夜》《父与子》《烟》和《处女地》。这些作品都是现实主义的，因为它们不仅关注着俄国现实生活中的每一阶段，而且还塑造了形形色色的性格典型。其中最引人注目的是所谓“多余人”的典型，即那种

屠格涅夫

因自身思想认识和文化修养远远超过社会一般水平、因而无法在这一社会中有所作为、于是自感多余的人的典型，如《罗亭》的主人公罗亭便是最好的例子。

在屠格涅夫的六部长篇小说中，人们谈论得最多的是《父与子》。这部小说写两代人的冲突，实际上是写艺术与科学或者说情与理的冲突。屠格涅夫对此的态度又很复杂，甚至有点矛盾；他既意识到科学的“力量”，同时又深感艺术的“魅力”，于是便只好一声长叹，在无限伤感的情绪中结束这部小说。

人们对这部小说历来就颇多争议，但不管怎么说，它却是屠格涅夫小说艺术的集中体现。一般说来，屠格涅夫的现实主义并不旨在于解决现实中的什么“问题”，而是要使现实生活得到诗意的表现。这就决定了他的艺术风格：柔和的、惆怅的，甚至是忧伤的。正是这种发掘生活诗意的风格，使他的作品在世界各国深受易动感情的读者，尤其是女性读者的喜爱。

与屠格涅夫适成对照，陀思妥耶夫斯基的小说给人的感觉每每是紧张的、阴暗的、痛苦的，甚至是可怕的。然而，它们的魅力也就在于此。

陀思妥耶夫斯基

陀思妥耶夫斯基写有大量的长、中、短篇小说，最重要的是长篇小说《被侮辱与被损害的》《罪与罚》《白痴》《群魔》和《卡拉马佐夫兄弟》，其中最具代表性的是《罪与罚》。

这部小说就如它的书名所示，写犯罪与惩罚，但它不是犯罪小说，也不是侦探小说，而是一部极其深刻的道德伦理小说。小说主人公、穷大学生拉斯柯尼科夫出于“义愤”杀死了一个可恶的放高利贷的老太婆。他本不以为这是“犯罪”，而是“除害”，但是当事情过去之后，他却感到良心的不安，因为不管怎么说他毕竟杀了人，破坏了“不许杀人”这一最高戒律。于是他陷入极度的痛苦之中，内心不得安宁。这就是“惩罚”,来自道德良知的自我惩罚。最后,他去自首并被流放。至此,他反而得到了内心的平静,开始领悟到宽容与忍耐才是生活的真谛。

陀思妥耶夫斯基曾说:“有人称我是心理学家。这是不正确的。我不过是一个更高意义上的现实主义者;也就是说,我描绘的是人类灵魂深处的一切。”《罪与罚》就体现了这种“更高意义上的现实主义”,即灵魂的现实主义,而不是理智的现实主义。

由于要描绘“灵魂深处”,陀思妥耶夫斯基势必要剖析人的灵魂,拷问人的灵魂。于是,在他的小说中处处能听到灵魂的呻吟,看到灵魂的挣扎。紧张、痛苦,乃至于令人窒息,这就是他的小说风格,也是他独特的艺术手法。如果说他这种艺术是痛苦的艺术,那么也是催人自省、诲人自责的深刻的艺术。正因为如此,陀思妥耶夫斯基被人称为“残酷的天才”。

陀思妥耶夫斯基小说的重要性在他生前并没有充分被人认识,人们甚至觉得它们有点“病态”。但是,在他去世之后,尤其到了二十世纪,他的作品首先在西方越来越受到重视。因为人们发现他在十九世纪就敏锐地感觉到了现代人的心理缺憾和灵魂问题。后来,随着时间的推移,全世界都承认,陀思妥耶夫斯基是一位独特的小说艺术大师。

“俄罗斯三大小说家”中的最后一位,列夫·托尔斯泰,则是在生前就名满天下的“大人物”。这是因为,他不仅是一位才华出众的小说家,而且还是一位自创救世学说的思想家和万人敬仰的救世主式的领袖人物。不过,对于后世来说,真正使他永垂不朽的还是他在小说创作方面的巨大成就。

托尔斯泰

代表托尔斯泰小说成就的是他的三部长篇小说:《战争与和平》《安娜·卡列尼娜》和《复活》。

《战争与和平》是一部规模宏

大的历史小说，以一八一二年俄法战争为中心，从一八〇五年彼得堡贵族沙龙谈论拿破仑作战的事写起，中经俄奥联军同拿破仑部队之间的奥斯特里茨会战、一八一二年法军对俄国的入侵、波罗金诺会战、莫斯科大火、法军全线溃退，最后写到一八二〇年俄国十二月党人运动的酝酿为止。全书以保尔康斯基、别素号夫、罗斯托夫和库拉金四个豪门贵族为主线，在战争与和平的交替中，描绘了无数社会、政治、经济和家庭生活的画面，塑造了数以百计的人物形象，上至拿破仑、俄国沙皇、大臣、将帅、贵族，下至商人、士兵、农民，提出了许多社会、哲学和道德问题。

《安娜·卡列尼娜》是一部家庭生活小说，由两条平行而相互对照的线索构成：一条是安娜的线索，她因不满于丈夫着迷仕途而与年轻贵族渥伦斯基相爱并同居，她的行为遭到上流社会的鄙弃，后来又受到渥伦斯基的冷遇，终于在痛苦和绝望中卧轨自杀；另一条是外省贵族列文的线索，通过他与贵族小姐吉蒂的恋爱波折以及婚后努力建立和谐家庭的经历，对理想与责任这一人生最大的矛盾作了深刻的思考，同时又以此反衬了安娜的悲剧。

《复活》是一部道德教诲小说，写青年贵族聂赫留朵夫诱奸下层少女卡秋莎之后又将她遗弃，致使她备受凌辱，沦落为娼，后来又被诬犯有杀人罪而下狱。聂赫留朵夫在法庭上重见卡秋莎，受到良心谴责，决定赎罪，为她申冤，并愿娶她为妻，但他上诉失败，卡秋莎依然流放西伯利亚，他又陪她去流放。他的行为感动了卡秋莎，使她重又爱他，但她不愿损害他的名誉，断然拒绝了他的求婚而嫁给了一个流放犯。这部小说的意义在于它深入地探讨了灵魂堕落及其“复活”的迫切问题，既谴责了俄国贵族社会，同时又为它指出了“复活”的道路。

在托尔斯泰的小说中，严肃深沉的重大问题都是通过高超的艺术手法表现出来的。就小说艺术而言，托尔斯泰的贡献在于：他首先极度真实地、不加粉饰地描写现实，使现实中的矛盾显露出来；然后对这些矛盾作最大限度的探索，包括对人物内心世界的挖掘。因此，他的小说既广又深，人物性格复杂而统一，小说语言鲜明而准确。总之，他把现实主义小说推到了一个前所未有的高度。

综观“俄罗斯三大小说家”,可以说他们将法国现实主义重视性格典型的特点和英国现实主义注重社会道德的特点有机地结合了起来,加上深沉、庄重的俄罗斯风格,使现实主义小说在他们手里变得更为丰富,也更为深刻了。所以,尽管他们在开始创作时都在不同程度上受西欧小说的影响,但是当他们的作品问世后,却反过来使西欧小说界为之震惊,而且对西欧小说创作产生影响。此外,这三位俄罗斯小说家都独具个人风格。打个比方说,屠格涅夫的小说就像俄罗斯花园,精巧优美;陀思妥耶夫斯基的小说就像俄罗斯森林,茂密幽深,而托尔斯泰的小说就像俄罗斯大草原,浩瀚无垠。

马克・吐温

(四)美国现实主义小说 美国的现实主义创作要晚至十九世纪后期才形成潮流,重要作家有马克・吐温、杰克・伦敦和德莱塞等人。马克・吐温的代表作是《哈克贝利・费恩历险记》;杰克・伦敦的重要作品有长篇小说《马丁・伊登》和中篇小说《野性的呼唤》等。至于德莱塞,他的著名作品是长篇小说《嘉莉妹妹》和《美国的悲剧》。所有这些作品,都是美国生活的写照,或者说表达了美国人特有的“美国经验”。譬如,马克・吐温的作品常常表现出对传统蓄奴制的厌恶情绪,杰克・伦敦的作品往往表现对个人奋斗的幻灭感,而德莱塞的作品则旨在于揭露潜藏在大都会繁华生活背

杰克・伦敦

后的种种罪恶，如此等等。

以小说为核心的现实主义文学，就像以诗歌为核心的浪漫主义文学一样，既是一种盛行于十九世纪西方各国的文学现象，又是一种对世界各国都产生深远影响的文学思潮，它与浪漫主义文学一起形成十九世纪西方文学主流，而十九世纪则是西方文学史上继文艺复兴之后的第三个辉煌期。在这一时期，文学，尤其是诗歌和小说，在众多大师的天才创作中几乎已达到了艺术的巅峰，后人若想沿着他们的老路去超越他们，那简直是难而又难的事情。于是，在十九世纪后期，一场文学上的反叛运动便开始酝酿了。到二十世纪初期，这场反叛运动终于爆发，那就是被称为“文学大地震”的现代派运动。

V 现代文化

公元19世纪—公元20世纪

第一章
现代思想文化

> 我是真理的呼声，但我的真理是可怕的，因为过去人们称谎言为真理。
>
> 重估一切价值——这就是我给人类最高自我觉悟活动的公式……
>
> ——弗里德利希·尼采

反传统文化、否定近代理性主义的价值观，这是西方现代思想界最突出的现象。首先出现的是否认理性是人的本质的现代非理性主义思潮。这一思潮不仅出现在哲学界，而且在心理学方面异军突起，产生了具有颠覆性的弗洛伊德精神分析学，直接挑战近代理性主义传统。接着，大约在两次世界大战之间，又出现了存在主义思潮。这一思潮的影响在六十年代达到顶峰，可以说从根本上动摇了西方传统的价值观和人生观。由于非理性主义思潮和存在主义思潮的冲击，由近代哲学大师们建立的各种哲学体系几乎均趋于瓦解，于是传统理性主义留下的哲学空间就由科学家来接管。这样，又产生了现代科学主义思潮。

第一节　非理性主义思潮

现代非理性主义是出现在十九世纪后半叶并延续到二十世纪初的

一种哲学思潮。这一思潮也许可称作当时的第三思潮,因为几百年来,西方哲学界一直处于两种思潮——即:经验论-唯物论思潮和唯理论-唯心论思潮——影响之下。这两种思潮一直处于对立状态,相持不下。但无论是唯物论,还是唯心论,都把认识论作为哲学的核心,而认识论的核心则是理性问题,也就是说,它们都把理性置于哲学研究的中心地位,并认为人的本质就是理性,只是它们对理性的解释有所不同。因此,从总体上说,唯物论和唯心论都是理性主义的。为了打破唯物论和唯心论长期围绕着理性问题争执不下的僵局,便有哲学家对问题本身产生了怀疑:理性是不是人的本质?是不是说明了理性就说明了人的本质?或许,理性根本就不是人的本质?于是,他们便抛开理性,另辟蹊径。这样,便出现了第三思潮——非理性主义思潮(有时也被称作"反理性主义")。

非理性主义思潮可说是在造传统哲学的反,而在十九世纪中叶,作为传统哲学代表的就是黑格尔庞大的哲学体系,因此非理性主义哲学家都以反黑格尔哲学的面目出现。但是,他们的共同点也仅此而已。因为就非理性主义思潮内部而言,存在着众多互不相同而且往往是互不相干的哲学流派。在这众多的流派中,有三个流派影响最大,它们是:德国的唯意志主义哲学、法国的生命哲学和美国的实用主义哲学。

一、尼采与唯意志主义

叔本华

唯意志主义哲学的宗旨是:人的本质不是理性或者理智,而是意志。关于意志,实际上早在康德哲学中就有所论述,比如康德认为实践理性(其实就是意志)高于理论理性,等等。这种观点后来就成为唯意志主义哲学的重要理论来源。不过,古典哲学中的意志论仅仅是一种哲学因素,并未形成流派。

最初倡导唯意志主义哲学的是与黑格尔同时代的德国哲学家叔本

华。叔本华的哲学被称作“生存意志论”，他以康德的观点作为根据并加以发挥，认为现象世界归根结底只不过是人的表象世界，而在这表象世界的后面，康德认为存在着人无法认识的“自在之物”，叔本华则认为康德的所谓“自在之物”，实际上就是意志宇宙的“大意志”。人是宇宙的一部分，因此人的本质也是意志，即“小意志”。这种说法与佛教的“大我”和“小我”之说颇为相似。实际上也确实如此，因为叔本华对印度古代哲学和佛教颇有研究，而且深受其影响。

叔本华论证了宇宙和人的本质是“意志”之后，继而论证说，“意志”固然是宇宙生命的本源，但由于“意志”永不能满足，所以生命也就是痛苦。为避免痛苦，就必须否定“生存意志”，就像佛教所教导的那样，必须断绝“我执”，达到涅槃以求解脱。由此可见，叔本华的唯意志论不仅是反理性的，同时也是反意志的，所以他被认为是近代最大的悲观论者。

叔本华的哲学在他生前并无影响，他的主要著作《作为意志和表象的世界》出版之后几乎无人问津。但是，到了十九世纪末，他的名声却一下子大了起来。这里的原因很多，其中一个重要原因是尼采哲学的出现。

尼　采

尼采是叔本华唯意志主义哲学的直接继承者，而且是最具代表性的唯意志主义哲学家。尼采的主要著作是《悲剧的诞生》《查拉图斯特拉如是说》《善恶的彼岸》和《权力意志》。

虽然尼采继承叔本华反理性主义的唯意志论，但他却对叔本华的理论作了重要的修改。其中最重要的是，他抛弃了叔本华的悲观主义，把叔本华的“生存意志论”改造成了“权力意志论”。

尼采认为，必须否定受理性主义和基督教博爱主义影响而日趋没落的西方文化，必须“重估一切价值”，创造新的价值观和人生观。他强调人类进化即“权力意志”不断实现其自身的过程。现代西方人由于长期受到理性主义和基督教博爱主义的“阉割”，已经变得毫无生气，所以必须“进化”，由新的人类来取代现代西方人。这新的人类，他称之为“超人”。因此，他的哲学也被人称为“超人哲学”。

叔本华的唯意志论和尼采的唯意志论虽然适成对照，一个颓唐，一个奋进，但两者都是标新立异之说，因为他们从根本上改变了哲学的方向。也正因为如此，他们对后来的西方哲学产生了重大影响。尤其是尼采，其影响远远超出了哲学的范围，成为现代最有争议的人物之一，褒扬他的人称他为“勇敢的哲学斗士”，贬抑他的人则诅咒他是“法西斯主义的鼻祖”。

二、柏格森与生命哲学

生命哲学家认为，传统哲学所使用的理性概念和理性方法只能把握凝固的、静止的、表面的东西，不能把握作为真正的、实际的、活生生的生命。因为生命总是处于不断变化和发展的过程中，没有任何绝对静止和稳定的东西。为了把握生命，就必须深入生命本身中去。要做到这一点，就必须把生命领域当作一个非理性可及的、只有靠内省或者直觉才能领悟的世界。

生命哲学作为一种非理性主义哲学思潮，并没有统一的哲学理论。它包括许多观点相近的哲学小派别，同时也受到来自哲学以外的其他学术领域如历史学和心理学方面的声援。一般认为，最早倡导生命哲学的是德国哲学家狄尔泰。他的影响一直延续到第一次世界大战之后，而且主要是在文化史和历史学方面，如在德国文化史家施宾格勒的《西方的没落》和英国历史学家汤因比的《历史研究》这两部重要著作中，都可以看到狄尔泰思想的影响。此外，弗洛伊德的精神分析学有时也被归入生命哲学的范畴。尽管如此，最具代表性的、影响也最大的生命哲学家却是法国的柏格森。

柏格森除哲学之外，在文学上也颇具声望，曾获得诺贝尔文学奖。他的主要哲学著作有《时间与自由意志》《物质与记忆》和《创造进化论》等。

柏格森所倡导的是直觉主义哲学。他认为，生命是不可能通过理性的方法来认识的，因为理性的方法是分类和推论，而要真正把握生命本质，分类和推论的方法恰恰是用不上的。所以，他进而认为，必须要有一种高于理性的方法，那就是直觉，因为他认为直觉是最高级、最深刻的认识形式，是以生命本身为对象的哲学所必须采用的。至于理性方法，他并不一概否定，只是认为它是科学所用的方法，因为科学以物质世界为研究对象。物质世界是相对静止的，即有规律可循的，而生命过程尤其是人类的生命过程，则是至今尚未结束的事件，因此根本无规律可循，只能靠直觉加以把握。至于人类生命的发展，他认为是通过创造而进化的，为此他写有专著《创造进化论》。就是这一书名，后来成了他的哲学的另一名称“创化论”。

柏格森

以柏格森为代表的生命哲学，可以说是最典型的非理性主义哲学，其影响波及到西方科学文化的各个领域。受其影响最大的是西方现代文学，如意识流小说、超现实主义等现代派文学，都明显地带有柏格森哲学的印记。

三、杜威与实用主义哲学

实用主义也可称作“实践主义”，其哲学宗旨是：理性是人用以认识世界的一种工具，其本身既不能发现真理，也不能检验真理，因为世上既无可以预知的真理，也不存在一成不变的真理；真理是在人的实践活动中被不断认识的，其标准是：必须有利于人的实践活动。简言之，实用主义把实践活动放在第一位，认为这是人的本质所在；理性认识则是第二位的，是服务于实践活动的。

实用主义哲学的大本营是美国，而且是二十世纪最初四十年间在美国占主导地位的哲学思想。一般认为，哲学家皮尔士是实用主义哲学创始人；心理学家、哲学家威廉·詹姆斯是实用主义理论的有力阐述者；社会学家、教育学家和哲学家杜威则是这一理论的出色的推广者。

皮尔士是个博学多才的学者，除了哲学，他在物理学、化学、数理逻辑和科学史等方面也造诣很深。他的学术活动主要是在哈佛大学进行的。

十九世纪七十年代他主持哈佛大学的“形而上学俱乐部”，在为俱乐部所作的学术报告中，他最初表述了实用主义哲学思想；后来，他又发表过一些论文，阐述实用主义理论。但是，皮尔士始终没有形成一个完整的体系。

威廉·詹姆斯

使实用主义成为完整体系的是皮尔士的同事威廉·詹姆斯。詹姆斯是心理学教授，后来又成为哲学教授，还陆续出版了一系列哲学论著，其中重要的有《实用主义》《多元的宇宙》和《真理的意义》等。这些论著可说是实用主义哲学的经典著作，真正为实用主义奠定了理论基础。由于詹姆斯的有力阐述，再加上实用主义思想本来就在美国的立国宗旨中有深厚的基础，实用主义哲学便得到确立，而且逐渐成为在美国最有影响的正统哲学。但是，詹姆斯的理论还是很抽象的，只是在大学和知识界传播。真正使实用主义哲学影响整个美国社会生活的，则是约翰·杜威。

杜威不仅是个哲学家，也是一个著名的教育家和政治家。他把实用主义的一般原则推广到了政治、文化教育、道德等各个方面。他先后任教于密执安大学、芝加哥大学和哥伦比亚大学，同时写有三十多种著作和近千篇论文，其中最能体现其哲学观点的有《我们怎样思维》《哲学复兴的必要》《哲学的改造》和《人的问题》等。

杜　威

杜威也将实用主义称作“工具主义”，非常明确地论述了实用主义的原则：“所有概念、学说、系统，不管它们怎样精致，怎样坚实，必须视为假设……它们是工具，和一切工具一样，它们的价值不在于它们本身，而在于它们所能造就的结果中显现出来的功效。”这一思想被美国人广泛接受。

除了从理论上传播实用主义，杜威还以实用主义为基础提出了一系列社会、政治、文化和教育的理论。尤其是教育方面，他的理论是二十世纪上半叶美国教育界的指导思想。

美国实用主义哲学不仅在美国影响甚大，其影响还波及欧洲甚至亚洲。比如在英国，二三十年代也出现了实用主义运动，其代表人物是席勒，不过他把实用主义改称为“人本主义”。在亚洲，最好的例子就是二十年代的中国，这不仅因为杜威曾亲自到中国讲学两年，更因为胡适等杜威门徒的传播，实用主义对中国教育界曾影响甚大。

第二节　精神分析学

精神分析学可以说是心理学领域里的现代非理性主义思潮，由于它是二十世纪的一门新兴学科，而且和人们的生活直接有关，所以其影响大于上述任何一个哲学流派。

弗洛伊德

精神分析学的创始人是奥地利心理学家弗洛伊德，因此也称“弗洛伊德主义”。不过，严格地讲，弗洛伊德主义主要是指弗洛伊德的后期思想，即指精神分析学在社会和文化领域的运用。精神分析学的基础，是弗洛伊德早期的两大发现：“无意识”和“性本能”。

一、弗洛伊德早期的两大发现

弗洛伊德的早期重要著作有《梦的解析》《日常生活的心理病理学》《性欲理论三讲》和《精神分析引论》等。在这些著作中，他公布了自己在心理研究方面的两个最重要的发现，即：“无意识”和“性本能”。

根据"无意识"理论，弗洛伊德认为，人的心理由三个系统即无意识系统、潜意识系统和意识系统组成：意识系统与直接感知相连，面向外部世界，完成感官的作用，是心理结构中的最高层；潜意识系统处于意识系统边缘，储存记忆中的东西；而无意识系统则处于心理结构的深层，是人的生物本能和欲望的贮藏库。弗洛伊德认为，人作为社会存在物，总是力图掩盖自己的动物本能和无意识欲望，而无意识却是人类心理的深层基础，是精神分析学的基本对象，因为"心理过程主要是无意识的"。

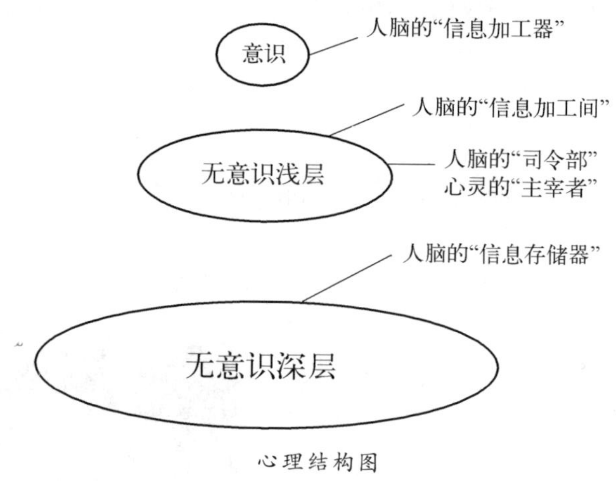

心理结构图

"性本能"是弗洛伊德的另一个独特发现。他在把"无意识"归结为人的基本本能后，又把人的基本本能归结为原始性欲，或"性本能"——他称之为"力比多"。弗洛伊德认为，性本能是人与生俱来的，但在不同的年龄阶段，它的对象和表现形式有所改变。弗洛伊德将它分为三个阶段，每一阶段上都有一个能使力比多性欲满足的"动欲区"。第一阶段是口腔阶段，动欲区为嘴和唇；第二阶段为肛门阶段，动欲区为肛门；第三阶段是"生殖器崇拜"阶段，动欲区为生殖器，此时，儿童从"自恋"转向"他恋"。据此，弗洛伊德提出了"俄狄浦斯情结"即"恋母情结"的理论。

"无意识"和"性本能"的发现，以及"俄狄浦斯情结"的理论，构成了弗洛伊德后期思想即"弗洛伊德主义"的基础。

二、弗洛伊德后期思想

弗洛伊德的后期思想，主要见于《超越快乐原则》《文明及其缺憾》《群众心理学和自我的分析》和《自我和本我》等后期著作中。出于解释社会和文化现象的需要，弗洛伊德把他的早期理论加以修正和补充，提出了“个性论”，即：把人的心理和个性划分为“本我”“自我”和“超我”三个部分。

“本我”是最原始的、无意识的心理结构，同肉体相联系，是心理能量的贮存器。在“本我”中充满着本能欲望的强烈冲动，力图依据“快乐原则”而通过“自我”得到满足。“自我”是一个意识结构，同外部事物相接触，处于“本我”和外部世界之间，是外部世界与本我欲望之间的中介者，它依据现实原则行事，主张克制，但不否定本能的要求。“超我”是一个由父母和“长辈的指示”而形成的结构，也就是人们明确意识到的理性和良心。“超我”按照社会行为标准和要求行事，严格支配着“自我”以压制“本我”。

正是从“泛性论”出发，弗洛伊德把精神分析学的基本论点推广到了社会领域，用以解释各种各样的社会现象。弗洛伊德认为，社会生活归根结底是人的生物本能和深层欲望的表现形式，也就是说，生物的本能欲望是人类一切行为的基础，整个社会制度的形成和发展，都离不开本能欲望的驱使；但与此同时，弗洛伊德又认为，人的本能欲望是和社会相矛盾甚至相对立的；本能欲望只知道盲目追求满足，而社会则是一个禁令和限制系统，它借助于“超我”对人的本能欲望加以压制。所以，社会的进步就体现在社会是否能对本能欲望加以适当的压制。

此外，弗洛伊德还把精神分析学运用于文化领域，认为宗教、道德的最终根源是“俄狄浦斯情结”。他在《图腾与禁忌》一书中指出：人类的史前时代，占据最高统治地位的是父亲，他把全部女人占为己有，把受“俄狄浦斯情结”驱使而欲与父亲分享女人的儿子们逐出部落；有一天，忍无可忍的儿子们联合起来，杀死并吃掉了他们的父亲。这样，父权制部落便结束了。但是，在这个过程中，儿子们意识到同样的命运在等待着他们——被自己的儿子们杀掉。因此，他们缔结条约，禁止与崇拜相同图腾的女人发生性关系，于是便产生了道德；同时，杀父行为引起他们的忏悔，使他们有一种犯罪感，于是就用对父亲的爱和崇拜来加以弥补，把被杀的第一个父亲看作上帝，于是就有了缘于这种杀父行为所引起的犯罪感的宗教。弗洛伊德接着指出，杀父后，兄弟们为了自己能成为遗产的唯一拥有权而争吵不休，但他们被放逐时把他们联合起来的友谊及为获得自由而不惜杀父的回忆，使他们停止了这场无益和危险的争吵，签订条约。这样，便产生了社会。弗洛伊德总结说：“社会的存在是建筑于大家对某些罪恶的认同；宗教则是由罪恶感以及附于其上的忏悔心理所产生；关于道德，则一部分是基于社会的需要，一部分是由赎罪心理所造成的。”

三、精神分析学的分化与发展

弗洛伊德公布他的两大发现——“无意识”和“性本能”——之后不久，精神分析学派内部便产生了分歧。因为不同意他的“泛性论”，他的两位高足，即阿德勒和荣格，和他分道扬镳，另立门户。

阿德勒

阿德勒创建了“个体心理学”，其主要著作有：《自卑与超越》《人性的研究》《个体心理学的理论与实践》《自卑与生活》等。阿德勒不同于弗洛伊德，并不把个人心理动机的原始基础归结为“俄狄浦斯情结”，而是认为，对优越感的渴望与追求起源于“自卑”，而“自卑”则肇端于个体在幼年时的无能。不过，阿德勒同时又认为，“自卑”既可能使人自甘堕落甚至患上精神疾病，也可能使人奋发，力求振作，以“补偿”自己的缺陷，就如他在《自卑与超越》一书里所说，“由于‘自卑’总是造成紧张，所以争取优越感的‘补偿’行为必然会同时出现”。“补偿”有两个层次：一是通过发奋克服缺陷，一是以彼方面的优势弥补此方面的不足。阿德勒的“个体心理学”，可以说是对弗洛伊德精神分析学的一种反叛，同时也是一种补充。

荣 格

荣格创建的是“心理分析学”，他的主要著作是十七卷本的《荣格全集》，另有《分析心理学的理论和实践》《探索心灵奥秘的现代人》和《人及其象征》等。和阿德勒的“个体心理学”一样，荣格的“分析心理学”也是对弗洛伊德精神分析学的一种反叛和补充。荣格认为，弗洛伊德的“潜意识”“无意识”局限于个体，是纯粹“个人的无意识”，这就把无意识看得太狭窄，没有对无意识本身作出具体分析。实际上，在个人“无意识”下面，还有一个他称为“集体无意识”的更深的心理层次。“集体无意识”具有普遍的、超个人的性质。这样，荣格就把人的心理结构系统分为“意识”“个人无意识”和“集体无意识”三个层次。至于这三个层次的关系，荣格用一个生动的比喻加以说明：“意识”就像一个海岛的可见部分，“个人无意识”就像随潮汐涨落而时隐时现的部分，“集体无意识”则像海床，它永不露出水面，却是海岛的基础。荣格认为，个人生活中一切曾被感知、后又被遗忘的东西，是构成“个人无意识”的内容，也叫“情结”；而一切非个人获得的、由遗传所保留下来的精神机能，则构成“集体无意识”的内容，亦称“原型”。“个人无意识”的内容来自个体经验，“集体无意识”的内容则与个体的经验无关，它是通过遗传而得来，其内容包括人类远祖在遥远的年代所积淀的经验。所以，他认为一个人无须退回到过去，也无须经验帮助，只需在“集体无意识”支配下，当处于与祖先相似的环境中时，就会做出与祖先相似的行为反应。据此，荣格把科学发明、文学艺术创作中的“直觉”“顿悟”“豁然开朗”及哲学上的“先验知识”都看作是“集体无意识”或者说“原型”的再现。这就使他的“分析心理学”不仅在心理学和精神病学领域有影响，而且还影响到了哲学、宗教、历史、文学、科学等领域。

除了阿德勒的“个体心理学”和荣格的“心理分析学”，弗洛伊德精神

弗罗姆

分析学后来又在美国获得发展,形成了“新弗洛伊德主义”,主要代表人物是霍妮和弗罗姆。由于他们强调社会因素、文化因素在人格形成和发展中的作用,主张以社会环境和文化因素来取代“力比多”,因此“新弗洛伊德主义”又被称为“心理文化学派”或“社会心理学派”。

霍妮虽然接受了弗洛伊德的几个基本原则,但她否认弗洛伊德关于人格发展依赖于永恒不变的本能力量的观点,否认性因素的突出地位和恋母情结理论,抛弃“力比多”概念和弗洛伊德的人格结构,代之以强调文化因素和家庭环境,创建了“文化和哲学的精神病理学”。

弗罗姆创建的“人道主义精神分析”,同样对弗洛伊德过分强调性和过分强调生物本能对人的作用提出了强烈批评,同时主张从文化与政治、经济、社会、思想等各个方面联系起来之中,从整个社会面貌方面考察人。和霍妮泛泛地从文化因素或褊狭地从家庭环境方面改造弗洛伊德学说相比,弗罗姆又前进了一步。这主要表现在他的“人性理论”和“心理革命理论”方面。弗罗姆认为,弗洛伊德的精神分析学虽然从本质上说也是一种人道主义理论,因为弗洛伊德在对人的心理系统、生命力的研究中,构造了一个“人的本性的模式”;但是,弗洛伊德却忽视了社会对人的改造,特别人在社会生活中产生的新需求。所谓“人性”,实质上是体现在人的社会总需求中的。此外,弗罗姆又提出了“心理革命理论”的两大原理:一是治疗与拯救原理;二是培养人性互爱的原理。前者针对心理有疾病的人,目的在于治疗;后者针对心理健康的人,目的在于引导。“心理革命”的最终目的,就是为一场特殊的“社会革命”作准备。因为根据弗罗姆的观点,只有经历了这样一场以“心理革命”为先导的特殊的“社会革命”之后,人类社会才能变得更有人性,更为宽容,更具人道主义精神。总之,弗罗姆的“人道主义精神分析”已远远超出了传统精神分析学的范围,不仅把精神分析学从个人引向社会,还赋予了它改造人类社会的神圣使命。

第三节 存在主义与科学主义

十九世纪末和二十世纪初的非理性主义思潮可说是西方哲学史上的一次“大地震”,它震坍了传统哲学的大厦。接下去,便是哲学的重建。重建工作不是井井有条的,而是不无混乱的。形形色色的哲学流派相继出现。它们相互攻讦,互不认账,要不就是自立门户,自创一套。所以,有人甚至说,二十世纪西方没有哲学,只有哲学家。这话固然有点刻薄,但也不无道理。因为二十世纪后半叶的西方哲学处于分化期,而非综合期,当然不可能出现像历史上出现过的那种相对完整统一的哲学体系。

不过,综观二十世纪后半叶的西方哲学,我们还是能看出两种基本倾向:一种是生存主义倾向;一种是科学主义倾向。这两种倾向都与二十世纪上半叶的两次世界大战有关。首先,由于战争,人们对自己的生存问题产生了疑虑,于是便有人认为哲学首先应该关心人的生存问题,也就是说要把忧虑、悲伤、恐惧、绝望甚至死亡等人生“存在”的情态作为哲学研究的对象,这样就产生了生存主义思潮;其次,由于战争的需要,科学技术获得了惊人的发展,科学的实用性已举世公认,于是科技界便反过来要求哲学为科学服务,这样就产生了科学主义思潮。

生存主义思潮的典型代表是第二次世界大战后崛起的存在主义哲学;科学主义思潮的典型代表则是二十世纪初四十年间形成的分析哲学。不过,无论是存在主义哲学,还是分析哲学,都不是凭空产生的,它们都源于十九世纪的某些非主流哲学,是这些哲学在二十世纪的新发展,并由非主流变成了占主导地位的主流哲学。

一、存在主义哲学

存在主义的中心在德法,五十年代和六十年代曾风靡西方各国。从概念上说,存在主义不仅仅是一种哲学,还是当时的一股强大的社会思潮,而且在诸多领域都有所表现。不过,存在主义思潮的根基却是存在主义哲学。

存在主义哲学的思想渊源是多方面的。十九世纪丹麦神秘主义哲学家克尔凯郭尔关于“孤独的个体”的论述是一个方面；十九世纪德国哲学家胡塞尔创立的现象学是另一方面。此外，十九世纪的非理性哲学，尤其是尼采的权力意志论，对其也有巨大影响。

克尔凯郭尔

海德格尔

存在主义哲学家中最重要的两位人物是德国哲学家海德格尔和法国哲学家萨特。如果说海德格尔是现代哲学界名重一时的大学者的话，那么萨特则是广泛传播存在主义思想的杰出代表。由于这两个人的努力，存在主义在西方既是一门学问，同时又是一种人生态度。海德格尔的重要著作是被称为现代哲学“天书”的《存在与时间》。此书虽然艰涩难懂，但却吸引了成千上万的读者。萨特的哲学代表作是《存在与虚无》，但他又是一位多产的小说家和剧作家，其巨大影响在很大程度上得力于他的文学作品——当然，这些文学作品中是充满了存在主义思想的。

存在主义是一种关于“人”的哲学，但它对人的看法却与传统哲学截然不同。传统哲学都把人看作是人的“本质”的表现，因此为了理解人就必须从研究人的“本质”开始，也就是说在传统哲学看来，人的“本质”是先于人的“存在”的。存在主义则一反传统哲学的观点，认为人的“存在”先于人的“本质”。因为在存在主义者看来，人是一个一个地、暂时地存在的，没有普遍存在的、抽象的“人”，而人之所以为人，乃是因为他实实在在地存在在那里。也就是说,人是个别存在的,因此抽象地谈论人的本质,谈论人性,根本没有意义;即使要谈人的本质,也只有个别人的本质,而个别人的本质必须以个别人的存在为前提,所以说,“存在先于本质”。

既然人是个别的,也就是说人在根本上是孤独的。孤独的个人来到这个世界,不是由个人自己决定的,因此环境(包括他人)一开始就不是他自身的一部分,而是他的对立面,是异己的。处于异己环境中的个人,其典型的精神状态就是“焦虑”,或者说“烦”,即人必须与异己的环境打交道。在打交道的过程中,个人又充满了恐惧,或者说“畏”;一是惧怕环境,二是更为重要的惧怕自己的毁灭,也就是“死”。

萨　特

“烦”“畏”“死”三者就是海德格尔在《存在与时间》里描述的个人(他称之为“此在”)的基本状态,也就是人的存在的基本状态。个人就是在这样的基本状态中决定自己的“本质”的。如何决定呢?那就是通过“自我选择”,因为作为孤独的个人唯一拥有的就是选择权。他的所有的行为都是“选择”,即便他什么也不选择也是一种“选择”,因而选择的自由是人与生俱有的,但也仅此而已。

总之,“存在先于本质”和“人有选择的自由”是存在主义哲学的两个基本前提。至于在这前提下如何发挥,存在主义哲学家相互之间并不一致。比如,海德格尔就比较悲观,认为既然“死”是存在的必然结果,那么选择“死亡”是最符合存在目的的,舍此都不过是“偷生”而已。萨特则比较乐观,他偏重于“选择”,因而发展出一套所谓的“行动哲学”,认为存在主义是一种人道主义,它并不教导人们无为地等死,而是要告诉人们:不要怯于行动,人的唯一希望是在他的行动之内,行动是使人生活下去的唯一事情,所以要大胆选择,积极投入生活,尽管无论你做什么,到头来总难免一死。这种关于“行动”的伦理学具有某种悲壮的色彩，所以有时也被称为“悲剧人生观”。

二、科学主义哲学

现代科学主义哲学的典型代表是分析哲学。分析哲学的影响几乎遍及西方各国，但它的重镇则在英美。

分析哲学源于十九世纪的实证主义哲学。后者的代表人物是法国哲学家孔德和英国哲学家穆勒及斯宾塞。实证主义哲学鄙视黑格尔的思辨哲学，认为要想解决诸如世界的本质、基础是什么的问题是徒劳的，哲学不应该钻在追问世界“为什么”的死胡同里，而应该转而研究世界“是什么”，也就是研究能得到实践证明的事实和知识。“实证主义”之称便由此而来。

罗 素

继实证主义之后，英国哲学家摩尔和美国哲学家怀德海等人又提出实在主义理论，倡导一种与传统思辨哲学的方法相对立的分析方法，反对建立一整套庞大的哲学体系，主张哲学应该向自然科学学习，逐一地解决问题。

二十世纪三十年代的分析哲学就是从实证主义直接发展而来的。分析哲学的“分析”不是分析别的，而是分析语言。因为分析哲学家都倾向于认为，哲学史上有很多问题一直争论不休，并不是因为问题太高深，而是因为问题本身就没有意义，是由于误解语言而引起的。这是由于我们日常使用的语言在表面语法形式和实际逻辑形式之间往往是不一致的，情形好比是在语言的逻辑形式外面披上了语法形式的外衣。由于这层外衣的掩盖，很多不同逻辑的说法看上去很相似，而很多相同逻辑的说法看上去又很不相同。这就引起了意思的混淆和误解。有很多历来争论不休的哲学问题，实际上就是由于这种混淆和误解产生的。表面相对抗的哲学观点，实际上是同逻辑的，只是两派哲学使用了不同语法形式的语言，因此才相互攻击、相互否定；同理，有些表面上很相似的哲学观点，实际上也仅仅是它们使用了相似的语法形式加以表述的，而究其根底，它们在逻辑上是根本不相容的。分析哲学的一个重要目的就是要剥去语法形式的外衣，使哲学表述的真实逻辑形式显露出来。

为了做到这一点，分析哲学家认为，就必须使用科学的方法。因为两千多年来，科学取得了扎扎实实的进步，而哲学几乎在原地循环，哲学的落后和科学的进步形成鲜明对照。造成这种情况的原因，分析哲学家认为有三个方面：（一）科学的理论是可以检验的，而哲学的理论不能被检验；（二）科学的语言是可以相互交流的，而哲学的语言往往难以理解；（三）科学的方法确实可靠，而哲学的方法每每玄虚而混乱。

维特根斯坦

因此，他们认为，要推动哲学的发展，就必须发扬科学在这三方面的优点，克服哲学相应的缺点。要做到这一点，就必须改变原来的那种哲学与科学之间的关系。哲学不应该成为科学的“皇后”，而应该成为科学的助手，服务于科学。具体地说，哲学家不应该去创建一套独立于科学之外的体系，而应该把自己的任务限制在对已经提出的科学理论进行逻辑分析，弄清楚其中哪些概念是没有意义的，研究语言的特性和研制理想的理论术语，以及完善科学方法，等等。打个比方说，也就是在分析哲学家眼里，传统哲学家实际上已经“失业”，现在只有重新“受雇”于“科学公司”，才能混口饭吃。

分析哲学之所以对哲学持这种看法，很重要的一个原因是分析哲学家一般都不是纯哲学家，而大都是一些具有哲学素养的科学家，如数学家、逻辑学家、语言学家和物理学家，等等。比如，分析学派最有名望的两个人——罗素和维特根斯坦，前者是数学家，后者则是语言学家。

第二章
现代宗教文化

宗教是人类精神生活的一个方面。宗教展示了人类精神生活的深层，使之从日常生活的尘嚣和世俗琐事的嘈杂中显露出来。宗教向我们提供了对一种神圣之物的体验，这种神圣之物是触摸不到的、令人敬畏的，是终极的意义和最后勇气的源泉。这是宗教的光荣。但在宗教的光荣之侧，横陈着宗教的耻辱。宗教使自身成为终极领域并鄙视世俗领域，使自己的神话、教义、仪式和戒律都成了终极标准，并迫害那些不屈从于它的人。这种宗教忘记了，它自身的存在是人与自己的真实存在悲剧性分裂的结果，忘记了它自身的危机。

——保罗·蒂利希

在现代西方社会，基督教找到了自身的立足点：一方面，在现代非理性主义思潮的影响下，现代基督教神学家论证了宗教在人类精神生活中的必要性；另一方面，教会通过自身改革，不断使宗教活动和现代生活相适应，并在现代生活中积极发挥作用。与此同时，西方基督教的两大宗派，即新教和天主教，也越来越倾向于消除旧怨，相互靠拢，以求“在一个经历了社会、政治和文化巨变的世界上生存下去”。

第一节　现代基督教新教

现代基督教新教虽然在组织形式、活动内容、社会地位和社会作用等方面都不同于过去，但最关键的，还是新教在神学观念方面的巨大变化。

一、现代新教神学

二十世纪五十年代前后，新教各派为适应社会，各自形成了新的神学体系。这些新神学体系虽然有的仍比较传统，有的则相当激进，但可总称为“现代新教神学”。在形形色色的现代新教神学中，影响最大的有以下几种：

（一）新正统神学　这是一种比较传统的现代新教神学，其基本特征是：强调上帝的启示、主权与超验性，重申人的原罪与局限性，并以此来解释社会动乱以及人们的思想混乱；强调《圣经》的权威性，同时又主张不必拘泥于《圣经》的字面意义；既强调末世论和人类的最终得救，同时也重视社会福利和对社会问题的研究，重视社会道德状况的改善。新正统神学有广义和狭义之分：广义新正统神学包括欧洲的“危机神学”和“辩证神学”，重要代表人物是瑞士神学家巴特；狭义新正统神学主要指美国新正统神学，代表人物是尼布尔兄弟。

布尔特曼

（二）存在主义神学　当某些神学家把存在主义哲学和基督教教义结合起来，并以此来解释人的异化、社会危机和现代人的焦虑、恐惧和绝望等现象时，就形成了存在主义神学。这种新神学的早期代表人物是德国的布尔特曼，他认为新约神话中隐藏的那种“宣道”指出了人类存在的可能性，并让人自己作出选择和决定；后期代表人物是美国的蒂利希和麦奎利；前者在其重要著作《文化神学》中强调，宗教所涉及的是人类最关心的终极问题，并引导人们从生存的异化中解脱出来；后者的主要神学著作是《基督教的希望》和《人道的探求》，认为宗教与信仰的基础是人们对生存意义的探求。

(三) 过程神学和历史神学 倡导过程神学的主要人物是哈特肖恩，他认为超自然的上帝观显然已经过时，人们必须在世界发展的过程中寻找上帝，从而在上帝那里获得身心统一。历史神学和过程神学相似，倡导者是潘内伯格，他强调通过历史的间接启示认识上帝，认为上帝的启示贯穿于历史的全过程。只有当历史终结时，人类才能真正把握上帝启示的意义。此外，潘内伯格还是现代神学人类学的代表人物，他认为上帝的开放性就体现在人类寻求新领域、获取新经验的开放性追求中。人类的开放性追求，从根本上说是追求与上帝同在，也就是说，唯有把上帝当作追求目标，人类精神才能得到最终的慰藉。

(四) 激进世俗神学 面对现代社会的急剧变化、现代科技的迅猛发展和现代人宗教观念的日益淡薄，有些新教神学家主张从根本上扬弃传统宗教观念，这就形成了激进世俗神学。不过，提出激进世俗神学的神学家有好几派，他们的激进程度也各不相同，其中最激进的大概要算以瓦汉尼和罗宾逊等人为代表的"上帝死后派"了。他们认为，现代基督教会的职责已不再是劝导人们信奉上帝，而是相反，要让人们相信"上帝已经死了"；因为唯有否定了上帝，才能肯定人的存在；唯有当人们认识到不再有上帝时，人们才会对自己的未来负起责任；所以，现代神学不应再以彼岸世界为基础，而应该关注此岸世界，应该以现代生活为基础。像这样激进的神学理论，其实已成了"反神学"，除了仍披着神学的外衣，已经和无神论没什么区别了。

(五) 政治神学 以激进世俗神学为先导，接着就产生了各种和政治运动相关联的政治神学，其中最引人注目的，就是六十年代末、七十年代初出现在美国民权运动中的黑人解放神学。美国浸礼会牧师、黑人民权运动领袖马丁·路德·金是其早期倡导者。一九六八年马丁·路德·金遇刺身亡后，美国黑人教士全国委员会随即发表声明，正式宣布以黑人解放神学为美国黑人教会的宗旨。继马丁·路德·金之后进一步阐述这一黑人解放神学的是孔恩和罗伯茨;前者著有《黑人神学与黑人权利》等重要著作,后者的重要著作是《解放与和解:一种黑人神学》。他们对美国黑人的巨大影响,至今可见。

马丁·路德·金

二、普世教会运动

新教原本就由各独立宗派组成,到了二十世纪,由于三百多年来的分化、组合,以及不断有新的宗派产生,更是形成了宗派林立的局面。

在现代欧美各国,新教共有九十一个宗派,近两万个独立的教会团体。在这九十一个宗派中,有六个被称作“主流宗派”,即路德派、加尔文派、圣公派、公理派、浸礼派和卫斯理派,它们的教义、组织制度和礼仪构成新教的主流,其教徒人数约两亿五千万。除主流宗派外,其他影响较大的所谓“边缘宗派”有门诺派、莫拉维亚弟兄会、神体一位论派和教友派等;还有十九世纪以后产生的所谓“新宗派”,如末世圣徒教会(即摩门教)、基督复临派、救世军、基督教科学派、耶和华见证人派和五旬节派,等等。

也许正因为宗派林立,新教各派之间不得不积极谋求合作,以共同扩大新教的影响。其结果,就是在二十世纪持续了半个多世纪的新教普世教会运动。这是新教为适应现代社会、也是为自己在现代生活中谋得一席之地而开展的一场影响最大的宗教运动。

普世教会运动标志

普世教会运动全称“普世教会合一运动”,由十九世纪的基督教学生运动、基督教男青年会和女青年会演化而来,包括三个部分,即:基督教宣教运动、基督教青年运动和“生活与工作”运动。在开展这三场运动的过程中，还召开了相关的国际会议，如：一九二五年，在瑞典斯德哥尔摩召开“生活与工作”世界大会，讨论教会与社团、教会与国家、教会与经济秩序、普世教会与民族世界等“生活与工作”运动中的问题，不久还成立了“生活与工作”组织；一九二七年在瑞士洛桑召开第一届世界信仰与体制大会，协调在宣教运动中因新教各派教义有区别而造成的紧张关系；一九三九年在荷兰阿姆斯特丹召开第一届基督教青年世界大会，讨论民族与国家中的基督教青年、经济秩序中的基督教青年、基督教青年与种族、基督教青年教育等问题。

新教普世教会运动最重要的成果，是一九四八年基督教世界教会联合会（简称“世基联”）在阿姆斯特丹成立，成员包括四十四个国家的一百多个教会，除了新教教会，还有一些东正教教会也参加了。该联合会不是超级教会，而是促进合一的教会联谊会，其会员在教义、信条方面充分自主，在教会体制和管理等方面完全独立，而且会员之间不分大小，一律平等。

毫无疑问，“世基联”在消除新教各派敌意、展开对话和教会合一方面发挥了重要作用，甚至还使新教和罗马天主教的关系也有所好转，其标志就是教皇保罗六世于一九六九年访问了“世基联”在日内瓦的总部。遗憾的是，由于新教和罗马天主教积怨实在太深，两者的关系至今仍处于若即若离状态。

三、现代新教的社会作用

西方新教国家主要是英国、德国和美国。在这些国家，新教信仰不仅是历史传统，而且在社会、文化和家庭生活等方面都发挥着重要的作用。

在英国，新教圣公会是国教，有信徒三千多万，占总人口的百分之五十以上。自五十年代起，圣公会进行自上而下的改革：一是改革教法，进一步实行政教分离；二是改革机构，将议会民主制引入教会体制，建立主教、牧师和普通信徒之间伙伴关系，增强教区的作用；三是改革礼仪，布道改用现代英语而不再用古英语和拉丁语，对伴奏圣歌所用的乐器也不再有限制，即使用吉他伴奏也可以；四是消除教派间的对立,倡导对话与联合。除了自身改革,圣公会还和其他新教教会以及民间组织一起从事社会改良,维护社会道德,特别是青少年道德教育,如建立慈母会、青少年社、安乐之家等慈善机构;一九七〇年和一九七一年,圣公会分别组织了有二十五万年轻人参加的反吸毒大集会和反精神污染圣光节大集会,同时发起纯洁电视运动,创建全国视听协会,反对电视、电影中的色情和暴力镜头。此外,教会还创办社会道德理事会和家庭指导协会等组织,帮助学校和家庭进行青少年性教育。

在德国,新教信徒占全国人口的半数以上,第二次世界大战后,由二十八个新教地方教会组成德国福音教会,共有信徒近三千万,占全国新教信徒总数的百分之九十以上。德国福音教会虽不像英国圣公会那样是国教,但它同样注重社会福利和慈善事业,如一九五七年成立慈善救济部,拥有十几万雇员,至今已创办几百所医院、上万所孤儿院、青年之家、老年之家和犯人之家;还有福音教会的福音发展援助中心,自一九六三年以来一直向发展中国家提供教育、社会福利和医疗方面的服务。

四、现代新教在美国

美国原是一个以新教信仰为立国之本的国家,到了二十世纪,尽管大约有一半美国人是不信教的,但新教徒的人数仍占全国人口的三分之一以上。此外,美国是个完全实行政教分离政策的国家,宪法明文规定政府不可建立、也不可禁止任何一种宗教。但是,美国的法律只限制政府干预宗教事务,却没有限制教会间接参与政治。因此,较之于欧洲,新教在美国政治生活中的地位更加举足轻重,如在美国的历届总统中,新教徒就占了大多数。

除了间接参与政治,美国新教在诸如婚姻、家庭、教育、人工堕胎、社会保险和广播电视等方面也更具直接的影响力。如以浸礼会牧师维尔为代表的基要派,于一九七九年形成一个被称为“道德多数派”的宗教团体,拥有数百万成员。该团体强调人类生命尊严原则,反对人工流产和安乐死,维护一夫一妻制和公共礼仪原则,并主张以信仰为中心从事教育,其影响遍及美国各州,至今有增无减。

现代美国新教教堂

在参与社会改良的同时，现代美国新教各派也越来越正视美国社会的多元化趋势，因此广泛寻求和解与合作。六十年代，圣公会、联合长老会、联合循道会、基督教联合会等新教派别组建了教会联合协商会；七十年代初，新教有些派别又联合天主教和犹太教，共同成立了教际抗贫委员会；八十年代，犹他州的道德多数派不再排斥摩门教，并公开与其合作，其中福音派的某些团体还和天主教会建立了教际联系。总之，自八十年代以后，建立所谓“跨教派组织”便成了美国宗教界的一股潮流，至二十世纪末，各种跨教派组织已有一千多个，但其确定的活动范围则大致相同，如传教、精神生活、社会福利、国际救济、正义与自由、家庭与教育、出版与通讯、娱乐与保险等。

基于教际合作日益加强，美国新教各派的未来趋势是进一步自由化和进一步推动诸教合一。实际上，在二十世纪九十年代，就有马丁·马蒂等人提出了建立“公共教会”的主张。他们认为，应大力提倡宗教宽容精神，各教派在维护自身传统的同时，承认其他教派的合法性；在继承基督教传统的同时，接受现代神学思想；各教派信徒应抛开个人宗教偏见，共同建立一个富于理想的宗教共同体，在正视现代科学和现代社会的同时，努力使现代科学和现代社会变得更为人道。

第二节 现代天主教

十九世纪后半叶，天主教内部出现了自由主义倾向，但很快就被罗马教廷压制下去。二十世纪初，又出现了天主教现代主义和新托马斯主义。

一、现代主义和新托马斯主义

天主教现代主义的代表人物是天主教神学家卢瓦齐和布朗德尔等人，他们比自由派走得更远，对传统教义、教会组织以及教会对教皇权威的传统解释提出全面质疑。他们主张以现代哲学、历史和科学知识对传统教义和《圣经》进行批判性研究，主张抛弃经院哲学的权威，进行改革教会体制。他们甚至认为，历史上的耶稣并没有以救世主自居，他的教主地位是后来的教会赋予他的；耶稣也没有设立过教皇一职，教皇的权威完全是由罗马教廷确立的，并非出自神的意志。所以，他们提出，天主教除非放弃自己作为正统基督教的僵硬立场，否则就不可能适应现代社会。

卢瓦齐和布朗德尔的现代主义观点被罗马教廷斥为“异端”，卢瓦齐还因此遭到“绝罚”。由于罗马教廷的压制，天主教现代主义作为一场宗教运动虽然很快被瓦解，但其对教会的影响已无法消除。不久之后出现的新托马斯主义，可以说就是受其影响而产生的。

马利坦

新托马斯主义最初是在十九世纪由比利时主教曼尔西埃倡导的，但随即就被罗马教廷压制下去。二十世纪中叶，新托马斯主义又卷土重来，其代表人物是法国神学家马利坦和德勒金等人。马利坦用社会伦理学重新武装新托马斯主义,认为社会伦理学应成为天主教教义的重要组成部分,而社会伦理学的目的,就是帮助人获得无条件的幸福;德勒金的观点比马利坦稍为激进一点,他把柏格森的创造进化论哲学应用于神学,提出了他的宇宙生成学说,认为一切进化都是在上帝指引下进行的,宇宙的起源和发展的全过程正体现了上帝的创造,因此宗教与哲学乃至科学,其实并不矛盾。

尽管新托马斯主义远非卢瓦齐等人的现代主义那样激进,罗马教廷仍予以拒斥,视其为异端,所以马利坦和德勒金等人不久便偃旗息鼓了。

二、罗马教廷的有限改革

罗马教廷虽然压制了天主教现代主义运动和新托马斯主义,但它也不得不对教会内部要求革新神学以适应时代的呼声作出某种回应,于是便在一九六二年十月召开了第二届梵蒂冈大公会议,以解决由教皇约翰二十三世自己提出的"一个古老的教会,如何在一个经历了社会、政治和文化巨变的世界上生存下去"的问题。

第二届梵蒂冈大公会议的召开是现代天主教的一件大事。会议期间,与会者分成两派,即改革派与保守派,而且都竭力想让会议贯彻自己的主张。会议经过激烈的争论,最后由教皇平衡,决定施行有限的改革,其主要内容如下:(一)废除拉丁语为各国教会统一布道语言,改用各国民族语言布道,使教会和各国普通信徒更为接近;(二)强调不论教阶高低,所有信徒在基本使命、尊严和义务等方面一律平等,教会并不凌驾于社团之上,而是为社团服务的;(三)承认天主教会对基督教分裂负有责任,承认从天主教会分裂出去的新教各派是天主教会的兄弟教会,接受新教发起的普世教会运动;(四)放弃天主教教义不可改变的立场,强调基督教和人类历史的整体性,承认历史条件对教会传统和经典的影响;(五)天主教会愿意接受旨在促进人类进步的现代社会文化运动,并号召天主教徒和现代世界进行对话。

尽管第二届梵蒂冈大公会议尚未解决有关教士性质、神职人员独身和女性担任圣职等天主教的敏感问题,但上述有限改革已使天主教

第二届梵蒂冈大公会议

有了很大的改观,至少使这个“古老的教会”向现代社会迈进了一步。此外,或许更为重要,由于天主教已经迈出了改革的第一步,就会有第二步。而这第二步,就是稍后天主教世俗神学的正式提出。

三、天主教世俗神学

第二届梵蒂冈大公会议之后,大约在二十世纪六十年代后期,在讨论诸如礼仪改革、教士独身、避孕、社会腐败等问题的过程中,美国的一些天主教神学家率先提出建立新型天主教神学的主张,即:教会内部实行更多民主,允许神学多元化,以此适应世俗社会的发展。这些美国神学家提出的新型天主教神学构想被称为“世俗神学”,其主要代表人物是神学家杜尔特、鲍姆和杜勒斯。

不过,尽管杜尔特、鲍姆和杜勒斯三人倡导的都是世俗神学,他们各自的侧重点却有所不同。

杜尔特主要致力于建立一种发展的、进化的和自我设问的所谓“相对有神论”，在其重要著作《信仰的未来》和《信仰的基础》里，他认为人类的世俗经验在进化过程中积累到一定程度，就自然而然会产生神的观念和对神的信仰；也就是说，神的观念不是绝对的，而是相对的，是相对于人类的世俗经验而言的；若要避免神的观念的僵化，就必须随世俗经验的不断积累加以相应的调整，以此和世俗经验相适应。

和杜尔特不同，鲍姆的世俗神学构想具有明显的人本主义特征，其主要神学著作是《人的形成》《信仰与教义》和《今日教会的可信性》。在这些著作中，鲍姆特别强调上帝参与人类自我创造过程的重要性，反对把上帝看作是外在于人的绝对物，主张现代神学家的任务就是在现代人的意识中重建上帝的概念。

杜勒斯则偏重于历史与文化，即认为：信仰也是历史的，是随社会文化的变化而改变的，所以神学多元化是必然趋势。基于此，杜勒斯认为现代天主教神学应该建立在现代民俗文化的基础之上，这样才能生气勃勃。杜勒斯的主要著作有《教义的幸存》和《教会的模式》等。

美国的现代教堂和布道

杜尔特、鲍姆和杜勒斯的世俗神学在二十世纪七十年代的美国影响非常之大，当时的美国天主教徒大多接受了他们的神学新思想。由于美国天主教会本来就不太受罗马教廷的约束，所以自二十世纪七十年代以后，美国天主教会基本上已用世俗神学取代了罗马教廷的正统神学。

受美国影响，欧洲也出现了世俗神学，其最重要的代表人物就是德国神学家汉斯科姆。长期以来，汉斯科姆一直和罗马教廷公开对抗，主张天主教应正视现代世俗社会所发生的变化，而不能死守僵化的教条。在他的主要著作《教会》《永无谬误质疑》和《论作为一名基督教徒》里，汉斯科姆不仅对教会组织、教皇权威和神父的作用提出质疑，还大胆抨击天主教会的“不自由”和“强权政治”，力主教会制度改革和礼仪改革。由于汉斯科姆提出的世俗神学比美国的世俗神学还要激进，罗马教廷曾予以严厉训斥。然而，时代毕竟变了，向来以保守势力占上风的欧洲各国的天主教会，似乎也开始人心思变了。所以，罗马教廷不仅没能把汉斯科姆的世俗神学压制下去，反而引起了欧洲天主教神学界的广泛注意和热烈讨论。

世俗化神父

总的来说，从二十世纪七十年代至今，西方各国的天主教会所面临的一个共同问题，就是如何使天主教神学适应现代世俗社会的变化。对此，天主教神学家们虽然一直争论不休，罗马教廷也未作出权威性定论，但世俗神学无疑代表了这一时期天主教神学的最新潮流。

第三章
现代艺术文化

……我说不出话，眼睛看不见，我既不是活的，也未曾死，我什么都不知道，望着光亮的中心看时，是一片寂静。荒凉而空虚是那大海。

——T.S.艾略特《荒原》

二十世纪西方艺术文化中的头等大事，就是被称为"艺术世界大地震"的现代主义运动。在这场"大地震"中，无论是绘画艺术、音乐艺术、舞蹈艺术，还是文学艺术，统统经受了前所未有的巨大震撼，传统艺术规范统统被震得粉碎，形形色色的现代派艺术家和现代派作家大胆尝试各种新体裁、新形式和新手法，有的成功，有的失败，有的则根本就是胡闹。但是，不管怎么说，现代艺术文化就像现代宗教文化一样，也是人们努力适应现代社会和现代生活的结果。如果说现代艺术是令人眼花缭乱的，甚至是混乱不堪的，那么现代社会生活又何尝不是令人眼花缭乱、甚至是混乱不堪的呢？而在令人眼花缭乱、甚至混乱不堪的现代生活中，人们丧失得最多的就是"自我"，所以无论是现代绘画、现代音乐、现代舞蹈，还是现代文学，几乎统统以表现"自我"为己任，即便为此而牺牲艺术本身也在所不惜。

第一节 现代绘画

现代绘画,或者说得更准确一点,现代主义绘画,与古典绘画在艺术上的一个重要区别就是:现代绘画抛弃了传统的“透视法”。一般说来,现代绘画并不重视距离对物体的影响,因而画面往往给人以平面感而无立体感。这是因为现代画家作画不再把准确摹写对象作为绘画目的,而是要通过画面表达内在的自我。

一、后印象派

现代绘画虽然主要指二十世纪的绘画,但其起源却在十九世纪。一般认为,十九世纪后期的三位“后印象派”画家即塞尚、高更和凡高是现代绘画的先驱。

塞尚是法国画家,他对运用色彩和造型有新的创造,力图从各个不同角度,从形、色、节奏、空间诸方面去表现体积,思考事物的内在奥秘,主张借助色彩的配合而不依赖明暗效果来构成画面。他的作品如《果盘》《玩纸牌的人》《圣维克图瓦山》和《女浴者》,都充分体现了他的主

《女浴者》

《塔希提妇女》

张。由于他的绘画明显地背离古典绘画原则,因而他常被称为“现代绘画之父”。

高更也是法国画家,他起先在布列塔尼亚的蓬塔旺创立了蓬塔旺画派,提倡装饰性的美学原则。后来,他独居在南太平洋的塔希提岛上,专事异国情调的描绘。他的作品如《蓬塔旺的洗衣妇》《塔希提妇女》和《塔希提街道》等,都用线条和强烈色彩组成画面,具有装饰风格和东方色彩,因而对后来法国的象征派和野兽派画家产生了巨大影响。

《向日葵》

凡高是荷兰画家,他的绘画受印象派和日本浮世绘的影响,先用点彩法,后变为强烈而明亮的色调,用颤动的线条和凸起的色块表达主观感受和活动情绪。他的名作《向日葵》

《农民》和《囚徒放风》等对二十世纪绘画影响甚大，后来的野兽派与表现派就曾效法他的风格。

二、野兽派与表现派

二十世纪初，欧洲各国的绘画流派或多或少都与上述三位画家有关。譬如，在法国出现的野兽派、立体派，在德国出现的表现派，基本就是后印象派的继续。

野兽派的代表是马蒂斯。他的作品强调造型的表现力，强调主观的感情，色彩对比强烈，线条粗犷有力，与传统绘画截然不同，所以有人不无讽意地说他的画像关在笼子里的野兽，"野兽派"之名便由此而来。马蒂斯的著名作品有《舞蹈》《爱看书的女人》和《静物橘子》等。

比野兽派稍晚出现的立体派以毕加索为代表。毕加索是西班牙人，早期作品较写实，接近古典风格。后来，他和另一位画家勃拉克一起在巴黎创作立体主义绘画，主张创造抽象的形象来表现科学的真实，并且采取同时从不同的角度表现物象的画法。毕加索一生中画法和风格几经变化：一九〇一年至一九〇二年，他在绘画中主要使用蓝色调，

《舞蹈》

被称为“蓝色时期”；一九〇四年定居巴黎后，主要使用玫瑰红色调，被称为“玫瑰红时期”；一九〇七年前后，他学习黑人雕刻的艺术手法，被称为“黑人时期”，这时期的代表作是《亚威农少女》；一九〇八年，他和勃拉克创造“立体主义”，起初是“分析性立体主义”，一九一二年发展为“纲领性立体”，成为欧洲画坛令人瞩目的大画家。毕加索的作品与表现派有着类似的主题，大多表现马戏演员、流浪艺人等。他的著名油画《格尔尼卡》则结合了立体主义、现实主义和超现实主义风格，表现法西斯战争造成的痛苦和兽性。由于毕加索的画过分变形，人们对他一直有争议。总的来说，他使用的是“破坏性”的艺术语言，因而在表现畸形的、变态的事物方面，他的艺术感染力相当强烈，相当刺激，但若要想从他的画中找到古典意义上的美或者浪漫的激情，那是完全徒劳的。

《格尔尼卡》

德国的表现派也是在后印象派的基础上发展起来的，它所追求的目标和野兽派有些相似，都强调艺术的表现力，只是带有德国的民族特色。他们追求绘画中的“绝对、纯洁和强壮”的因素，崇尚原始艺术中“非实的、节奏的、装饰性的”美，并且赋予北方民族艺术中固有的雄健气质。此外，他们还注意捕捉现代城市生活的美，捕捉活动着的街头生活。表现派的代表人物有凯尔希纳、诺尔德和柯科希卡，重要作品有诺尔德的《舞蹈》、柯科希卡的《萨尔兹堡风景》及《风中的新娘》等。

三、未来派、达达派与超现实派

第一次世界大战前夕，在意大利出现了未来派。未来派绘画是当时整个未来主义运动的一部分，在艺术上与法国的立体派比较接近，即采用立体形象表现运动中的机械，可以说是一种有动感的立体主义。未来派认为现在的世界是机动的世界，速度是二十世纪的时代特征，所以艺术应该与时代的节奏相呼应。他们认为旧时代的节奏是舒缓的、平稳的和宁静的，而现时代的节奏是快速而有力量，因而强调表现速度和力量，尤其是表现运动的连续性。譬如，画一匹奔驰的马，不是四条腿的，而是二十条腿的，因为它处于连续运动之中。未来派在艺术上的创新固然也开拓了绘画的表现领域，但由于他们往往走极端，因而有些作品不但很难理解，而且在倾向上也可能有害，因为未来主义对传统艺术的否定后来表明具有法西斯主义的倾向。这一派有代表性的是画家巴拉、塞弗里尼、卡拉和雕塑家波菊尼。

一九一六年在瑞士出现了“达达派”。这一派实际上是一些从不同国家聚到一起的艺术家。他们对社会，对现实尤其是对当时正在进行的第一次世界大战极度不满，但又找不到出路，于是就表现出一种狂热的对传统文化采取全盘否定的态度。就绘画来说，最典型的“达达派”画家是杜尚，他的惊世骇俗的“达达”作品有以下几件：在一个瓷器小便池上签上假名送到纽约独立沙龙去参展；在一幅《蒙娜·丽莎》的彩色印刷品上用铅笔给《蒙娜·丽莎》添上几笔胡须，并在下面写了一句话——“她有一条紧身短裤”；创作了一幅题名为《新娘被光棍们剥光衣裳》的玻璃画，画面上部是内燃机，象征新娘，下部的一些机械装置，象征光棍们。像这样的作品，其实并不是在创作，而是在发泄一种对传统艺术的极度

杜尚《蒙娜·丽莎》

不满情绪，只是破坏而已。当然，要创新难免要破坏，但“达达派”只是为破坏而破坏，所以它并没有什么可传世的作品，而且到一九一九年，这个运动就逐步从内部瓦解了。

不过，在达达运动的基础上却出现了超现实主义画派。这一派画家受弗洛伊德心理学的影响，致力于用绘画表现“无意识”，因为“无意识”被认为是“超现实”的。超现实主义画家并无统一风格，只是大家都对“超现实”感兴趣。其中著名的有阿尔普、克莱、米罗、达利、马格里特和德沃尔等人。他们的作品因为旨在于表现“无意识”，所以常带有性的暗示，如达利的《记忆的永恒性》、马格里特的《受到威胁的暗杀者》和德沃尔的《进入城市》。总的来说，超现实主义绘画在艺术上的特点就是善于描绘出一种迷离恍惚的境界，使人浮想联翩，它对后来的各门艺术都产生了影响，如现代戏剧、电影和摄影艺术等。

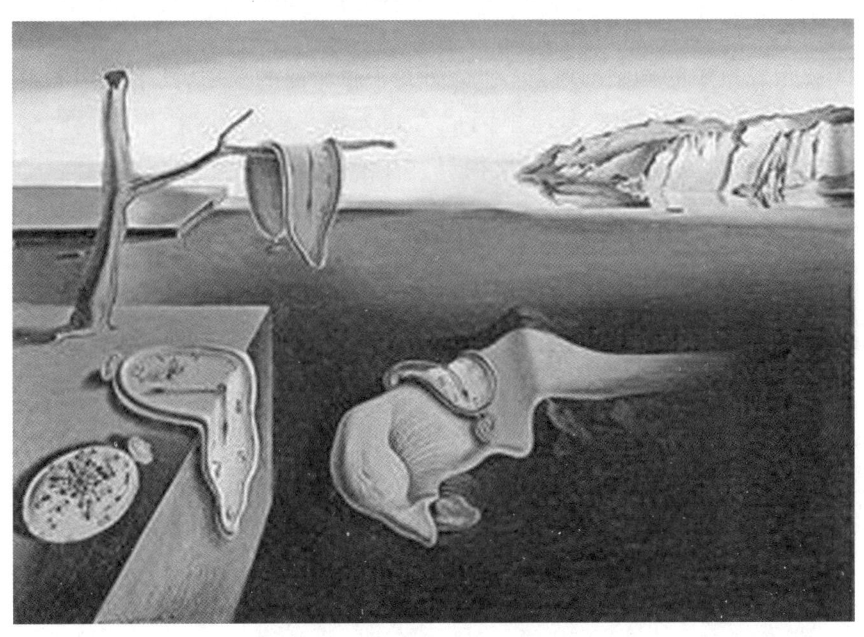

《记忆的永恒性》

四、巴黎画派

在二十世纪头二十年，巴黎除了出现野兽派和立体派之外，还有一群艺术家聚集在那里从事创作。他们虽然接触到当时各国的新思潮和新流派，但却没有卷入这些思潮和流派，而是在吸收它们手法的情况下保持着自己的艺术个性和特色。在艺术史上，这群不能被归入某一流派的画家，常被笼统地称为“巴黎画派”。显而易见，巴黎画派并不是艺术观念和创作风格一致的流派。在这群画家中，有的是法国人，有的是意大利人、俄国人或者欧洲其他国家的人。他们都很有艺术才华，但居住在巴黎，一般都比较贫困，因此创作中常有颓唐情绪的流露。此外，他们比起二十世纪初的其他流派来，都比较多地保持着与传统的联系，一般在写实的基础上加以变形，注重变形的美。巴黎画派的代表人物是莫迪里阿尼、苏丁、郁特里罗和基斯林。

莫迪里阿尼是意大利人。他的画风很独特，既有深思熟虑、严格推敲的造型和构思，又给人以生动的直观感受。他最善于运用韵律，在变形中显示出优雅、高贵和协调。他笔下的人物呈细长形，尤其是女人，都被画成拉长的椭圆形的脸，细长而又稍稍弯曲的颈项，几乎平坦的前胸，让人一看能认出是莫迪里阿尼式的人物。但是，尽管作了这种变形，他的人物不但不失高雅，反而显得更有个性。譬如，他几幅有名的人物画《阿丽丝肖像》《新郎和新娘》和《戴项链的洛罗特》，无不如此。

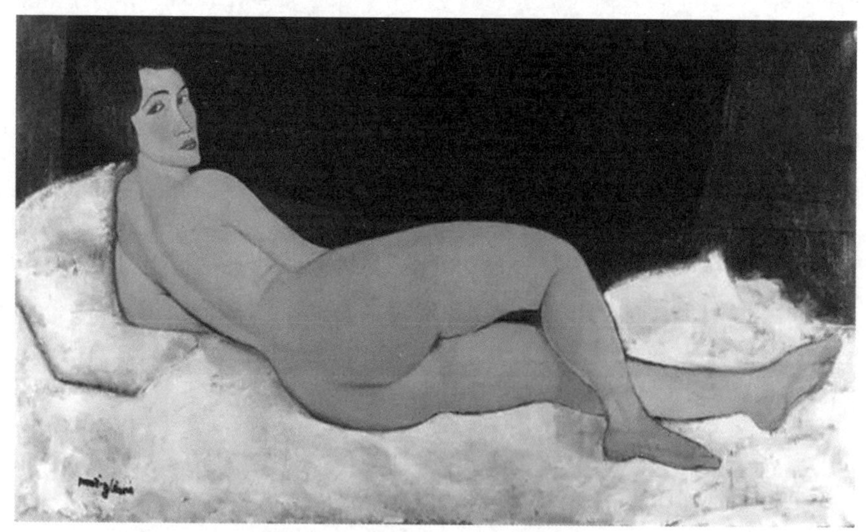

莫迪里阿尼《裸女》

苏丁是俄国人,擅长风景画,但人物画也很有成就。他的人物画,不仅表现贫困、悲惨、苦恼等感情,更在于画出了生活本身的不安。譬如他有名的人物画《疯女》,就充分体现了他激动不安的内心和对生活的思考。《疯女》以红色为主调,笔触是颤动的,人物显得僵硬,用笨拙的手护住自己的身体,瞪着大眼睛凝视着。据说,这幅画是苏丁获悉好友莫迪里阿尼夫妇双双自杀的消息后,在难忍的悲哀和孤独的情绪支配下构思的,后来用了两年时间才正式完成。与人物画一样,苏丁的风景画也带有忧伤和悲哀的调子,尽管表面上似乎很有诗意。

《疯女》

在巴黎画派中,真正的法国画家是郁特里罗。他是法国女画家苏珊娜·瓦拉东的私生子。尽管他活了七十二岁,但一生困顿潦倒而且嗜酒成性。他性格孤僻,不合群。这充分表现在他的绘画中。作为一个风景画家,在法国风景画史上,也许只有郁特里罗对那些破烂的街道

《旧巴黎蒙马特区》

《穿红毛衣戴蓝围巾的吉吉小姐》

和肮脏的墙壁感兴趣，只有他那样满怀深情地描绘冷静偏僻的街巷、斑斑驳驳的粉墙和低矮的房屋。然而，他的风景画虽然哀郁凄凉，仍流露出他诚挚朴实的感情。他的代表作是《旧巴黎蒙马特区》和《雷诺阿花园》。

与郁特里罗形成对照的是巴黎画派的另一位画家基斯林。他是波兰人，画风艳丽，早期受塞尚的影响，后来尝试过立体派绘画。从二十年代起，他转向写实的画风，选择美的对象，注意光的描绘，使画面显得豪华、辉煌，色彩鲜艳亮丽，但在艳丽中又每每显露出一丝悲哀和迷惘的情调。代表他画风的典型作品是《穿红毛衣戴蓝围巾的吉吉小姐》。

总的来说，巴黎画派是介于写实和其他否定写实的流派之间的画派，他们以写实为基础，同时也注意变形和夸张，力求造成一种独特的境界。对于这个画派，我们至少可以从中认识到，写实的绘画语言即使在二十世纪最初的二十年间仍然有其生命力。也就是说，即便在现代主义思潮中，也不是所有的流派都是与传统艺术彻底决裂的。

当然，二十世纪初还出现了抽象主义绘画。关于抽象艺术，争议一直很多。有人认为它是二十世纪的艺术新发展，有人则认为它根本就不是艺术。但不管怎么说，抽象派绘画是确确实实存在的，我们无法否认。

五、抽象派

抽象派与抽象美密切相关，但和抽象美又不完全是同一概念。所谓抽象美，是指不反映具体物象轮廓或者不产生关于特定的、具体的物象联想的抽象形式给予人的美感。绘画中的线、色、形不用来描绘具体物象，只用来造成视觉上的愉悦感，就是抽象的形式美。抽象派绘画就是对抽象形式的一种发挥。它不一定是美的,但被认为是有意味的。

抽象派推崇塞尚,认为塞尚是他们的艺术先驱。这是因为,尽管塞尚的作品不抽象,但是他最早强调“纯绘画”,即要求绘画抛弃情节,不带任何文学色彩。抽象派还特别推崇毕加索,因为毕加索的立体主义绘画也是纯绘画。所谓“纯绘画”,就是绘画不带有任何绘画以外的内容,如政治的、道德的、文学的等等内容,甚至不带有自然的内容,即物象。也就是说,“纯绘画”仅用线条和色彩直接诉诸人的想象和理解。

抽象艺术领域中最重要的人物是画家康定斯基。康定斯基是俄国人,但他的主要艺术活动是在德国和法国。他是抽象主义绘画的理论阐述者,也是抽象派的主要创始人。

抽象派一般分为两大支流,一是理智的抽象或称逻辑的抽象,也称“冷抽象”,因为不表达感情而显得“冷”;另一是感情的抽象,也称“热抽象”,因为抒发内在热情,显得“热”。这两大支流均发端于康定斯基的作品,因为康定斯基有些作品是用冷冰冰的逻辑语言即几何图形来表现,有些作品又是用火热的感情语言即不规则的色彩板块来表现的。

康定斯基的抽象画

“冷抽象”的代表画家是马列维奇和蒙德里安。马列维奇和康定斯基一样是个流亡外国的俄国画家，他创立了“至上主义画派”。所谓“至上主义”，就是用象征性的符号而不是用具体物象来表现感觉。这种绘画的典型作品是在白色背景上的黑色四方块、红色的方块(《革命的信号》)、白色的方块(《纯洁的行动》)。蒙德里安是荷兰人，他创立了风格派，有时也称“新造型主义”。风格派是从立体派发展而来的，受康定斯基的影响颇深。蒙德里安的绘画，往往是用垂直线和平行线组成几何形体来表达一种绝对的境界，即被认为是人与神统一的境界。在色彩方面，蒙德里安认为红、蓝、黄三原色在直角形中能显示出最大的色彩效果。譬如，他的重要作品就是一幅称为《红、蓝、黄的配合》的油画。还有他在四十年代创作的《百老汇低音连奏爵士乐钢琴》一画，画面上是断断续续的长短线条，据说是他从黑人爵士音乐中得到的印象，同时也表现他舒畅、轻松的心情。

《红、蓝、黄的配合》

“热抽象”绘画除了康定斯基的一些作品之外，最重要的画家是法国的迪比菲，他把垃圾箱里的脏物、破烂、灰浆、水泥等当作颜料，在画布上随意涂抹，以此来“抒情”。这种绘画常被称作“塔希派”，意思是

“斑污派”。迪比菲早在三十年代就成名，他认为他在污浊和肮脏的地方发现了美，同时又认为非艺术就是好艺术，其公式是：艺术和非艺术相反；非艺术等于反艺术；反艺术等于新艺术；新艺术当然是艺术；那么结论就是：非艺术就是艺术。这种理论粗看似乎很荒唐，实际上只不过是要求艺术创新的极端表述而已，显然是片面的，因为艺术除了要求创新还有它的基本规律，并非任何标新立异都是艺术。不过，迪比菲也有对的地方，譬如他认为在废墟和瓦砾中、在破败的墙壁上和在乱石丛中的色彩，比真正的颜料更有表现力，这一点就很具启发性，因为自然界的色彩，毕竟要比人造的颜料不知丰富几百倍。

迪比菲的作品

抽象派绘画虽然在二三十年代特别活跃，但是到了五十年代便消沉了，原因是它终究不可能赢得多数人的赞同和欣赏。于是，抽象派又演变为抽象表现主义，也称“行动绘画”或者“纽约画派”，代表人物是波洛克、库宁、克莱因和罗瑟科等人。这一派的宗旨和康定斯基一样，

“波普艺术”作品

“人体绘画”作品

要用抽象绘画来表现类似于音乐中的韵味。不过其作品也一样是“曲高和寡”,只是在美国比较活跃。这只是说明现代派绘画的中心已从三十年代的法国移到了五十年代的美国。

五十年代以后,在美国相继出现了一连串绘画的新浪潮,如:“波普艺术”“芬克艺术”“超级写实主义”“视觉派”“光派”“大地艺术”“人体绘画”,等等。这些“浪潮”有的转眼即逝,有的相互融合,有的又演变为别的“浪潮”,有的传到欧洲变成另一“浪潮”,又传回美国……总之,变化很快,但有一个共同之处就是:都带有探索、试验的性质。所以,现在还很难说,它们在绘画史上到底会产生什么影响。

第二节 现代音乐

现代音乐虽然主要指二十世纪的音乐,但从古典到现代,这当中有一个过渡期,那就是从十九世纪八十年代到二十世纪初。在这一时期,欧洲音乐的总趋势是出现了诸多的乐派,开始打破自十八世纪以来以德国为中心的大一统局面。

在这些乐派中,有两种主要倾向:一是各国开始形成自己的民族音乐;二是出现了脱离古典传统的印象主义音乐。

一、民族音乐

所谓"民族音乐",就是指各国的作曲家把各自的民间音乐运用于创作,从而呈现出丰富多彩的民族特色。在这方面,最具代表性的是俄罗斯,如当时著名的作曲家柴可夫斯基、穆索尔斯基、鲍罗延、林姆斯、居伊和柯萨科夫等人都非常重视从民间音乐中寻求灵感,从而使全世界都对俄罗斯音乐刮目相看。此外,在芬兰有希伯利乌斯、在匈牙利有巴托克、在西班牙有法拉,他们的作品不是直接采用民间音乐,就是高度具有民族意识。在法国,还成立了一个"法国民族音乐协会",其主要人物有法兰克、肖松、唐迪和杜帕克,其中尤以法兰克影响最大。还有捷克的史梅塔纳和德沃夏克,也具有民族特色。

巴托克

二、印象派音乐

所谓"印象派",是指十九世纪后期全欧性的一种文艺思潮,其中以

德彪西

绘画方面成就最大。音乐中的“印象派”，实际上就是指法国作曲家德彪西的音乐，因为唯有德彪西才是真正印象主义的。其他作曲家，如法国的杜卡斯和卢梭、英国的巴克斯和史各特，德国的德留斯、格拉纳和施勒克，美国的罗弗勒和卡彭特，虽然作品中都有印象主义的痕迹，但都不以印象派自居。至于德彪西的作品，主要是以诗、画、自然景物为题材，着意于表现感觉世界中的主观印象，造成朦胧、飘忽、空幻、幽静的意境。为此，他所使用的手法和技巧便与古典音乐大相径庭。

三、形形色色的现代音乐

如果说十九世纪的民族音乐和印象主义音乐已结束了古典音乐时代，那么到了二十世纪初，西方音乐便开始呈现出一幅五花八门的图景。

首先是二十世纪最初三十年间随全欧性现代主义运动出现的所谓“现代派音乐”，其流派众多而且往往是相互交叠的，其中影响较大的是未来派和表现派。未来主义专事标新立异，甚至在管弦乐中加入机关枪和蒸汽号，表现出当时有一批作曲家对古典音乐传统的极度藐视，其代表人物是意大利作曲家罗索格。表现主义虽不像未来主义那么昙花一现，但也是那个时代的特有产物。它与印象主义有某种联系，但要比印象主义来得强烈得多，如采用一种崩裂似的音调曲线和将一些不协和的音节拼凑在一起以达到“表现”效果。这一派的代表人物是德国作曲家勋伯格和他的学生韦伯恩。

虽然未来主义本身的影响并不怎么大，但它对二十世纪许多作曲家的创作却产生了一定的影响。

在四十和五十年代，西方又出现了“电子音乐”“噪音音乐”“现实音乐”和“机会音乐”等新品种。所谓“电子音乐”，就是在录音室里使用电子设备进行音乐创作,使用的是电子乐器。这种音乐是实验性的,不过在德国、意大利、法国、日本、比利时、荷兰、美国都有这类实验室。所谓"噪音音乐",就是把现代生活中的种种噪音,从关门声到火车的呼啸声,当作音乐表现的素材。所谓"现实音乐",实际上是"噪音音乐"的发展,即用录音带录下种种噪音,然后加以剪接和变化(如加快速度或放慢速度),由此制作而成。所谓"机会音乐",大凡就是作曲家写好许多乐谱,然后随意抽一些加以演奏。总之,这些音乐有时会让人觉得莫名其妙。但从事这类音乐的人却是严肃的,因为他们的目的是要尽量开拓音乐表现的新领域。

四、斯特拉文斯基和布里顿

除了上述种种完全反传统的现代派音乐,二十世纪当然也有杰出的大音乐家。其中也许以俄国的斯特拉文斯基和英国的布里顿最为著名。

斯特拉文斯基

斯特拉文斯基早年与俄国著名的芭蕾编导佳吉列夫合作,为芭蕾剧作曲。后来定居美国,从事各种体裁的音乐创作。他可以说是西方现代音乐的重要代表人物。早期作品显示出印象派和表现派的影响;中期创作转向新古典主义,倡导抽象的"绝对音乐",并采用各种古老的形式和风格,典型作品是合唱-乐队曲《诗篇交响曲》;后期作品杂用十二音体系、序列音和点描音乐等各种现代手法,代表作品是《黑色协奏曲》。

布里顿早年属英国民族乐派,但后来他融会了古典音乐和现代音乐的各种风格和技法,使自己的作品不再是传统的英国音乐,而成了能为各大民族都接受的世界音乐。他创作各种体裁的作品,歌剧、交响乐、协奏曲、重奏曲、变奏赋格曲,等等。他还写有许多歌曲,其中甚至有一部《中国歌集》,是以白居易、杜甫、陆游等人的六首诗作为歌词的,

布里顿

而他谱的曲，当然是努力要有“中国味”，可见他融会各民族音乐的容量之大。

二十世纪还有一些成就不俗的作曲家，如法国的拉威尔，他是继德彪西以后法国最重要的作曲家；德国的兴登密特，他可以说是现代德国音乐的代表；美国的格什温，他以写流行歌曲而名声大作，他的《蓝色狂想曲》更让世人为之震惊；还有苏联的肖斯塔科维奇，被誉为“现代莫扎特”。

五、爵士乐与摇滚乐

第一次世界大战以后，在美国兴起了爵士乐。这种音乐原属于美国南方的黑人音乐，其特点是：即兴的演奏风格和强烈的切分音，常用萨克斯管、单簧管、小号和长号奏旋律，用钢琴、低音提琴或吉他伴奏。根据曲调、和声、配器及主奏乐器或演奏风格的不同，爵士乐可分为新奥尔良爵士、芝加哥爵士、摇摆乐、布基-沃基、比-咆勃等不同种类。在爵士乐创作方面，最重要的人物是有“公爵”外号的艾林顿。他将本来一般只能演奏两三分钟的“爵士音乐”扩展到了像古典交响乐一样的规模，如他的题名为《黑幕、棕色、灰色》的爵士作品，共分四个乐章，演奏时间长达五十分钟，真可谓是“爵士交响乐”了。

爵士乐在早期属于通俗音乐，热闹而已，并无什么内涵，但由于像艾林顿这样的音乐家的努力，它也渐渐变得严肃起来。本来“爵士”是在酒吧之类的地方演奏的，后来也进入了大学和音乐厅；创作和演奏“爵士”的人，音乐素养也不断提高，懂得音乐的价值，注意演奏时的音色和技巧，甚至借鉴像斯特拉文斯基这样的现代大音乐家的作品，所以有人认为这种“新爵士音乐”是美国严肃音乐的开端。当然关于这一点至今还不能下结论，但有一点是可以肯定的，那就是自五十年代以后，在美国，严肃音乐和“爵士音乐”的界限已变得越来越模糊了。

继爵士乐之后出现的是摇滚乐。这是一种利用电子设备产生强有

普雷斯利

力的鲜明节奏的音乐，最主要的乐器是电吉他。从五十年代起，“摇滚乐”一词便出现在美国乐坛，其传播者是普雷斯利、伯里、理查德和刘易斯等人，其中以有“猫王”之称的普雷斯利最负盛名，是当时年轻歌迷们崇拜的偶像。到了六十年代，摇滚乐渐渐成熟，在各种各样的摇滚乐团中，以约翰·列农的“甲壳虫”乐团影响最大。列农是英国人，他的乐团开始在街上演奏和演唱，主要受学生和工人的欢迎，但在一九六四年访美时，由于美国电视台转播了他们的一系列成功的演出，他们顿时成了国际闻名的乐组，而列农更成了名扬四海的“伟大歌手”。至于摇滚乐算不算严肃音乐，这一点即使在西方也是有争议的。但不管怎么说，它对当代音乐乃至于当代文化的影响，却是谁也不能低估的。

约翰·列农

第三节 现代舞蹈

和音乐一样，二十世纪的欧美现代舞蹈也是形形色色的，如表现派、先锋派、迪斯科、霹雳舞，等等。

一、表现派舞蹈

二十世纪初，在欧洲首先出现的现代舞是表现派舞蹈，其先驱是美国的伊莎多拉·邓肯，她穿着长衫、赤着脚在舞台上跳舞。但当时美国还很保守，邓肯的现代舞不但不被人承认，还遭到严厉抨击，于是她只能远走欧洲，在那里表演和宣传她独具一格的现代舞。很快，她在欧洲得到呼应，并形成了表现派舞蹈。

伊莎多拉·邓肯

表现派舞蹈的代表人物是奥地利的拉班，他被称为"现代舞理论之父"。拉班的舞蹈理论主要有两点：一是主张舞蹈应以自然表现人的情感为宗旨，反对传统芭蕾的程式化；二是认为舞蹈自有传情达意的功能，不必依附于音乐。在现代舞创作方面，成就最大的是拉班的学生维格曼，她不仅是当时欧洲现代舞中心——莱比锡舞蹈学校的主持，还创作了《奥尔甫斯与欧里狄克》《春之祭》等著名的现代舞蹈作品。

二、先锋派舞蹈

第二次世界大战以后，现代舞的中心逐渐从欧洲转到了美国。到了五十年代，欧洲的表现派舞蹈又演变成了先锋派舞蹈。倡导这一舞蹈的是一批后起的年轻舞蹈家，他们对表现派舞蹈的哑剧化趋势感到不满，主张一种更为抽象的舞蹈，即注重舞蹈动作本身，而不是动作中所蕴含的意义。开先锋派舞蹈之先河的是坎宁安，他认为生活是错综复杂的，并非直线排列，而是一系列偶然事件的组合，因而舞蹈也应像生活一样具有无法预定的特征，于是他把这种偶然性和不确定性运用于舞蹈，创造了一种新的编舞方法。坎宁安的作品很多，还曾多次获奖，其代表作品有《四季》《夏天的空间》《原野上的舞蹈》《冬天的树枝》《紧急起飞》等。

坎宁安

先锋派是个庞杂的流派，同属一派的舞蹈家，风格不尽相同，艺术主张也各个有别。如名声仅次于坎宁安的尼可莱，所追求的是多种样式的舞蹈动作，还把电子音乐、灯光、道具和舞蹈融为一体，以创造一种令人眼花缭乱的效果，因而他有“剧场魔术师”之称。还有莎普，她是坎宁安的学生，但她和坎宁安不同，并不用舞蹈表现音乐的外部色彩，而是通过分析乐曲的内部结构编织舞蹈，因此她的作品结构严谨，和坎宁安的正好相反。

三、新古典派舞蹈

这是从古典芭蕾发展而来的一种现代舞。它在古典芭蕾的基础上，拓展和更新其表现手段和基本动作程式，使之能表达现代情感，因此是一种介于古典芭蕾和现代舞之间的舞蹈样式。新古典派舞蹈产生于欧洲，发展于美国，其代表人物是俄罗斯舞蹈家巴兰钦。

巴兰钦一九二四年移居美国，随后创立美国芭蕾舞学校和芭蕾舞团，倡导“美国芭蕾”，是现代美国芭蕾的奠基人。巴兰钦认为，传统芭蕾无法表现当代音乐的不协和音响效果，所以他往往采用不协调的人体动作组合，以反常的舞姿来表现反常的当代音乐。巴兰钦

巴兰钦

的作品通常没有情节，表现的只是音乐的结构、节奏和色彩，因此也被称为“音乐芭蕾”或“抽象芭蕾”。巴兰钦一生创作了一百五十多部作品，重要的有《小夜曲》《四季》《C 大调交响曲》《火鸟》《浪子》《阿贡》和《情歌》等。

四、迪斯科和霹雳舞

当代西方最流行舞蹈是迪斯科和霹雳舞。迪斯科兴起于六十年代，七十年代波及整个西方，八十年代风靡全世界。它起源于第二次世界大战后的吉特巴舞，同时带有摇滚乐、爵士乐、非洲舞及拉丁舞等多种成分，其特点是轻松、自由，又带些剧烈的扭摆动作，可不分场地、人数而舞，故很受欢迎。霹雳舞是七十年代兴起于美国的一种群众性舞蹈。六十年代末，黑人歌星詹姆斯·布劳德编了一套伴歌的动作在电

迪斯科

视里播出后,受到年轻人的喜爱,迅速变成一种街头舞蹈。八十年代,霹雳舞从街头走上舞台,成了一种表演性舞蹈。特别是电影《霹雳舞》上映后,影响更大。这种舞蹈的特点是节奏鲜明,动作泼辣,甚至倒置身体,以头触地,快速旋转,由于它很适合于年轻人发泄内心郁闷,所以在学生中特别流行。

第四节　现代电影

电影被称作“第八种艺术”。前七种艺术是:建筑、绘画、雕塑、文学、戏剧、音乐、舞蹈。电影不仅并列于这七种艺术,同时还包容了这七种艺术的基本要素,再加上摄影技巧和多种科技手段的运用,可以说,电影是一种真正现代化的综合艺术。

电影技术虽然在十九世纪中叶就被发明,但它作为一种艺术表现手段却要到二十世纪初才真正实现,所以,电影艺术的历史只有一百年。然而,就在这一百年间,电影获得了惊人的发展,同时也对现代社会生活发生了巨大的影响。

综观电影发展的历史,我们大体可以把它分为两大时期,即：无声时期和有声时期。当然,继“有声”之后又出现了“彩色”,但“彩色”的革命性远远不及“有声”,再划出一个“彩色时期”就有点牵强了。

一、无声电影与卓别林

自一八九四年法国的鲁米埃尔兄弟拍摄了世界上第一部影片《工厂大门外》到一九二七年第一部有声电影《爵士歌王》正式上映,这三十多年是电影的无声时期,其间拍的影片后来被称为“无声电影”或者“默片”。所谓“无声电影”,并不等于哑剧。哑剧是根本不张嘴的,而无声电影在拍摄时还是有对话的,只是到放映时观众只能看到演员的嘴形而听不到声音。但是,即便仅仅是看到嘴形,也使观众觉得无声电影比哑剧更真实一点。

由于无声电影从总体上说是靠颇为夸张的人体动作表达的,因此它最适合于表现滑稽喜剧。实际情况也如此,这一时期拍摄的绝大多数影片都属滑稽喜剧片。这类影片虽然数量不少,但内容贫乏、演技程式化的缺点却一目了然,只有到了查理·卓别林出现之后,无声电影才被推上艺术高峰。

现在看来,卓别林简直就是无声电影的化身,是那个时代当之无愧的电影艺术大师。他一生编、导、演过许多影片,其中最卓越的有《流浪汉》《淘金记》《城市之光》和《摩登时代》等。通过这些影片,卓别林对无声电影至少作出了两大贡献：第一是充实了无声电影的内容,使其表现的题材更贴近生活,更具人情味,尽管是通过滑稽夸张的手法表现出来的;第二是打破了无声电影演技程式化的框框,从生活中吸收和改造动作姿态,即便是滑稽喜剧中必不可少的噱头动作,他也经过长期的试验、周密的考虑和细心的选择之后才予以运用。正因为如此,他的影片既能为最贫苦和最幼稚的群众所欣赏,又能为文化水平较高的观众和学识渊博的知识分子所接受。

当然,无声时代除了卓别林的影片之外并不都是一无是处的,如美国派拉蒙影片公司的《翼》、弗兰克·鲍才琪导演的《七重天》等,也是那个时代的佳作。

卓别林无声电影《城市之光》剧照

二、有声电影与好莱坞

电影进入有声时期是电影的一场大革命。因为有了声音，电影从此就摆脱了只能用夸张动作来表现的束缚，从而为电影写实主义打开了大门。不过，在有声电影初期即二十年代后期和三十年代初期，无声影片的影响还很大，有声电影仍带有夸张表现的特点。

爱森斯坦

尽管如此，电影自身的表现力却在不断提高。对此作出重要贡献的是三位俄罗斯电影艺术家，即：多波夫金、爱森斯坦和道夫钦科。其中最出名的也许是爱森斯坦，他创造性地发挥了电影“蒙太奇"手法，即通过把不同印象的镜头剪接在一起，产生出全新的含义和神奇的效果，这一点可以从他的代表作品《战舰波将金号》中充分领略到。

随着电影表现手法的不断完善，有声电影渐渐地成熟了。这可以用三十和四十年代处于鼎盛期的美国好莱坞电影作为标志。好莱坞是美国的电影基地，由派拉蒙、米高梅、华纳、哥伦比亚、环球和二十世纪福克斯等影片公司组成。早先，这些公司都拍摄一些商业性的娱乐片，但在三四十年代，却涌现出了好几位有开创性的大导演，如霍克斯、福特和卡泼拉等。他们都致力于打破好莱坞的成规，把真实的生活注入影片，使电影摆脱过去的陈词滥调。霍克斯的影片一反好莱坞俊男倩女的传统，显得格外严肃，表现的往往是竭力维护自我尊严的人物形象，如《红河》《育儿》等。福特与霍克斯齐名，他的影片风格独特，以理想化的手法表现他心目中的美国，如《告密者》《翡翠谷》和《侠骨柔情》等。卡泼拉和福特一样，也在作品中表现出美国式的理想主义和乐观主义，其重要作品有《一夜风流》和《富贵浮云》等。除了这三位导演，还有如希区柯克和克莱尔这样的外地导演也在好莱坞拍过不少好片。

克拉克·盖博

费雯·丽

在这一时期，好莱坞还涌现出了诸多电影明星，如克拉克·盖博、秀兰·邓波尔、费雯·丽、贾莱·古柏、琼·芳登、英格丽·褒曼、琼·克劳馥等，他们的才貌和精湛表演使好莱坞电影享誉世界，至今已半个多世纪，仍经久不衰。

英格丽·褒曼

第二次世界大战结束以后,欧洲电影崛起。其中以意大利的“新现实主义”和法国的“新浪潮”这两个电影流派的影响最大。“新现实主义”的三位先驱人物是罗赛里尼、狄西卡和萨姆帕。他们的影片往往取材于真人真事或报纸新闻,反映法西斯统治给意大利带来的灾难和普通人的困苦境遇。在艺术上,这类影片以自然朴素见长,注重平凡的情景和细节,并且常常使用纪录性手法代替惯用的戏剧性手法。一般认为,一九四五年由罗赛里尼导演拍摄的《罗马,不设防的城市》一片是“新现实主义”的奠基作,其他有代表性的影片有《大地在波动》《偷自行车的人》《橄榄树下无和平》以及《罗马,十一点钟》等。“新现实主义”到了五十年代以后又有新发展,可以说是后期“新现实主义”。和前期影片不同,后期“新现实主义”影片从表现战后的废墟和黯淡景象进一步拓展到了表现深层次的社会问题。这一时期最具代表性的导演是安东尼奥尼,他的影片都很沉郁,注重心理描写,很能反映当时普通人的生活。安东尼奥尼的三部得奖名作是《风流韵事》《黑夜》和《腐蚀》。

罗赛里尼

安东尼奥尼

雷　奈

法国的"新浪潮"电影，是指五十年代后期一批年轻的独立制片人所拍摄的电影。这些年轻导演不满于当时流行的商业电影和传统表现技巧，努力创新，打破常规，采用既自由又经济的拍摄方法表现个人的独特风格。这批年轻导演中具有国际影响的有克罗佐、特罗福和雷奈。克罗佐执导的《恐怖的报酬》一片曾在一批平庸之作中脱颖而出，给人以耳目一新之感；特罗福执导的《四百下》和雷奈执导的《广岛之恋》可说是"新浪潮"的代表作。他们都采用"意识流"手法结构情节，而且都使用短促快速的剪接手法和低暗的色调，具有强烈的现代感，上映后甚获好评。"新浪潮"影片曾引起电影界的普遍关注，其影响远及国外，在欧洲其他国家以及在美国和日本后来都曾出现过类似的影片，掀起了一个具有国际性的电影"新浪潮"。

战后英国电影也颇为繁荣，在"新现实主义"流行之时，英国导演也用摄影机细微地观察人生，当时以贝尔坎为中心人物，有一批导演拍摄了英国式的"新现实主义"电影，如《爱的海峡》《蓝灯下》《大荒原》等。与此同时，恐怖电影和由侦探小说改编的侦探片也颇受大众欢迎。随着侦探小说的改编，又出现了一系列文学名著的改编片，如毛姆的《剃刀》、狄更斯的《双城记》、格林的《失落的偶像》等。稍后，英国电影又受法国"新浪潮"的影响，出现了所谓的"自由电影"。这是由一批属于"愤怒青年"流派的年轻导演摄制的影片，如查理森执导的《少妇怨》就属此类。最后，受流行于美国的所谓"神经电影"的影响，又涌现了一批注重心理问题和精神分析的影片，譬如卡洛·李导演的《倒塌的偶像》就是这类影片中的佳作，而希区柯克执导的一系列心理悬念片更体现了这一时期英国电影的一大特色。

三、追求个性的实验电影

至于五十年代以后的美国电影，大凡说来有两股潮流：一是以好莱坞为中心的主流派电影，这可以从每年颁发奥斯卡奖的情况看出，即绝大多数获奖影片都出自好莱坞。这类影片虽然也注意在艺术上创新,但在很大程度上受制于观众的好恶,而观众的好恶又往往为明星所左右,所以拍摄这类影片的导演常常需要借助于明星来获得成功。另一种可以说是非主流派电影,大多是独立制片人制作的影片,如导演布拉赫奇拍摄的《儿时情景》、贝里拍摄的《堂吉诃德》、梅卡斯拍摄的《日记、笔记和速写》等。这类影片大多是实验性质的,既不受投资者的约束,也不追求票房价值,只注重对电影艺术的探索,而其重点往往是突出镜头本身的表现力,尽量排除传统电影的文学性和戏剧性,努力使电影成为一门独立的、单纯的视觉艺术。当然,这种实验性探索本身固然不无价值,但其拍摄的影片却常常是曲高和寡,唯有一些电影行家才会加以赞赏。所以,换句话说,这类影片也就成了"专业电影"。其成功之处可能会被人吸收运用而发扬光大,而其自身却只能在电影档案馆里占一席之地。

五十年代以后,西方电影又普遍受到电视的挑战。由于电视有种种便利而且发展迅猛,电影所承受的压力越来越大。在这种情况下,电影只能不断革新以求生存,如采用宽银幕、立体声等,但每次花样翻新都很快为电视所赶上。于是就形成了似乎是电视在催逼电影的局面。那么,会不会总有一天电影会垮掉呢?我们不得而知。但是,即使有一天电影整个儿地进了博物馆,我们也永远会记得,它曾经是人类文化的一个重要组成部分。

第五节 现代文学

所谓"现代派",是十九世纪末、二十世纪初出现在西方的多种文学流派的总和。产生现代派文学运动的原因有很多,如经济和科学的原因、政治和战争的原因以及哲学和心理学的原因,等等;但是,文学自身的原因却是至关重要的。欧洲传统文学的创作一直遵循着古希腊人的模仿原则,也就是强调真实再现外部世界,认为艺术不仅可以模仿自然,而且认为所模仿的现实本身是真实的,艺术可以反映客观现实的本质和规律。然而,到了十九世纪后期,有一些作家却发现,传统文学在再现客观现实生活方面固然成就卓著，甚至难以超越，但是正因为传统文学的再现功能过于发达，文学自身的表现功能却受到了压制。于是，一些作家开始反其道而行之，抛弃传统文学对客观外在世界的真实追求而转向主观心理世界的真实展示。他们认为，现实主义作家所描绘的现实并非真正意义上的真实，因为在生活中，我们说的，往往并非是我们所想说的；我们做的，也往往并非是我们所想做的。我们说话，往往是为了掩饰自己；我们做事，往往是为了给别人看；因此，只有无意识才是真实的，只有主体感受到的世界才是真实的，艺术家的任务，就是要表现主观意义上的这种超现实的真实。

由于文学真实观发生了根本的改变，现代派文学也就表现出了与传统文学截然不同的特点。一般说来，现代派文学不再遵循传统的理性至上的原则，因为他们认为主宰人的行动的驱动力实际上并不是“理性”，而是一些非理性的因素，如欲望、情感、无意识本能等。既然这些比理性因素更为深层的因素才是至关重要的，那么文学就应该以发掘隐藏在理性底下的心理内容为己任。这样，也就决定了现代派文学的两个共同特点，即：非理性主义和内向化。

不过，现代派文学虽然在总体上有基本一致的特征，在具体表现上却是五花八门的，也就是说形形色色的流派不一而足。为了研究方便，人们一般将现代派分为前期和后期：前期从二十世纪初至第二次世界大战；后期从二战结束至二十世纪七八十年代。这种分法也就是将从十九世纪末至二十世纪前八十年出现的流派都视为“现代派”，只不过在时间上有先后而已；但另一种分法与此不同，也就是将二战之前的流派称为“现代派”，而二战之后的流派则被称为“后现代派”，意思是：现代派之后出现的流派，它们与现代派有本质差异，因而不能归入现代派。显然，这里涉及为现代派下定义的问题，因此对这一问题至今众说纷纭，莫衷一是。

为了叙述方便，我们暂且依第二种分法，即：以二战为界，从十九世纪末至二十世纪上半叶出现的诸多文学流派均称为“现代派”，二战后出现的流派统称为“后现代派”。“现代派”文学中的主要流派有后期象征主义、意识流小说和表现主义等；后现代派中的主要流派是荒诞派、新小说派和黑色幽默派等。

一、后期象征主义

波德莱尔

后期象征主义是二十世纪第一个现代文学流派，它导源于十九世纪的前期象征主义。象征主义流派的创作主要是诗歌，其先驱人物是十九世纪法国诗人波德莱尔和美国诗人兼小说家爱伦·坡。波德莱尔的诗集《恶之花》和爱伦·坡的诗作被认为是与十九世纪占主导地位的浪漫主义诗歌截然不同的，因为在浪漫主义诗歌里仅仅作为一种表现方法的象征，在他们的诗作中已成为核心，或者说成了诗的“灵魂”。

那么，何谓“象征”呢？象征就是用具体的事物来表达某种抽象概念或思想感情，也就是描写特定的具体形象，通过对应、联想、暗示，达到艺术效果。

继波德莱尔和爱伦·坡之后，被认为是后期象征主义诗人的主要有法国的韩波、魏尔伦、马拉美和瓦莱里等。这些法国诗人在其创作中探索着使用个人的象征来表现诗的丰富含义，而不是明确传达诗的意义。他们这种与浪漫主义诗风明显不同的新诗风很快便对欧洲大陆诗坛造成了巨大影响，后来又影响了英美诗人。譬如，在英国，著名诗人西蒙斯、叶芝和艾略特等人都明显地带有象征主义倾向；在美国，类似于象征主义的诗派被称为“意象派”，其代表人物是庞德和卡明斯。德国最主要的象征主义诗人是盖奥尔格和里尔克；俄国的巴尔蒙特和比利时的维尔哈伦也是象征主义的重要代表。在所有这些诗人的创作

艾略特

中,最重要的是艾略特的长诗《荒原》。这首象征主义长诗被认为是二十世纪西方诗歌史上的一座里程碑。

除了诗歌,象征主义也渗入到小说和戏剧创作。可以说,二十世纪众多的西方小说家和戏剧家都在不同程度上使用象征手法,虽然从总体上说他们并不属于象征主义流派。

二、意识流小说

意识流小说,顾名思义,是一个小说流派。它主要流行于法国、英国和美国。实际上,它算不上什么流派,而是泛指一种小说的特殊描写和表现手法。所谓“意识流”,就是指人类不受理性控制的意识流动状态。既然不受理性控制,就不是一般意义上的“意识”,而是指“潜意识”。因此“意识流”,确切地说应该是“潜意识流”,而所谓“意识流小说”,实际上写的也是人物的潜意识流。

意识流小说的产生与现代心理学密切相关。它有三大理论支柱,即:美国著名心理学家威廉·詹姆斯关于意识流动的理论概念,法国哲学家柏格森关于“直觉”和“心理时间”的理论,以及弗洛伊德关于“无意识”和精神分析的一系列观点。

真正的意识流小说一般都兼具五种主要的写作手法:(一)时序的颠倒与融合;(二)跳跃穿插的自由联想情节;(三)心理分析式的内心意识独白;(四)大量运用各种象征手法;(五)语言与文体的标新立异的实验,即所谓的“意识流语言”。

普鲁斯特

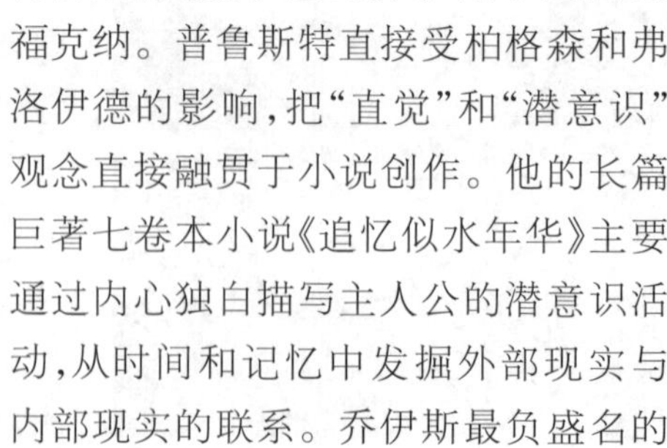

意识流小说的主要代表是法国的普鲁斯特、爱尔兰的乔伊斯和美国的福克纳。普鲁斯特直接受柏格森和弗洛伊德的影响,把“直觉”和“潜意识”观念直接融贯于小说创作。他的长篇巨著七卷本小说《追忆似水年华》主要通过内心独白描写主人公的潜意识活动,从时间和记忆中发掘外部现实与内部现实的联系。乔伊斯最负盛名的作品是长篇小说《尤利西斯》。他运用

时空混淆、情节穿插跳跃、象征和语词联想等手法,写了三个主要人物的潜意识结合。福克纳的代表作《喧哗与骚动》则以意识流和传统描写手法相结合的方法,分别从四个人物的角度叙述同一个事件。这四个角度是:白痴的意识活动、精神错乱者的内心活动、性格阴郁者的内心活动,以及旁观者的观察,它们对事件的反映都不真实,而"真实"就隐含在四者的互补与融合之中。从上述三大家的三部重要作品中可以看出,意识流小说的重点在于揭示超越客观现实的内心真实,即"超现实"。在意识流小说家看来,唯有这种"超现实"的东西才是真正真实的,至于现实主义小说描写的那种外部真实,其实并不真实,只不过是一种意识的表象而已。当然,关于"真实"的性质问题,自十九世纪以来一直是令小说家最感头痛的问题,也是小说理论中最令人棘手的问题。意识流小说家在这方面作了大胆的探索。但他们是富有成果呢,还是误入歧途?对此,西方理论界至今仍争论不休。

乔伊斯

福克纳

三、表现主义

现代派中的最后一个重要流派是表现主义。表现主义最初起源于绘画领域,然后才扩展到文学、音乐等领域。就文学中的表现主义而言,其流行的区域主要是以德国为中心的北欧地区,创作则以戏剧为主。

表现主义的特点与象征主义很相似，所以有人干脆认为，所谓表现主义，就是戏剧领域中的象征主义。不过，作为戏剧创作，尽管表现主义以象征为其主要表现手法，但它还是有自身特点的。那就是，表现主义更侧重于主观表现。这是因为戏剧历来比诗歌更讲究客观，而表现主义戏剧的"创新"之处，就在于打破了传统戏剧的客观性。具体地说，表现主义喜欢用抽象化、变形、幻觉和荒诞等手法，而这样的手法在当时作为传统戏剧代表的现实主义戏剧中是绝对不用的。

表现主义戏剧的代表作家是瑞典的斯特林堡；德国的施特恩海姆、凯泽、托勒尔；捷克的恰佩克和美国的奥尼尔等人。其中，斯特林堡被认为是表现主义的先驱和楷模，他的后期剧作《到大马士革去》和《鬼魂奏鸣曲》等对后来的表现主义剧作具有直接影响；奥尼尔被认为是最有成就的表现主义剧作家，他的代表作《毛猿》是表现主义经典作品。

除了戏剧，奥地利小说家卡夫卡的作品有时也被归入表现主义。卡夫卡现已成为与普鲁斯特、乔伊斯齐名的现代小说经典作家，他的作品其实采用了多种方法，表现主义特征只是其中之一。卡夫卡在生前发表的最佳作品是中篇小说《变形记》，他的三部长篇小说，即《城堡》《审判》和《美国》，都是他去世后才出版的。在这些作品中，卡夫卡除了采用像抽象化、变形、荒诞等表现主义手法之外，还使用意识流、佯谬、黑色幽默甚至非常传统的现实主义等多种手法，同时又具有存在主义倾向。因此，不仅表现主义认其为同道，超现实主义、象征主义、存在主义也找到了自己的知音，甚至后来的荒诞派、新小说派、黑色幽默派及魔幻现实主义等流派也视其为先辈。无怪乎，现在有不少西方理论家都首推卡夫卡为"西方现代派文学之父"。

卡夫卡

四、荒诞派戏剧

荒诞派主要指二十世纪五六十年代法国、英国和美国的一批其作品有相同倾向的剧作家，如法国的尤奈斯库、贝克特、阿达莫夫和勒奈；英国的品特和美国的阿尔比等。他们的剧作表达了一种对人与人、人与社会关系上的共同感受，认为人类的生存条件从本质上来说处于一种根深蒂固的荒诞状态，因此文学首先要表现的是人生的荒诞性，即现代人所处的困境和进退两难的尴尬局面。

荒诞派戏剧的思想根源来自存在主义哲学中关于生存荒诞性的论说。所谓“生存荒诞性”，意思是：人生从根本上说是无目的和无意义的，因为我们根本不知道地球上为什么要有“人”这种东西，但我们作为“人”又仍然活在这个世界上。这就是“荒诞”，就是现代人的处境。因为现代人已不相信上帝创世之类作为古代人生观核心的宗教信仰，接着便只能面对赤裸裸的世界和人生，而这个赤裸裸的世界和人生，除非你赋予它意义和目的，它自身并没有意义和目的（如果你认为它有，但我们不知道，那是神秘主义），所以现代人从根本上说是生活于“荒诞”之中的。荒诞派戏剧就旨在于揭示生存的这种荒诞性。

贝克特

荒诞派戏剧虽然在思想上导源于存在主义，但在表现手法方面与存在主义文学家如萨特和加缪等人的作品有着本质的差异：萨特的重要作品如《恶心》、加缪的重要作品如《鼠疫》等固然也揭示荒诞，但他们所用的方法却是合乎传统和理性的写实手法；荒诞派戏剧则不同，它是以荒诞表现荒诞，也就是说，荒诞派戏剧本身也是荒诞的，它所用的荒诞手法，如戏剧没有任何时间、地点等背景，剧情无任何逻辑性，台词前后不连贯甚至自相矛盾，等等。总之，它要制造出荒诞感，而不是传统戏剧所要达到的使人欢乐或者悲伤的戏剧效果。

荒诞派戏剧是第二次世界大战之后西方最有影响的戏剧新流派，

其中像尤奈斯库的《秃头歌女》、贝克特的《等待戈多》和阿尔比的《动物园的故事》等作品现已成为该流派的经典之作。

五、新小说派

新小说派是二十世纪四五十年代出现在法国的一股小说创作新浪潮，主要作家和作品有：阿兰·罗布-格利耶的《橡皮》和《窥探者》、娜塔莎·萨洛特的《陌生人肖像》、比托尔的《变化》、西蒙的《豪华旅馆》和玛格丽特·杜拉的《广岛之恋》等。

阿兰·罗布-格利耶

新小说派主张彻底摆脱十九世纪现实主义小说的传统定规，在小说的表层结构中把人的思想、见解以及作者关于政治、道德、心理的评论全部取消。他们认为，人不应是小说的中心，小说的中心是“物”，即事物、形态或内心活动，而人物只是“临时道具”；传统的人道主义把人当作世界的中心，作品中的一切都从人物出发，结果使客观世界的一切都染上了人的主观感情色彩，人和物的界限被混淆了，物对人的影响作用被抹杀了，这样描写的客观世界就不真实。那么，客观世界本应如何呢？用新小说派的中心人物罗布-格利耶的话来说，“世界既不是有意义的，也不是荒诞的，它存在着，如此而已”。

因此，新小说派要求作家以“绝对中立”的态度来描写世界：摒弃传统小说的情节和人物，以物代人，创立纯粹写物的风格；倡导读者参与创作，即让读者在阅读中重建小说的情节与人物，作者仅为他提供材料而已。由于新小说派的创作具有这样的特点，这一派也被称为“反小说派”“写物派”“视觉派”和“摄影派”等。

实际上，新小说派是十九世纪后期法国自然主义小说在二十世纪的新发展，其中心问题依然是小说的真实性问题。只是它与意识流小说走的是截然相反的道路：意识流小说旨在于向内寻求内心真实，而新小说派则旨在于向外寻求客观真实。这种要求小说家客观、中性、冷静、科学以得到真实效果的理论,最初就是由法国自然主义作家尤其是左拉所倡导的。新小说派只是将这一理论推向极端而已。因此,关于这一派对“真实”的探索,也像关于意识流小说一样,一直存在着争议。然而,正因为它是有争议的,其影响反而迅速扩大,很快就从法国传到欧洲其他国家,甚至传到了美国和日本,成了一种国际性的文学现象。这里的根本原因,就在于新小说派确立了一种反传统的、新的小说观念,而求新求变则是二十世纪西方社会的一种时尚。

六、黑色幽默派

这一流派风行于二十世纪六十年代的美国,主要是小说创作。所谓“黑色幽默”,与传统文学中的幽默截然不同:传统文学中的幽默,是指自由个性与聪明才智对生活中丑恶与可笑事物的嘲讽,给人以滑稽和轻松感,而黑色幽默却是一种绝望的幽默、大难临头的幽默,是用喜剧形式来表现的悲剧。所以,黑色幽默也有“绝望的喜剧”和“绞刑架下的幽默”等称呼。

黑色幽默小说至少在两个方面是与传统小说相对立的:其一是,传统小说里的主人公绝大多数是正常的甚至是心智能力高于普通人的,而黑色幽默小说中的主人公大多是精神分裂症患者或者说心智能力低于普通人的弱智者,即:反英雄式的人物;其二是,传统小说的叙事都有头有尾,情节发展符合内在的逻辑关系,而黑色幽默小说则摒弃了讲故事的传统,通过形象来隐喻、对比和象征,打破时空观念,不受逻辑约束,主观联想任意驰骋,把过去、现在和将来的故事情节切割开来加以叙述,即:非逻辑的叙事结构。这两方面的反传统,目的旨在于制造黑色幽默效果;弱智主人公代表现代人,他在绝望中只能嘲笑自己的痛苦和不幸,非逻辑情节代表现代异化社会的逻辑,即社会、人生固有的荒诞性。因此,从总体上说,黑色幽默小说是极度悲观和愤世嫉俗的,它对一切传统价值观认为美好的、崇高的、优雅的、理想的东西无不加以辛辣的嘲讽和挖苦,而最终所要表达的,就是作者自己也难以表达的痛苦。

黑色幽默小说的重要作家和作品是:约瑟夫·海勒的《第二十二条军规》、冯尼古特的《第五号屠场》和托马斯·品钦的《万有引力之虹》。

约瑟夫·海勒

作为第二次世界大战以后美国最大的文学流派之一，黑色幽默小说在六十年代深受西方读者的喜爱，因为它迎合了西方社会对传统价值观的怀疑和否定。但是，西方文学批评界却在对它的评价上一直存在着分歧：有人认为它是未来小说的希望，有人则认为它不过是一种社会不满情绪的歇斯底里表现而已。

西方现代派和后现代派除了上述六个最主要的流派之外，其他比较重要的还有未来主义、达达主义和超现实主义和超小说派等。不过，这些流派在许多方面是相互重叠的，如超现实主义与意识流小说都跟

海明威

潜意识心理有关，未来主义和表现主义以及荒诞派戏剧在某种程度上具有亲缘关系，如此等等。总之，现代派和后现代派都是二十世纪的反传统派，它从非主流地位逐渐占据了主流地位，是二十世纪西方文学中最引人注目的文学现象。

不过，需要说明的是，除了现代派和后现代派，二十世纪仍有不少西方作家仍遵循传统的或者经过改进的传统方法进行写作，而且同样富有成果。譬如，法国的罗曼·罗兰、德国的托马斯·曼、美国的海明威等人，他们均为二十世纪的第一流作家，均获得诺贝尔文学奖，但他们用的创作方法基本上是现实主义的，不属于任何现代流派。他们的重要作品如罗曼·罗兰的《约翰·克利斯朵夫》、托马斯·曼的《布登勃洛克一家》和海明威的《永别了，武器》以及《老人与海》等，同样是二十世纪西方文学中的经典之作。

第四章

现代科技文化

我认为对宇宙的真挚感情是科学的最强有力、最高尚的动机。只有那些作了巨大努力,尤其是表现出热忱献身的人,才会理解这样一种感情的力量,唯有这种力量,才能做出那种确实不同寻常的工作。

——艾尔伯特·爱因斯坦

西方现代社会的最大成就表现在科技文化方面,甚至可以说,现代科技就是现代西方社会的标志。

西方现代科技继近代科技革命之后,又有革命性变化,不仅物理学、天文学、地质学和生物学等领域都有重大理论突破,还有一系列重要的新发现,如放射性元素的发现、X 光射线的发现和生物遗传基因的发现,等等;在技术方面,创新和发明不仅规模巨大,如航天技术的发明,而且社会影响广泛而深远,如计算机技术的发明和普及。

较之于近代科技,现代科技有三个明显的特点:

(一) 有计划的实验。现代科学对实验的重视远超过前人,而且是有计划地依靠实验来证实某一理论假设。科学家已自觉地认识到理论与实践的关系,即从新理论引出新实验,又从新实验引出新的理论,以此相互引发,不断求知和创新。

(二) 大规模的组织。二十世纪西方各国科研机构之庞大是前人无法想象的。除各国都成立国家级科研机构即科学院之外,还有众多的大学研究所和地方研究所,甚至在大企业里也有自己的研究所。此外,还有各种各样的科学基金会。所有这些,构成了规模宏大、学科齐全的科研组织,通过各学科之间的有力配合攻克科技难题。

(三) 有功效的应用。现代科学除了求知,更注重应用,并讲究应用的功效。这在美国尤为突出。可以说,科研在美国就是一种产业,需要巨额投资,所以产业界便成了科研活动的有力后盾。反过来,科研一出成果,便迅速为工业所利用。科研与工业之间的这种互动关系,形成了科技与社会间的一种新格局。

第一节　现代科学新发现

现代科学的新发现超过以往任何时代,其中最重要的是:物质基本粒子的发现、宇宙膨胀的发现和生物遗传规律的发现。这些新发现为现代科学理论的建立奠定了基础。

一、物质基本粒子的新发现

物质基本粒子的发现是从 X 光射线的发现开始的,继而又发现了构成原子的质子和中子,但紧接着,又有大批的基本粒子群被发现,于是开始设想基本粒子的所谓“夸克模型”。

(一) X 射线、放射性和电子的发现　大约在十九世纪中叶,物理学家就知道,真空管内的金属电极在通电时,其阴极会发出某种射线,他们将其称为“阴极射线”。一八九五年十一月,德国物理学家伦琴在做阴极射线实验时,意外发现有一种新的射线具有极强的穿透力。由于不知道应该叫它什么,伦琴暂时称它为“X 射线”(后来正式定名为“伦琴射线”)。由于 X 射线可以穿过人体皮肉透视骨骼,在医学上很有用处,所以这个发现一公布,就引起了极大的轰动,伦琴也因此而成为世界上第一个荣获诺贝尔物理学奖的人。

在伦琴发现 X 射线之后不久,法国物理学家贝克勒尔又发现,有些天然物质如铀盐也能发出具有穿透力的射线,而且这种新射线是从

伦 琴

铀原子本身发出的,不受外界条件的影响。但由于这种新射线不像X射线那样具有医学价值,再说铀盐是一种很稀有的物质,所以这一发现没有像X射线那样轰动一时。

一八九八年,法国科学家居里夫妇发现,有些常见的物质(如钻石)也像铀一样具有放射性。不久,他们又从废铀渣中发现了一种比铀的放射性强四百倍的新物质,并将其命名为“钋”。更令人震惊的是,他们在此之后又发现了另一种放射性比铀强两百多万倍的新物质——镭。这一发现使居里夫妇顿时成了科学界的名人,他们为此还和贝克勒尔一起分享了一九〇三年的诺贝尔物理学奖。

X射线不仅导致了放射性物质的发现,也促进了电子的发现。就在居里夫妇发现“镭”的同时,英国物理学家汤姆逊发现,阴极射线在电

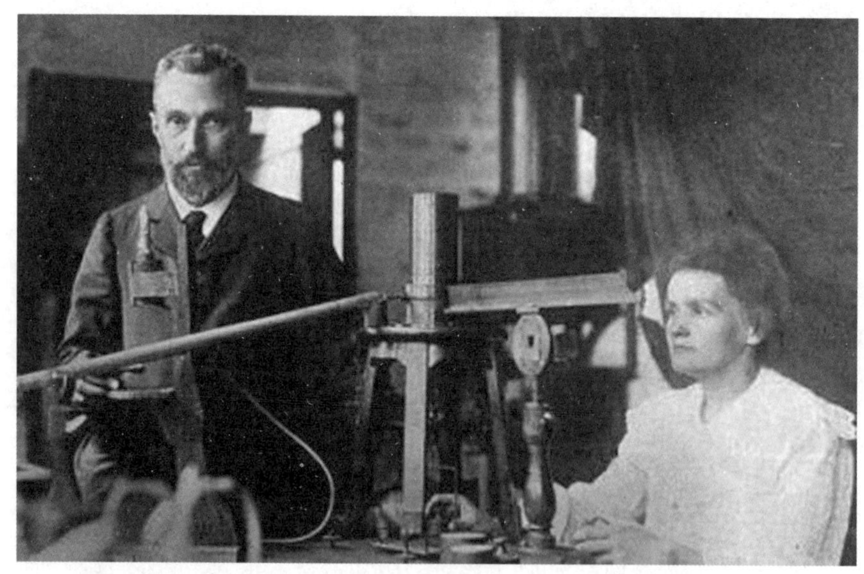

居里夫妇

场和磁场作用下均可发生偏转，其偏转方式与带负电粒子相同，这说明阴极射线是一种带负电的粒子流。汤姆逊将之命名为“微粒”，后来又称“电子”。电子比原子更小，是一切化学原子共有的成分。由于电子的发现，过去的真空管也就改称“电子管”了。

（二）质子和中子的发现 物质均由原子构成，这是古希腊人就有的观念。那么，原子是由什么构成的呢？一九一〇年，英国物理学家卢瑟福发现，原子是由原子核和围绕着原子核旋转的电子构成的。由此，他建立了著名的有核原子模型。原子既然有核，那么原子核又由什么构成的呢？卢瑟福推测，它是由电荷量为一个单位因而质量也为一个单位的物质构成的，所以他将其命名为“质子”。

一九一九年，卢瑟福用高能粒子轰击氮原子，结果发现，有质子从氮原子核中被打出，而氮原子也变成了氧原子。这可能是人类第一次真正把一种元素变成另一种元素，同时也证实了质子的存在。

卢瑟福

发现了电子和质子之后，卢瑟福的学生莫塞莱注意到，原子核所带正电数与原子序数相等，但原子量却比原子序数大，这说明，原子核并不仅仅由质子和电子构成。基于此，卢瑟福猜测，可能还有一种电中性的粒子存在，并将其称为“中子”。一九三二年，卢瑟福在法国的一次演讲中谈到了他的中子猜想，物理学家查德威克听了这次演讲后立即着手实验，结果发现中子确实是电中性的。中子就这样被发现了，查德威克因此而获一九三五年度诺贝尔物理学奖。

（三）基本粒子群的发现与夸克假设 电子、质子、中子被称为“基本粒子”，在二十世纪初，人们曾一度认为，构成原子的基本单位，可能就只有这么几个。但是没过多久,物理学家起先是在宇宙射线中,后来是在高能加速器中,却发现了大批的基本粒子。这些基本粒子中的三十多种比较稳定,寿命较长,还有四百多种非常神奇,呈不稳定状,寿命很短,有的甚至转眼即逝。如在一九三二年,美国物理学家安德森在宇宙射线的研究中证实了正电子的存在,但不久又发现,正负电子相遇便迅速湮灭,转化为两个光子。此外,又有人发现了中微子,这种基本粒子会莫名其妙地消失。对此,物理学家玻尔曾认为,能量守恒定律在原子微观领域可能不再适用,但大多数物理学家不同意他的看法。

盖尔曼

六十年代前后,随着超大型高能加速器的建成,核物理学家几乎每年都会发现新的基本粒子。于是,美国物理学家盖尔曼等人便排列出一张类似化学中的元素周期表的基本粒子“周期表”;一九六四年,盖尔曼根据这张“周期表”,正式提出他假设的基本粒子“夸克模型”。

夸克模型出现后,很快吸引了物理学家的注意力,被认为是统一基本粒子的一个卓有成效的方向,于是又有众多的夸克模型被提了出来。但是,事情的另一方面是,人们虽然提出了这么多夸克,而这些夸克究竟是些什么东西,却仍然没有搞清楚。也就是说,没有一种夸克模型在实验中被证实过。

如果真有夸克这种更深层次的基本粒子,那么在实验中又为什么总是发现不了呢?为此,有人提出了“夸克禁闭”假说,意思是:夸克之所以不能被发现,原因是根本就不可能有自由夸克,可能只有其复合体(他们称其为“强子”),而“强子”是无色的,所有的夸克都被禁闭在这种无色的“强子”中了。多数物理学家则认为,之所以没有发现自由夸克,是由于现今的高能加速器能量还不够高,不足以从“强子”中把自由夸克打出来,只有继续发展高能加速器,才有可能找到自由夸克。那么,何时才能使夸克解除“禁闭”呢?这就要看二十一世纪的核物理学家能不能做到了。

二、宇宙膨胀的新发现

一九二四年,美国天文学家哈勃利用威尔逊山的大望远镜观察仙女座星云时,第一次发现,星云实际上由无数恒星组成,而且可以运用光度方法来确定星云与地球间的距离。计算结果,仙女座星云距地球七十万光年,远在银河系之外。这就证明了,某些星云实际上是遥远的星系。此后经过十年努力,哈勃又找到了测定更远距离星系的光度标准,将天文观测的视野扩展到了五亿光年。与此同时,另一位美国天文学家斯莱弗致力于恒星光谱研究。他发现,河外星系的光谱线普遍存在着向红端移动的现象,即"红移"。进一步的观测表明,几乎所有的河外星系的光谱都有"红移"现象。这就意味着,这些星系都在以惊人的速度远离地球,如仙女座星系,就以每秒一千公里的速度远离地球。依据这一发现,哈勃等人很快就推断,宇宙是在不断膨胀着的,就像一个正在胀大的气球,所以从宇宙中任何一点看,观察者四周的天体均在向四处逃散。

哈　勃

斯莱弗

第二次世界大战后,由于射电望远镜的使用,天文学有了更多的发现。六十年代的四大发现,就是用射电望远镜观测到的。这四大发现是:宇宙微波背景辐射的发现、类星体的发现、脉冲星的发现和星际分子的发现。

宇宙微波背景辐射的发现验证了宇宙大爆炸模型的预言,从而导致了宇宙学理论的建立;类星体的发现却又使许多人开始怀疑红移现象是不是可以说明宇宙正在膨胀，从而引发了一场旷日持久的争论；脉冲星的发现使天文学家对宇宙的物理本质有了进一步的了解；星际分子的发现则意味着，在宇宙空间确实存在着孕育生命的适宜条件，并由此诞生了一门新学科——星际分子天文学。

三、生物遗传规律的新发现

早在一八六六年，德国植物学家孟德尔曾发表过一篇题为《植物的杂交实验》的论文，首次提到了生物遗传的规律性，但由于各种原因，这篇论文未引起学术界的注意，孟德尔也于一八八四年去世。二十世纪初，有三个不同国家的植物学家，即荷兰的德弗里斯、德国的柯林斯和奥地利的切马克，却不约而同地发现了孟德尔的意义。他们发现了孟德尔曾经发现过的生物遗传的规律性。这个戏剧性的事件被科学史家称为“孟德尔的再发现”。后来，孟德尔的两篇论文《植物杂交试验》及《人工授粉得到的山柳菊属的杂种》重新以德文发表，英国生物学家贝特森还把它们译成英文，从而引起了英国生物学界的广泛注意。一九〇六年，贝特森第一次使用“遗传学”一词，并以此来称呼一门研究生物遗传问题的新学科。

孟德尔

就这样，“孟德尔的再发现”开辟了遗传学。遗传学在此后的几十年间，迅速发展成了二十世纪最重要的学科之一。

第二节　现代科学新理论

在一系列科学新发现的基础上，现代科学家形成了一系列新理论，其中最具革命性的是：爱因斯坦的相对论、由普朗克等人建立的量子理论、由魏格纳最初提出的大陆漂移学说，以及由摩尔根确立的基因遗传理论。

一、爱因斯坦与相对论

二十世纪初，爱因斯坦揭开了现代理论物理学革命的序幕。仅在一九〇五年这一年中，爱因斯坦就在德国物理学年鉴上发表了五篇论文，其中三篇具有划时代意义：一篇是关于光电效应的，爱因斯坦在论文中解释了古典物理学无法解释的光电效应；另一篇是关于布朗运动的，爱因斯坦用分子运动论的观点解释了长期得不到解释的布朗运动；最重要的是第三篇《论动体的电动力学》，在这篇论文中，爱因斯坦最初提出了举世闻名的相对性理论，即相对论。这是他多年来思考以太与电动力学问题的结果。他以同时性的相对性为突破口，建立了全新的时空理论。

爱因斯坦

爱因斯坦的相对论涉及一个看似平常却至关重要的问题，即：在两个不同地方发生的两件事，我们怎么知道它们是同时发生的呢？一般说来，我们是通过视觉信号（即光信号）来确认的，也就是说，我们同时看到了两种不同的信号。光信号以光速传递给我们，光速尽管极快，但也不是绝对不需要时间的；因此，我们同时看到的两件事，只是光信号同时到达我们这里的两件事；如果其中的一件事离我们较远，那么这件事就要发生得早一点，其光信号才能和另一件事的光信号同时到达。换句话说，同时性不是绝对的，而是相对的，相对于事物和我们之间的距离，即：时空相对性。这样，爱因斯坦就否定了牛顿力学引以为基础的绝对时间和绝对空间的观念，或者说，至少指出了牛顿力学的绝对时空观，即认为时间和空间是互不相干的观念，在光速前提下是错误的。

不过，爱因斯坦这时提出的相对论只涉及惯性参照系，没有考虑到加速运动，因而被称为“狭义相对论”。一九一六年，爱因斯坦完成了广义相对论。在这个理论中，爱因斯坦考虑的主要是引力问题。

按照牛顿力学，任何物体既有惯性质量，又有引力质量；牛顿第二定律中的质量是惯性质量，而万有引力定律中的质量则是引力质量。但人们理所当然地认为它们是相等的，把它们统称为“质量”。广义相对论与牛顿的万有引力理论之间存在着矛盾。在牛顿力学中看来，引力是即时作用，引力场就像是一个绝对时空的载体，这为时空的相对性观念所不容。爱因斯坦将相对性原理推广到引力场中，指出：引力场相当于一个非惯性参照系，人们对一个物体是正被加速还是正处在引力场中是无法作出区分的。这一点被称为“等效原理”，而惯性质量与引力质量相等是等效原理的一个自然的推论。广义相对论还认为，由于有物质的存在，空间和时间会发生弯曲，引力场实际上是一个弯曲的时空。

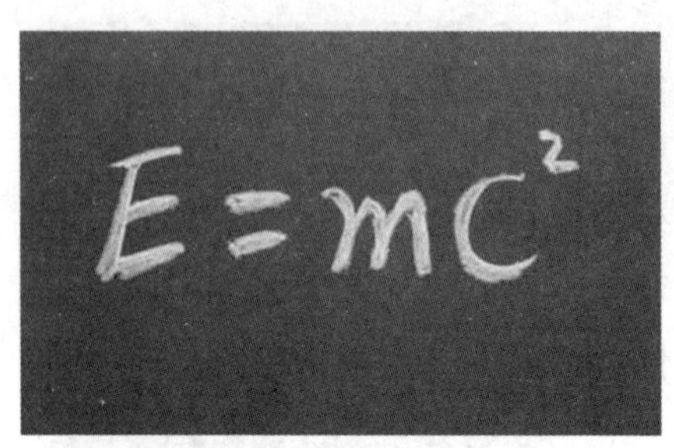

爱因斯坦“质能等价方程”(其中“E”代表物体静止时所含有的能量，“m”代表它的质量，“c”代表光速)

尽管爱因斯坦刚提出广义相对论时，有许多物理学家并不相信，但后来有三件事验证了广义相对论的正确性。

第一件事是，爱因斯坦用广义相对论正确解释了水星近日点的进动。水星这种进动过去曾由勒维列用行星摄动来加以解释，但谁也没有发现他假设的那个“火神星”的存在。爱因斯坦则用太阳引力使空间弯曲的理论，解释了水星近日点进动中过去无法解释的四十三秒偏差。

第二件事是，爱因斯坦用广义相对论所预言的引力红移，即在强引力场中光谱应向红端移动。这在二十年代的天文观测中被证实了。

第三件事是，爱因斯坦用广义相对论预言，引力场会使光线偏转。最靠近地球的大引力场是太阳引力场，爱因斯坦预言，遥远的星光如果掠过太阳表面，将会发生1.7秒的偏转。这个预言很难验证，因为白天太阳光太强，看不到星光，晚上能看到星光，但太阳光没有了。唯一的机会就是在日全食的时候加以观测。一九一九年五月二十九日，英国天文学家爱丁顿率领一支考察队去非洲西部，另一位天文学家克劳姆林率领另一支考察队去南美；不久，两支考察队带回了全食时的太阳照片。经反复核对和比较后得出的结论是：星光在太阳附近确实发生了1.7秒的偏转。广义相对论的正确性再次得到了验证。

当时的英国皇家学会会长汤姆逊在确认了这一事实后就致辞说："爱因斯坦的相对论是人类思想史上的伟大成就之一，也许是最伟大的成就；它不是发现一个孤岛，而是发现了科学思想的新大陆。"

二、普朗克与量子论

量子论的出现，是因为古典热力学遇到了一个难题，即黑体辐射问题。一九〇〇年，英国物理学家瑞利根据经典统计力学和电磁理论，推导出了黑体辐射的能量分布公式，但该公式在长波部分与实验比较符合，在短波部分却出现了无穷值，而实验结果是趋于零。这种公式与实验严重背离的现象，被当时的物理学家戏称为"紫外灾难"（紫外即指短波部分）。同年，德国物理学家普朗克为解决这一问题，采用拼凑法得出了一个在长波和短波部分均与实验相吻合的公式，但该公式在理论上还无法解释。不久，普朗克发现，只要假定物体的辐射能不是连续变化的，而是以一定的整倍数跳跃式变化的，就能对该公式作出合理的解释。于是，普朗克就把最小的、不可再分的能量单位称为"能量子"或"量子"，并于当年十二月把他的这一量子假说报到了德国物理学会。这样就宣告了量子理论的诞生。

普朗克

几百年来，物理学界一直坚信"自然界无跳跃"，"量子假说"恰恰对这一信念提出了挑战，所以一开始有许多物理学家都不愿接受，甚至连普朗克本人也曾动摇过。但是，爱因斯坦却充分意识到了量子概念的重大意义，并率先用这一概念来解释某些物理学难题。他提出了光量子论，以此来解释光电效应中的某些难以解释的现象。因为自牛顿以来，关于光的本质，一直是物理学界争论不休的问题，有人说光是一种"波动"，有人说光是一种"微粒"；爱因斯坦的光量子论则认为，"波动说”和“微粒说”对光的行为的描述，均反映了光的本质的一个侧面：光有时表现出波动性，有时表现出粒子性，但既非古典物理学意义上的波动，也非古典物理学意义上的粒子。这就是光的“波粒二象性”。

由于爱因斯坦的推动，量子理论在提出后不到十年的时间里就获得了巨大发展，并由玻尔、德布罗意、薛定锷和海森堡等人，在此基础上建立起了现代量子力学。

丹麦物理学家玻尔的贡献，主要是用量子理论来解决卢瑟福有核原子模型中的原子稳定性问题。卢瑟福的有核原子模型假定，原子的质量基本上集中于原子核上，绕核旋转的电子所带负电正好与核所带的正电相等量，原子表现出电中性。根据经典的电磁理论，旋转的电子必定向外发射电磁波，从而损失能量，使电子最终落入原子核中。这样，卢瑟福的原子模型就是一个不稳定的模型。玻尔当时正在曼彻斯特卢瑟福的实验室里从事研究工作。他认为，电子只在一些特定的圆轨道上绕核运行，而在这些特定的轨道上运行时，电子并不发射能量，只当它从一个较高能量的轨道上向一个较低能量的轨道跃迁时才发出辐射，反过来则吸收辐射能。这个理论不仅在卢瑟福模型基础上解决了原子的稳定性问题，而且用于氢原子时，与光谱分析所得实验结果完全吻合。这引起了物理学界的震动，因为在此以前，人们从来只是凭经验研究光谱，而从未在理论上对它作出过解释。

法国物理学家德布罗意则是提出了物质波理论，从而把量子论发展到了一个新的高度。德布罗意经过长期思考之后，认为爱因斯坦的光量子理论可以应用于一切物质粒子，特别是电子。于是，他在一九二三年连续发表了三篇论文，提出了电子也是一种波的理论。一九二四年，他发表博士论文《关于量子理论的研究》，更系统地阐述了他的物质波理论，还预言，电子束穿过小孔时也会发生衍射现象。几年后，实验物理学家果真观测到了电子的衍射

德布罗意

现象，从而证实了德布罗意的物质波理论。

在德布罗意的物质波理论基础上，奥地利物理学家薛定锷进而创建了波动力学。薛定锷要解决的问题是：如果电子是波，那么它将服从怎样的波动方程？经过反复思考，薛定锷于一九二五年推出了一个相对论的波动方程，但与实验不太相符；一九二六年，他改而处理非相对论的电子问题，得出的波动方程与实验证据非常吻合。波动力学由此宣告诞生。

薛定锷

海森堡

与此同时，德国物理学家海森堡提出了量子波动理论的矩阵方法，从而导致了矩阵力学的创建。海森堡于一九二五年发表题为《关于运动学和力学关系的量子论的重新解释》的论文，完全抛弃了玻尔理论中的电子轨道、运行周期等难以观测的古典物理学的概念，并代之以可观测的辐射频率和强度概念。海森堡的思想引起了他的老师、物理学家玻恩的注意，他发现海森堡提出的方法正是数学家早已创造出的矩阵运算法。于是，在当年九月，玻恩就和另一位物理学家约丹一起，根据海森堡的思想演绎出了系统的矩阵力学理论。

然而，矩阵力学理论和波动力学理论是有矛盾的，海森堡和薛定锷一开始还互相敌视，认为对方的理论有缺陷。到了一九二六年，薛定锷发现这两种理论从数学上是完全等价的，这才消除了双方的敌意。从此以后，两大理论统称“量子力学”。

三、魏格纳与大陆漂移说

在十九世纪之前，地质学家普遍持地壳固定论观点，即认为：尽管有地壳运动，但只是局部的，而且地壳基本上呈垂直运动，不可能有水平运动。一八八九年，美国地质学家达顿提出地壳均衡理论，认为大陆下面的岩石密度小于海洋下面的岩石，所以大陆很可能就像一个浮在海洋地壳上的浮体。既然大陆是一个浮体，就有可能出现某种水平运动，即漂移。但达顿只是猜想，并没有正式提出大陆漂移说。

魏格纳

正式提出大陆漂移说的是德国地质学家魏格纳。一九一〇年，魏格纳偶然翻阅世界地图，发现大西洋两岸轮廓线有惊人的相似性；第二年秋天，他又在一本文献中看到有人根据古生物学的证据，提出巴西和非洲曾有过陆地连接的观点。这引起了他莫大的兴趣。他开始利用业余时间搜集地学资料，查找海陆漂移的证据。一九一二年，魏格纳在法兰克福地质学会上作了题为《大陆与海洋的起源》的讲演，大胆地提出了大陆漂移的假说。

魏格纳认为，在地质历史上距今三亿年的古生代，地球上只有一块大陆；大约在两亿年前，由于太阳和月亮的引潮力作用以及地球自转产生的离心力作用，浮在大洋壳上的大陆壳便开始分裂，花岗岩层在玄武岩层上做水平漂移，到了距今三百万年前，大陆最终漂移到了现今的位置上。

大陆漂移说一提出，便在地质学界掀起轩然大波，因为它公然向长年来在地质界占统治地位的大陆固定论提出了挑战。许多地质学家不承认这一假说，认为它只依据了一些表面现象，而提不出一个有说服力的物理模型。确实，魏格纳的假说中有个致命的弱点，那就是没能就漂移动力作出令人信服的说明。他所说的地球自转的离心力和日月的引潮力实在太弱，根本不可能推动如此巨大的陆地作如此长距离的漂移。

魏格纳自己也意识到这个问题,于是在坚持大陆漂移说的同时开始搜集第一手证据。他奔波于世界各地,终因过度疲劳而于一九三〇年在第四次考察格陵兰岛时不幸去世。魏格纳去世后,大陆漂移说也就随之销声匿迹了。

一九六一年,美国地质学家赫斯等人提出海底扩张理论。他们认为,在大洋的中脊有一条裂谷,地幔中的炽热的熔岩从这个裂缝溢出,到达顶部后向两侧分流。深岩冷却后形成新的海底,并推动原来的海底向两边扩张,大陆和海底一起随着地幔流体漂移。

海底扩张说刚提出时,也同样没有得到地质学界的承认,但赫斯等人比魏格纳幸运,因为没过几年,洋底磁异常现象的发现、关于横断大洋中脊转换断层的研究以及深海钻探所获得的大量资料就证实了他们的假说。这样,到了一九六七年,海底扩张说不仅已被地质学界的大多数人普遍接受,而且还为一门新学科即现代地学的诞生提供了理论基础。

随着海底扩张说的确立,人们又开始重提魏格纳的大陆漂移说。由于海底扩张,地壳虽在水平方向上有较大位移,但大陆的整体形状并没有大的改变,非洲西海岸线和大西洋对岸的南美洲东海岸线的契合,就证明了这一点。

基于此,加拿大地球物理学家约翰·威尔逊于一九六五年最初提出了板块说,认为整个地球表面是由几个坚硬的板块构成的。由于地球内部温度和密度的不均匀分布,地幔内的物质发生了热对流,在热对流的带动下,各大板块之间发生相对运动,或被拉开,或被挤压,在板块之间被拉开的地方出现了裂谷。所谓海底扩张,实际上是在地幔流的推动下板块向海洋裂谷两侧的运动;所谓大陆漂移,其实是板块在地幔流上漂移,不仅大陆漂移,大陆依附其上的海底板块也在漂移。

约翰·威尔逊

板块说不仅合理解释了大陆漂移和海底扩张，而且还基本确定了整个地壳是由六大板块即欧亚板块、非洲板块、美洲板块、印度板块、南极板块和太平洋板块组成的。随着板块运动被确定为地球地质运动的基本形式，现代地学便正式诞生。到了八十年代，从地学中又派生出另一门新学科——地震学。地震学家不仅用板块理论来研究和解释地震，而且还力图用这一理论来预测地震。

四、摩尔根与基因遗传理论

二十世纪初，生物学界最重要的事件是“孟德尔学说的再发现”，从而导致了遗传学的建立。遗传学的根本任务就是找到遗传基因。早在十九世纪，德国植物学家施莱登和动物学家施旺就已发现了生物细胞，所以从事遗传学研究的生物化学家知道，遗传基因肯定在细胞内。此外，在生物细胞被发现后不久，德国解剖学家弗莱明就发现，细胞中的一种物质在细胞分裂时扮演着特殊的角色，那就是后来被称为“染色体”的东西。有些生物化学家一开始认为，染色体可能就是基因。但是，后来发现，染色体还不是基因——基因深藏在染色体内，而且是呈有序排列的。那么，基因是如何排列的呢？对这一问题作出正确回答的，就是美国生物学家摩尔根。

摩尔根于一九〇九年开始用果蝇做遗传学试验，最初证明了生物的性别是由染色体决定的，进而又证明，一条染色体上可以有许多个基因。后来，经过十年努力，摩尔根和他的合作者于一九一九年出版《遗传的物质基础》一书，初步提出了他们的基因遗传学说。他们认为，染色体是基因的物质载体，基因在染色体上作直线排列，不同染色体上的基因可以自由组合，但同一染色体上的基因却不能自由组合，而是遵守连锁遗传法则的；一九二六年，他们又出版《基因论》一书，正式建立了完整的基因遗传理论体系。摩尔根因此而获一九三三年诺贝尔生

摩尔根

理或医学奖。

基因遗传理论虽已确立,但基因究竟是不是一种物质实体尚不清楚,所以许多生物化学家开始致力于确定基因的物质基础。实际上,早在一八六九年,瑞士生物化学家米歇尔就发现了一种与蛋白质不同的物质,他称之为“核酸”。一九一一年,美国化学家列文查明核酸有两种:一种是所谓“核糖核酸”(即 RNA),另一种是所谓“脱氧核糖核酸”(即 DNA)。一九二八年,英国生物学家格里菲斯发现有一种转化因子能使有膜病菌变为无膜病菌,当时谁也不能解释这种现象,因而称为“格里菲斯之谜”。

一九四四年,由美国细菌学家艾弗里领导的研究小组花了十年时间,证明格里菲斯发现的转化因子就是 DNA,它是遗传信息的载体。那么,DNA 的化学结构是怎样的呢?美国生物学家沃森和英国生物学家克里克又花了将近十年时间,最终搞清了 DNA 的分子结构,并建立了一个二链成对的 DNA 双螺旋模型,即:DNA 由两条右旋、但反向的链绕同一个轴盘绕而成,就像一个螺旋形的梯子,生命的遗传密码就刻在梯子的横档上。DNA 双螺旋结构模型的提出,是生物学史上划时代

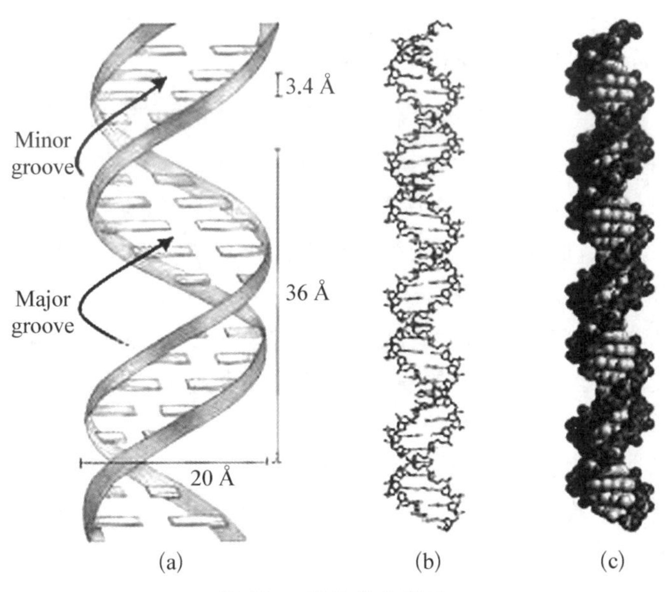

DNA 双螺旋结构模型

的事件，它宣告了现代分子生物学的诞生。

一九五九年，克里克根据物理学家伽莫夫等人提出的DNA三联密码假说，排出了一张遗传密码表。遗传密码的破译又导致了一门新的学科即遗传工程的产生。遗传工程就是用人工方法将生物体内的DNA分离出来，重新组合搭配，培养出新的生物品种；而若将某生物体内的DNA分离出来，再放回生物体内培养出一个和原生物体一模一样的生物体，那就是克隆技术。

第三节　现代技术革命

西方现代技术革命开始于二十世纪的两次世界大战。出于战争需要，西方各国加紧技术研究，以发展其武器系统，结果研制出了致命的原子武器。第二次世界大战结束后，开始了东西方冷战。西方为了显示自己的实力，大规模开发新技术。在一系列的新技术中，影响最大的是计算机技术的开发和普及，规模最大的则是六十年代美国的“阿波罗登月计划”。

一、原子弹与原子能和平利用

早在一九三三年，匈牙利物理学家西拉德就预见，核链锁反应一旦实现，其释放的巨大能量很可能会被用来制造一种可怕的武器。第二次世界大战爆发后，西拉德流亡到了美国。当得知德国正在加紧研究核链锁反应时，他马上意识到纳粹很可能正在研制原子武器。

一九三九年八月，西拉德和其他两位物理学家找到当时也在美国的爱因斯坦，希望他以自己的威望给美国总统写信，说服美国政府率先研制。爱因斯坦赞同他们的看法，在西拉德草拟的信上签了名，并委托罗斯福总统的朋友和顾问萨克斯面交总统。

萨克斯说服罗斯福后，美国政府随即成立了一个军政委员会，开始实施制造原子武器的“曼哈顿工程”。该工程的第一项是建造第一个原子反应堆，由逃亡到美国的意大利物理学家费米领导；第二项就是建造可用于实战的原子弹，由美国物理学家奥本海默负责。但是，就在原子弹马上就要研制成功之际,纳粹德国于一九四五年五月宣布无条件投降。两个月后,即一九四五年七月十六日,第一颗铀原子弹试爆成功,爆炸力相当于两万吨 TNT 炸药。

十天后,即一九四五年七月二十六日,盟国发表《波茨坦宣言》,命令日本立即无条件投降,否则将遭到毁灭性打击。但日本拒绝投降。于是,美军便在日本的广岛和长崎投下了两颗原子弹。巨大的原子威力顿时使这两座城市化为废墟,日本政府随即宣布无条件投降。

第一颗用于实战的原子弹"小男孩"

原子弹是可怕的杀人武器,但原子能技术却是二十世纪最伟大的技术成就之一。特别是原子能技术的和平利用。譬如,用原子反应堆建立原子能发电站,一公斤核燃料(如浓缩铀)所释放的能量,就相当于两千五百吨煤或两千吨石油燃料。二十世纪后半叶,西方国家的电力供应有将近一半是来自原子反应堆的。

二十世纪五十年代,原子能技术又有新的发展,虽然一开始仍是出于军事目的。在美苏军备竞赛中,美国率先成功试爆了第一颗氢弹。氢弹与原子弹不同,其能量不是直接来自核裂变反应,而是来自用核裂变反应所产生的超高温来实现的核聚变反应。核聚变反应所产生的能量远远大于核裂变反应,而用的原料氘,却是从普通的海水中提取来

原子弹爆炸时的蘑菇形烟云

的。据计算,从一桶海水中提取的氘,其能量就相当于三百桶汽油。这样的技术若能被和平利用,所得到的能源几乎是无穷无尽的。美、英等西方国家从八十年代起就开始筹划核聚变发电站的建造,二十一世纪初正式建成。

二、电子革命与计算机技术的崛起

一般认为,蒸汽机代表第一次技术革命,电动机代表第二次技术革命,第三次技术革命出现在二十世纪中叶,其代表就是电子计算机。电子计算机技术的核心是集成电路,集成电路的前身则是电子管和晶体管。

一九四六年由美国宾夕法尼亚大学研制成功的被称为“爱尼阿克”的电子计算机,被认为是世界上第一台电子计算机。实际上,英国人在二战期间就研制了破译密码用的“图灵机”就已经是电子计算机了。这要比“爱尼阿克”早好多年,但不知何故,英国人一直保守秘密,直到七十年代才解密,而这时,全世界已理所当然把“爱尼阿克”认作第一台电子计算机了。

“爱尼阿克”电子计算机

“爱尼阿克”最初是为美国军方研制的。这台电子计算机由一万八千个电子管组成,体积庞大,而且运算速度很慢。后来,美国数学家冯诺意曼对“爱尼阿克”加以改进,研制出了第二台运算速度较快的电子计算机,被称为“爱德瓦克”。“爱尼阿克”和“爱德瓦克”可以说是第一代电子管计算机。

四十年代末,美国贝尔电话实验室的肖克莱、巴丁和布拉坦研制成功第一只晶体管,大大加速了电子技术的发展,第二代晶体管计算机也由美国菲尔克公司于一九五九年最初推出,其运算速度比第一代高两个数量级,每秒达几十万次。

五十年代初,科技界开始研制集成电路。所谓“集成电路”,就是将电子元件(即晶体管)与电子线路组合起来,构成一个整体,因而能完成从前需要几个分立电子元件才能完成的功能。一九五九年,美国德克萨斯仪器公司率先推出第一块集成电路。一九六四年,IBM 公司生产的 3690 系列计算机,标志着第三代集成电路计算机的诞生,其速度达每秒千万次,内存量达几百 K。

六十年代以后,集成电路向大规模集成电路甚至超大规模集成电路发展,其集成度越来越高,功能越来越强,到七十年代中期,已出现了

集成电路

在一块硅片上包含有十万个晶体管的超大规模集成电路。随着大规模集成电路的问世，七十年代后期就出现了第四代电子计算机，即微型计算机。由于微机体积小、功能强，很快就被应用于工业生产，同时也开始进入办公室和家庭。进入九十年代，西方发达国家生产的微型机的运算速度高达每秒数亿次，内存量达几十 G 甚至几百 G，而且已经像彩色电视机一样普及了。

电子计算机是一种可以代替人脑工作的机器，因而也被称为“电脑”，它能模拟人脑的部分思维功能，使人的智力得以物化和放大，解决过去靠人脑根本无法解决的问题。譬如，它能统计分析大量气象数据，从而使气象预报更为准确；它能模拟科学实验，从而大大节省人力和物力；它还帮助科学家证明了四色定律——这一定律的证明由于运算极其繁复，过去靠人脑计算简直是不可能的。

除了在数学和科学技术研究方面发挥智能作用，计算机互联网还开辟了一个信息化时代，对社会、政治、经济、法律、教育等都产生了重大影响。美国未来学家托夫勒甚至认为,计算机革命掀起了人类历史上的“第三次浪潮”。

三、火箭技术与“阿波罗登月”

航天技术的基础是火箭与导弹技术。现代液体火箭最初是由美国人高达德研制成功的。一九一八年,高达德成功发射了一枚固体火箭,为液体火箭做好了技术准备;一九一九年,他发表《到达超高空的方法》一文,指出火箭既不需要空气的举力,也不需要空气作为氧化剂,可以在没有空气的太空中飞行;一九二六年,高达德研制的第一枚以液体氧和汽油为燃料的液体火箭在麻省发射成功。

高达德

纳粹德国的 V-2 导弹

在火箭上装上弹头,再加上良好的导向装置,就成了导弹。一九三九年,德国的冯·布劳恩和他的研究小组受政府指示,组建了一个研究所和发射场,专门研制远距离导弹。一九四三年,他们造出了第一枚V-2导弹,重约六吨,射程达三百多公里,速度是音速的六倍。一九四四年,德国用这种导弹袭击英国,虽然命中率不高,但产生了极强的威慑力。德国战败后,冯·布劳恩等一百多名德国火箭专家被美军捕获,并转到美国继续从事火箭的研究。

第一颗人造地球卫星

冷战期间,苏联于一九五七年用三级火箭首次发射了一颗人造地球卫星,一九六一年又发射了载人飞船。这使美国觉得有必要在航天技术方面赶上苏联。当时的美国总统肯尼迪宣布:“美国要在十年内把一个美国人送上月球,再让他重新回到地面。”这就是著名的“阿波罗登月计划”。

“阿波罗登月计划”分三个步骤完成:第一步是“水星计划”,目标是把宇航员送上太空,以测试人在太空中的活动能力;第二步是“双子星座计划”,目的有两个:一是测试人在太空中长时间停留可能引起的生理问题,二是将两个航天器在太空中对接,以此奠定登月技术的基础;第三步是“土星计划”,即:制造能把载人飞船送出地球进入月球轨道的大动力火箭,最终完成登月行动。

“水星计划”很快就获成功:一九六三年五月十五日“水星9号”飞船载人发射,飞行三十四小时,绕地球二十一圈。接着实施的“双子星座计划”也较顺利:一九六五年,“双子星座3号”飞船做了变轨实验;同年,“双子星座7号”和“双子星座6号”在太空做了对接实验,其中“双子星座7号”在太空中飞行十四天,宇航员安然无恙。最后的“土星计划”由冯·布劳恩负责实施。一九六五年,冯·布劳恩设计研制出“土星5号”火箭,总长八十五米,由三级组成,第一级推力高达三千五百吨。“土星 5 号”是整个计划中最关键的一环，因为载人阿波罗飞船将由它送入太空。

阿波罗飞船由三部分组成：第一部分是指令舱，这是飞船的核心部分，最终将由它把宇航员送回地球；第二部分是服务舱，主要装燃料和宇航员的生活资料包括氧气、食物和水；第三部分登月舱，是最终用来登月的装置，它还要把登月宇航员送回指令舱。

一九六七年一月，第一艘阿波罗飞船作模拟实验，为二月份的正式发射做准备，不料太空舱着火，三名宇航员不幸丧生；次年，“阿波罗 7 号”环绕地球飞行，“阿波罗 8 号”绕月飞行成功，并顺利返回地球；一九六九年三月，“阿波罗 9 号”发射成功，并在太空中做了登月舱与指令舱的分离与对接试验；同年五月，“阿波罗 10 号”飞向太空，再次进入月球轨道，宇航员驾驶登月舱在离月面仅十四公里的低空飞行，然后与指令舱对接，安全返回地球。

一九六九年七月十六日美国东部时间九时二十三分，“阿波罗 11

第一艘阿波罗飞船

号”飞船载着阿姆斯特朗、奥尔德林和柯林斯三名宇航员，由肯尼迪航天中心起飞，进入太空。飞行三小时后，飞船进入奔月轨道。在月球上空一百公里处，地面控制中心指示登月行动开始。阿姆斯特朗和奥尔德林驾驶着被称为“鹰”的登月舱与“哥伦比亚号”指令舱分离，飞向月球。美国东部时间下午四时十七分四十秒，“鹰”在月面上“静海”西南部安全降落。阿姆斯特朗率先走出了登月舱，奥尔德林紧随其后，两人先后踏上了月球。他们在月球微弱引力下一跳一跳地走动，第一次在月球上留下了人类的脚印。

宇航员登上月球

两个半小时后，阿姆斯特朗和奥尔德林驾驶“鹰”离开月球，与柯林斯驾驶的“哥伦比亚号”指令舱会合，并开始返回地球。二十四日，指令舱重返大气层，在太平洋上安全溅落。“阿波罗登月计划”宣告成功！

自“阿波罗 11 号”登月成功之后，美国又相继进行了五次登月飞行，共有十二名宇航员登上了月球，其中“阿波罗 15 号”的宇航员斯科特还驾驶一辆月球车在月面上行驶了二十八公里。

“阿波罗登月计划”是二十世纪大科学的典型,美国政府为此动员了四十多万人、约两万家公司和研究机构、一百二十多所大学,耗资两百五十亿美元,这在过去任何一个时代都是不可思议的。

“阿波罗登月计划”具有划时代的意义,它首次把人类文明扩展到地外空间,表明人类已真正进入了“太空时代”。